Adam / Backhaus / Meffert / Wagner (Hrsg.) ·
Integration und Flexibilität

Dietrich Adam / Klaus Backhaus /
Heribert Meffert / Helmut Wagner (Hrsg.)

Integration und Flexibilität

Eine Herausforderung für die Allgemeine Betriebswirtschaftslehre

51. Wissenschaftliche Jahrestagung des Verbandes der
Hochschullehrer für Betriebswirtschaftslehre e.V.
1989 in Münster

GABLER

CIP-Titelaufnahme der Deutschen Bibliothek

Integration und Flexibilität: eine Herausforderung für die allgemeine Betriebswirtschaftslehre; 1989 in Münster / Dietrich Adam . . . (Hrsg.). – Wiesbaden: Gabler, 1989
(. . .) Wissenschaftliche Jahrestagung des Verbandes der Hochschullehrer für Betriebswirtschaft e.V.; 51)
ISBN 3-409-13210-4
NE: Adam, Dietrich [Hrsg.]; Verband der Hochschullehrer für Betriebswirtschaft: . . . Wissenschaftliche Jahrestagung . . .

Der Gabler Verlag ist ein Unternehmen der Verlagsgruppe Bertelsmann International.

© Betriebswirtschaftlicher Verlag Dr. Th. Gabler GmbH, Wiesbaden 1990
Lektorat: Ute Arentzen

Das Werk einschließlich aller seiner Teile ist urheberrechtlich geschützt. Jede Verwertung außerhalb der engen Grenzen des Urheberrechtsgesetzes ist ohne Zustimmung des Verlags unzulässig und strafbar. Das gilt insbesondere für Vervielfältigungen, Übersetzungen, Mikroverfilmungen und die Einspeicherung und Verarbeitung in elektronischen Systemen.

Design: Linda Ellamaa, Münster
Druck und Bindung: Lengericher Handelsdruckerei, Lengerich/Westf.

Printed in Germany

ISBN 3-409-13210-4

Vorwort

"Integration und Flexibilität: Eine Herausforderung für die Allgemeine Betriebswirtschaftslehre" war das Generalthema der 51. Jahrestagung des Verbandes der Hochschullehrer für Betriebswirtschaft e.V., die vom 16.-20. Mai 1989 an der Westfälischen Wilhelms-Universität zu Münster stattfand. Intention des dreitägigen wissenschaftlichen Programms war es, in Plenums- bzw. Parallelvorträgen und in Diskussionen mit Vertretern der betriebswirtschaftlichen Theorie und Praxis sowie des Ingenieurbereichs jene Veränderungen aufzugreifen und deren Auswirkungen auf die Betriebswirtschaftslehre auszuleuchten, die durch die Entwicklung auf den Gebieten Kommunikation, Computereinsatz und Fertigungstechnologie ausgelöst wurden.

Angesichts dieser Entwicklungen sah sich die Münsteraner Vorbereitungskommission veranlaßt, das Konzept der 51. Jahrestagung gegenüber vielen früheren Tagungen zu verändern und die Allgemeine Betriebswirtschaftslehre in den Mittelpunkt der Tagung zu stellen, denn diese hält heute kaum Antworten auf die Fragen bereit, die sich in Theorie und Praxis aus den technologischen Entwicklungen ergeben.

In einer zu starken Ausdifferenzierung und Zersplitterung der Betriebswirtschaftslehre sehen die Münsteraner Betriebswirte eine gewisse Gefahr für die gesamte Disziplin, da die Allgemeine Betriebswirtschaftslehre heute kaum mehr als gemeinsame Basis und Klammer der speziellen Betriebswirtschaftslehren anzusehen ist. Der früher sicher vorhandene gemeinsame betriebswirtschaftliche Denkstil ist heute kaum mehr existent. Deshalb war es ein Ziel der Vorbereitungskommission, durch die Referate und Diskussionen eine Rückbesinnung auf die gemeinsamen Wurzeln zu versuchen und die allgemeingültigen Erkenntnisse über die ökonomischen Wirkungen der technologischen Entwicklung in der Allgemeinen Betriebswirtschaftslehre zu verankern. Dieser Versuch ist bei nüchterner Einschätzung sicherlich nur zum kleinen Teil gelungen, wie insbesondere die Podiumsdiskussion deutlich werden ließ.

Sinn dieses Tagungsbandes ist es, dem interessierten Leser die Inhalte der Vorträge zu vermitteln; dabei entspricht die Anordnung der Beiträge in diesem Band ihrer zeitlichen Reihenfolge im Tagungsablauf.

Jacob setzte sich in seinem Eröffnungsvortrag mit dem Flexibilitätsbegriff und der Bedeutung der Flexibilität für die Unternehmenspolitik aus wissenschaftlicher Sicht auseinander. Als Praxisgegengewicht referierte Wössner (Bertelsmann AG) im zweiten Eröffnungsvortrag aus der Sicht einer Führungskraft über den Stellenwert von Integration und Flexibilität in der praktischen Unternehmenspolitik. Der Plenumsvortrag von Szyperski (Mannesmann-Kienzle GmbH) widmete sich den Auswirkungen der Informationstechnologien auf die unternehmensübergreifende Logistik. Eversheim vom Fraunhofer-Institut für Produktionstechnologie stellte die neuen Fertigungstechnologien und deren ökonomische Wirkungen dar und entwickelte Forderungen der Ingenieurwissenschaften an die Betriebswirtschaftslehre, um diesen Entwicklungen z.B. im Rechnungswesen gerecht werden zu können. Zum Abschluß des ersten Tages fand eine Podiumsdiskussion zum Thema "Erwartungen an eine Allgemeine Betriebswirtschaftslehre aus der Sicht von Forschung und Lehre" statt. Unter der Leitung von Albach diskutierten die Kollegen Bloech, Dichtl, Schanz, Schierenbeck, Schneider und Vogelsang über Gegenstand, Sinn und Aufgabe einer Allgemeinen Betriebswirtschaftslehre. Diese "Diskussion" kann zwar überwiegend nur als Aneinanderreihung von Monologen und weniger als Dialog bezeichnet werden. Sie erreichte insoweit auch das gesteckte Ziel nicht. In einer Disziplin, in der heute im Gegensatz zu den zwanziger und fünfziger Jahren fruchtbarer Disput und Gedankenaustausch eher die Ausnahme darstellen, ist dieser Diskussionsversuch aber dennoch positiv zu werten, da er viele Kollegen dazu angeregt hat, über die Allgemeine Betriebswirtschaftslehre erneut nachzudenken.

Gaugler setzte sich in seinem Plenumsvortrag zu Beginn des zweiten Tages mit der Arbeitsorganisation und der Mitarbeiterqualifikation beim Einsatz moderner Informations- und Kommunikationstechniken auseinander. Hahn behandelte die integrierte und flexible Unternehmensführung aus der Perspektive eines computergestützten Controlling. In den anschließenden sechs Parallelvorträgen dieses Tages wurde von Scheer die Verbindung von integrierter Informationsverarbeitung und Allgemeiner Betriebswirtschaftslehre und von Murata und Tajima die Entwicklung der Produktionstechnologie in japanischen Unternehmen unter Flexibilitätsaspekten beschrieben. Engelhardt diskutierte die Auswirkungen neuer Technologien auf das dienstleistungsorientierte Marketing und Kreikebaum beschrieb die ökonomischen Wirkungen neuer Umweltschutztechnologien. Günther stellte schließlich sein Konzept zur Arbeitsflexibilisierung vor. Zum Abschluß des Tages analysierte Grob eine qualitative Methode zur "Investitionsrechnung" für Informations- und Kommunikationssysteme.

Der letzte Tag des wissenschaftlichen Programms begann mit den Parallelvorträgen von Meffert und Süchting. Meffert setzte sich mit den Integrationsperspektiven der klassischen Funktionenlehre und der marktorientierten Unternehmensführung aus der Sicht des Marketing auseinander. Süchting zeigte Chancen und Risiken für die Akteure auf den neuen Finanzmärkten auf. Mit den Plenumsvorträgen von Sihler (Henkel KGaA) und Hill klang der wissenschaftliche Teil des Programmms aus. Sihler referierte über die Bedeutung von Expertensystemen für die Unternehmensführung bei Henkel, und Hill wandte sich dem Thema "Unternehmensführung und die Informatik als Gegenstand der Allgemeinen Betriebswirtschaftslehre" zu. Gerade diese Abschlußveranstaltung zog einen sehr gelungenen Bogen um die Kernfragen des Tagungsthemas. Das Schlußwort sprach traditionellerweise der stellv. Vorsitzende des Verbandes, Hermann Sabel, der die Tagung in humorvoller und gekonnter Art beschloß.

Der "Erfolg" der Münsteraner Tagung - sofern die Organisatoren davon überhaupt sprechen dürfen - ist in erste Linie den Referenten und Diskutanten zu verdanken. Sie haben mit ihren engagierten Beiträgen das Tagungsthema mit Leben erfüllt und über viel Wissens- und Nachdenkenswertes berichtet. Auch ein zweites ausdrückliches Lob gilt diesem Personenkreis, da ihre pünktlich eingereichten Endfassungen der Manuskripte ein frühzeitiges Erscheinen dieses Tagungsbandes erlaubt. Unser besonderer Dank gilt den zahlreichen Donatoren dieser Jahrestagung für ihre großzügige finanzielle Unterstützung, ohne die die wissenschaftliche Tagung nicht in dem erlebten Rahmen hätte stattfinden können.

Der Arbeitsumfang, den die Vorbereitung, Abwicklung und Nachbereitung einer Tagung verlangt, ist nicht immer nach außen sichtbar. Für diese Arbeiten vor und hinter den Kulissen bedanken wir uns bei den zahlreichen Helfern des Tagungsbüros, insbesondere bei dem Organisator der Tagung, Herrn Dipl.-Kfm. Andreas Witte, und dem für das Rahmenprogramm verantwortlichen Herrn Dipl.-Kfm. Ulrich Görgel recht herzlich. Ohne die Bereitschaft von Herrn Witte zu unbezahlter Nachtarbeit und seine Zähigkeit in Organisationsfragen wäre die Tagung sicher nicht so reibungslos verlaufen.

Münster, im Oktober 1989   Dietrich Adam
Klaus Backhaus
Heribert Meffert
Helmut Wagner

Inhaltsverzeichnis

Vorwort 5
Donatorenverzeichnis 11
Autorenverzeichnis 13

Herbert Jacob
Flexibilität und ihre Bedeutung für die Betriebspolitik 15

Mark Wössner
Integration und Flexibilität - Unternehmensführung in unserer Zeit 61

Norbert Szyperski
Die Informationstechnik und unternehmensübergreifende Logistik 79

Walter Eversheim, Egbert Steinfatt
Moderne Produktionstechnik - Aufgabe und Herausforderung für die Betriebswirtschaft 97

Podiumsdiskussion
„Erwartungen an eine Allgemeine Betriebswirtschaftslehre aus der Sicht von Forschung und Lehre" 137

Eduard Gaugler
Arbeitsorganisation und Mitarbeiterqualifikation beim Einsatz moderner Informations- und Kommunikationstechniken 181

Dietger Hahn
Integrierte und flexible Unternehmungsführung durch computergestütztes Controlling 197

August-Wilhelm Scheer
Unternehmensdatenmodell (UDM): Verbindung von Allgemeiner BWL und integrierter Informationsverarbeitung 227

Kazuhiko Murata, Moriyuki Tajima
Rationalisierung, Flexibilisierung und Mechatronisierung der Produktion in japanischen Unternehmen 249

Werner Hans Engelhardt
Dienstleistungsorientiertes Marketing - Antwort auf die Herausforderung durch neue Technologien 269

Hartmut Kreikebaum
Integrations- und Flexibilitätswirkungen neuer Umweltschutztechnologien 289

Hans-Otto Günther
Personalkapazitätsplanung und Arbeitsflexibilisierung 303

Heinz Lothar Grob
Investitionsrechnung für Informations- und Kommunikationssysteme auf der Grundlage von Preis-Leistungs-Modellen 335

Joachim Süchting
Chancen und Risiken moderner Informationstechnologien für die Akteure auf den Finanzmärkten 353

Heribert Meffert
Klassische Funktionenlehre und marktorientierte Führung - Integrationsperspektiven aus der Sicht des Marketing - 373

Wilhelm Hill
Management und Informatik als Gegenstand der Allgemeinen Betriebswirtschaftslehre 409

Helmut Sihler
Das Unternehmen als Expertensystem 425

Hermann Sabel
Schlußwort 433

Donatorenverzeichnis

Amro Handelsbank AG, Köln
Apetito Karl Düsterberg KG, Rheine
Armstrong World Industries GmbH, Münster
Arthur Andersen & Co. GmbH, Düsseldorf
Arthur Andersen & Co. GmbH, Hamburg
B.A.T. Cigarettenfabrik GmbH, Hamburg
BHW-Bausparkasse, Hameln
COOP Schweiz, Basel
Coca-Cola GmbH, Essen
Colonia-Versicherungen AG, Köln
Daimler Benz AG, Stuttgart
Deutsche Treuhand-Gesellschaft AG, Düsseldorf
Deutsche Messe- und Ausstellungs AG, Hannover
Deutsche Bank AG, Frankfurt
Deutsche BP AG, Hamburg
Dieterle Maschinenbau GmbH & Co. KG, Ascheberg
EMNID-Institut GmbH & Co., Bielefeld
Emder Lagerhaus GmbH, Emden
Ernst & Whinney GmbH, Düsseldorf
Eternit AG, Berlin
Flachglas AG, Gelsenkirchen
GAD Gesellschaft für Automatische Datenverarbeitung e.G., Münster
Gesellschaft zur Förderung der Wiss. Forschung über das Spar- u. Girowesen e.V., Bonn
Gruner + Jahr AG, Hamburg
Handwerkskammer, Münster
Gebr. Hettlage KG, Münster
Henkel KGaA, Düsseldorf
Hussel Holding AG, Hagen
Hünnebeck-RöRo GmbH, Ratingen
Industrie- und Handelskammer, Münster
Jacobs Suchard Erzeugnisse GmbH & Co.KG, Bremen
Jöst GmbH + Co. KG, Münster
Kaufhof AG, Köln
Katjes Fassin, Emmerich
Kiekert GmbH & Co. KG, Heiligenhaus
Kirchhoff GmbH & Co. Bettwarenfabrik, Münster
Kodak AG, Stuttgart
KPMG Peat Marwick Treuhand GmbH, Düsseldorf
Kreissparkasse Recklinghausen
Robert Krups Stiftung & Co. KG, Solingen
Landwirtschaftsverlag GmbH, Münster
LVM, Münster
Mannesmann AG, Düsseldorf
E. Merck, Darmstadt
Melitta-Werke Bentz & Sohn, Minden
Bankhaus Merck, Finck & Co., München
A. Nattermann & Cie. GmbH, Köln
Niemeyer Söhne GmbH & Co. KG, Hörstel
Nixdorf Computer AG, Paderborn
Dr. August Oetker, Bielefeld
Otto Versand, Hamburg
Pleiger Maschinenfabrik GmbH & Co. KG, Witten
Plaut Software GmbH, München
Großversandhaus Quelle G. Schickedanz KG, Fürth
Ratio Handel GmbH, Münster
Raab Karcher AG, Essen
Rincklage van Endert, Münster
Rheinisch Westfälische Elektizitätswerke AG, Essen
Schieffer GmbH & Co. KG, Lippstadt
Dr. Manfred Schlappig, Dillenburg
Sektkellerei Schloß Wachenheim AG, Wachenheim
Semperit Reifen AG, Traiskirchen
Siemens AG, München
Sparkassen Arbeitsgemeinschaft des Münsterlandes
Sparkasse Coesfeld
Sparkasse Gütersloh
Sparkasse Hamm
Sparkasse Warendorf
Stadtsparkasse Gelsenkirchen
Stifterverband für die Deutsche Wissenschaft, Essen
Die Stonsdorferei, Norderstedt
Team/BBDO GmbH, Düsseldorf
Christinen-Brunnen Teutoburger Mineralbrunnen GmbH & Co.KG, Gütersloh
Thyssen Industrie AG, Essen
Treuarbeit AG, Frankfurt
VIAG AG, Bonn
Thomas van Delden, Gronau
Volkswagen AG, Wolfsburg
Vorwerk & Co. Elektrowerke KG, Wuppertal
Weener Plastik GmbH & Co.KG, Weener
Westdeutsche Genossenschafts-Zentralbank, Münster
Westdeutsche Landesbank, Münster
Westdeutsche Spielbanken GmbH & Co. KG, Münster
Westfalia Separator AG, Oelde
Westf. Landschaft Bodenkreditbank AG, Münster
Westfälische Provinzial, Münster
Westfälischer Genossenschaftsverband e.V., Münster
Bausparkasse GdF Wüstenrot, Ludwigsburg

Autorenverzeichnis

Prof. Dr. Dr. h. c. mult. Horst Albach, Waldstraße 49, 5300 Bonn 2

Prof. Dr. Jürgen Bloech, Institut für Betriebswirtschaftliche, Produktions- u. Investitionsforschung, Universität Göttingen, Platz der Göttinger Sieben 3, D-3400 Göttingen

Prof. Dr. Erwin Dichtl, Lehrstuhl für Allg. BWL und Absatzwirtschaft I, Universität Mannheim, Schloß, D-6800 Mannheim

Prof. Dr. Werner H. Engelhardt, Lst. f. Angewandte BWL III (Marketing), Universität Bochum, Universitätstr. 150, D-4630 Bochum

Prof. Dr.-Ing. Dipl.-Wirt.Ing. Walter Eversheim, Fraunhofer Institut für Produktionstechnologie IPT, Steinbachstraße 17, D-5100 Aachen Melaten Nord

Prof. Dr. Dr. h. c. Eduard Gaugler, Lst. u. Sem. f. Allg. BWL, Personalwesen und Arbeitswissenschaft, Universität Mannheim, Postfach 10 34 62, D-6800 Mannheim 1

PD Dr. Heinz Lothar Grob, Lehrstuhl für Organisation und EDV, Universität Münster, Am Stadtgraben 13-15, D-4400 Münster

PD Dr. Hans-Otto Günther, Lehrstuhl für ABWL und Unternehmensforschung, Schloß, D-6800 Mannheim

Prof. Dr. Dietger Hahn, Institut für Unternehmensplanung, Universität Gießen, Licher Str. 62, D-6300 Gießen

Prof. Dr. Dr. h. c. Wilhelm Hill, Institut füt Betriebswirtschaft, Universität Basel, Petersgraben 51, CH-4051 Basel

Prof. Dr. Dr. h. c. Herbert Jacob, Seminar für Industriebetriebslehre, Universität Hamburg, Von-Melle-Park 5, D-2000 Hamburg 13

Prof. Dr. Hartmut Kreikebaum, Seminar für Industriewirtschaft, Universität Frankfurt, Mertonstr. 17, D-6000 Frankfurt/M.

Prof. Dr. Heribert Meffert, Institut für Marketing, Universität Münster, Universitätsstraße 14 - 16, D-4400 Münster

Prof. Dr. Kazuhiko Murata, Faculty of Commerce, Hitotsubashi Universität Tokio, Kunitachi Naka 2-1, Tokio 186, Japan

Prof. Dr. Hermann Sabel, Institut für Gesellschafts-u. Wirtschaftswissenschaften, Universität Bonn, Adenauerallee 24-42, D-5300 Bonn

Prof. Dr. Günther Schanz, Abteilung Unternehmensführung, Universität Göttingen, Platz der Göttinger Sieben 3, D-3400 Göttingen

Prof. Dr. August-W. Scheer, Institut für Wirtschaftsinformatik, Universität des Saarlandes, D-6600 Saarbrücken 1

Prof. Dr. Henner Schierenbeck, Institut für Kreditwesen, Universität Münster, Universitätsstraße 14 - 16, D-4400 Münster

Prof. Dr. Dieter Schneider, Seminar für Angewandte Wirtschaftslehre, Universität Bochum, D-4630 Bochum

Prof. Dr. Helmut Sihler, Vorsitzender der Geschäftsführung , Henkel KGaA, Henkelstraße 67, D-4000 Düsseldorf

Dipl.-Ing. Dipl.-Wirt.Ing. Egbert Steinfatt, Fraunhofer Institut für Produktionstechnologie IPT, Steinbachstraße 17, D-5100 Aachen Melaten Nord

Prof. Dr. Joachim Süchting, Angewandte BWL II (Finanzierung und Kreditwirtschaft), Universität Bochum, Universitätstr. 150, D-4630 Bochum 1

Prof. Dr. Norbert Szyperski, Geschäftsführer, Mannesmann Kienzle GmbH, Heinrich Hertz Straße 77, D-7730 Villingen-Schwenningen

Prof. Dr. Moriyuki Tajima, Faculty of Commerce, Hitotsubashi Universität Tokio, Kunitachi Naka 2-1, Tokio 186, Japan

Dipl.-Kfm. Günter Vogelsang, Kaiser-Friedrich-Ring 84, D-4000 Düsseldorf 11

Dr. Mark Wössner, Vorsitzender des Vorstandes , Bertelsmann AG, Carl-Bertelsmann-Straße 270, D-4830 Gütersloh

Flexibilität und ihre Bedeutung für die Betriebspolitik

Herbert Jacob[*]

1.	Definition und einführende Bemerkungen
2.	Bestandsflexibilität I
2.1	Bestimmungsgrößen
2.2	Bedeutung für die Betriebspolitik
3.	Bestandsflexibilität II
3.1	Nähere Kennzeichnung
3.2	Zur Messung von Flexibilität
3.2.1	Messung mit Hilfe von Indikatoren
3.2.2	Messung auf der Grundlage der Wirkung von Flexibilität
3.2.2.1	Entwicklung einer Maßzahl
3.2.2.2	Der Begriff Flexibilitätspotential und seine Darstellung
3.3	Bestandsflexibilität II und Risiko
3.3.1	Das Problem
3.3.2	Ein Beispiel
3.3.2.1	Die Ausgangslage
3.3.2.2	Die Bedeutung der BF II für die Güte der Lösung
4.	Entwicklungsflexibilität I
4.1	Bestimmungsgrößen
4.2	Wirkung und Messung der EF I
4.3	Entwicklungsflexibilität als Instrument der Betriebspolitik
4.3.1	Reduzierung des Risikos
4.3.2	Reduzierung des Gesamtrisikos zur Ermöglichung zusätzlicher Aktivitäten
4.3.3	Vorsorge für eine überraschend eintretende, günstige Marktentwicklung
4.3.4	Risikoabsicherung kombiniert mit Vorsorge
5.	Strategische Flexibilität (Entwicklungsflexibilität II)

---

[*] Prof. Dr. Dr. h.c. Herbert Jacob, Seminar für Industriebetriebslehre, Universität Hamburg

1. Definition und einführende Bemerkungen [1]

Umweltverhältnisse, die sich immer rascher wandeln, allein schon das Wissen darum, daß mit derartigen zum Teil einschneidenden und oft nur unzulänglich vorhersehbaren Veränderungen gerechnet werden muß, zwingen die Unternehmen dazu, nach Mitteln und Wegen Ausschau zu halten, solchen für Wohlergehen und Existenz entscheidenden Wandlungen in geeigneter Weise begegnen zu können, d.h. in der Lage zu sein, die daraus resultierenden Gefahren abzuwehren und die damit verbundenen Chancen zu nutzen. Flexibel zu sein, ein hinreichendes Maß an Flexibilität verfügbar zu haben, ist ein unentbehrliches Rüstzeug bei diesem Bestreben.

Es nimmt darum nicht Wunder, daß der Begriff Flexibilität und die damit im Zusammenhang stehenden Probleme zunehmend Beachtung finden und diskutiert werden. Dabei wird dieser Begriff oft erstaunlich weit gefaßt.[2] Um eine eindeutige, zweckmäßige Abgrenzung sicherzustellen, sei darum zunächst klargelegt, was im Rahmen der nachstehenden Überlegungen unter dem Begriff Flexibilität verstanden werden soll. In Anlehnung an den Sinn des Wortes flexibel, nämlich biegsam, anpassungsfähig, gelte folgende Definition:

Flexibilität bedeutet die Eigenschaft eines Dinges,
- einer Sache (z.B. Maschine, Fertigungssystem)
- einer Einrichtung oder eines Teils davon (z.B. Unternehmen; Unternehmensorganisation, Produktions-, Finanz-, Marketingbereich)
- eines Tätigwerdens oder Tuns,

sich gut an veränderte Gegebenheiten und, daraus resultierend, veränderte Aufgaben anpassen zu lassen.

Veränderungen der relevanten Gegebenheiten finden ihren Niederschlag in der Regel in
a) den Daten der Beschaffung, denen sich das Unternehmen gegenübersieht;
b) den Daten des Absatzes und/oder

---

[1] Ich danke meinen Mitarbeitern, Herrn Dipl.-Kfm. Thomas Nienau und Herrn Dipl.-Kfm. Kai-Ingo Voigt, für mannigfache Hilfe.
[2] Vgl. u.a. Aaker, D.A.; Mascarenhas, B.: The Need for Strategic Flexibility, in: Journal of Business Strategy, 5.Jg. 1984, Nr. 2, S. 74 ff.; Horváth, P.; Mayer, R.: Produktionswirtschaftliche Flexibilität, in: WiSt, 15.Jg. 1986, S. 71ff.; Meffert, H.: Größere Flexibilität als Unternehmenskonzept, in: ZfbF, 37.Jg. 1985, S. 124 ff.; Mössner, G.U.: Planung flexibler Unternehmensstrategien, München 1982, S. 62 ff.; Reichwald, R.; Behrbohm, P.: Flexibilität als Eigenschaft produktionswirtschaftlicher Systeme, in: ZfB, 53.Jg. 1983, S. 831 ff.

c) den Möglichkeiten der Aufgabenerfüllung. So führt z.B. der technische Fortschritt zu neuen Möglichkeiten; umgekehrt können durch Verbot oder besondere Auflagen zum Schutz der Umwelt bislang benutzte Verfahren wegfallen.

Die Tatsache, daß Veränderungen der für ein Unternehmen relevanten Gegebenheiten darin zum Ausdruck kommen, daß sich die Verhältnisse in einem oder mehreren der genannten drei Bereiche ändern, ist aus folgender Sicht bedeutsam: Für die Schaffung und den Einsatz von Flexibilität ist es belanglos, auf welchen Ursachen im einzelnen z.B. ein nachhaltiger Rückgang des Absatzes oder Schwierigkeiten bei der Beschaffung eines bestimmten Rohstoffes beruhen. Relevant ist einzig und allein, d a ß ein nachhaltiger Absatzrückgang bestimmter Größenordnung eintreten kann. Die Flexibilitätsüberlegungen setzen in diesem Punkte an; die auslösenden Ursachen sind für sie irrelevant.

Wie groß die Flexibilität einer Sache, einer Einrichtung oder eines Tuns ist, hängt von zwei Größen ab; die eine ist technischer, die andere ökonomischer Natur:
Erstens muß die Möglichkeit bestehen, überhaupt etwas tun zu können, wodurch die Anpassung an eine bestimmte neu entstandene Datensituation erreicht wird, d.h. es muß möglich werden, die aus der neuen Situation resultierenden Aufgaben zu erfüllen. "Technisch" ist hier im Sinne von "machbar" zu verstehen.

Zweitens ist für einen betriebswirtschaftlich sinnvollen Flexibilitätsbegriff die Kostenwirkung der technisch möglichen Anpassungsmaßnahmen von Bedeutung. Eine vollkommene technische Anpassungsfähigkeit begründet noch keine hohe Flexibilität im betriebswirtschaftlichen Sinne, wenn die Anpassungskosten hoch und/oder die nach der Anpassung in Kauf zu nehmenden laufenden Kosten vergleichsweise ungünstig sind. In einem solchen Falle ist eine "gute" Anpassung an veränderte Gegebenheiten nicht erreichbar.

Um die Erscheinungen, Zusammenhänge, Bestimmungsgrößen, Maßnahmen und Möglichkeiten im Zusammenhang mit Flexibilität systematisch erfassen, untersuchen und einordnen zu können, erscheint es zweckmäßig, vier Arten - besser Stufen[3] - von Flexibilität zu unterscheiden. Es sind dies:

---

[3] Stufen deshalb, weil eine Maßnahme, die die Flexibilität einer vorhergehenden Stufe erhöht, sich auch auf die Flexibilität nachfolgender Stufen günstig auswirken kann (nicht muß).

1. Stufe: Fähigkeit eines Unternehmens (eines Teilbereichs einer Unternehmung oder eines Tuns), sich bei <u>gegebenem, unveränderlichem Bestand</u> - insbesondere an Produktionseinrichtungen - an wechselnde, nach Art und Umfang bekannte Produktionsaufgaben gut anpassen zu lassen (z.B. im Rahmen einer Sorten- oder Serienfertigung oder bei saisonal schwankendem Absatz). [Bestandsflexibilität I].

2. Stufe: Fähigkeit eines Unternehmens usw., sich bei gegebenem, unveränderlichem Bestand (z.B. an Produktionseinrichtungen, an organisatorische Regelungen, an eingesetzten Marketinginstrumenten einschließlich der Absatzmethoden) an unterschiedliche, zu Beginn einer Planperiode alternativ für möglich gehaltene Datensituationen in dieser Periode gut anpassen zu lassen (z.B. an unterschiedliche Marktgegebenheiten, die nach Zusammensetzung und Menge unterschiedliche Ausbringungen wünschenswert erscheinen lassen). [Bestandsflexibilität II]

3. Stufe: Geeignetheit der Bestände eines Unternehmens (Unternehmensteilbereichs usw.), entsprechend der im Zeitablauf stattfindenden Entwicklung der relevanten Gegebenheiten weiterentwickelt zu werden. [Entwicklungsflexibilität I]

4. Stufe: Fähigkeit eines Unternehmens, sich rasch und gut an wesentliche nachhaltige Veränderungen der relevanten Gegebenheiten (z.B. der Nachfrage, der Beschaffungsmöglichkeiten, der Produktionsmethoden) durch ein verändertes Produktions- oder Leistungsprogramm anpassen zu lassen, das es erlaubt, die noch verbliebenen ursprünglichen Marktchancen optimal zu nutzen und die durch die neuen Gegebenheiten gebotenen neuen Chancen wahrzunehmen. [Strategische Flexibilität oder Entwicklungsflexibilität II]

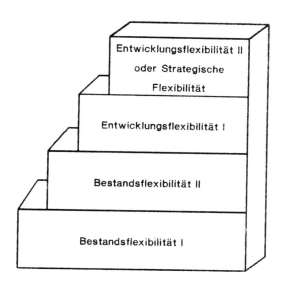

Abbildung 1

In den folgenden Kapiteln werden die hier genannten Flexibilitätsarten näher betrachtet und insbesondere ihre Bedeutung für die Betriebspolitik untersucht.

2. Bestandsflexibilität I

2.1 Bestimmungsgrößen

Das Streben nach Flexibilität dieser Art, die insbesondere für den Produktionssektor eines Unternehmens von Bedeutung ist, hat z.B. zur Entwicklung sogenannter flexibler Fertigungssysteme geführt. Ein weiteres eindrucksvolles Beispiel, wie Flexibilität der Stufe 1 erreicht werden kann, stellen die Industrieroboter dar. Eine Vielzahl unterschiedlicher Bewegungsabläufe läßt sich hier allein dadurch ermöglichen, daß die elektronische Steuerung jeweils entsprechend programmiert wird; mechanische Umbauten entfallen. Die Anpassung an unterschiedliche Produktionsaufgaben, die aufeinanderfolgende Bearbeitung unterschiedlicher Produkte oder Werkstücke, erfordert nahezu keinen Umstellungsaufwand.

Wie groß in einem konkreten Falle die Bestandsflexibilität I z.B. eines Fertigungssystems oder eines bestimmten Bestandes an Produktionseinrichtungen ist, hängt von den folgenden Bestimmungsgrößen ab:

a) Der Breite des möglichen Einsatzspektrums. Es handelt sich hier um die technologische Komponente, durch die determiniert ist, welche Anpassungen überhaupt möglich sind.

Die ökonomische Komponente findet ihren Ausdruck in drei verschiedenen Kostengrößen:

b) Der Höhe der variablen Produktionskosten je Stück im Vergleich zu den bei inflexibler Produktion günstigstenfalls möglichen (z.B. beim Einsatz eines Spezialaggregats);

c) der Höhe der Kapazitätskosten im Vergleich zu den bei inflexibler Produktion günstigstenfalls möglichen je Stück des bearbeiteten Produktes. Dabei ist der gleiche (normale) Auslastungsgrad der im einen oder im anderen Fall jeweils verwendeten Anlagen zu unterstellen.

Höhere variable Produktionskosten und höhere Kapazitäts kosten pro Stück können als "Kosten" der Flexibilität interpretiert werden.

Schließlich sind

d) die Umstellungskosten (Umrüstkosten; Niveauänderungskosten) dafür maßgebend, welches Opfer in Kauf genommen werden muß, um die vorhandene Flexibilität zu nutzen.

Das Anpassungsvermögen, die Flexibilität, z.B. eines Fertigungssystems ist dann vollkommen, wenn die wechselnden Aufgaben

a) technisch einwandfrei erfüllt werden können, wenn
b) keine Anpassungskosten anfallen und
c) die Produktionskosten, bestehend aus den variablen Produktionskosten und den anteiligen Kapazitätskosten, den günstigstmöglichen entsprechen.

Die genannten Bestimmungsgrößen stellen zugleich die Ansatzpunkte bei dem Bemühen um eine größere Flexibilität der Art I dar.

2.2 Bedeutung für die Betriebspolitik

Die Konsequenzen einer höheren Bestandsflexibilität I sind nachfolgend dargestellt.

Fall a: Das Produktionsprogramm, bestehend aus einer Anzahl verschiedener Produkte oder Produktvarianten, ist fest vorgegeben. Hier ist der Einfluß der Umstellungskosten von besonderer Bedeutung. Ihre Reduzierung führt nicht nur zu einer direkten Kostenersparnis, sondern ermöglicht es auch, niedrigere Losgrößen vorzusehen. Daraus resultieren eine niedrigere Kapitalbindung und niedrigere Kosten im Lagerbereich.

Eine Annäherung der Produktionskosten an die günstigstmöglichen führt im Falle a) zunächst nur zu einer entsprechenden Kostenminderung. Eine darüber hinausgehende Wirkung ergibt sich im

Fall b: Das Leistungsprogramm ist nicht mehr fest vorgegeben, sondern zieladäquat zu bestimmen. Niedrigere Produktionskosten (bei gleich hoher technischer Anpassungsfähigkeit) schaffen hier - ebenso wie niedrigere Umstellungskosten - die Möglichkeit, das Leistungsprogramm um zusätzliche Produkte oder Produktvarianten zu erweitern und verstärkt auch auf spezielle Kundenwünsche einzugehen. Dadurch kann - bei entsprechend gestalteter Nachfrage - die eigene Wettbewerbsposition stabilisiert und im Falle eines Vorsprungs gegenüber den Konkurrenten deutlich verbessert werden.

Die genannten Wirkungen lassen die BF I zu einem wirkungsvollen Instrument der Betriebspolitik werden. Der Unternehmensleitung stellt sich die Aufgabe, das zieladäquate Leistungsprogramm unter ausdrücklicher Einbeziehung der Möglichkeiten, die dieses Instrument bietet, zu bestimmen.

Die Entscheidungssituation und die Wirkung einer höheren BF I seien an einem Beispiel veranschaulicht:

Ein Unternehmen habe bislang fünf Produkte in insgesamt 20 Varianten hergestellt. Der Gesamtumsatz ließe sich erhöhen, wenn mehr Varianten angeboten würden. Das Unternehmen hat bislang darauf verzichtet, weil die mit einer Vergrößerung der Variantenvielfalt verbundenen zusätzlichen Kosten über den dadurch erzielbaren zusätzlichen Erlösen liegen. Inzwischen ist ein Produktionssystem entwickelt worden, das bei im übrigen unveränderten Größen eine Reduzierung der Umstellungskosten ermöglicht. Die bei Verwendung des neuen Verfahrens mögliche direkte und indirekte Kosteneinsparung läßt die "Grenzkosten" im Hinblick auf die Variantenzahl sinken, während die Grenzerlöse unverändert bleiben. Für das Unternehmen ist es jetzt günstig, mehr Varianten als bisher anzubieten bzw. auf Kundenwünsche einzugehen, die bisher abgelehnt wurden.

Eine ähnliche Situation ergibt sich, wenn es ceteris paribus gelingen würde, ein geringeres Ansteigen der Produktionskosten in Abhängigkeit von der Anzahl der zu fertigenden Varianten zu erreichen. Auch dadurch würden die "Grenzkosten" bei steigender Zahl der Varianten gesenkt werden und damit niedriger liegen als die (unverändert gebliebenen) Grenzerlöse. Das Unternehmen sähe sich dadurch veranlaßt, die Zahl der Varianten zu erhöhen, und zwar so lange, bis "Grenzkosten" und "Grenzerlöse" wieder übereinstimmen.

Daß eine Erweiterung des technischen Einsatzspektrums, selbst bei (innerhalb bestimmter Grenzen) gestiegenen Umstellungs und/oder Produktionskosten, neue zieldienliche Möglichkeiten eröffnet, liegt auf der Hand.

Da die Entscheidung, wieviel Varianten hergestellt werden sollen, auch von den zusätzlichen Erlösen abhängt, die durch eine Erhöhung der Anzahl der Varianten erzielt werden können, ist dafür, in welchem Umfange BF I angestrebt werden soll, auch die Nachfrageseite maßgebend.

3. Bestandsflexibilität II

3.1 Nähere Kennzeichnung

Die Eignung eines Unternehmens (Unternehmensbereichs usw.) bei gegebenem, unveränderlichem Bestand jeweils an bestimmte Datenkonstellationen gut angepaßt werden zu können, deren Eintreten in dem betrachteten Planungszeitraum alternativ für möglich gehalten wird, bildet die Flexibilität der Stufe 2, im folgenden als Bestandsflexibilität II bezeichnet. Volle Flexibilität dieser Art im Hinblick auf eine bestimmte Datensituation liegt dann vor, wenn das in dieser Situation erreichbare Ergebnis dem bestmöglichen bei völliger Gestaltungsfreiheit entspricht. "Völlige Gestaltungsfreiheit" bedeutet, daß sich das Unternehmen von Anfang an zieloptimal auf die in Frage stehende Datensituation einstellen kann, ohne durch Bindungen irgendwelcher Art behindert zu sein.

Ein Ergebnis, das dem bestmöglichen entspricht, kann nur dann erreicht werden, wenn

a) die in der betrachteten Datensituation aus der Zielsetzung des Unternehmens resultierenden Aufgaben (z.B. die Produktion bestimmter Mengen bestimmter Erzeugnisse) technisch einwandfrei erfüllt werden können,

b) keine Anpassungskosten anfallen und

c) keine "Kosten der Flexibilität" entstehen, d.h. die Produktionskosten (variable Produktionskosten und anteilige Kapazitätskosten) den günstigstmöglichen entsprechen.

Es handelt sich hier um die gleichen Bedingungen, die bereits im Zusammenhang mit der Bestandsflexibilität I genannt wurden. Daß volle BF II einen Grenzfall darstellt, der nur selten vorliegt, ist offensichtlich. Er ist um so unwahrscheinlicher, je mehr sich die betrachtete Datenkonstellation von der unterscheidet, für die der gegebene Bestand optimal ist.

Aus der Definition und den Erläuterungen geht hervor, daß der Begriff 'Flexibilität' sinnvoll nur unter Bezugnahme
- erstens auf bestimmte Datensituationen und
- zweitens auf die Zielsetzung eines Unternehmens interpretiert und verwendet werden kann.

Ein Flexibilitätsbegriff ohne Bezug auf bestimmte Datensituationen und bestimmte Zielsetzungen bleibt unbestimmt und vage.

Flexibilität, im Sinne von Biegsamkeit oder auch Anpassungsfähigkeit verstanden, löst unweigerlich die Frage aus, in welche Richtung oder in welche Form etwas gebogen werden soll, oder an welche Situation Anpassungsfähigkeit gefordert wird.[4] Absolute Flexibilität, Flexibilität ohne Bezugnahme auf Situation und Zielsetzung, könnte dann nur Flexibilität im Hinblick auf alle denkbaren Situationen und alle denkbaren Zielsetzungen bedeuten. Letztlich müßte also doch wieder auf die genannten Größen Bezug genommen werden.

Im übrigen ist eine derartige allgemeine, in alle Richtungen gehende und sich damit 'verzettelnde' Flexibilität in der Regel weder erreichbar noch erstrebenswert. Ein Unternehmen, das mehrere Produkte anbietet, aber nur für seine Produkte 1 und 2 erhebliche Nachfrageschwankungen für möglich hält, wird in diesen Richtungen nach Flexibilität streben, hingegen nicht im Hinblick auf die anderen für absatzstabil erachteten Produkte.

Ähnliche Überlegungen lassen sich im Hinblick auf die jeweiligen Zielsetzungen anstellen. Je nach der Zielsetzung sind die in einer bestimmten Datensituation zu erfüllenden Aufgaben verschieden. Mit dem Instrument der Flexibilität wird angestrebt, die aus veränderten Gegebenheiten gemäß der Zielsetzung resultierenden Aufgaben möglichst gut im Sinne dieser Zielsetzung zu erfüllen.

Im folgenden sind beispielhaft einige Maßnahmen genannt, die geeignet erscheinen, die Flexibilität der Stufe 2 zu erhöhen.
Hierher gehören: die Verwendung weniger kapitalintensiver Verfahren; geringere Produktionstiefe; die teilweise Verlegung der Fertigung in Fremdbetriebe, Fremdbezug u.ä. Generell gilt folgende Aussage: Die Bestandsflexibilität II wird um so größer sein, je kleiner der Teil des Bestandes, z.B. an Maschinen (oder allgemeiner der Teil der Bindungen) ist, der nur in einer oder einigen der alternativ für möglich gehaltenen Datensituationen benötigt wird, je niedriger die fixen Kosten dieses Bestandes sind und je geringer der Anstieg der variablen (Produktions-)Kosten als Folge der bestandsmindernden Maßnahmen ist.

Zur Veranschaulichung ein kleines Beispiel: Ein Einproduktunternehmen rechne im betrachteten Planungszeitraum alternativ mit einem Absatz von 8.000, 10.000 oder 14.000 Stück (die genannten Zahlen sind jeweils für eine Größenklasse repräsentativ). Die BF II ist hier um so höher, je niedriger der Bestand an Produktionseinrichtungen ist, der für die Erstellung der über

---

[4] Vgl. Meffert, H., a.a.O., S. 124; Mössner, G.U., a.a.O.,S. 167 ff.

8.000 Stück hinausgehenden Menge benötigt wird, je niedriger die fixen Kosten dieses Bestandes sind und je günstiger sich die variablen Kosten darstellen, die bei der Produktion oder anderweitigen Bereitstellung der über 8.000 (10.000) Stück hinausgehenden Menge anfallen. Im Beispiel könnte dies etwa durch den Einsatz eines weniger kapitalintensiven Verfahrens für die über 8.000 Stück hinausgehende Menge, gegebenenfalls kombiniert mit Fremdbezug, erreicht werden.

3.2 Zur Messung von Flexibilität

Grundsätzlich lassen sich zwei Möglichkeiten der Messung unterscheiden:

a) Messung mit Hilfe von Indikatoren
b) Messung auf der Grundlage der Wirkung von Flexibilität.

3.2.1 Messung mit Hilfe von Indikatoren

Zur Messung werden Indikatoren herangezogen, von denen man glaubt, daß sie zumindest tendenziell einen Rückschluß auf ein vorhandenes Flexibilitätspotential zulassen.[5] Sie müssen einer quantitativen Darstellung zugänglich sein.[6] Derartige Indikatoren sind z.B. der Anteil von Mehrzweckmaschinen an den gesamten Produktionseinrichtungen, die Anzahl der Lieferanten, von denen ein bestimmter Rohstoff bezogen wird; der Kapazitätsausnutzungsgrad der Anlagen usw. (Im Falle der Bestandsflexibilität I können solche Indikatoren die in Abschnitt 2.1. genannten Bestimmungsgrößen sein.)

---

5 Vgl. z.B. Aaker, D.A.; Mascarenhas, B.: a.a.O., S. 78 f.
6 Vgl. Altrogge, G., Flexibilität der Produktion, in: Kern, W. (Hrsg.), Handwörterbuch der Produktionswirtschaft, Stuttgart 1979, Sp. 608 ff.; Eversheim, W.; Schaefer, F.W.: Planung des Flexibilitätsbedarfs von Industrieunternehmen, in: DBW, 40.Jg. 1980, S. 243 ff.

Kritisch ist zu dieser Art der Messung anzumerken:
- Indikatoren können nur allgemeine Hinweise auf den Umfang der Flexibilität geben.

- Ein Indikator bezieht sich auf eine bestimmte Eigenschaft des Bestandes (z.B. Anteil an Mehrzweckaggregaten), von der angenommen werden kann, daß sie etwas mit der Flexibilität des Bestandes zu tun hat; anhand des Indikators versucht man, eine quantitative Aussage über den Umfang der Eigenschaft zu erhalten.

- Ein Bestand weist nun in der Regel eine Reihe von Eigenschaften auf, die flexibilitätsrelevant sind. Um auf seine Flexibiliät insgesamt schließen zu können, müßten Indika toren für <u>alle</u> flexibilitätsrelevanten Eigenschaften existieren und für die Messung herangezogen und in sinnvoller Weise zusammengefaßt werden können. Selbst wenn die beiden ersten Bedingungen erfüllt sein sollten, was gemeinhin nicht der Fall sein wird, ist die letztgenannte Bedingung unerfüllbar.

Der Messung mit Hilfe von Indikatoren fehlt des weiteren jeder direkte Bezug zu möglichen Datensituationen. Es können darum nur sehr allgemeine, im konkreten Falle wenig hilfreiche Hinweise gewonnen werden.

3.2.2 Messung auf der Grundlage der Wirkung von Flexibilität

3.2.2.1 Entwicklung einer Maßzahl

Eine zweite Möglichkeit, Flexibilität zu messen, geht von ihrer Wirkung, bezogen auf bestimmte Datensituationen, aus.

Jeder Datensituation läßt sich ein bestmögliches Ergebnis (im Hinblick auf die geltende Zielsetzung) zuordnen, das dann erreichbar ist, wenn das Unternehmen voll, d.h. auch bestandsmäßig, auf diese Datensituation (s) ausgerichtet ist. Dieses Ergebnis sei mit G^*_s bezeichnet.

Die Flexibilität eines gegebenen, nicht optimal auf die Bezugssituation zugeschnittenen Bestandes kann nun wie folgt gemessen werden: Zunächst sei angenommen, der Bestand ließe sich in keiner Weise an die Bezugssituation anpassen. Das ist z.B. dann der Fall, wenn der betrachtete Bestand im Planungszeitraum nur eine ganz bestimmte unveränderliche Ausbringung ermöglicht. Liegt diese Ausbringung über den in der Bezugsperiode verkaufbaren Mengen, so muß der überschießende Teil vernichtet oder - bei entsprechenden Zukunftserwartungen - auf Halde gelegt werden.[7] Das unter diesen Umständen, d.h. bei völliger Inflexibilität des Bestandes eintretende Ergebnis sei mit U_S bezeichnet.

Das Ergebnis G_S, das bei zwar unveränderlich gegebenem, aber in gewissem Umfange flexiblem Bestand eintritt, wird zwischen G^*_S und U_S liegen. Der Umfang der Flexibilität des gegebenen Bestandes im Hinblick auf die Bezugssituation läßt sich nun durch die folgende Maßzahl F_B erfassen:[8]

$$F_B = 1 - \frac{G^*_S - G_S}{G^*_S - U_S}$$

Für $G_S = G^*_S$ nimmt die Maßzahl F_B den Wert 1 an. Der Bestand ist voll anpassungsfähig, mithin im Hinblick auf die Bezugssituation voll flexibel. Gilt hingegen $G_S = U_S$, so nimmt F_B den Wert 0 an. Der Bestand ist nicht anpassungsfähig, also völlig inflexibel.

Für jede der in einem konkreten Fall für möglich gehaltenen Datensituation kann ein entsprechender Flexibilitätswert ermittelt werden. Ob eine Zusammenfassung der einzelnen Flexibilitätszahlen, etwa in der Form

sinnvoll ist, ob eine andere Art der Zusammenfassung gewählt werden oder ob auf eine Zusammenfassung gänzlich verzichtet werden sollte, sei hier nicht diskutiert.

$$\widetilde{F}_B = 1 - \frac{1}{\hat{s}} \sum_{s=1}^{\hat{s}} \frac{G^*_s - G_s}{G^*_s - U_s}$$

---

[7] Falls dem Unternehmen die Möglichkeit gegeben ist, durch eigene absatzpolitische Maßnahmen den Absatz in der Bezugsperiode zu beeinflussen, könnte dieser Weg eingeschlagen werden, wenn er zu einem günstigeren als dem bei der Vernichtung oder langfristiger Lagerung erzielbaren Ergebnis führen würde. Man könnte hier von Flexibilität im Marketingbereich sprechen. Ihre Wirkung, die zugleich Ausgangspunkt für eine Messung sein könnte, ist die Differenz des Ergebnisses bei völliger Inflexibilität des Bestandes und des Marketingbereichs und des Ergebnisses bei Inflexibilität des Bestandes aber Flexibilität des Marketingbereichs, die darin zum Ausdruck kommt, daß der Absatz in der Bezugssituation beeinflußt werden kann.
Hier wird die Schnittstelle zwischen der "Flexibilität des Marketingbereichs" und der zentralen Unternehmensflexibilität, als welche die "Flexibilität des Produktionsbereichs" angesehen werden kann, sichtbar.

[8] Zur Messung der Bestandsflexibilität vgl. Jacob, H.: Unsicherheit und Flexibilität - Zur Theorie der Planung bei Unsicherheit, in: ZfB, 44.Jg. 1974, Teil I: S. 323 f.

3.2.2.2 Der Begriff Flexibilitätspotential und seine Darstellung

Die Größe der soeben beschriebenen Flexibilitätszahl hängt entscheidend von der Bezugssituation ab, nämlich einmal von der 'Entfernung' zwischen ihr und der Situation, welcher der zu beurteilende Bestand am besten entspricht, zum anderen von der Richtung, in die die Anpassung gehen muß. Im Fall der Herstellung nur eines Produktes und der Betrachtung unterschiedlicher Nachfragesituationen existiert nur eine Richtung: die Richtung entlang der Mengenachse des angebotenen Erzeugnisses (vgl. Abb. 2). Im Falle eines Mehrproduktunternehmens existieren mehrere, streng genommen unendlich viele Richtungen. Hier könnten repräsentative oder als relevant erachtete Richtungen bestimmt und betrachtet werden.[9]

Für die Unternehmensleitung wäre es betriebspolitisch sicher oft sehr hilfreich zu wissen, welches "Flexibilitätspotential" einem Bestand immanent ist. Dabei kann es sich wie gezeigt allerdings immer nur um das Potential im Hinblick auf eine bestimmte Änderungsrichtung handeln. Wie ein solches Flexibilitätspotential eines Bestandes gekennzeichnet werden kann, sei im folgenden am Ein-Produkt-Fall gezeigt. Die Bezugssituationen unterscheiden sich allein in der Höhe der Nachfrage nach dem angebotenen Erzeugnis.

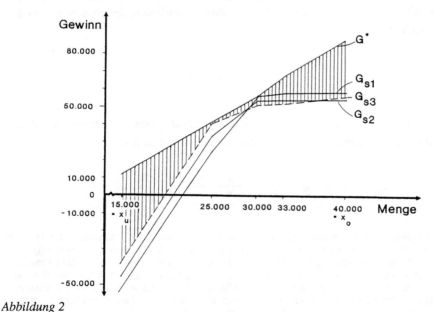

Abbildung 2

---

[9] Im Zwei-Produkt-Fall verläuft Richtung 1(2) z.B. entlang der Mengenachse des Produkts 1(2) unter der Voraussetzung eines stabilen Absatzes des Produkts 2(1). Die Richtungen 3, 4, ... entsprechen einer simultanen Veränderung beider Produkte jeweils in einem bestimmten Mengenverhältnis.

In Abb. 2 mißt die Abszissenachse diese Nachfrage, während auf der Ordinatenachse das Ergebnis in Geldeinheiten abgetragen ist. Unter der Voraussetzung, daß jeweils der zielgünstigste Bestand vorhanden ist, d.h. das in der betrachteten Datensituation bestmögliche Ergebnis erzielt werden kann, erhalten wir die Kurve G^*. Für einen gegebenen, unveränderlichen Bestand läßt sich nun eine für diesen Bestand charakteristische Kurve G_S ermitteln. Sie zeigt an, welche Ergebnisse mit diesem fest vorgegebenen Bestand in den einzelnen Datensituationen, jeweils gekennzeichnet durch eine bestimmte Nachfrage nach dem angebotenen Erzeugnis, erzielt werden können. Die Kurven G_S seien im weiteren als Flexibilitäts-Kennlinien bezeichnet. So kennzeichnet die Kurve G_S1 in Abb. 2 z.B. den Bestand (an Produktionsanlagen), der optimal auf eine Nachfrage von 30.000 Stück zugeschnitten ist.[10] Die Kurve G_S2 gilt für einen bei gleichzeitiger Beachtung mehrerer Datensituationen ermittelten, d.h. flexibleren Produktionsapparat.[11] Die Kurve G_S3 schließlich kennzeichnet einen Bestand an Produktionseinrichtungen, der unter Bezugnahme auf mehrere Datensituationen u n d unter Einbeziehung der Möglichkeit des Fremdbezugs ermittelt wurde.[2)]

Das Flexibilitätspotential in einer ausgewählten Richtung für ein bestimmtes Intervall - im Beispiel der Abb. 2 das Absatzintervall von 15.000 bis 40.000 Mengeneinheiten in der Periode - ist um so größer, je kleiner die Fläche zwischen den Kurven G^* und G_S ist. Für die Kennlinie G_S3 ist diese Fläche in Abb. 2 schraffiert.

Da es sich hier um Aussagen über die Flexibilität eines Bestandes handelt, spielt es keine Rolle, welche Bedeutung die einzelnen Datensituationen in einem konkreten Falle tatsächlich für das Unternehmen haben, d.h. mit welcher subjektiven Wahrscheinlichkeit ihr Eintreten erwartet wird. Eine Multiplikation der Flexibilitätskennlinie mit subjektiven Wahrscheinlichkeiten wäre darum fehl am Platze.

In Abb. 3a ist eine andere Darstellungsform des gleichen Sachverhalts gewählt. Auf der Abszissenachse sind unverändert (Absatz-)Mengen abgetragen. Die Ordinatenachse mißt jetzt aber die Differenz zwischen den Kurven G^* und G_S. Das Flexibilitätspotential eines Bestandes ist hier um so größer, je kleiner innerhalb des betrachteten Intervalls die Fläche unter der Kurve G_S ist.

---

[10] Es ist bemerkenswert, daß auch ein Bestand, bei dessen Determinierung Flexibilitätsüberlegungen keine Rolle spielten, dennoch ein bestimmtes 'originäres' Flexibilitätspotential aufweist. Im Beispiel ist seine Anpassungsfähigkeit im Intervall 30.000 bis 40.000 ME/PE sogar höher als die der Bestände 2 und 3, ermittelt unter Einbeziehung von Flexibilitätsüberlegungen. Im Gesamtintervall 15.000 bis 40.000 ME/PE ist allerdings deren Flexibilitätspotential größer.
[11] Siehe hierzu das Beispiel in Abschnitt 3.3.2.

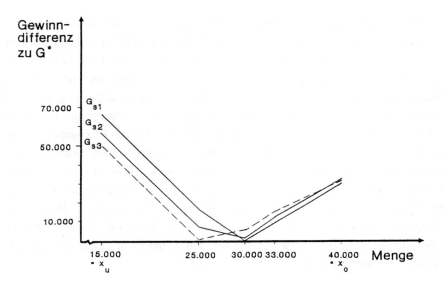

Abbildung 3a

Der Verlauf und die Lage der Flexibilitätskennlinien geben Auskunft auch über die technische und die ökonomische Komponente der Flexibilität. Vollständige Flexibilität ist dann erreicht, wenn die Kennkurve G_S eines Bestands mit der Kurve G^* übereinstimmt: Die technische Anpassung ist vollkommen. Sie läßt sich ohne ökonomische Opfer erreichen.

Volle technische Anpassungsfähigkeit, jedoch unter Inkaufnahme ökonomischer Opfer z.B. in Form höherer Produktions- bzw. Beschaffungskosten (bei Fremdbezug), führen (in Abb. 3a) zu einer Verschiebung der Kennlinie nach oben: Die Form der Kurve ändert sich hingegen kaum. Die Kurve G_{S4} in Abb. 3b ist ein Beispiel dafür. Bestand 4, abgeleitet aus den Zahlen des Beispiels im folgenden Abschnitt 3.3.2., besteht aus 29 Anlagen des Typs 1 und 3 Anlagen des Typs 3; Fremdbezug ist möglich.

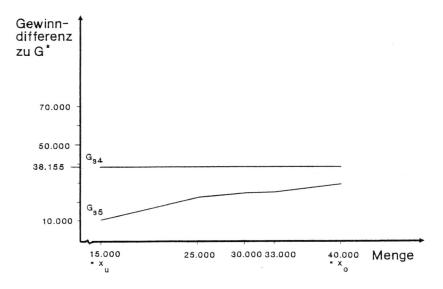

Abbildung 3b

Die Kurve G_{S5} kennzeichnet einen Bestand, den die Unternehmensleitung wählen würde, wenn sie ihr Handeln von einem gemilderten 'Minimax'-Prinzip bestimmen ließe. Zugunsten eines relativ hohen Gewinns in Absatzsituation 1 (80 % des im Idealfalle erzielbaren) wird auf Bestandsflexibilität im Bereich höheren Absatzes verzichtet.

Geringere technische Anpassungsfähigkeit, dafür aber auch geringere ökonomische Opfer, führen dazu, daß die Kennlinie G_S in einem relativ kleinen Bereich der Kurve G^* nahekommt, unter Umständen sogar in einem Punkt mit ihr übereinstimmt (siehe Kurve G_{S1} in Abb. 2), während sich die Flügel mehr und mehr von der idealen Kurve entfernen.

3.3 Bestandsflexibilität II und Risiko

3.3.1 Das Problem

Eine besondere Bedeutung als Instrument der Betriebspolitik kommt der Bestandsflexibilität II im Hinblick auf eine Reduzierung des Risikos zu.

Eine Entscheidung, die auf der Grundlage unsicherer Daten getroffen werden muß, birgt in der Regel ein Risiko in sich. Unter Risiko sei hier die Möglichkeit verstanden, daß sich der Entscheidungsträger als Folge seiner Entscheidung schlechter gestellt sieht, als es ohne diese Entscheidung der Fall gewesen wäre.

Eine Entscheidung, getroffen bei Datenunsicherheit, begründet aber nicht immer ein Risiko. Und zwar dann nicht, wenn

- entweder das durch die Entscheidung Geschaffene, (z.B. vollzogene Investitionen, abgeschlossene Verträge) im Hinblick auf die relevanten Bezugssituationen eine hinreichende Bestandsflexibilität II aufweist, so daß in keiner der relevanten Bezugssituationen eine Schlechterstellung aufgrund der Entscheidung zu fürchten ist;

- oder die Entscheidung nach Wunsch rasch und ohne ökonomische Opfer korrigierbar ist. Letzteres wird durch eine hinreichend hohe Entwicklungsflexibilität erreicht (siehe dazu Abschnitt 4).

Wenn auch im allgemeinen durch Einbau von Flexibilität das Risiko nicht völlig ausgeschaltet werden kann, so besteht doch meist die Möglichkeit, es durch bewußte Wahl eines Bestandes mit höherer Flexibilität zu reduzieren.

Risikoreduzierung ist sicher ein wichtiger Grund dafür, ein bestimmtes Maß an Flexibilität anzustreben; ihre Wirkung erschöpft sich aber keineswegs allein darin. Höhere Flexibilität gibt auch die Möglichkeit, möglicherweise eintretende günstige Datenkonstellationen besser zu nutzen, als dies mit einem weniger flexiblen Bestand möglich wäre.

Geht man davon aus, daß ein Unternehmen seine Entscheidungen nach den beiden Zielgrößen 'Ertragskraft' und 'Risiko' ausrichtet, so stellt Flexibilität ein Mittel dar, das Ergebnis der Tätigkeit des Unternehmens im Hinblick auf b e i d e Zielgrößen günstig zu beeinflussen. Im folgenden sei dies an einem Beispiel gezeigt.

3.3.2 Ein Beispiel

3.3.2.1 Die Ausgangslage

Das folgende Beispiel ist bewußt einfach gewählt, um die grundlegenden Zusammenhänge klar hervortreten zu lassen.

Das betrachtete Unternehmen stelle e i n Produkt her. Im kommenden Planungszeitraum besteht hinsichtlich des möglichen Absatzes Unsicherheit. Die Unternehmensleitung legt ihren Überlegungen das folgende Erwartungsspektrum (Tab. 1) hinsichtlich des im Planungszeitraum möglichen Absatzes zugrunde.

Die Zahlen sind repräsentativ jeweils für eine Absatzklasse. Die Klassenbreite ist unterschiedlich und so gewählt. daß für jede Klasse die gleiche subjektive Wahrscheinlichkeit gilt. Die Absatzgegebenheiten werden als bis auf weiteres stationär angenommen.

Datensituation	1	2	3	4	5
Repräsentativer Absatz (in 1.000 ME)	15	25	30	33	40

Tabelle 1: Erwartungsspektrum des Absatzes

Zu entscheiden ist darüber, wie der Bestand an Produktions-einrichtungen aussehen soll, der zu Beginn des Planungszeitraumes zu installieren ist. Welche Anlagen eingesetzt werden können und welche Produktions- und Kostendaten jeweils einen Anlagentyp kennzeichnen, ist der folgenden Tabelle zu entnehmen.

Anlagentyp	1		2		3	
Kapazität (in ZE)	1.250		1.250		1.250	
Kapitaldienst und fixe Kosten	1.300		7.750		25.000	
Intensitätsstufe	1	2	1	2	1	2
Produktionskoeffizient	1,8	1,5	0,6	0,5	0,24	0,2
variable Stückkosten	7,6	8,7	5,2	6,5	3,1	4,4

Tabelle 2: Anlagen- und Kostendaten

Es sind des weiteren unternehmensfixe Kosten in Höhe von 32.000 DM zu berücksichtigen. Der Verkaufspreis der Erzeugnisse beträgt 11,-- DM.

3.3.2.2 Die Bedeutung der BF II für die Güte der Lösung

Zunächst seien die Produktionsapparate ermittelt, die, jeweils bezogen auf eine bestimmte Datensituation (hier Absatzsituation), den höchstmöglichen Gewinn im betrachteten Planungszeitraum erbringen.

Optimum für	DS 1	DS 2	DS 3	DS 4	DS 5
Anzahl M1/M2/M3	-/-/3	-/2/4	-/2/5	-/1/6	2/1/7
Gewinn in DS 1	11.500	-29.000	-54.000	-71.250	-98.850
Gewinn in DS 2	16.750	41.250	25.000	7.750	-19.850
Gewinn in DS 3	16.750	41.667	56.188	47.250	19.650
Gewinn in DS 4	16.750	41.667	57.675	67.275	43.350
Gewinn in DS 5	16.750	41.667	57.917	69.834	87.483
Gewinnerwartungswert	15.700	27.450	28.556	24.172	6.357
Risiko	0	5.800	10.800	14.250	23.740

Tabelle 3

Tabelle 3 zeigt in Zeile 1 die Zusammensetzung dieser jeweils auf eine bestimmte Datensituation gewinnoptimal zugeschnittenen Produktionsapparate. Die Zeilen 2 bis 6 enthalten die jeweils in den alternativ möglichen Datensituationen erzielbaren Ergebnisse. Produktionsapparat 3 beispielsweise würde beim Eintreten der Datensituation 1 zu einem Verlust in Höhe von 54.000 Geldeinheiten führen. Die Zeilen 7 und 8 enthalten die den Produktionsapparaten zuzuordnenden Gewinnerwartungs- und Verlustrisikowerte.

Es sei nochmals darauf hingewiesen, daß die Zielgröße für die Ermittlung der Produktionsapparate allein der Gewinn in der Bezugssituation, nicht aber Gewinnerwartungswert und/oder Verlustrisiko sind. Ein solcher Produktionsapparat weist nur in dem Umfange Flexibilität auf, als sie sich ohne Zutun von selbst einstellt (originäre Flexibilität).

Produktionsapparate mit einer bewußt angestrebten höheren Flexibilität lassen sich ermitteln, indem statt einer mehrere oder alle der für möglich gehaltenen Datensituationen in das Gestaltungskalkül einbezogen werden. Ein Lösungsansatz, der zur Ermittlung solcher flexiblerer Produktionsapparate herangezogen werden kann, lautet:[12]

$$(1) \quad GEW = 0{,}2 \sum_{s} \left[\sum_{ij} x_{ijs} \, d_{ijs} - \sum_{i} a_i (KD_i + F_i) \right] \longrightarrow \max$$

$$(2) \quad \sum_{j} x_{ijs} \, t_{ij} \leq a_i \, T_i \qquad \text{für alle } i \text{ und } s$$

$$(3) \quad \sum_{ij} x_{ijs} \leq N_s \qquad \text{für alle } s$$

$$(4) \quad y_s^+ - y_s^- = \sum_{ij} x_{ijs} \, d_{ijs} - \sum_{i} a_i (KD_i + F_i) \qquad \text{für alle } s$$

$$(5) \quad 0{,}2 \sum_{s} y_s^- \leq R$$

Die verwendeten Symbole haben die folgende Bedeutung:

Indizes

$i \; (= 1, 2, \ldots \hat{i})$	Index des Produktionsverfahrens (Maschinentyp)
$j \; (= 1, 2, \ldots \hat{j}_i)$	Index der Intensitätsstufen des Maschinentyps i
$s \; (= 1, 2, \ldots 5)$	Index der zu berücksichtigenden Datensituationen

---

[12] Vgl. Jacob, H.: Die Bedeutung von Flexibilität und Diversifikation bei Realinvestitionen, in: Mellwig, W. (Hrsg.), Unternehmenstheorie und Unternehmensplanung, Festschrift zum 60. Geburtstag von H. Koch, Wiesbaden 1979, S. 46 ff.; die Möglichkeit des Fremdbezugs ist in diesem Lösungsansatz noch nicht berücksichtigt.

Konstanten

d_{ijs}	Deckungsspanne bei Herstellung des Erzeugnisses auf einer Anlage des Typs i mit der Intensität j in der Datensituation s
t_{ij}	benötigte Zeit zur Herstellung einer Einheit des Erzeugnisses auf einer Anlage des Typs i, gefahren mit der Intensität j
F_i	fixe Kosten (= fixe Ausgaben) einer Anlage des Typs i
KD_i	Kapitaldienst einer Anlage des Typs i
T_i	Kapazität einer Anlage des Typs i, ausgedrückt in Zeiteinheiten
N_s	Absatzgrenze in der Datensituation s
R	vorgegebener Risikowert

Variablen

x_{ijs}	Menge des Erzeugnisses, die in der Absatzsituation s auf einer Anlage des Typs i mit der Intensität j hergestellt werden soll
y_s^+, y_s^-	Positivteil bzw. Negativteil des Ergebnisses in Datensituation s
a_i	Ganzzahligkeitsvariable; Anzahl der zu Beginn des Planungszeitraumes anzuschaffenden Anlagen des Typs i

Durch die Nebenbedingung (5) ist eine bestimmte Risikogrenze vorgegeben; sie wird schrittweise erhöht. Auf diese Weise ergibt sich eine Reihe von Produktionsapparaten. Für jeden einzelnen gilt: Es ist der Produktionsapparat, der unter Einhaltung einer vorgegebenen Risikogrenze den höchstmöglichen Gewinnerwartungswert erbringt.[13] In Tabelle 4a sind einige dieser Produktionsapparate ebenso wie die mit ihnen erzielbaren Ergebnisse aufgeführt.

---

[13] Es könnte ebenso gut ein Lösungsansatz gewählt werden, der zu Produktionsapparaten führt, die für einen vorgegebenen Gewinnerwartungswert das niedrigstmögliche Risiko verursachen. Beide Ansätze sind im Ergebnis gleich.

	Ohne Fremdbezug					
Einzuhaltende Risikogrenze	0	2.500	4.000	5.800	7.500	10.800/∞
Anzahl M1/M2/M3	8/-/3	18/-/3	5/-/4	11/-/4	6/2/4	5/-/5
Gewinn in DS 1	1.100	-11.900	-20.000	-27.800	-36.800	-45.000
Gewinn in DS 2	25.239	24.913	37.958	32.450	33.450	34.000
Gewinn in DS 3	25.239	35.725	38.306	44.408	47.700	54.083
Gewinn in DS 4	25.239	35.850	38.306	44.672	48.000	54.383
Gewinn in DS 5	25.239	35.850	38.306	44.672	48.033	54.555
Gewinnerwartungswert	20.411	24.088	26.575	27.681	28.077	30.405
Risiko	0	2.380	4.000	5.560	7.360	9.000

Tabelle 4a

Eine noch höhere Flexibilität im Rahmen eines gegebenen unveränderlichen Bestandes ließe sich dann erreichen, wenn zusätzliche flexibilitätsfördernde Maßnahmen möglich wären und in die Planung einbezogen werden könnten. In vorliegendem Beispiel sei als eine solche mögliche Maßnahme die Bereitstellung der angebotenen Erzeugnisse durch Fremdbezug angenommen. Bei einem Verkaufspreis des Erzeugnisses von 11,-- DM mögen die Gesamtkosten des Fremdbezugs pro Stück 10,50 DM betragen.

Wird diese Möglichkeit in die Planung einbezogen, dann sind die folgenden in Tabelle 4b gezeigten Produktionsapparate die im Hinblick auf Gewinnerwartungswert und Verlustrisiko günstigsten.

	Mit Fremdbezug					
Einzuhaltende Risikogrenze	0	2.500	4.000	5.800	7.500	10.800/∞
Anzahl M1/M2/M3	8/-/3	11/1/3	5/-/4	-/2/4	-/2/4	-/-/5
Gewinn in DS 1	1.100	-10.550	-20.000	-29.000	-29.000	-38.500
Gewinn in DS 2	26.836	31.263	38.236	41.250	41.250	40.500
Gewinn in DS 3	29.336	34.769	40.736	43.750	43.750	50.708
Gewinn in DS 4	30.836	36.269	42.236	45.250	45.250	52.208
Gewinn in DS 5	34.336	39.769	45.736	48.750	48.750	55.708
Gewinnerwartungswert	24.489	26.304	29.389	30.000	30.000	32.125
Risiko	0	2.110	4.000	5.800	5.800	7.700

Tabelle 4b

Die drei vorlaufend beschriebenen, in den Tabellen 3, 4a und 4b dargestellten, mehr oder weniger flexiblen Lösungen sind in Abb. 4 graphisch miteinander verglichen.[14] Während die Abszissenachse das Verlustrisiko mißt, ist auf der Ordinatenachse der Gewinnerwartungswert abgetragen. Höhere Flexibilität ermöglicht entweder einen höheren Gewinnerwartungswert bei gleichem Risiko oder ein niedrigeres Risiko bei gleichem Gewinnerwartungswert.[15]

---

[14] Die Flexibilitätskennkurven der hinsichtlich des Gewinnerwartungswertes vergleichbaren, jeweils zum höchsten GEW führenden Produktionsapparate aus Tabelle 3, Spalte DS 3 (G_{S1}), Tabelle 4a, Spalte 6 (G_{S2}) und Tabelle 4b, Spalte 6 (G_{S3}) sind in den Abb. 2 und 3a gezeigt.

[15] Die Tatsache, daß hier das Verlustrisiko verwendet wurde, spielt für dieses Ergebnis keine Rolle. Die gleiche Aussage gilt auch dann, wenn als Risikomaß z. B. die Streuung oder ein anderes geeignetes Maß gewählt worden wäre.

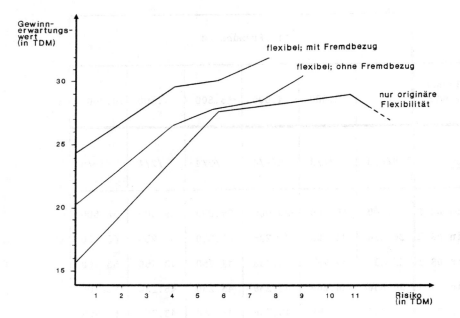

Abbildung 4

Die Kurven lassen ferner erkennen, daß die flexibelste Lösung auch den höchsten Gewinnerwartungswert erbringt. Das dabei auftretende Risiko liegt noch unter dem, das im Falle der weniger flexiblen Lösungen bei Verwirklichung der dann günstigenfalls erreichbaren, aber niedrigeren Gewinnerwartungswerte hätte in Kauf genommen werden müssen.

Die hier der Einfachheit halber an einem Ein-Produkt-Fall gezeigte Wirkung der BF II hat eine noch größere Bedeutung im Falle der Herstellung mehrerer Produkte. Zusätzliche Möglichkeiten flexibler Gestaltung treten auf - insbesondere dann, wenn die Absatzzahlen der Produkte nicht oder negativ korreliert sind.

Der Zusammenhang zwischen den Flexibilitätsarten der beiden ersten Stufen (s. Abb. 1) kommt darin zum Ausdruck, daß ein Bestand, für den aufgrund der Absatzgegebenheiten eine hohe BF I angestrebt wurde, in der Regel für bestimmte Bezugsrichtungen auch eine höhere BF II aufweist als ein Bestand mit niedrigerer BF I.

4. Entwicklungsflexibilität I

4.1 Bestimmungsgrößen

Die Entwicklungsflexibilität I bildet die dritte Stufe der Flexibilität. Im Blickpunkt steht hier die Geeignetheit eines Bestandes, entsprechend der im Zeitablauf stattfindenden Entwicklung der relevanten Gegebenheiten weiterentwickelt zu werden. Nahezu jeder Bestand weist auch ohne Zutun ein gewisses Maß an (originärer) Entwicklungsflexibilität auf. Darüber hinaus besteht die Möglichkeit, ihn bewußt so zu gestalten, daß ihm in größerem Umfange Entwicklungsflexibilität zu eigen ist.

Die dabei maßgeblichen Bestimmungsgrößen sind:
a) Die bestehenden Bindungen, insbesondere die Bindung von Kapital, aber auch sonstige vertragliche Verpflichtungen. Die Entwicklungsflexibilität ist um so größer, je weniger Kapital gebunden ist und je geringer Anzahl und Gewicht der Bindungen sonstiger Art sind.
b) Zeitdauer und Kosten der Auflösbarkeit von Bindungen.
Bestehende Bindungen mindern die Entwicklungsflexibilität dann nicht, wenn sie im Bedarfsfalle rasch und kostenlos gelöst werden können. Eine Kapitalbindung kann z.B. dann rasch gelöst werden und behindert die weitere Entwicklung des Bestandes nicht, wenn überflüssig gewordene Anlagen kurzfristig zu einem Preis verkauft werden können, der dem in ihnen noch gebundenen Kapital entspricht. Die Möglichkeit, Bindungen rasch und kostenlos zu lösen, macht eine Entscheidung korrigierbar (siehe Abschnitt 3.1.)
c) Umfang der Verwendbarkeit des Vorhandenen.
Ein vollwertiger Ersatz für die Möglichkeit b) ist dann gegeben, wenn das Vorhandene, z.B. eine bestimmte Produktionsanlage, im Rahmen aller relevanten, alternativ möglichen Entwicklungen optimal verwendet werden kann und der optimalen Weiterentwicklung des Bestandes nicht im Wege steht.

Es ist eine betriebspolitische Aufgabe, darüber zu befinden, in welchem Umfange Entwicklungsflexibilität vorhanden sein soll und wie sie zu verwirklichen ist. Im folgenden sei zunächst generell auf die Wirkung von Entwicklungsflexibilität eingegangen.

4.2 Wirkung und Messung der EF I

Betrachten wir dazu die Abb. 5. Die Abszissenachse ist hier Zeitachse, die Ordinatenachse mißt das Ergebnis. Bis zum Zeitpunkt t_0 mögen stationäre Verhältnisse geherrscht haben. Im Zeitpunkt t_0 (oder in einem Zeitraum beginnend mit t_0) treten Veränderungen der relevanten Gegebenheiten auf.

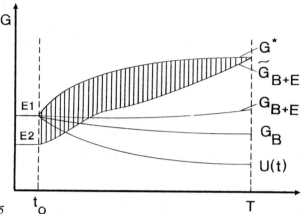

Abbildung 5

Mit dem vorhandenen Bestand werde bis t_0 ein Ergebnis erzielt, dessen Höhe durch die Niveaulinie E1 angezeigt wird. Die vom Zeitpunkt t_0 an eintretende Veränderung - z.B. eine nachhaltige Nachfrageverschiebung zugunsten eines der vom Unternehmen angebotenen Produkte zu Lasten anderer ebenfalls im Produktionsprogramm enthaltener Erzeugnisse - würde für den Fall, daß der Bestand in keiner Weise angepaßt werden kann, d.h. die gleichen Mengen wie bisher produziert werden müssen, zu einem Absinken des Ergebnisniveaus führen, wie es durch die Kurve $U(t)$ angezeigt wird.

Ist der Bestand in gewissem Umfange flexibel, d.h. besteht die Möglichkeit, zwar nicht den Bestand selbst zu verändern, ihn aber an die eingetretenen Veränderungen in gewissem Maße anzupassen (Bestandsflexibilität II), dann gilt die Ergebniskurve $G_B(t)$.

Ein noch günstigerer Verlauf der Ergebniskurve kann erreicht werden, wenn im Hinblick auf die eingetretenen Veränderungen der relevanten Gegebenheiten auch Veränderungen am Bestand vorgenommen werden können, also ein bestimmtes Maß an originärer Entwicklungsflexibilität vorliegt, das genutzt werden kann. In diesem Falle möge die Ergebniskurve $G_{B+E}(t)$ gelten.

Der Verlauf der drei Kurven U, G_B und G_{B+E} hängt von dem im Zeitpunkt t_0 vorhandenen Bestand ab. Ebenso wird von diesem Bestand das Ergebnisniveau bis zum Zeitpunkt t_0 determiniert.

Angenommen, der Bestand 1, charakterisiert durch die Ergebnislinie E 1 vor t_0, sei für den bis t_0 bestehenden stationären Zustand zieladäquat. Die diesem Bestand innewohnende Bestands- und Entwicklungsflexibilität ist originärer Art, d.h. nicht durch bewußte Gestaltung erzeugt.

Es liegt nahe anzunehmen, daß ein anderer Bestand im Zeitpunkt t_0 mit höherer Bestands- und Entwicklungsflexibilität einen günstigeren Verlauf der Ergebniskurve G_{B+E} vom Zeitpunkt t_0 an ermöglichen würde. Als Beispiel sei der Bestand 2 gewählt, für den die Ergebniskurve $\widetilde{G}_{B+E}$ charakteristisch ist. Ein solcher bewußt flexibel gestalteter Bestand erbringt bis zum Zeitpunkt t_0 in der Regel ein niedrigeres Ergebnis als der ohne Berücksichtigung von Flexibilitätsgesichtspunkten gestaltete Bestand B 1. Bewußt herbeigeführte höhere Flexibilität ist im allgemeinen mit einem Opfer verbunden, hier mit einem ungünstigeren Ergebnis bis zum Zeitpunkt t_0 (Niveaulinie E 2). Diese Ergebnisminderung, verursacht durch eine flexibilitätserhöhende Gestaltung des Bestandes, stellt die "Kosten der Flexibilität" dar.

Um ein Maß für die Entwicklungsflexibilität zu erhalten, ist in Abb. 5 die Kurve $G^*(t)$ eingezeichnet. Sie gibt an, welches Ergebnisniveau im Zeitablauf erreicht werden könnte, wenn das Unternehmen in jedem Zeitpunkt den Bestand verfügbar hätte, der im Hinblick auf die jeweils bestehenden Gegebenheiten zieloptimal ist. Es handelt sich um eine Idealkurve, die nur bei voller Entwicklungsflexibilität verwirklicht werden könnte, d.h. nur dann, wenn die gewünschten Veränderungen des Bestandes jeweils unverzüglich und ohne Kosten vorgenommen werden könnten.

Die Entwicklungsflexibilität eines Bestandes im Hinblick auf eine bestimmte Entwicklung (s) der relevanten Gegebenheiten ist um so größer, je näher die Kurve $G_{B+E}(t)$ der Kurve $G^*(t)$ verläuft, anders ausgedrückt, je kleiner die Fläche zwischen diesen beiden Kurven ist. Der Endzeitpunkt T der Beobachtung ist "zweckmäßig" zu wählen. In der Abb. 5 ist es der Zeitpunkt, zu dem die volle Anpassung an die neue Datensituation gelungen ist. Ein solcher Zustand wird freilich nur dann erreicht werden können, wenn nach eingetretener Veränderung für eine hinreichend lange Zeit wiederum ein stationärer Zustand besteht.

Mit Hilfe der Fläche zwischen $G_{B+E}(t)$ und $G^*(t)$ lassen sich Maßzahlen für die Entwicklungsflexibilität konstruieren, z.B. in der folgenden Weise:

$$F_E = 100 - \frac{\int_{t_o}^{T} [G_S^*(t) - G_{S,B+E}(t)] \, dt}{\int_{t_o}^{T} [G_S^*(t) - U(t)] \, dt} \cdot 100$$

Diese Maßzahl hat den Vorteil, daß sie in dem hypothetischen Falle vollkommener Entwicklungsflexibilität den Wert 100, beim Fehlen jeglicher Entwicklungsflexibiliät hingegen den Wert Null einnimmt. Sie gibt an, wieviel Prozent des bei voller Entwicklungsflexibilität erreichbaren Ergebnisses, abzüglich des Ergebnisses $\int_{t_o}^{T} U(t) \, dt$ bei völliger Inflexibilität, mit dem betrachteten Bestand beim Eintreten der Entwicklung s erreicht werden kann.

Auch die Messung der Entwicklungsflexibilität kann, wie bereits angedeutet, nur bezogen auf eine bestimmte Entwicklung der relevanten Gegebenheiten und bezogen auf eine bestimmte Zielsetzung des Unternehmens erfolgen. Werden mehrere unterschiedliche Entwicklungen für möglich gehalten, so wird sich ein bestimmter Bestand an die verschiedenen Entwicklungen mehr oder weniger gut anpassen lassen: Seine Entwicklungsflexibilität ist unterschiedlich hoch, je nachdem, in welche Richtung sich die relevanten Gegebenheiten verändern. Die Geeignetheit eines Bestandes, angepaßt zu werden, spiegelt sich in der Gesamtheit der im Hinblick auf alle für möglich gehaltenen Entwicklungen gewonnenen Flexibilitätsziffern wider. Ob es sinnvoll ist, sie in der einen oder anderen Weise zu einer einzigen Zahl zusammenzufassen, bleibe dahingestellt.

4.3 Entwicklungsflexibilität als Instrument der Betriebspolitik

Im Hinblick auf die Zielsetzung eines Unternehmens kann es günstig sein, bewußt dafür Sorge zu tragen, daß der Bestand (z.B. an Produktionseinrichtungen), über den das Unternehmen verfügt, in einem bestimmten Umfang entwicklungsflexibel ist. Gründe dafür können sein:

1. Reduzierung des Risikos auf ein niedrigeres, mit den Wünschen der Unternehmensleitung besser im Einklang stehendes Niveau;

2. Reduzierung des Gesamtrisikos zur Ermöglichung zusätzlicher Aktivitäten;

3. Vorsorge für eine überraschende, günstige Marktentwicklung, allgemein: zur Nutzung überraschend auftretender Chancen;

4. Eine Kombination von 1. und 3. ist denkbar und wirft besondere Fragen auf.

Im folgenden seien die genannten Gründe, ein bestimmtes Maß an Entwicklungsflexibilität anzustreben, näher betrachtet und Wege aufgezeigt, die es erlauben, den in einem konkreten Falle zieladäquaten Umfang an Entwicklungsflexibilität zu bestimmen.

4.3.1 Reduzierung des Risikos

Die Bedeutung der Entwicklungsflexibilität im Hinblick auf eine Risikoreduzierung sei an einem Beispiel gezeigt.[16]

Ein Unternehmen plane die Errichtung einer Fabrik. Produziert werden soll ein bestimmtes Erzeugnis, von dem man hofft, in der Periode 100 Mengeneinheiten absetzen zu können. Entsprechend dieser Nachfrage soll die Kapazität der Fabrik ausgelegt sein.

Zur Produktion können zwei unterschiedliche Verfahren herangezogen werden. Das stärker automatisierte Verfahren A erfordert eine durchschnittliche Kapitalbindung in den Anlagen von 100 Mio DM; die Kapitalbindung bei Realisierung des weniger automatisierten Verfahrens B beträgt 60 Mio DM. Bei Verwendung des Verfahrens A belaufen sich die Produktionskosten pro Stück (variable Produktionskosten und anteilige Kapazitätskosten einschließlich Zinskosten) auf k DM; sie liegen um 30.000 DM pro Stück höher, wenn das Verfahren B eingesetzt wird.

---

[16] Vgl. Jacob, H.: Die Bedeutung der Flexibilität im Rahmen der strategischen Planung, in: Koch, H. (Hrsg.), Neuere Entwicklungen in der Unternehmenstheorie, Festschrift zum 85. Geburtstag von E. Gutenberg, Wiesbaden 1982, S. 81 ff.

Auf den ersten Blick erscheint es hiernach vernünftig, für die gesamte Produktion das Verfahren A vorzusehen. Weitergehende Überlegungen lassen diese Lösung jedoch nicht mehr so unanzweifelbar erscheinen.

Die Geschäftsleitung kann nicht ausschließen, daß Ereignisse eintreten (z.B. das Erscheinen neuer Konkurrenten, die Erfindung eines überlegenen, den gleichen Bedarf ansprechenden Erzeugnisses; politische Maßnahmen usw.), die einen nachhaltigen Nachfragerückgang zur Folge haben können. Es kann weder vorausgesehen werden, wann derartige Ereignisse eintreten, noch ob sie überhaupt eintreten werden. Das Verlustrisiko im Falle ihres Eintretens ist jedoch gefährlich hoch.

Ein nachhaltiger Rückgang des Absatzes um 50 % würde einen Abbau der Produktionseinrichtungen in gleichem Umfang erforderlich machen. Bei der Veräußerung oder sonstigen Verwertung von Anlagen der Art A im Werte von 50 Mio DM ließen sich 15 Mio DM in der einen oder anderen Form realisieren[17]; es entstünde mithin ein Verlust in Höhe von 35 Mio DM.

Bei Verwendung des Verfahrens B müßten Anlagen mit einem darin gebundenen Kapital in Höhe von 30 Mio DM abgebaut werden. Da es sich um Anlagen mit einem breiteren Einsatzspektrum handelt, seien günstigere Verkaufspreise erzielbar; auch hier möge sich ein Erlös von 15 Mio DM ergeben. Der in Kauf zu nehmende Verlust betrüge demnach statt 35 Mio DM nur 15 Mio DM.

Damit ergibt sich die Frage, ob zur Reduzierung des Risikos im Falle des nicht auszuschließenden Eintritts eines möglicherweise existenzgefährdenden Ereignisses trotz der Kostennachteile von Anfang an neben Verfahren A auch Verfahren B eingesetzt und entsprechende Produktionseinrichtungen installiert werden sollen.

Um diese Frage beantworten zu können, sind die mit der höheren Entwicklungsflexibilität des Verfahrens B verbundenen höheren Kosten - die als Kosten der Flexibilität aufgefaßt werden können - dem möglichen Nutzen gegenüberzustellen.

Würde die neu zu bauende Fabrik zu 50 % mit Anlagen gemäß Verfahren A und zu 50 % mit Anlagen gemäß Verfahren B ausgestattet, so ließe sich dadurch das Verlustrisiko von 35 auf 15 Mio DM, also um 20 Mio DM, reduzieren. Die in diesem Falle in Kauf zu nehmenden höheren

---

[17] Die naheliegendste Verwertungsmöglichkeit nicht mehr benötigter Anlagen ist ihr Verkauf. Unter Umständen besteht die Möglichkeit, die zunächst nicht mehr benötigten Anlagen in Reserve zu halten und dann einzusetzen, wenn genutzte Anlagen am Ende ihrer Nutzungsdauer angelangt sind. In beiden Fällen ergeben sich in der Regel erhebliche Wertminderungen.

Kosten belaufen sich auf (50 x 30.000 =) 1,5 Mio DM in der Periode. Zur Reduzierung des Verlustrisikos um 1 Mio DM müßten mithin 2,5 % der Produktion mit Verfahren B durchgeführt werden; die dadurch entstehenden höheren Kosten betragen (2,5 x 30.000 =) 75.000 DM.

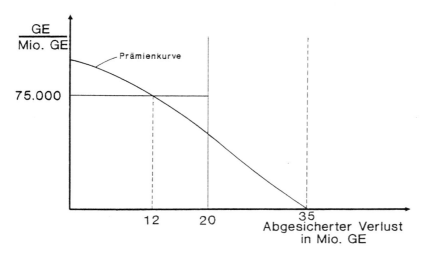

Abbildung 6

In Abb. 6 mißt die Abszissenachse den abgesicherten Verlust in Mio DM, während auf der Ordinatenachse die Reduzierungskosten pro Mio DM abgetragen sind. In vorliegendem Falle ergibt sich eine Kostenlinie in Höhe von 75.000 DM. Daß sie waagerecht zur Abszissenachse verläuft, beruht auf der sehr einfachen Struktur des Beispiels; in komplexeren Fällen wird sie in der Regel ansteigen. Damit sind die "Kosten" der Entwicklungsflexibilität und damit einer Risikoreduzierung erfaßt.

Der Nutzen einer Risikoreduzierung ist eine subjektive Größe. Sie hängt davon ab, wie der Entscheidende die Lage einschätzt, insbesondere welche Wahrscheinlichkeit er dem Eintritt des verlusterzeugenden Ereignisses beimißt, ferner welche Einstellung er dem Risiko gegenüber einnimmt. Diese seine Einstellung wird sicherlich auch von der (objektiven) Situation des Unternehmens selbst beeinflußt sein. Sie ist maßgebend dafür, bis zu welcher Höhe ein Verlust noch relativ leicht getragen werden könnte, und ebenso, von welcher Höhe an er existenzbedrohende Dimensionen annehmen würde.

Folgende Interpretation der Lage, in der sich der Entscheidungsträger befindet, bietet sich an: Das Instrument der Entwicklungsflexibilität eröffnet ihm die Möglichkeit, sich gegen Verluste abzusichern. Er kann sozusagen eine Versicherung abschließen, die ihn dagegen schützt, im Versicherungsfall einen zu hohen Verlust erleiden zu müssen.

Damit stellt sich für ihn die Frage, welche Jahresprämie er z.B. dafür zu bezahlen bereit ist, daß im Falle eines Absatzrückgangs um 50 % statt eines Verlustes von 35 Mio DM nur ein Verlust von 34 Mio DM entsteht. Weiter: Welche zusätzliche Prämie würde er gewillt sein zu zahlen, um auch die nächste Verlustmillion abzusichern usw. Eine 'Prämienkurve' dieser Art ist in Abb. 6 eingezeichnet. Ihr Verlauf im einzelnen ist subjektiv geprägt und hängt von der Einstellung des Entscheidungsträgers zum Risiko und seiner Einschätzung der Gesamtsituation des Unternehmens ab. Generell wird diese Prämienkurve von links oben nach rechts unten verlaufen. Dafür sind zwei Gründe maßgebend:

1. Für 10 % der Produktion das flexiblere Verfahren B heranzuziehen, führt bei jedem nachhaltigen Absatzrückgang zu einer Minderung des dadurch hervorgerufenen Verlustes. Die nächsten 10 % der Erzeugnisse mit Hilfe des flexibleren Verfahrens B zu erstellen, beginnt erst dann vorteilhaft zu sein, wenn der nachhaltige Absatzrückgang 10 % überschreitet. Die Gefahr, daß es dazu kommt, ist geringer als die Gefahr eines nachhaltigen Absatzrückganges überhaupt. Mithin ist der Nutzen der ersten 10 % des Verfahrens B höher als der Nutzen der nächsten 10 % usw. Von der Höhe des erwarteten Nutzens hängt der Betrag ('Prämie') ab, den man dafür zu zahlen bereit ist.

2. Im vorliegenden Beispiel möge ein Verlust, der 30 Mio DM übersteigt, für das Unternehmen tödlich sein. Ein Verlust, der 25 Mio DM überschreitet, wirkt sich zwar nicht existenzgefährdend aus, würde aber die Lage des Unternehmens entscheidend beeinträchtigen. Ein Verlust bis 15 Mio DM könnte ohne längerfristige negative Folgen verkraftet werden.
In einer solchen Situation, die verallgemeinert werden kann, ist das Anliegen der Geschäftsleitung, die letzten 5 Mio DM abzusichern, den Verlust also auf jeden Fall unter 30 Mio DM zu halten, sichtlich stärker als das Bemühen, auch noch die nächsten 5 Mio DM Verlust auszuschließen, obwohl der Wunsch dazu in der geschilderten Situation ebenfalls noch recht stark sein wird. Je dringlicher das Anliegen, um so höher die Prämie, die man bereit ist zu zahlen.

In der Abb. 6 läßt der Schnittpunkt der Prämienkurve mit der Kostenkurve erkennen, in welchem Umfange eine Verlustabsicherung für den Entscheidungsträger optimal ist. Damit ist gleichzeitig der für ihn optimale Umfang an Entwicklungsflexibilität determiniert. Gewünscht wird im Beispiel die Absicherung gegen einen Verlust von 12 Mio DM. Um das zu erreichen, sind für 30 % der Produktion das flexible Verfahren B anstelle des weniger flexiblen Verfahrens A heranzuziehen. Die für diese "Versicherung" zu zahlende Jahresprämie beträgt 900.000 DM (12 x 75.000).

Die "Versicherung" wird in voller Höhe wirksam, wenn ein nachhaltiger Nachfragerückgang von 30 oder mehr Prozent eintritt. Im Falle eines 20 %igen Absatzrückgangs wird der daraus resultierende Verlust immerhin noch um 8 Mio DM gemindert usw.

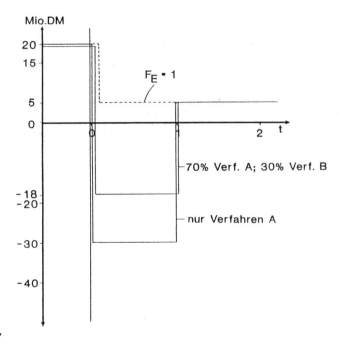

Abbildung 7

Die Situation des Beispiels ist in Abb. 7 festgehalten. Dabei ist einfachheitshalber unterstellt, daß der Absatzrückgang in voller Höhe zum Zeitpunkt t_0 wirksam wird. Ferner: Bei einer Nachfrage von 100 entstehe ein Gewinn von 20 Mio DM. Das neue Nachfrageniveau von 50 ermögliche nach Anpassung des Produktionsapparates einen Gewinn von 5 Mio DM. Die ebenfalls eingezeichnete ideale Kurve würde dann gelten, wenn der jeweils optimale Produktionsapparat unverzüglich und kostenlos verwirklicht werden könnte.

49

4.3.2 Reduzierung des Gesamtrisikos zur Ermöglichung zusätzlicher Aktivitäten

Die Aktivitäten eines Unternehmens sind in der Regel darauf gerichtet, Nutzen im Sinne der vorgegebenen Zielsetzung zu erlangen. Da das Ergebnis einer unternehmerischen Aktivität auch von den Gegebenheiten abhängt, auf die das Unternehmen trifft, diese Gegebenheiten aber oft nur innerhalb bestimmter Grenzen vorausgesagt werden können, eröffnet sich das Unternehmen durch seine Aktivitäten nicht nur die Chance, Erfolg im Sinne seiner Zielsetzung zu haben, sondern geht auch das Risiko einer Nutzeneinbuße, einer Schlechterstellung durch die Aktivität, ein. Lautet die Zielsetzung "Gewinnerwirtschaftung", so kann dieser Sachverhalt folgendermaßen beschrieben werden: Ein Unternehmen wird aktiv, um Gewinn zu erzielen. Durch sein Aktivwerden nimmt es infolge der Unsicherheit der Daten gleichzeitig aber auch oft die Möglichkeit auf sich, durch sein Aktivwerden seine Lage zu verschlechtern, d.h. einen Verlust zu erleiden.

Soll die Existenz eines Unternehmens nicht aufs Spiel gesetzt werden, dann darf die Summe der Verschlechterungen, die ungünstigstenfalls in einem bestimmten Zeitraum auftreten können, eine bestimmte Höhe nicht überschreiten. Die obere Grenze des Gesamtrisikos festzulegen, die in keinem Falle verletzt werden darf, ist Sache der Unternehmensleitung. Es liegt nahe anzunehmen, daß zwischen der noch gerade tragbaren Höhe möglicher Verluste und deren Eintrittswahrscheinlichkeit ein Zusammenhang besteht. Im weiteren sei von der in Abb. 8 gezeichneten Kurve des gerade noch tragbaren Gesamtrisikos (TR) ausgegangen.

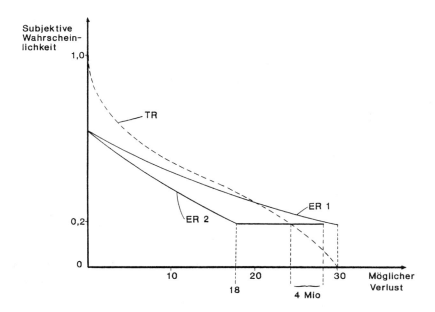

Abbildung 8

Die Kurve beginnt geringfügig unterhalb des Wahrscheinlichkeitswertes 1 (= Sicherheit). Schon bald wird sie dann relativ steil abfallen. Dieser erste Abschnitt der Kurve bringt die Bereitschaft zum Lotteriespiel zum Ausdruck. Im allgemeinen werden aber nur relativ kleine Beträge aufs Spiel gesetzt werden. Das Risiko eines höheren Verlustes wird man nur dann gewillt sein einzugehen, wenn die Wahrscheinlichkeit seines Eintritts klein genug ist. Nach Erreichen eines in diesem Sinne akzeptablen Wahrscheinlichkeitsniveaus flacht die Kurve ab. Sie wird wieder steiler fallen, wenn die äußerste Grenze des gerade noch tragbaren Gesamtrisikos naherückt. Der Schnittpunkt der Kurve TR mit der Abszissenachse kennzeichnet diese äußerste Grenze.

Der Kurve des noch tragbaren Gesamtrisikos ist die Kurve des effektiven Gesamtrisikos (ER) gegenüberzustellen. Sie läßt sich wie folgt ableiten:
Zunächst ist zu fragen, mit welchem Gesamtverlust im ungünstigsten Falle, d.h. beim Eintritt aller negativen Ereignisse - also auch jener, die zwar für recht unwahrscheinlich gehalten, aber nicht völlig ausgeschlossen werden können - gerechnet werden muß. Im Beispiel des vorhergehenden Abschnitts 4.3.1. beträgt dieses Gesamtrisiko 30 Mio DM.[18] Die subjektive Wahr-

---

[18] Von dem Verlust in Höhe von 35 Mio DM infolge des notwendigen Teilabbaus des Produktionsapparates ist der laufende Betriebsgewinn nach Anpassung des Produktionsapparats an das neue Produktionsniveau abgezogen.

scheinlichkeit dafür, daß die Nachfrage nachhaltig um 50 % zurückgeht, liege nach Einschätzung der Geschäftsleitung bei etwa 0,2. Ein noch stärkerer nachhaltiger Nachfragerückgang wird als so unwahrscheinlich empfunden, daß er nicht in das Kalkül aufgenommen wird. Die subjektive Wahrscheinlichkeit dafür, daß ein nachhaltiger Nachfragerückgang von mindestens x % eintritt, wächst mit kleiner werdendem x.

Im Beispiel der Abb. 8 schneidet die Kurve des effektiven Gesamtrisikos (ER 1) die Kurve des noch tragbaren Gesamtrisikos (TR) bei einem möglichen Verlust von 20 Mio DM. Eine solche Situation ist für die Unternehmensleitung nicht akzeptabel.

Akzeptierbar wäre hingegen die in Abschnitt 4.3.1. angegebene Lösung. Die dieser Lösung immanente höhere Entwicklungsflexibilität führt zu einer günstigeren Kurve des effektiven Risikos, das im Fall des 50 %igen Absatzrückgangs 18 Mio DM beträgt (s. Kurve ER 2, Abb. 8).

Um eine Kurve des effektiven Gesamtrisikos zu erreichen, die unterhalb der Kurve des noch tragbaren Gesamtrisikos verläuft, hätte man sich mit weniger Entwicklungsflexibilität begnügen können. Statt 30 % der Erzeugnisse mit Hilfe des Verfahrens B herzustellen, wäre es für das Erreichen eines tragbaren Risikos ausreichend gewesen, Verfahren B zu 15 % heranzuziehen.

Der Kurve ER durch Einsatz des Instruments 'Entwicklungsflexibilität' einen günstigeren Verlauf zu geben, kann auch aus folgendem Grund wünschenswert sein: Ein Unternehmen stehe vor der Frage, zusätzliche Aktivitäten aufzunehmen. Generell gilt: Eine zusätzliche Aktivität wird nur dann aufgenommen werden, wenn

1. das effektive Gesamtrisiko dadurch nicht über das als noch tragbar angesehene Gesamtrisiko hinaus gesteigert wird; die neue Kurve des Gesamtrisikos also an keiner Stelle die Kurve des noch tragbaren Risikos übersteigt;

2. das Chancen-Risiken-Verhältnis der Aktivität dem Entscheidungsträger akzeptabel erscheint; die Gewinnchancen müssen nach seinem subjektiven Ermessen hoch genug sein, das zu ihrer Erlangung einzugehende Risiko zu rechtfertigen.

Angenommen für eine bestimmte Aktivität sei die Voraussetzung 2 erfüllt, jedoch nicht die Voraussetzung 1: Die Kurve des effektiven Risikos (ER 2) würde in ihrem unteren Teil bis zu einem maximalen Verlustrisiko von 28 Mio DM um 10 Mio DM nach rechts verschoben (s. waagerechte Verlängerung von ER 2 in Abb. 8). Damit würde sie ab einer Verlusthöhe von 24 Mio DM oberhalb der Kurve TR verlaufen. Abhilfe könnte hier durch verstärkten Einsatz des

Mio DM oberhalb der Kurve TR verlaufen. Abhilfe könnte hier durch verstärkten Einsatz des Instruments Entwicklungsflexibilität geschaffen werden, nämlich dann, wenn dadurch die neue Kurve (ER 2) in ihrem unteren Teil um mindestens 4 Mio DM nach links verschoben, d.h. das Gesamtrisiko in diesem Bereich um mindestens 4 Mio DM gemindert werden könnte.

In unserem Beispiel besteht diese Möglichkeit durch den verstärkten Einsatz des Verfahrens B. Würden statt 30 % der Produktion 40 % mit Hilfe des Verfahrens B erstellt, so verminderte sich dadurch das Gesamtrisiko im Wahrscheinlichkeitsbereich unter 0,2 (nachhaltiger Absatzrückgang von 50 %) auf 24 Mio DM und läge folglich auch bei Realisierung der in Frage stehenden Aktivität noch unter dem tragbaren Gesamtrisiko.

Um eine Entscheidung für oder gegen die zusätzliche Aktivität treffen zu können, müssen die Kosten der notwendig gewordenen zusätzlichen Entwicklungsflexibilität von den erwarteten Gewinnen der neuen Aktivität abgesetzt werden.[19]

4.3.3 Vorsorge für eine überraschend eintretende, günstige Marktentwicklung

Die Überlegungen, die hier anzustellen sind, seien anhand der Abb. 9 dargestellt. Die Abszissenachse ist die Zeitachse; die Ordinatenachse mißt das Ergebnis pro Zeiteinheit, also das Ergebnisniveau.

---

[19] Die neue Aktivität möge mit einer Wahrscheinlichkeit von 0,5 einen Gewinn in Höhe von 8 Mio DM und mit einer Wahrscheinlichkeit von 0,2 einen Gewinn von 2 Mio DM erbringen. An die Stelle der Gewinnchancen sind die nach Einschätzung des Entscheidungsträgers äquivalenten sicheren Gewinnbeträge zu setzen. Sie mögen 3,8 Mio DM und 0,3 Mio DM, zusammen also 4,1 Mio DM, betragen. Davon sind die Kosten der Flexibilität, hier (10 x 30.000 =) 0,3 Mio DM, abzuziehen. Der Entscheidungsträger muß nun abwägen, ob der verbleibende Gewinn von 3,8 Mio DM das Eingehen des mit dieser Aktivität verbundenen (Verlust) Risikos rechtfertigt. Ist dies der Fall, so wird das Unternehmen die in Frage stehende Aktivität verwirklichen.

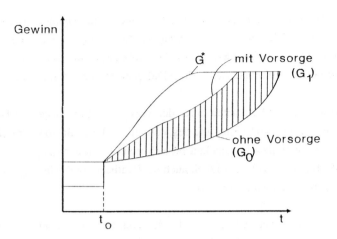

Abbildung 9

Im Zeitpunkt t_0 möge eine günstige Marktentwicklung einsetzen, die innerhalb relativ kurzer Zeit die Nachfrage nach dem Erzeugnis des Unternehmens auf ein erheblich höheres Niveau ansteigen läßt. Es ist weder bekannt, wann der Zeitpunkt t_0 sein wird, noch ob überhaupt eine solche Entwicklung eintreten wird.

Unter der Voraussetzung, daß das Unternehmen keine Vorsorge getroffen hat, wird sich vom Zeitpunkt t_0 an das Ergebnisniveau im Zeitablauf so entwickeln, wie es die Kurve G_0 anzeigt. Das Ergebnisniveau wird sich erhöhen, da dem im Zeitpunkt t_0 vorhandenen Bestand sowohl eine "originäre" Bestands- als auch eine "originäre" Entwicklungsflexibilität immanent sind. Der Anstieg des Ergebnisniveaus könnte wesentlich schneller vonstatten gehen, die durch die überraschend eingetretene günstige Marktentwicklung gegebenen Chancen eher und weitgehender genutzt werden, wenn dem im Zeitpunkt t_0 vorhandenen Bestand eine höhere Entwicklungsflexibilität zu eigen wäre. Die Kurve G_1 zeigt die Ergebnisentwicklung, wie sie sich im Falle eines in t_0 entwicklungsflexibleren Bestandes ergeben würde.

Geht man davon aus, daß der Bestand, dem die Kurve G_0 zuzuordnen ist, auf die bis t_0 bestehende Datensituation optimal zugeschnitten ist, dann würde ein Bestand mit einer bewußt herbeigeführten höheren Entwicklungsflexibilität bis zum Zeitpunkt t_0 ein niedrigeres Ergebnis zur Folge haben (siehe Kurve G_1 links von t_0). Die bewußt herbeigeführte höhere Entwicklungsflexibilität verursacht insofern "Kosten" bis zum Zeitpunkt t_0.

Je nach dem Umfang an Entwicklungsflexibilität wird die Fläche zwischen der Kurve G_0 und der jeweiligen Ergebniskurve eines flexibleren Bestandes größer oder kleiner sein (siehe die vertikal gestrichelte Fläche in Abb. 9). Sie gibt den im Falle einer höheren EF I möglichen Mehrgewinn wieder.[20]

Um sich die Chance eines solchen Mehrgewinns zu sichern, muß bis zum Zeitpunkt t_0 eine Ergebnisminderung in Kauf genommen werden. Wie im Falle des Abschnitts 4.3.1. kann diese Ergebnisminderung als "Prämie" oder (Lotterie-)Einsatz angesehen werden, der für den möglichen Vorteil beim Eintreten der günstigen Marktentwicklung gezahlt wird.

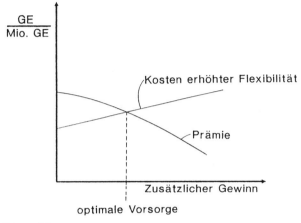

Abbildung 10

Unter der Voraussetzung, daß der Umfang der Entwicklungsflexibilität mehr oder weniger kontinuierlich variiert werden kann und mit höherer Entwicklungsflexibilität auch ein höherer zusätzlicher Gewinn oder Vorteil vom Zeitpunkt t_0 an möglich wird, ist die optimale Vorsorge, der optimale Umfang an Entwicklungsflexibilität in dem hier gewählten Beispiel durch den Schnittpunkt der Kosten- und der 'Prämien'-Kurve in Abb. 10 determiniert. Die 'Prämien'-Kurve zeigt an, welche "Prämie" die Unternehmensleitung für die Chance, jeweils zusätzliche Gewinne zu erzielen, zu zahlen bereit ist.

---

[20] Die Entwicklungsflexibilität eines Bestandes kann z.B dadurch erhöht werden, daß bestimmte Einrichtungen größer dimensioniert werden, als es gegenwärtig nötig ist, so daß erforderlichenfalls rasch zusätzliche Aggregate in den Bestand eingefügt und dadurch die Kapazität schnell erhöht werden kann. Beispiel: Ein Gebäude wird so groß dimensioniert, daß bereits Raum für Aggregate bereitsteht, die heute noch nicht benötigt und auch noch nicht angeschafft werden sollen. Oder: Ein Unternehmen verfügt über eine eigene Stromerzeugung. Sie wird von vornherein so groß ausgelegt, daß zusätzliche Einrichtungen, z.B. zusätzliche Schmelzöfen, betrieben werden könnten, falls es die Absatzentwicklung wünschenswert erscheinen ließe.
Vorsorge im hier verstandenen Sinne kann auch durch Erhöhung der Bestandsflexibilität II getroffen werden, z.B. durch die Bereitstellung von Reservekapazitäten. Damit kann auf eine günstige Absatzentwicklung relativ rasch reagiert werden.

4.3.4 Risikoabsicherung kombiniert mit Vorsorge

Auf der einen Seite möchte sich das Unternehmen wie im Falle des Abschnitts 4.3.1. gegen ein zu hohes Risiko absichern; auf der anderen Seite möchte es aber auch für den Fall einer günstigen Marktentwicklung vorsorgen.

Es sei zunächst angenommen, die Vorsorge werde in der Weise getroffen, daß bestimmte Einrichtungen größer dimensioniert werden als gegenwärtig erforderlich, um im Bedarfsfall schnell zusätzliche Kapazität aufbauen zu können. Im Falle ihres endgültigen Nichtgebrauchs, nämlich beim Eintritt eines nachhaltigen Absatzrückgangs, würden diese Einrichtungen einen zusätzlichen Verlust in Höhe von 8 Mio DM verursachen, der Gesamtverlust bei alleiniger Verwendung des Verfahrens A betrüge dann 38 Mio DM. Um ein noch tragbares Verlustrisiko von 24 Mio DM zu erreichen, müßte ein Verlust von 14 Mio DM (statt 12 Mio DM im Fall des Abschnitts 4.3.1.) abgesichert werden. Das kann im Falle des Beispiels dadurch geschehen, daß statt 30 % jetzt 35 % der Produktion mit Hilfe des Verfahrens B erstellt werden. Es entstehen dadurch zusätzliche Kosten in Höhe von 5 x 30.000 = 150.000 DM, die der "Prämie" (Kapitaldienst und sonstige fixe Kosten der Reserveeinrichtungen) hinzuzuzählen sind. Ausgehend von der neuen höheren Prämie ist die Vorsorge-Entscheidung zu überdenken und iterativ zu korrigieren.

Eine zweite Möglichkeit, in dem hier betrachteten Falle Vorsorge zu treffen, bestehe darin, Anlagen der Art A (und zwar mit einer Kapazität von 20 Erzeugniseinheiten in der Periode) über die benötigte Anzahl hinaus anzuschaffen und in Reserve zu halten.[21] Damit wird die BF II, bezogen auf eine mögliche günstige Marktentwicklung, erhöht, gleichzeitig aber auch das Verlustrisiko im Falle eines nachhaltigen Absatzrückgangs vergrößert.

Um es abzusichern, müßte, verglichen mit der Lösung in Abschnitt 4.3.1., das Verfahren B in verstärktem Maße herangezogen werden. Bei der Veräußerung zusätzlicher Anlagen des Typs A mit einer durchschnittlichen Kapitalbindung von 20 Mio DM entstünde ein zusätzlicher Verlust von 14 Mio DM. Um die bei einem nachhaltigen Absatzrückgang von 50 % angestrebte

---

[21] Zu dieser Lösung sei die Unternehmensleitung aufgrund von Überlegungen gelangt, wie sie in Abschnitt 4.3.3. beschrieben sind. Aus solchen Überlegungen geht auch hervor, ob Anlagen der Art A oder der Art B in Reserve gehalten werden sollen.

Verlustobergrenze (siehe Abschnitt 4.3.1.) einhalten zu können, müßten weitere 35 % der Produktion, also nun insgesamt 65 %, mit Hilfe des Verfahrens B hergestellt werden. Die dadurch entstehenden Mehrkosten betragen 1,95 Mio DM (65 x 30.000). Davon sind 1,05 Mio DM ursächlich der Reservehaltung, also der Vorsorge für eine günstige Marktentwicklung zuzurechnen.

Allerdings ergibt sich auch ein Vorteil. Zwar werden Anlagen der Art A, ausreichend für eine Produktion von 20 Erzeugniseinheiten, mehr angeschafft als im Normalfall benötigt. Wegen ihrer niedrigeren Produktionskosten wird man sie aber nicht ungenutzt lassen, sondern einsetzen und dafür Anlagen der Art B nicht benutzen. Die Kosteneinsparung beträgt (20 x 30.000 =) 600.000 DM, so daß nur noch eine aus der Vorsorge sich ergebende Mehrbelastung von 450.000 DM bestehen bleibt. Dieser Betrag ist den Kosten, die die Reserveaggregate laufend verursachen, hinzuzufügen. Die höhere Prämie gibt Anlaß, die Vorsorge-Entscheidung zu überprüfen und iterativ in Richtung auf eine niedrigere Reservehaltung zu korrigieren.

Grundsätzlich läßt sich feststellen: Durch geeigneten Einsatz des Instruments Flexibilität kann gleichzeitig sowohl positiven als auch negativen Möglichkeiten der Datenentwicklung Rechnung getragen und die Lage des Unternehmens im Hinblick auf die Zielgrößen Gewinn und Risiko verbessert werden.

5. Strategische Flexibilität (Entwicklungsflexibilität II)

Die Strategische Flexibilität (Entwicklungsflexibilität II) bildet die vierte und höchste Stufe flexiblen Verhaltens. In das Bemühen, das Instrument 'Flexibilität' zieladäquat einzusetzen, wird nun auch das Produktions- oder Leistungsprogramm des Unternehmens einbezogen. Wie eingangs definiert, bedeutet strategische Flexibilität die Fähigkeit eines Unternehmens, sich rasch und kostengünstig an wesentliche, nachhaltige Veränderungen der relevanten Gegebenheiten (auch) durch ein verändertes Produktions- oder Leistungsprogramm anzupassen.

Über diese Art flexibler Anpassung ist bislang noch relativ wenig gearbeitet worden. Eine quantitative Erfassung und Darstellung der hier bestehenden Wirkungszusammenhänge ist schwierig und oft unmöglich.

Die folgenden Ausführungen befassen sich - auch aus Platzgründen - vorrangig mit den Bestimmungsgrößen dieser Flexibilitätsart. Desweiteren seien einige Probleme genannt, die hier zur Entscheidung anstehen.

Wir fragen: Von welchen Größen wird die Fähigkeit eines Unternehmens bestimmt, rasch und präzise d i e Veränderungen seines Leistungsprogramms vornehmen zu können, die im Hinblick auf die übergeordneten Unternehmensziele als Anpassung an veränderte Verhältnisse und Gegebenheiten wünschenswert erscheinen?

1. Die erste und unabdingbare Voraussetzung dafür ist die, daß das Unternehmen in der Lage ist, Produkte zu entwickeln und herzustellen, die geeignet erscheinen, künftige Marktchancen optimal zu nutzen, die sich umweltfreundlich und kostengünstig produzieren lassen und die gegenüber möglichen Engpässen bei der Beschaffung von Material und sonstigen Produktionsfaktoren weitgehend unempfindlich sind.

    Es ist eine Tatsache, daß sich in zahlreichen Branchen der Konkurrenzkampf sehr stark über das Leistungsprogramm vollzieht. Eigene neue, bessere Produkte sollen den Erzeugnissen der Mitbewerber Konkurrenz machen, ihnen Nachfrage abjagen. Aktion und Reaktion sind eng miteinander verknüpft und lassen sich oft nicht auseinanderhalten. Ein Unternehmen, das neue Produkte seiner Konkurrenten fürchten muß, wird nicht erst dann reagieren, wenn solche Produkte auf dem Markt erscheinen, sondern es wird seinerseits versuchen zu agieren, d.h. neue Produkte zu entwickeln und neue Märkte zu erschließen.

    Umfang und Qualität der Forschung sind wesentliche Größen, dies zu ermöglichen. Das Forschungspotential, über das ein Unternehmen verfügt, ist mithin eine entscheidende Bestimmungsgröße strategischer Flexibilität.

2. Je eher grundsätzliche Entwicklungen erkannt oder auch nur erspürt werden, um so schneller können Maßnahmen der Anpassung ausgelöst werden. Die **Qualität des Managements** in dieser Hinsicht, unterstützt von einem auch **in die Zukunft greifenden Informationssystem**, ist somit eine zweite wesentliche Bestimmungsgröße strategischer Flexibilität.

3. Die durch die Forschung gegebenen Möglichkeiten und die erkannten künftigen Entwicklungen müssen miteinander in Einklang gebracht werden. Zu erkennen, in welcher Weise das geschehen kann, **erfolgreiche Strategien zu entwickeln**, ist ebenfalls Aufgabe des Managements und ein Merkmal seiner Qualität, das als dritte Bestimmungsgröße strategischer Flexibilität angesehen werden kann.

4. Geplante Strategien müssen verwirklicht werden. Um sie durchzusetzen, ist wiederum die Qualität des Managements gefordert, jetzt im Hinblick auf sein **Durchsetzungsvermögen**, seine Fähigkeit, andere mitzureißen und zu begeistern, sie in der rechten Weise anzuleiten und zu führen.

5. Alle diese Fähigkeiten nützen nichts, wenn sie nicht im Rahmen einer **wirkungsvollen flexiblen Organisation** zur Wirkung gebracht werden können.

6. Schließlich sei daran erinnert, daß die strategische Flexibilität die vierte Stufe flexiblen Verhaltens darstellt. Eine hohe Bestandsflexibilität II und eine hohe Entwicklungsflexibilität I erleichtern die im Rahmen der strategischen Planung gewünschte Anpassung des Leistungsprogramms.

Eine günstige Gestaltung der Bestimmungsgrößen zur Erlangung einer hohen strategischen Flexibilität verursacht Kosten. Das gilt für die Forschung ebenso wie für ein gutes Management und ein wirksames Informationssystem. Nutzen und Kosten sind gegeneinander abzuwägen, um das Maß an strategischer Flexibilität zu erkennen, das für die (langfristige) Zielsetzung des Unternehmens am günstigsten ist.

Neben den Fragen, die sich auf die Gestaltung und Beeinflussung der Bestimmungsgrößen beziehen und damit allgemein den Umfang der anzustrebenden Flexibilität betreffen, stehen Fragen speziellerer Natur, z.B.: Wieviele "Eisen" (Zukunftsprojekte) welcher Art soll das Unternehmen "im Feuer" haben? Auf welchen Entwicklungsstand sollen Projekte gebracht werden, deren Realisierungszeitpunkt noch nicht feststeht oder deren Realisierung von Umweltentwicklungen abhängt, deren Eintreten noch ungewiß ist?

Entscheidungen hierüber müssen getroffen werden, auch wenn sie oft mehr auf Gefühl und allgemeinen Trenderwartungen beruhen als auf gesicherten Anhaltspunkten und dem Wissen um mögliche Konsequenzen.

Literaturverzeichnis

Aaker, D.A.; Mascarenhas, B.: The Need for Strategic Flexibility, in: Journal of Business Strategy, 5.Jg. 1984, Nr.2, S. 74-82

Altrogge, G.: Flexibilität der Produktion, in: Kern, W.(Hrsg.), Handwörterbuch der Produktionswirtschaft, Stuttgart 1979, Sp. 604-618

Behrbohm, P.: Flexibilität in der industriellen Produktion, Frankfurt/M., Bern, New York 1985

Eversheim, W.; Schäfer, F.-W.: Planung des Flexibilitätsbedarfs von Industrieunternehmen, in: Die Betriebswirtschaft, 40.Jg. 1980, S. 229-248

Hirschmann, R.G.: Größere Flexibilität als Konzept eines mittelständischen Unternehmens, in: ZfbF, 37.Jg. 1985, S. 144-153

Horváth, P.; Mayer, R.: Produktionswirtschaftliche Flexibilität, in: WiSt, 15.Jg. 1986, S. 69-76

Jacob, H.: Unsicherheit und Flexibilität - Zur Theorie der Planung bei Unsicherheit, in: ZfB, 44.Jg. 1974, Teil I: S. 299-324, Teil II: S. 403-448, Teil III: S. 505-526

Jacob, H.: Die Bedeutung von Flexibilität und Diversifikation bei Realinvestitionen, in: Mellwig, W. (Hrsg.), Unternehmenstheorie und Unternehmensplanung, Festschrift zum 60. Geburtstag von H. Koch, Wiesbaden 1979, S. 31-68

Jacob, H.: Die Bedeutung der Flexibilität im Rahmen der strategischen Planung, in: Koch, H. (Hrsg.), Neuere Entwicklungen in der Unternehmenstheorie, Festschrift zum 85. Geburtstag von E. Gutenberg, Wiesbaden 1982, S. 69-98

Jones, R.A.; Ostroy, J.M.: Flexibility and Uncertainty, in: Review of Economic Studies, 51.Jg. 1984, Nr.1, S.13-32

Mascarenhas, B.: Planning for Flexibility, in: Long Range Planning,14.Jg. 1981, Nr.5, S. 78-82

Meffert, H.: Größere Flexibilität als Unternehmenskonzept, in: ZfbF, 37.Jg. 1985, S. 121-139

Mössner, G.U.: Planung flexibler Unternehmensstrategien, München 1982

Reichwald, R.; Behrbohm, P.: Flexibilität als Eigenschaft produktionswirtschaftlicher Systeme, in: ZfB, 53.Jg. 1983, S. 831-853

Integration und Flexibilität - Unternehmensführung in unserer Zeit

Mark Wössner[*]

    Einleitung
1. Zur zunehmenden Komplexität unternehmerischer Aufgabenstellungen
2. Mit welchen Veränderungen werden wir konkret in der Medienbranche konfrontiert?
3. Flexibilität ist bereits heute das zentrale Organisationsprinzip für Produkt- und Marktentwicklungen
4. Integration - eine Führungsaufgabe
5. Flexibilität und Integration als Hauptelemente moderner Unternehmenssteuerung verlangen nach veränderter Führungsqualität und -kompetenz
6. Was erwarten die Unternehmen von einer betriebswirtschaftlichen Ausbildung an deutschen Hochschulen?

---

[*] Dr. Mark Wössner, Vorsitzender des Vorstandes der Bertelsmann AG, Gütersloh

Einleitung

Das Thema Ihrer Jahrestagung „Integration und Flexibilität: Eine Herausforderung für die Allgemeine Betriebswirtschaftslehre" zeigt, daß Sie sich mit zwei Begriffen beschäftigen, die auch für uns täglich von Bedeutung sind. Allerdings diskutieren wir sie in umgekehrter Reihenfolge: erst Flexibilität, dann Integration.

Märkte erfordern in erster Linie Flexibilität. Unternehmer müssen einerseits Initiativen ergreifen und den Märkten Innovationen anbieten, andererseits müssen sie die sichtbaren Bedürfnisse der Märkte kreativ bearbeiten. Das heißt, sie müssen in beiden Fällen flexibel sein, sowohl im Hinblick auf Innovationen als auch im Hinblick auf marktgemäße Reaktionen.

Integration steht keineswegs im Gegensatz zu Flexibilität, sondern ist aus unserer Sicht das korrespondierende Organisationselement. Eigentlich müßte von Re-Integration die Rede sein, weil es sich hier um eine Ausgleichsfunktion handelt. Flexibilität und Integration sind so gesehen komplementäre Instrumente für eine moderne Unternehmenssteuerung.

Der Begriff Integration ist populär. Der Grund liegt in der technologischen Entwicklung, die Ihnen bekannt ist und die ich lediglich mit den Begriffen CAD, CAM und CIM andeuten möchte. Die Informations- und Kommunikationstechnologien haben Wege zur integrierten Datensteuerung und auch Unternehmenssteuerung eröffnet. Das Potential dieser Integrationstechnologien liegt in der Verknüpfung bislang separat organisierter Funktionen. Der Sprung von der mechanischen Automation zur elektronischen Integration technischer Abläufe macht dies besonders deutlich.

Sowohl in der Praxis als auch in Forschung und Lehre hat die Betriebswirtschaft mit bestimmten Begriffen ganze Epochen gekennzeichnet. Anfang der sechziger Jahre wurden die Methoden und Modelle des Operation Research gelehrt und fortentwickelt. Dann konzentrierte man sich auf die Modelle der Langfristplanung bis hin zur strategischen Planung oder dem, was heute von den Unternehmensberatern unter Portfolio-Methoden angeboten wird. Im Verlauf der siebziger Jahre betrachtete man den Betrieb zunehmend als Regelkreissystem. Zu kybernetischen Betrachtungsweisen kamen stochastische Methoden, die zu Simulationsmodellen geführt haben.

Der Begriff Marketing, der in den siebziger Jahren differenziert entwickelt wurde, hat von der Lehre zur Praxis die wohl überzeugendste Brücke geschlagen. In den achtziger Jahren begann man von Human-Ressources zu sprechen, bei denen die sozialen und psychologischen Komponenten für die Unternehmensführung eine gewisse Priorität genießen.

Die Begriffe Flexibilität und Integration reihen sich in diese Entwicklung und Verlagerung von Themenschwerpunkten durchaus ein. Dies ist allerdings kein vordergründiger Modetrend. Denn zeitgemäße Unternehmensführung kann auf das, was diese Begriffe beinhalten, angesichts des hohen Grades heutiger Geschäftskomplexität und Marktdynamik nicht verzichten.

Damit bin ich bei dem mir gestellten Thema. Ich möchte es in sechs Abschnitte gliedern:

1. Zuerst will ich einige grundsätzliche Anmerkungen zur zunehmenden Komplexität unternehmerischer Aufgabenstellungen machen.

2. Mit welchen Veränderungen in den Organisationsstrukturen und Arbeitsprinzipien werden wir in der Praxis konfrontiert?

3. Vor diesem Hintergrund will ich dann aufzeigen, warum Flexibilität heute ein entscheidendes Organisationsprinzip und Arbeitselement bedeutet.

4. Die von mir eingangs begründete Schrittfolge verlangt es, das korrespondierende Element darzustellen: die Integration als Führungsaufgabe.

5. Flexibilität und Integration als Hauptelemente moderner Unternehmenssteuerung erfordern veränderte Führungsqualitäten und Führungskompetenzen.

6. Abschließend erlaube ich mir einige Vorschläge und Forderungen aus der Sicht des Unternehmers an die Adresse der Hochschule.

1. Zur zunehmenden Komplexität unternehmerischer Aufgabenstellungen

Die unternehmerische Aufgabe besteht in ihren Grundfunktionen vereinfacht dargestellt in der Notwendigkeit, Grundlagen und Rahmendaten zu schaffen, zu initiieren, zu führen, zu entscheiden und zu kontrollieren. Dieses Grundmuster hat sich nicht verändert und wird sich auch in Zukunft nicht wesentlich verändern. Drastisch verändert haben sich allerdings die Grundlagen, Prämissen, Anforderungen und Rahmenbedingungen unternehmerischer Tätigkeit. Die wichtigsten Stichworte hierzu sind: dynamische Technologie-Entwicklungen, Verkürzung der Produkt-Lebenszyklen, zunehmende Spezialisierung der Märkte und Teilmärkte bis hin zu ihrer Atomisierung und, parallel dazu, die Internationalisierung und Globalisierung der Geschäftstätigkeit.

Die Ausdifferenzierung der Nachfragewünsche erfordert vielfältige Produktinnovationen und führt zu immer kürzeren Produkt-Lebenszyklen. Das heißt, Produkte mit langen Lebenszyklen, die in hoher Stückzahl mit gleichbleibenden Produktionsverfahren aufgrund von Lern- und Economy-of-Scale-Effekten mit ständig sinkenden Stückkosten hergestellt werden konnten und auf sicheren Absatzmärkten berechenbare und garantierte Erträge schufen, bestimmen nicht mehr die Produktions- und Unternehmenswirklichkeit von heute.

Hier haben wir es mit ganz entscheidenden Diskontinuitäten der Märkte zu tun. Sie fordern heute eine wesentlich höhere Qualität an unternehmerischer Treffsicherheit und Zielgenauigkeit als früher. Dabei gehe ich davon aus, daß diese neue Qualität nicht mathematisch herzuleiten ist, sondern eine weitsichtige Orientierung an den tatsächlichen Bedürfnissen der Gesellschaft erfordert. Noch wichtiger als Trendsetter zu sein ist es, den Konsumenten im Visier zu haben und eigene Strategien zu entwickeln, die Bestand haben. Lineares Denken muß deshalb von einem komplexen, vernetzten und somit ganzheitlichen unternehmerischen Denken abgelöst werden. Zunehmende Programmvielfalt und zunehmende Internationalität zwingen uns schließlich zu einer Entwicklung, die von quantitativen über qualitative Modelle hin zu integrierten Systemen führt – sowohl in der Technik wie im Vertrieb und auch in der betriebswirtschaftlichen Steuerung des Unternehmens.

Nicht nur der Markt erfordert eine Evolution der Unternehmensorganisation, sondern auch die Veränderungen im Umfeld des Unternehmens erzwingen einen Wandel. Wirtschaft wird von Menschen für Menschen gemacht. Dies bedeutet, daß die Unternehmensführung auf unzählige Imponderabilien reagieren muß. Ich erinnere nur an Stichworte wie soziokulturellen Wandel und Werteverschiebung, ökologische Notwendigkeiten, technologischen Fortschritt und an die Veränderungen der politischen und gesetzlichen Rahmenbedingungen.

Dem soziokulturellen Wandel sind sowohl Mitarbeiter als auch Führungskräfte gleichermaßen unterworfen. Unternehmen müssen deshalb diese Veränderung nicht nur mit Blick auf die Menschen als Konsumenten, sondern auch mit Blick auf den Menschen als Mitarbeiter berücksichtigen.

Heute besteht die Herausforderung darin, Werte wie Emotionalität, Spontaneität und kreative Inkonsequenz mit den alten konkurrierenden preußischen Tugenden wie Disziplin, Effizienz und Pünktlichkeit in Einklang zu bringen. Diese guten alten Tugenden, die qualitative Führung und qualitative Mitarbeit bislang kennzeichneten, sind keineswegs hinfällig geworden. Im Gegenteil, sie sind so notwendig wie bisher, aber sie sind nicht mehr ausreichend. Für die Unternehmensführung heute bedeutet dies, daß diese durchaus noch gültigen preußischen Verhaltensnormen mit Elementen der modernen Personalführung und einer Führung im Dialog ergänzt werden müssen. Das Ergebnis läßt sich als kommunikative und integrative Führung bezeichnen. Dieser Begriff der „integrativen Führung", auf den ich weiter unten näher eingehen will, kommt meines Wissens in der Literatur bisher noch nicht vor.

Schließlich berühren die Veränderungen der politischen und gesetzlichen Rahmenbedingungen Arbeitsweise und Wirkungsgrad eines Unternehmens unmittelbar. Hierzu mögen Stichworte genügen wie Kartellgesetz, Standortnachteile durch hohe Besteuerung, Veränderungen durch die Vollendung des Binnenmarktes nach 1992 bis hin zu nationalen Besonderheiten, denen ein global operierendes Unternehmen in vielfältiger Weise gerecht werden muß.

Ich denke, dies genügt, um die Komplexität der unternehmerischen Wirklichkeit von heute kurz zu beleuchten. – Und über all dem schwebt die Notwendigkeit eines strategischen und zielorientierten Managements. Denn: „Es gibt keinen günstigen Wind für den, der nicht weiß, wohin er segelt." (Wilhelm von Oranien)

2. Mit welchen Veränderungen werden wir konkret in der Medienbranche konfrontiert?

Ich möchte Ihnen die veränderte Situation und die heute auf vielfache Weise komplizierter und differenzierter gewordenen Aufgabenstellungen des Unternehmers am Beispiel unserer Branche darstellen. Ich will versuchen, Ihnen zu zeigen, daß die Komplexität in der Medienbranche während der letzten zehn, zwanzig Jahre so zugenommen hat, daß Werkzeuge der Betriebssteuerung von gestern längst nicht mehr ausreichen, um den Alltag von heute oder gar die Zukunft von morgen zu gewinnen.

Denken Sie an den Tageszeitungsverleger, der hier in Münster seine Tageszeitung herausgegeben hat, oder an jemanden, der früher irgendeinen kleineren Buchverlag betrieb. Gestern war ein solches Unternehmen noch hochprofitabel und konkurrenzfähig. Heute dagegen steht ein solches Unternehmen vor großen Problemen.

Der Tageszeitungsverleger hat längst mit großen, überregionalen Zusammenschlüssen zu tun. Noch hilft ihm das deutsche Kartellrecht, aber ein europäisches Kartellrecht wird eventuell auch diese Strukturen verändern. Unser Verleger ist angesichts überregionaler Konkurrenz, die mit ganz anderen Kostenstrukturen und Qualitäten produziert, in arge Bedrängnis gekommen. Trotzdem läuft sein Geschäft nach wie vor befriedigend, weil zwar auf stagnierendem, jedoch hohem Niveau. – Bis morgen zumindest, bis der regionale Hörfunk und das regionale Fernsehen genau seinen Markt, nämlich den Werbe- und Konsumentenmarkt, angreifen. Die Kalkulationsbasis eines Zeitungsverlegers sind nämlich die werbetreibende Wirtschaft und der einzelne Abonnent.

Allein dieses Szenario macht deutlich, wie der kleine mittelständische Unternehmer mit seinem Produkt, das gestern noch ohne großen Steuerungsaufwand relativ unproblematisch herzustellen war, heute in Schwierigkeiten kommt und spätestens morgen vor der Notwendigkeit steht, über seine Existenz strategisch nachzudenken.

Ein anderes Beispiel: Das Fernsehen war lange Zeit in Deutschland und in Europa staatlich organisiert. Sie kennen die Historie, ich brauche sie hier nicht zu erzählen. Mit welchem unternehmerischen Mut zum Risiko, mit welchem Spürsinn und wie unmathematisch ein Medienunternehmen in Deutschland und in Europa angesichts eines nicht geregelten gesetzlichen Rahmens und auf der Basis von elf teilweise unterschiedlichen Landesmediengesetzen agieren muß, kann man sich vorstellen!

Wenn man sich vor Augen hält, daß ein derartiges Gesetzesstückwerk die Arbeitsvoraussetzungen für neue Pioniertaten im Medienbereich darstellt, die dann Hunderte von Millionen an Investitionen mit hohem Risiko erfordern – weil ohne wirkliche Berechenbarkeit –, dann haben Sie ungefähr das Szenario, mit dem wir in Deutschland konfrontiert werden. Und wenn wir auf die mutige Entscheidung, uns darauf einzulassen, verzichten, dann laufen wir Gefahr, in Zukunft in einer Reihe von Märkten nicht mehr präsent zu sein.

Wenn ich jetzt die Dimension Europas hinzufüge – wobei das Mediengeschäft über Landesgrenzen hinweg in vielfacher Hinsicht an kulturelle und sprachliche Grenzen stößt – und auch noch globale Perspektiven berücksichtige, dann wird die vielschichtige und differenzierte Matrix deutlich.

Der Wettbewerb ist entsprechend komplex. Wir haben es dabei mit drei Dimensionen zu tun: einmal der Wettbewerb um Programme und Inhalte, also um Autoren, Publizisten und Künstler. Zum zweiten gibt es den Wettbewerb um die Konsumenten, die ein Buch oder eine Zeitung am Kiosk kaufen und abends vor dem Fernseher Einschaltquoten bestimmen. Der dritte Wettbewerb spielt sich im Werbemarkt ab, denn Medien und Werbemärkte sind untrennbar miteinander verbunden. Wachstumsraten im Mediengeschäft hängen nicht nur von Rezipientengewohnheiten ab, sondern in ganz hohem Maße auch von der Entwicklung der Werbemärkte.

Diese unterschiedlichen Wettbewerbsebenen versuche ich abschließend in einer Matrix darzustellen:

Zunächst einmal gibt es den intermedialen Wettbewerb – eine Zeitschrift gegen eine andere Zeitschrift. Es werden zum Beispiel in Deutschland zwei Frauenzeitschriften gegründet, die in Konkurrenz zueinander stehen. Die Gründungs- und Etablierungsphase dauert dann mindestens fünf Jahre. Der Verlag investiert zwischen fünfzig und hundert Millionen DM in ein Produkt und für einen Markt, von dem er nicht wissen kann, wie die Lage am Ende dieser Phase aussehen wird.

Neben diesem intermedialen Wettbewerb existiert der sogenannte intramediale Wettbewerb, also das Konkurrieren einer solchen Zeitschrift mit anderen Medien, beispielsweise mit einem Fernsehkanal.

Als nächstes Matrixelement kommt die multimediale Wettbewerbssituation hinzu, bei der es um die Vermarktung eines Stoffes geht. Sagen wir einmal, das Vermarkten der Memoiren von Franz Josef Strauß, die jetzt erscheinen werden: zunächst als Vorabdruck im SPIEGEL, anschließend in einem Hardcover-Buch, dann in Taschenbüchern und auszugsweise als Zeitschriftenartikel und schließlich sicher einmal als Drehbuch für einen Film.

Die multimediale und vertikale Durcharbeitung eines interessanten Stoffes, dazu die internationale Dimension und die hierfür erforderliche Produktions- und Vertriebsinfrastruktur sowie die Unsicherheit der Gesetzeslage und die Problematik der Kultur- und Sprachgrenzen kennzeichnen das Feld, in dem wir unsere tägliche Arbeit tun.

Im Grundsatz heißt das, daß die Organisation eines Unternehmens nach dezentraler Struktur, Flexibilität und Kreativität bei gleichzeitiger reibungsloser Kooperation, wirkungsvoller Koordination und Effizienz in einem klaren und geschlossenen Führungssystem verlangt. Dies bedeutet einen Zwang zu Dezentralisation und Autonomie auf der operativen Ebene, weil mit traditionellen starren Organisationsstrukturen diese Aufgaben heute nicht mehr zu meistern sind.

Wie wollen Sie einen Verlag, der in New York sitzt, fünfzig Mitarbeiter hat und sich mit der Zeitgeschichte Amerikas befaßt, von Gütersloh aus dirigieren und ihm ständig vorschreiben, was er zu tun und was er nicht zu tun hat? Dies gilt für hundert andere Verlage gleichzeitig, der eine sitzt in Paris, der andere in London, ein paar sind in München und wieder andere in Hamburg. Sie alle von der Spitze her steuern zu wollen ist unmöglich, auch wenn dies die Wirklichkeit von vor zehn Jahren war und auch heute noch in manchen deutschen Unternehmen der Fall ist.

Unternehmen müssen unter diesen Voraussetzungen den Aufbau ihrer Organisation nach folgenden Kriterien vornehmen:

- Geschäftsbezogene Dezentralisation
- Sinnvolle Arbeits- und Aufgabenteilung in Abhängigkeit von Kompetenz
- Konsequente Delegation von definierten Aufgaben und Verantwortungen
- Alleinverantwortung delegierter Hauptaufgaben
- Kooperationsverständnis und Kooperationsverpflichtung
- Sensibilität für Unternehmenskultur

Eine so verstandene Organisation kann und soll vieles fördern: eigenständiges Unternehmertum, Leadership, Tatendrang, Dynamik, Kreativpotential durch Schaffung von Freiräumen zur individuellen Entfaltung, Kunden-, Produkt- und Marktnähe, Mitarbeiterorientierung, Produktqualität sowie Systemeffizienz und Flexibilität auf allen Ebenen und in allen Belangen.

3. Flexibilität ist bereits heute das zentrale Organisationsprinzip für Produkt- und Marktentwicklungen

Die Fähigkeit, Flexibilität systemimmanent zu organisieren, wird mehr und mehr zum entscheidenden Erfolgsfaktor unternehmerischen Handelns, auch im Mediengeschäft. Flexible Strukturen und flexible Abläufe betreffen alle Arbeitsbereiche eines Unternehmens: die Grundfunktionen Produktion, Vertrieb, Verwaltung, das operative Geschäft insgesamt, den Arbeitsbereich des einzelnen Mitarbeiters und die Kommunikations- und Entscheidungsprozesse.

Flexibilität in der Produktion bedeutet: An die Stelle linearer Abläufe treten zunehmend vernetzte Prozeßstrukturen. Termintreue, kurze Lieferzeiten, Just-in-Time-Produktion, niedrige Kapitalbindung und Lagerbestände. Flexibilität ist somit zu einem strategischen Wettbewerbsinstrument geworden. Darüber hinaus muß Flexibilität heute als Instrument genutzt werden, um unerwartet auftretende Marktchancen oder Risiken opportun aufzugreifen. Das heißt, sie dient nicht allein einer Diversifikationsstrategie, sondern in gleicher Weise der Reaktionsfähigkeit des Unternehmens.

Im operativen Geschäft kennzeichnet bei Bertelsmann das Prinzip „Führung aus der Mitte" eine optimale Flexibilität und dezentrale Organisationsstruktur. Dieser Begriff bedeutet: Im Mittelpunkt der täglichen Arbeit stehen die Geschäftsführer, Verlagsleiter, Chefredakteure, Betriebsleiter, Vertriebsleiter und andere operationale Leistungsträger. Sie sind die eigentlichen Beförderer und Gestalter unserer Geschäfte. Auf dieser Ebene ist unternehmerisches Handeln am intensivsten gefragt und für die Mitarbeiter auch am deutlichsten sichtbar. Dort werden Produkte, Programme und Inhalte gestaltet, der Markt bearbeitet, Systemeffizienz hergestellt, und von dort aus werden auch die Mitarbeiter geführt.

Profit-Center sind also aus unserer Sicht Inseln der Kompetenz und der Innovation. Deshalb ist die Ebene unterhalb der Vorstandsgremien das Kernstück unserer Führungspyramide. Leadership und Entrepreneurship stehen im Mittelpunkt der Organisation. Das Prinzip der „Führung aus der Mitte" fordert großen Freiraum für unternehmerisches Handeln, für die Gestaltung der Arbeitsbedingungen, in denen diese selbständigen Profit-Center-Leiter so agieren sollen, als wären sie selbständige mittelständische Unternehmer. Entsprechend dieser Philosophie haben wir ein neues Beteiligungskonzept für unsere Geschäftsführer und Profit-Center-Leiter entwickelt: Unsere Führungskräfte können sich mit ihrem eigenen Geld am Kapital ihres Profit-Centers beteiligen.

Was für Profit-Center-Leiter zutrifft, trifft vom Grundsatz her auch für alle übrigen Mitarbeiterebenen zu. Flexibilität und dezentrale Strukturen haben zum Ziel, arbeitsplatznahe Verantwortlichkeiten zu schaffen, Entscheidungskompetenzen dort einzuräumen, wo entschieden werden kann, sowie Autonomie, Eigeninitiative und Kreativität zu fördern.

Komplexere Aufgabenstellungen und eine kompliziertere Technik fordern den Menschen eine höhere Qualifikation und eine immer ausgeprägtere selbständige Entscheidungsfähigkeit ab. Diese Entwicklung korreliert mit dem wachsenden Bedürfnis nach mehr Selbstbestimmung und mehr Mitbestimmung am Arbeitsplatz. Hier entsteht eine völlig neue Chance. Der zunehmende Komplexitätsgrad unserer Geschäfte hängt auf ganz einzigartige und vielleicht gar nicht zufällige Weise mit dem Wertewandel in unserer Gesellschaft zusammen. Beide Entwicklungen kann man in sehr nutzbringender Weise in Übereinstimmung bringen, wenn man entsprechende Konzeptionen erarbeitet und durchsetzt.

Die Herausforderung besteht nun darin, kreative Zellen in Großunternehmen einzurichten, begrenztes Chaos zuzulassen, Planbarkeit und Berechenbarkeit der Inhalte und der Programmarbeit nicht überzubewerten, Administration zu minimieren, Eigenwilligkeiten zu dulden und Eigenständigkeiten zu fördern.

Andererseits müssen klare Strukturen der Verantwortlichkeit geschaffen werden. Die Gepflogenheit, zwei Unterschriften unter einen Brief zu setzen, widerspricht zum Beispiel diesem Prinzip. Klar definierte und zunehmende eigene Verantwortungsbereiche in dezentralen Organisationsstrukturen – das ist das Credo unserer Führungsphilosophie. Dies muß allerdings auch eine entsprechende Verantwortungsethik zur Konsequenz haben.

Mehr Information bedeutet noch lange nicht mehr Kommunikation und schnellere Entscheidungsprozesse. Die Technik von heute stellt im Vergleich zu gestern bessere Infrastrukturen zur Verfügung. Entscheidend ist aber, was die Menschen daraus machen, denn Kommunikation muß gewollt, initiiert und gesteuert werden. Flexible Entscheidungsprozesse fordern von der Unternehmensführung, daß sie flache Führungspyramiden und flache Hierarchiestrukturen durchsetzt und im Sinne einer kooperativen und partizipativen Führungstechnik Verantwortlichkeiten definiert und abgibt. Handlungsflexibilität muß also nach dem Prinzip der Subsidiarität nach unten weitergegeben werden. Im einzelnen sind das Aktionsflexibilität, Prozeßflexibilität und Strukturflexibilität.

Je größer ein Unternehmen, desto wichtiger werden sogar Dezentralisation und Delegation von Handlungs- und Entscheidungsspielräumen. Wer dies ignoriert, provoziert Führungsstrukturen, wie sie im Politbüro oder in Zentralverwaltungen die Regel sind. Wenn oben alles entschieden werden soll, kann unten zu wenig getan werden. Dies ist oft das Ergebnis solcher Strukturen.

4. Integration – eine Führungsaufgabe

Integration hat nichts mit Zentralisation zu tun. Sie ist vielmehr das komplementär notwendige Gegenstück zu Flexibilität und Dezentralisation. Flexibilität und Dezentralisation bedeuten einen hohen Koordinationsaufwand. Integration heißt, dezentrale Vorgänge auf verschiedenen Ebenen neu zusammenzuführen. Flexible Strukturen wären ohne Integration wirkungslos, weil die erforderliche Vernetzung der Einzelvorgänge fehlen würde. Integration ist Grundlagen- und Prinzipienarbeit in Kombination mit einer umfassenden Koordination aller Einzelbereiche.

Für die Unternehmensführung bedeutet dies konkret: Dezentrale Geschäftsverantwortung ist nur sinnvoll in Korrespondenz mit zentraler Verantwortung für Prinzipien und für die Grundsatzarbeit. Deshalb ist der Vorstand zuständig für die Grundlagenarbeit, die Definition des Handlungsrahmens und die strategische Zielbestimmung – kurz: für das, was im Unternehmen gewollt und zugelassen ist.

Je dezentraler die Strukturen, je autonomer die einzelnen Einheiten und je breiter verteilt die Führungskompetenzen, desto wichtiger wird die verbindende Ausrichtung dieser Einheiten auf eine gemeinsame Orientierung. Während das dezentrale Prinzip des „Führens aus der Mitte" ein besseres „Entrepreneurship" verfolgt, gewährleistet die integrative Führungsaufgabe des Vorstandes das hierzu korrespondierende „Intrapreneurship".

Ziel eines solchen ausbalancierten Systems ist die Optimierung von Führungswirkung, Kreativität und Tatkraft sowie der Aufbau von Effizienz durch Arbeitsteilung und die Herstellung von Synergien durch ressortübergreifende Koordination. Hier paßt ein Zitat des Ökonomen von Hayek, der für die Makroökonomie formulierte, was auch für die Mikroökonomie gilt: „Die Marktwirtschaft ist ein überlegenes System, weil es verstreutes Wissen integriert."

Integrative Führungssysteme fordern einen durchgängigen Informationsaustausch und die Optimierung von Ressourcen. Gleichzeitig sorgen sie für Erfahrungsaustausch, für eine konstruktive Dialog-Atmosphäre und eine offene Unternehmenskultur. Außerdem akkumulieren integrative Führungssysteme das verstreute Wissen an entscheidungsrelevanten Punkten. Dieser Führungsstil darf sich nicht auf die oberste Ebene beschränken, denn es entspricht einem durchgängigen Verhaltenskodex, Mitarbeiter in Entscheidungsprozesse miteinzubeziehen und ihnen Freiräume und Verantwortung zu geben.

Es würde die Spitze des Unternehmens überfordern, wenn man von ihr verlangen würde, operatives Detailwissen und marktnahe Detailkompetenzen selbst zu besitzen. Dies würde den Blick für strategische Fragestellungen und Entscheidungen versperren. Deshalb ist es die Aufgabe der Unternehmensführung, Leistungsteams zu organisieren, zuzuhören, anzuregen, zu selektieren, zusammenzufassen, weiterzuführen und mit Qualitätszirkeln, Projektgruppen und Task-Forces ein System der „flexible Response" auf spontan auftretende Herausforderungen aufzubauen.

Wenn dies gelingt, dann entstehen gemeinsame Ideen und Strategien, funktionierende Koordinationssysteme, problemorientierte Planungs-, Berichts- und Controlling-Systeme und nicht zuletzt eine hohe Motivation für die gemeinsame Arbeit und eine weitgehende Identifikation mit den Zielen des Unternehmens. Das Ergebnis ist eine moderne, zeitgemäße Unternehmens- und Arbeitskultur, die eine wichtige integrierende Wirkung hat.

5. Flexibilität und Integration als Hauptelemente moderner Unternehmenssteuerung verlangen nach veränderter Führungsqualität und -kompetenz

Der Unternehmer ist generell ein Gestalter und Problemlöser. Im operationalen Geschäft befaßt er sich mit Märkten, Produkten, Menschen, Produktionsverfahren, Organisationsformen und Arbeitskonzepten. Die Führungsqualifikation der Vorstandsebene besteht darin, daß sie zuverlässige Grundlagen schafft, strategische Ziele definiert, entscheidet, delegiert und koordiniert. In beiden Fällen unterscheidet sich der Unternehmer vom Manager. Der Manager ist mehr Funktionsträger und weniger Identifikationsfigur, mehr kurzfristiger Optimierer als langfristiger Baumeister, mehr Controller im Sinne von Buchhalter als innovativer Impulsgeber.

Die wesentlichen Merkmale der unternehmerischen Führungskraft hingegen sind zum einen ihre Initiativfunktion, indem sie die Organisation mobilisiert und ständig in Bewegung hält, zum anderen ihre Integrationsfunktion, indem sie die Entwicklung der Unternehmenskultur und die Balance zwischen Bewahrung und Erneuerung steuert. Dies alles erfordert eine Kombination verschiedener Elemente: die Kunst des Managens, die Fähigkeit zur Führung und die Kraft zur Vision.

Dieser Unternehmertyp ist ein Mischtyp aus Leader, Konzeptionär, Gestalter, Macher, Visionär und Stratege. Damit wird deutlich, daß ein ganzheitlicher Ansatz notwendig ist. Die Aufgabenstellung des Unternehmers wird ständig komplexer, weil sich die Umgebung des Unternehmens immer differenzierter gestaltet und die Rahmenbedingungen einem schnelleren Wandel unterliegen als früher. Diese Situation korreliert mit der unserer Gesellschaft und bedeutet, daß wir einzelne Probleme nicht isoliert lösen können.

Capra spricht in diesem Zusammenhang von sogenannten „systemischen Problemen", die mit einem „systemischen Management" bearbeitet werden müssen. Horizontal gegliederte Strukturen entsprechen nach unseren Erkenntnissen der Tatsache, daß ein Unternehmen nicht eine Maschine darstellt, die nur dann funktioniert, wenn ihre Teile wie die einer Verbindungskette nach gestanztem Schema ineinandergreifen.

Ein Unternehmen ist vielmehr ein System, das aus vielen unterschiedlichen Einzelelementen besteht. Es setzt auf Autonomie in der operationalen Ebene, auf Kooperation mit den Koordinationsinstanzen der höheren Ebene und damit auf eine fehlertolerante und anpassungsfähige Unternehmenssteuerung.

Führungskräfte müssen deshalb systematisch denken und arbeiten und das Unternehmen nicht in erster Linie als Wirkungskette betrachten, die man von oben nach unten eingreifend steuern kann. Sie verstehen sich mehr als Motivatoren und Kultivatoren eines Systems.

Die hierfür erforderliche Führungskompetenz entsteht durch die Fähigkeit zu strukturiertem Denken, durch soziale Sensibilität und überzeugende Motivationsfähigkeit, durch Urteils- und Entscheidungsvermögen, durch Glaubwürdigkeit, Prinzipientreue und natürliche Autorität. Dies alles sind Skills, die man auf der Hochschule nicht lernt, obwohl meiner Auffassung nach eine gute Bildung durch die Hochschule sicherlich eine entscheidende Hilfe darstellt.

Diese Fähigkeiten setzen sich natürlich auch zusammen aus genetischer Struktur und Charakterveranlagung, aus einer unendlich hohen Bereitschaft zum Learning-by-Doing und vor allen Dingen aus einer Menge Fleiß. Schließlich trägt auch – wie gesagt – eine gute wissenschaftliche Ausbildung zu dieser Befähigung bei.

Besser ausgebildete, vielseitiger interessierte und somit selbstbewußtere Mitarbeiter verlangen eine noch sensiblere Führung, soziale Motivation und eine kompetente Begründung der Zielsetzung des Unternehmens und der jeweiligen Arbeit am eigenen Arbeitsplatz.

6. Was erwarten die Unternehmen von einer betriebswirtschaftlichen Ausbildung an deutschen Hochschulen?

Ich möchte abschließend kurz meine Vorstellungen für eine zukunftsorientierte Ausbildung an der Hochschule erläutern.

Viele Betriebswirte, die ich kennenlerne, beherrschen in hohem Maße den Umgang mit den wissenschaftlichen Werkzeugen dieses Faches. Das befähigt sie aber noch lange nicht zu unternehmerischem Handeln, in vielen Fällen lenkt es sie sogar davon ab. Die Erfahrungen, die man beispielsweise mit anderen Studiengangkonzeptionen in Amerika macht, zeigen auch andere Ergebnisse.

Nun bin ich keinesfalls ein besonderer Befürworter der Case-Study-orientierten amerikanischen Ausbildung. Ich meine allerdings, daß das, was wir heute bei uns geboten bekommen an Forschung und gedanklicher Schärfe, in Kombination mit dem, was man vom amerikanischen Ausbildungsansatz übernehmen könnte, eine Lösung darstellt, mit der junge Menschen für die Unternehmenswirklichkeit noch besser gerüstet wären. Menschen, die Geschäfte nicht nur abrechnen können und in der Lage sind, bis auf die dritte Stelle hinter dem Komma zu begründen, warum ein Geschäft positiv oder negativ verlief, stehen uns zahlreich zur Verfügung. Aber diese Fähigkeiten reichen für ein unternehmerisches Handeln nicht aus.

Unternehmerisches Handeln heißt mit Visionen zu leben, mit nach vorn gerichtetem Blick zu konzipieren, bei einer noch so dubiosen Datenlage Entscheidungen zu fällen, Mut zum Risiko zu entwickeln und das Ganze, wenn es auch einmal nicht ganz exakt berechnet werden konnte, trotzdem zum Erfolg zu führen. Dies gelingt nur in Kooperation mit vielen willigen und anpassungsfähigen Menschen, mit viel Flexibilität, Kreativität und tagtäglicher Innovations- und Gestaltungsfreude.

Punktscharfe Entscheidungen erlebe ich höchst selten. Ich muß jeden Tag Investitionsentscheidungen zusammen mit einer Gruppe hochqualifizierter Betriebswirte und Analytiker fällen und muß feststellen, daß ich noch nie eine bis ins letzte Detail kalkulierte Entscheidungsvorlage vorgefunden habe. Jedes Geschäft weist einfach zu viele Imponderabilien auf. Berechnungen halfen stets nur ein Stück weit, der Rest war Erfahrung. – Die Erfahrung vieler kompetenter Menschen.

Diese Wirklichkeit steht in einem gewissen Widerspruch zu dem, was wir an der Hochschule lehren und lernen. Wenn wir die exzellente betriebswirtschaftliche Forschung an unseren Hochschulen mit den Case-Study-orientierten Lehrmethoden Amerikas kombinieren könnten; wenn wir zu Grundstudien kämen, die allgemeines Wissen vermitteln, und dann in einem Aufbaustudium praxisorientierte Erfahrungen transportieren würden, dann könnten wir nach einer überschaubaren Studienzeit von vier Jahren noch bessere Resultate in der ersten Berufspraxis erwarten. Die wirklich Hochbegabten sollten wir dann zu einer Post-Graduate-Ausbildung für eine gewisse Zeit an die Hochschulen zurückholen. So stelle ich mir ein zukunftsorientiertes Hochschulbildungssystem vor.

Wissenschaftliche Betriebswirtschaft und Business-Administration sind unverzichtbare Bildungs- und Erfahrungselemente. Sie sind notwendig, aber wie die Mathematiker unter Ihnen sagen, nicht hinreichend. Die Fähigkeit zur Vision, die Fähigkeit zu einem Zukunftsentwurf, der sich zwischen Realitätssinn und Utopie bewegt, der nicht planbar, zumindest nicht exakt berechenbar ist und der einen Quantensprung für das Unternehmen bedeuten kann, dies sind Skills, die man erst nach dem Studium erlernt und die man sich durch Learning-by-Doing im Alltag aneignen muß.

Die relativ neuen Begriffe „Flexibilität" und „Integration" sind bei uns ständige Tagesthemen. Warum? Weil uns die sich differenzierenden und sogar atomisierenden Märkte dazu zwingen. Unsere Antwort auf diese Entwicklungen war notwendigerweise ein Höchstmaß an Flexibilität auf allen Ebenen und in allen Funktionen. Damit ein solches System nicht zum Chaos wird, ist die komplementäre Funktion der Integration unerläßlich.

Indem Sie diese Begriffe zum Gegenstand Ihrer Tagung gewählt haben, haben Sie hochaktuelle Begriffe zeitgemäßer Unternehmenskultur und Unternehmenssteuerung aufgegriffen. Dies war eine kluge Wahl!

Vielen Dank für Ihre Aufmerksamkeit und Ihr Interesse an dem, was ich Ihnen hierzu aus der Praxis beitragen konnte.

Die Informationstechnik und unternehmensübergreifende Logistik

Norbert Szyperski*

1.	Veränderte Rahmenbedingungen
2.	Unternehmungen als Aktionszentren
3.	IT Innovationen als Einflußgröße für Logistikinnovationen
3.1	Fünf Generationen der IT-Entwicklung
3.2	C.I.T. als realisiertes Anwendungssystem
4.	Grundsätze bei der Planung und Realisierung IT-gestützter Logistiksysteme

---

* Prof. Dr. Norbert Szyperski, Geschäftsführer der Mannesmann Kienzle GmbH, Villingen-Schwenningen

1. Veränderte Rahmenbedingungen

Die sich verändernden Wettbewerbsbedingungen vollziehen sich in einer Welt, die mit Schlagwörtern wie Fernseh-Gesellschaft, Jet-Gesellschaft oder Just-in-time-Gesellschaft gekennzeichnet werden kann. Die Fernseh-Gesellschaft assoziert und bringt es mit sich, daß praktisch zeitgleiche Berichterstattung erwartet wird. Man ist daran gewöhnt, an Katastrophen und Sportereignisse in der Welt durch Bild und Ton teilzunehmen. Die jet-orientierte Gesellschaft führt zudem dazu, daß es zur Gewohnheit wird, Räume fast zeitlos zu überwinden. Wenn man beides zusammennimmt, wird deutlich, daß seitens der Kunden zeitgerechte Bedienung und zeitgerechte Behandlung erwartet wird (Just-in-time-Gesellschaft). Die Rückwirkung dieser sich erst einmal noch nicht so sehr im Rahmen der Unternehmung abspielenden Prozesse bringt es mit sich, daß das gesamte Informationsversorgungsniveau auf eine höhere Ebene gehoben wird und daß die damit verbundenen Ansprüche stark steigen.

Als Konsequenz dieser allgemein steigenden Informationsversorgungsansprüche werden im speziellen auch die Anforderungen an die Reaktions- und Lieferfähigkeit des Partners wachsen. Wer in einer Fernseh-Gesellschaft und damit in einer so kommunikationsdichten Welt lebt, hat kaum Verständnis, wenn Lieferungen oder gar Bestätigungen von Lieferanten Tage, Wochen oder sogar Monate auf sich warten lassen. Die Reaktionserwartungen führen dazu, daß Unternehmungen sich einer neuen raumzeitlichen Orientierung verpflichten müssen. Die Response-Fähigkeit wird zur zentralen Wettbewerbsgröße.[1] Dies hat Konsequenzen bis in fast alle Teilbereiche einer Unternehmung hinein.

Bezogen auf die Informationstechnik und ihre Einsatzmöglichkeiten wird deutlich, daß durch diese Umwelt, unter dem Einfluß der technologischen Entwicklung, ein Nachfragesog nach informationstechnischen Integrationslösungen auftritt. Somit ist weder die informationstechnische Entwicklung noch die technologische Entwicklung im Hintergrund das treibende Moment, sondern das treibende Moment ist ein Bedarfs- und Nachfragesog.

Die Markterreichung ist nicht mehr typischerweise begrenzt durch einen physikalisch oder physisch abgrenzbaren Raum, sondern Märkte öffnen sich zu virtuellen Gebilden. Dort, wo man Informations-Zugang bekommt, entsteht im Augenblick der Ansprechmöglichkeit Marktpotential. Information wird hierdurch auch zu einer marktstrategischen Ressource.[2]

---

[1] Vgl. Kirsch 1984, S. 1032 ff.; Szyperski 1982 a, S. 154 ff.
[2] Vgl. Eschenröder 1985

Dabei ist die Verfügbarkeit der Ressourcen, gerade im Bereich der Informationen, nicht ausschließlich in einem Büro lokalisiert, sondern prinzipiell überall dort vorhanden, wo ein informationstechnischer Zugang zu den Hintergrundressourcen möglich ist.

Wenn man beides zusammennimmt, also virtuelle Märkte und virtuelle Verfügbarkeit der Ressourcen im informationstechnischen Bereich, dann kommt als weitere Anforderung die prozessuale Beherrschbarkeit verteilter Systeme hinzu. Die Ballung von Fertigungsstätten im klassischen Stil nimmt ab, selbst innerhalb einzelner Unternehmungen treten verteilte Produktionsstätten auf. Diese Entwicklung findet nicht nur im nationalen, sondern auch im globalen Rahmen statt.[3]

2. Unternehmungen als Aktionszentren

Das Zusammenspiel wirtschaftlicher Teilsysteme läßt sich am besten verdeutlichen, wenn man die einzelnen Unternehmungen als Aktionszentren betrachtet, in denen durch die Kombination von Produktionsfaktoren eine Leistung erstellt wird.[4]

In einer arbeitsteiligen Gesellschaft erfolgt die Leistungserstellung nicht isoliert, sondern in Interaktion mit weiteren Aktionseinheiten. Eine Analyse dieser interagierenden Systemen ergibt, daß ihre Kopplung im wesentlichen über drei Ströme definiert ist. Dies sind, wie Abb. 1 zeigt, der entgegengesetzt gerichtete Umlauf realer und nominaler Güter - Realgüter- bzw. Nominalgüterstrom - und von wachsender Bedeutung der Informationsstrom, der die einzelnen Ströme aufeinander bezieht und die Leistungen der Aktionseinheiten lenkt.[5]

Diesen Strömen lassen sich entsprechende Logistikbereiche zuordnen. Es existieren (1) dem Realgüterstrom zugeordnet eine Realgüterlogistik - im engeren Sinne die Warenlogistik - (2) mit dem Nominalgüterstrom verbunden die Finanzlogistik und (3) im Rahmen der Informationsströme die Informationslogistik. Diese Logistikebenen lassen sich wiederum selbst als Aktionszentren betrachten.

---

[3] Vgl. Meffert 1989, S. 445 ff.
[4] Vgl. Kosiol 1966, S. 15 ff.
[5] Die zentrale Bedeutung der Informationsströme hat Kosiol schon zu einem frühen Zeitpunkt erkannt. Vgl. Kosiol 1966, S. 161 ff.

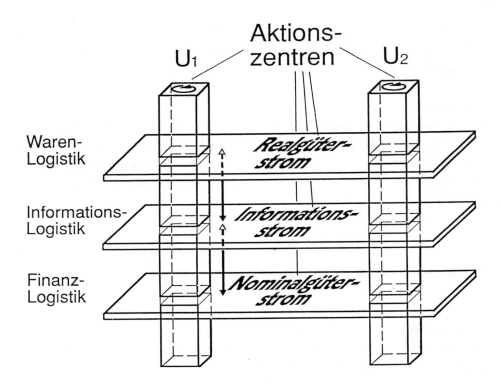

Abb. 1: Unternehmerische Aktionszentren

Es können dann prinzipiell vertikale und horizontale Aktionszentren differenziert werden. Die vertikalen Aktionszentren werden durch horizontale Aktionszentren ergänzt, die sich auf die Funktionserfüllung von Aufgaben der Warenlogistik, der Informationslogistik und der Finanzlogistik spezialisiert haben.

Bei dieser horizontalen und vertikalen Differenzierung der Aktionszentren wird deutlich, daß bei zunehmender Globalisierung, bei zunehmendem Responsewettbewerb und bei zunehmender Arbeitsteilung der Wirtschaft insbesondere die qualitativen und quantitativen Anforderungen an die horizontal ausgerichteten Aktionszentren zunehmen.

Belegt wird dies durch ein Ansteigen der Logistikkosten in den Unternehmungen, aber auch des Logistikaufwandes im Rahmen der gesamten Volkswirtschaft. Die Bewältigung der logistischen Aufgaben wird zunehmend zu einem kritischen Erfolgsfaktor für die betrachteten Unternehmungen und die Volkswirtschaft. Das Vorhandensein der richtigen und angemessenen Infrastruktur ist Voraussetzung dafür, daß Unternehmungen in ihren regionalen und globalen Umgebungen erfolgreich sein können.[6]

Dies läßt Unternehmungen mit logistischer Kompetenz in den Mittelpunkt des Interesses rücken. Logistikunternehmen werden hier allgemein verstanden als Betreiber einer Infrastruktur, die Transaktionen und raumzeitliche Ver- und Entsorgung anbieten und einen Kooperationskreis für eine global agierende Wirtschaft sicherstellen. Dies verdeutlicht, daß Unternehmungen, die diese horizontale Funktion ausüben, nicht nur von der nationalen Infrastruktur, sondern auch von der internationalen Infrastruktur abhängen. Es ist naheliegend, daß Infrastruktureinrichtungen, aufgrund ihrer gesamtgesellschaftlichen Bedeutung, oftmals über die drei Ebenen hinweg in den Sog der staatlichen Hoheit gekommen sind. Beispielhaft zu nennen sind hier große Logistikunternehmen, wie Bundespost und Bundesbahn. Zwar bestehen derzeit gewisse Privatisierungstendenzen, bei der Post ist dies besonders deutlich, aber im Grunde ist ein latentes Störgefühl virulent: Infrastruktur soll sichergestellt werden, folglich ist das eine Aufgabe mit staatlichen Dimensionen.[7]

Global agierende Unternehmungen können sich nur dann flexibel und anpassungsfähig verhalten, wenn sie entweder diese Infrastruktur weltweit selber aufbauen oder sich auf eine weltweit angebotene logistische Infrastruktur stützen können. Exemplarisch lassen sich die Nachrichtenagenturen anführen, die weltweite informationslogistische Strukturen aufbauen, um jederzeit und permanent aktionsfähig zu sein. Es ist aber unabdingbar, daß die Wirtschaft auch bei Privatisierung und auch bei erkennbarer Zentralisierung im Bereich der übergreifenden Logistik ihre grundsätzliche Anpassungsfähigkeit sowie ihre grundsätzliche Flexibilität behält. Dies erfordert eine vernetzte Wirtschaft, die durch lose gekoppelte Systeme gekennzeichnet ist (Abb. 2). Es handelt sich dabei nicht nur um die lose Kopplung im Sinne der marktwirtschaftlichen Beziehung zwischen den einzelnen Unternehmungen, sondern es geht letztlich auch um die informationstechnisch lose Kopplung, denn nur dann ist ein Zusammenwirken im wettbewerblichen Zusammenhang mit niedrigen Barrieren für den Markteintritt oder - austritt möglich.

---

6 Vgl. Betsch 1988; Fieten 1986; Szyperski 1989, S. 133 ff.
7 Beispielhaft hierfür die kritische Auseinandersetzung im Zuge der Umstrukturierung der Bundespost. Vgl. stellvertretend Cox 1988, S. 18

Eine nähere Analyse zeigt, daß die Erfolgsfaktoren horizontaler Aktionszentren zum Teil von denen vertikaler Unternehmungen abweichen, aber auch Deckungsgleichheiten vorliegen (Abb. 3). Aspekte, die hier im Vordergrund stehen, sind Integration, Flächendeckung aber auch Flexibilität. Bezogen auf die zum Einsatz gelangene Informationstechnik bedeutet dies, daß sie in der Lage sein muß, lose gekoppelte Systeme zu ermöglichen, gleichzeitig aber Flexibilität, z.B. für neue Anwendungsentwicklungen, aufrecht zu erhalten.

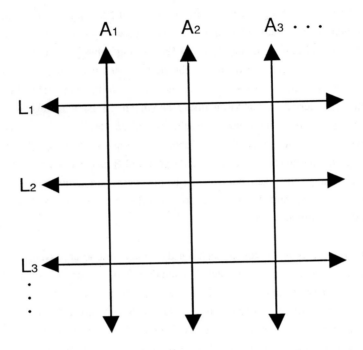

Abb. 2: *Multipolare, vernetzte Wirtschaft*

- Integration
- Flächendeckung
- Redundanzfreiheit
- Gewährleistung
- Responsetime
- Effizienz
- Informations-Kompetenz

Abb. 3: Erfolgsfaktoren horizontaler Aktionszentren

3. IT Innovationen als Einflußgröße für Logistikinnovationen

3.1 Fünf Generationen der IT-Entwicklung[8]

Hinsichtlich der Funktionalität der Informationstechnik können fünf Generationen von Anwendungssystemen differenziert werden. Die fünf Entwicklungsstufen sind dadurch gekennzeichnet, daß durch die hinzukommenden Funktionen, die vorhergehenden nicht an Relevanz verlieren, sondern im Gegenteil differenzierter und leistungsfähiger werden müssen. In Abb. 4 sind diese Stufen des informationstechnischen Funktionsumfangs - (1) Programmiertes Rechnen, (2) Datenbasen, (3) Kommunikation, (4) Mustererkennung und (5) Schlußfolgerung - über die Zeitachse abgebildet. Diese Leistungsstufen der Computer-Systemgenerationen machen deutlich, daß hierdurch auch im Bereich der Logistik unterschiedliche Nutzungsmöglichkeiten konstituiert werden. Interessanterweise erfolgte die konkrete Anwendung in der Logistik, wie die Abbildung exemplarisch für die Warenlogistik zeigt, immer mit einer gewissen Zeitverzögerung.

Es gibt eine andere Betrachtungsweise für die Informationstechnik im weiteren und die Kommunikationstechnik im engeren Sinne (Abb. 5). Wird der physische Transport und die physische Kommunikation über die geschichtliche Entwicklung hinweg betrachtet, dann ist festzustellen, daß der Transport erst dort stattfand, wo gewissermaßen natürliche Wege verfügbar waren. Das waren Flüsse, das waren Täler, gewissermaßen die Urpfade. Ähnlich verhielt es sich mit der Urform der Datenkommunikation, der Datenträgertransport. Als nächste Form der Kommunikation im physischen Bereich, wurde der schienengebundene Verkehr entwickelt. Der schienengebundene Verkehr entspricht in seinen Grundbedingungen - der notwendigen Ordnung durch Fahrplan und Zugangsmöglichkeiten - der Datenfernverarbeitung in der klassischen Ausprägung. Der Individualverkehr war eigentlich die Öffnung zu einer Infrastruktur, die dem einzelnen Akteur die Entscheidung darüber, wann und wie er sich der Infrastruktur bedienen wollte, selbst überließ. Er mußte sich nur an die Regeln des Verkehrs halten, mußte aber nicht vorgeplant entscheiden, wann er Zugang haben kann. Dies gilt für alle Formen der Datenkommunikationen, die man heute im Bereich von DATEXT-P oder anderen Techniken hat. Der In-

---

[8] Vgl. Szyperski 1985, S. 17 ff.

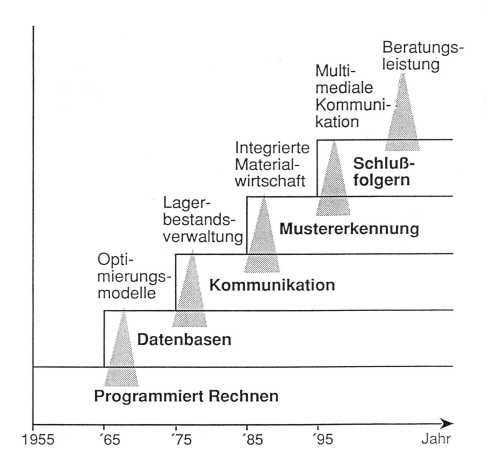

Abb. 4: Generationen der Informationstechnik

dividualverkehr auf den Autobahnen hat dazu geführt, daß man sich über die Infrastruktur besser und schneller bewegen konnte. In Analogie dazu kann die Breitbandübertragung gesehen werden. Es ist interessant zu beobachten, daß auch der Flugverkehr - der nur noch Entscheidungen bezogen auf die Infrastruktur in Form des Flughafens und der Flugrouten verlangt und nicht mehr der der Straßen - seine Entsprechung im Bereich der Datenkommunikation findet, und zwar bei der Satellitenkommunikation. Die Anforderungen an eine feste technische Infrastruktur sind hier stark reduziert. Beispielsweise kann dadurch ein Lkw über Satellitenverbindungen unmittelbar in die gesamten informationslogistischen Prozesse eingebunden werden.

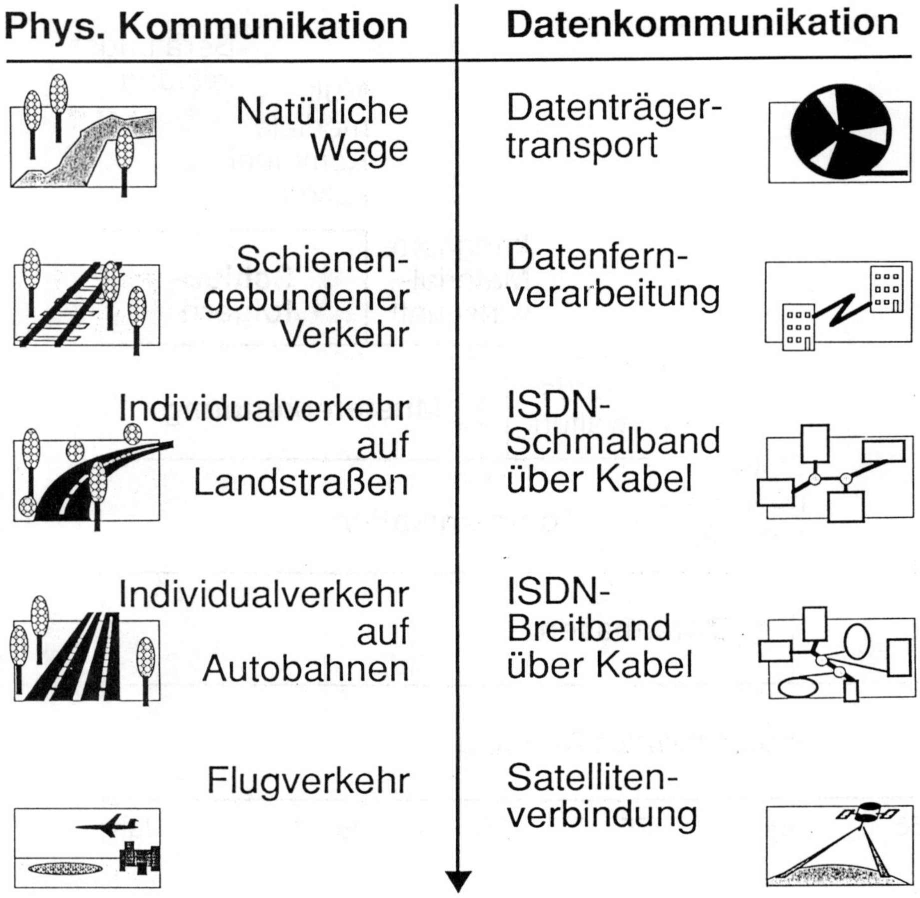

Phys. Kommunikation	Datenkommunikation
Natürliche Wege	Datenträgertransport
Schienengebundener Verkehr	Datenfernverarbeitung
Individualverkehr auf Landstraßen	ISDN-Schmalband über Kabel
Individualverkehr auf Autobahnen	ISDN-Breitband über Kabel
Flugverkehr	Satellitenverbindung

Abb. 5: Generationen der Kommunikationstechnik

Diese Analyse zeigt zwei wesentliche Aspekte auf: Durch die informationstechnische Entwicklung wird ein Leistungspotential konstituiert, das in Verbindung mit einem Nachfragesog aus den unterschiedlichen Logistikbereichen die Bildung fortgeschrittener Anwendungssysteme ermöglicht. Zudem wird die Informationstechnik in zunehmendem Maße den aus den Erfolgsfaktoren horizontaler Aktionszentren resultierenden Anforderungen, wie Flächendeckung, Integration und Flexibilität, gerecht.

Werden diese Betrachtungen fortgesetzt, stellt sich die Frage, wie sich dies firmenbildend und firmengestaltend im Wechselspiel zwischen Anbieter und Nachfrager von informationstechnischen Systemen auswirkt. Prinzipiell kann von einem zunehmenden Umfang des informationstechnischen Angebots gesprochen werden. Hersteller, die erst nur eine Hardware und Minimalsoftware geliefert haben, überließen es den Anwendern, systemnahe Software oder Querschnittssoftware, selber zu entwickeln (Abb. 6). Entsprechend sind z.B. die ersten Datenbankpakete nicht bei Herstellern, sondern bei Anwendern entstanden. Zwischenzeitlich tritt seitens der Anwender eine verstärkte Nachfrage nach Gesamtleistungen auf. Folglich gehen die Logistikunternehmen dazu über, auch solche Teilleistungen zu erbringen, die bisher der Nachfrager selber erbrachte. Dies ist im Rahmen der Finanzlogistik, wo verstärkt Beratungsleistungen in der Angebotspalette hinzukommen,[9] und im Rahmen der Informationstechnik festzustellen. Es treten zunehmend Systembetreiber auf, die nicht nur Systeme oder Softwarelösung anbieten, sondern die gesamte informationstechnische Infrastruktur zur Verfügung stellen.[10]

Eine ähnliche Entwicklung ist im Bereich der Warenlogistik zu beobachten. Der Realgüteraustausch vertikal ausgerichteter Unternehmungen wird in zunehmendem Umfang durch horizontal spezialisierte Transportunternehmungen durchgeführt, die zusätzlich noch umfassende Dienstleistungsfunktionen übernehmen.[11]

Im Rahmen unserer Überlegungen ist nun die Frage von Interesse, welche Bedeutung der Informationstechnik bei derartigen Unternehmungen zukommt. Während innerhalb der Unternehmungen, die produzierenden Charakter haben, CIM eine weitreichende Beachtung findet,[12] gewinnt das C.I.T. - Computerintegriertes Transportwesen - eben gerade für die breite Gruppe der Logistikunternehmen an Relevanz (Abb. 7).[13]

---

9 Vgl. Betsch 1988
10 Vgl. Rothfeder 1989, S 70 f.
11 Vgl. Bretzke 1989, S. 27
12 Vgl. Scheer 1988
13 Vgl. u.a. Fischer 1988, S. 40 ff.

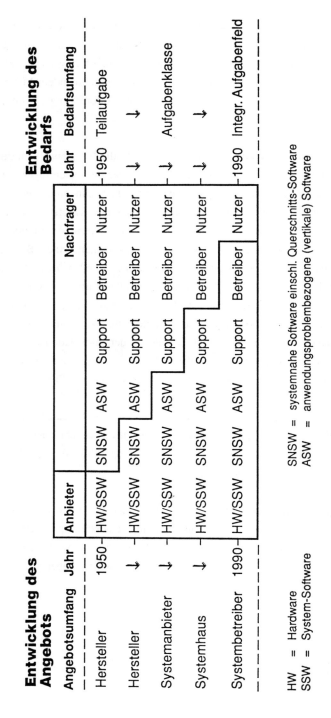

Abb. 6: Von der Hersteller- zur Dienstleistungsfunktion

C.I.T. weist dabei ein ähnlich weites Anwendungsspektrum wie CIM auf. Es seien deshalb hier drei Bereiche herausgegriffen, bei denen bisher auf eine Anwendung informationstechnischer Medien weitgehend verzichtet wurde, wo aber deren Einsatz - wie erste Erfahrungen zeigen - deutliche Leistungsverbesserungen und/oder Kostensenkungen zur Folge hat.[14]

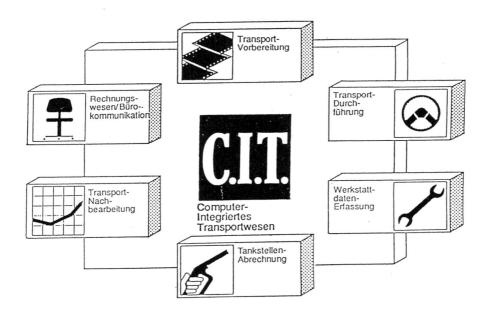

Abb. 7: Computerintegriertes Transportwesen

---

[14] Zu weiteren Anwendungen siehe auch Pöhl 1988, S. 22 ff.

3.2 C.I.T. als realisiertes Anwendungssystem

1) Der Lkw läßt sich prinzipiell als eine mobile Betriebsstätte betrachten. Diese mobile Betriebsstätte hat, bezogen auf die Informationstechnik, alle Charakteristiken und alle betrachtbaren Technologieebenen wie ein stationärer Betrieb. Dazu gehört die Informationstechnik für die Prozeßsteuerung (z.B. Motorregelung), die Informationstechnik für die Sicherung (ABS), die Informationstechnik zur Aufzeichnung (Fahrtschreiber), die Informationstechnik für die Bearbeitung (Bordcomputer) sowie die Informationstechnik für die Kommunikation.

   Letztere wird in dreifacher Weise wirksam. Zunächst ermöglicht die Informationstechnik eine Kommunikation innerhalb des Gesamtsystems Lkw, so z.B. zwischen Anhänger und Triebwagen. Zum zweiten erlaubt die Informationstechnik die Kommunikation zur Umwelt, zur Orientierung, zur Navigation und zur Abschätzung von Abständen z.B. für den Rangierverkehr. Daneben gestattet sie aber auch eine Kommunikation aus dem Fahrzeug heraus, per Funktelefon oder Telefax zu den Büros, wo Disponenten und Dispositionspartner tätig sind.

2) Ein weiteres Element des C.I.T.-Konzeptes bilden Tankdatensysteme. Die Tankstelle ist eine typische Infrastruktureinrichtung für den Bereich Ressourcenversorgung. Sie ist genauso informationstechnisch unterstützbar wie andere Produktionsstätten auch. Die informationstechnische Kopplung ermöglicht z.B. eine stärkere Einbindung der Tankstellen in den Abrechnungskreislauf. Lkw-Fahrer können dadurch europaweit bargeldlos tanken, und der regional zuständige Geschäftspartner erstellt die Rechnung. So entsteht eine Integration und Flexibilität für einen Bereich, der bis dahin als relativ schwer handhabbar galt.

3) Durch eine informationstechnische Ausstattung in den Fahrzeugen wird es möglich, eine leistungs- und belastungsabhängige Vorsorgewartung zu intensivieren. Was im Rahmen der stationären Fertigung schon länger möglich ist, weil dort eine gute Beobachtung der Verschleiß bewirkenden Prozesse möglich war, ist im Lkw bisher überhaupt nicht oder nur begrenzt realisierbar gewesen. Als Determinante für die Wartung wurden daher fast ausschließlich die geleisteten Fahrtkilometer zugrunde gelegt. Dies obwohl in Abhängigkeit von den konkreten Fahrtbedingungen, z.B. ob im ersten, zweiten oder einem höheren Gang gefahren wird, völlig unterschiedliche Belastungen entstehen. Erst die Informationstechnik erlaubt die Berücksichtigung verschiedener Indikatoren, um eine angemessene Vorsorgewartung zu gewährleisten.

4. Grundsätze bei der Planung und Realisierung IT-gestützter Logistiksysteme

Die skizzierten Leistungspotentiale der Informationstechnik im Rahmen einer unternehmensübergreifenden Logistik dürfen natürlich nicht zu einer unreflektierten Übernahme informationstechnischer Konzepte führen. Vielmehr ist im Hinblick auf die gezeigte einzel- und gesamtwirtschaftliche Bedeutung ein sorgfältiges Abwägen erforderlich.

Unter Beachtung interner und externer Gegebenheiten lassen sich spezifische Grundsätze aufstellen. Hierzu gehören Aspekte wie Wirksamkeit - die Aufgaben müssen vollständig und effektiv erfüllt werden können -, Wirtschaftlichkeit - die Lösungen müssen Effizienzkriterien gerecht werden - oder Flexibilität - neue Lösungsmöglichkeiten dürfen nicht gehemmt werden.[15] Eine neue herausragende Aufgabe bildet aber die Gewährleistung (Abb. 8).[16] Bezogen auf die Informationstechnik im Rahmen des Zusammenwirkens der horizontalen und vertikalen Aktionszentren muß sichergestellt werden, daß die Interaktionen im Rahmen unserer jetzigen Wettbewerbsbedingungen ablaufen. Des weiteren muß die Kommunikation und Kooperation vertrauenswürdig sein. Zudem ist hinsichtlich verschiedener Ansatzpunkte der "Immunität" Vorsorge zu treffen. Das umfaßt Sabotageschutz vor maschinellen und menschlichen Unzulänglichkeiten genauso wie den Schutz vor der Verseuchung der Informationssysteme durch sogenannte Computerviren.

Falls z.B. eine Bestellung über die neuen Kommunikationsmedien kommt, dann muß sichergestellt sein, daß eine täuschungssichere Partnererkennung möglich ist. Dabei dürfen die reinen Sicherheitsgründe nicht zu einem Zwangsverbund führen; es ist vielmehr systemtechnisch zu gewährleisten, daß Partner, z.B. Spediteure oder Frachtführer, frei wählbar bleiben. Die Daten sind so zu schützen, daß die Vertraulichkeit gewahrt bleibt. Könnte jeder Dispositionen des anderen miterfahren, dann wird man nicht lange in so einem kooperativen System integriert arbeiten wollen. Zugleich müssen die Daten auf ihre Integrität hin überprüfbar bleiben, um die heute vorhandene Rechtssicherheit und Verläßlichkeit aufrechtzuerhalten.

---

[15] Vgl. Szyperski 1982 b, S. 143
[16] Vgl. Raubold 1988, S. 22 f.

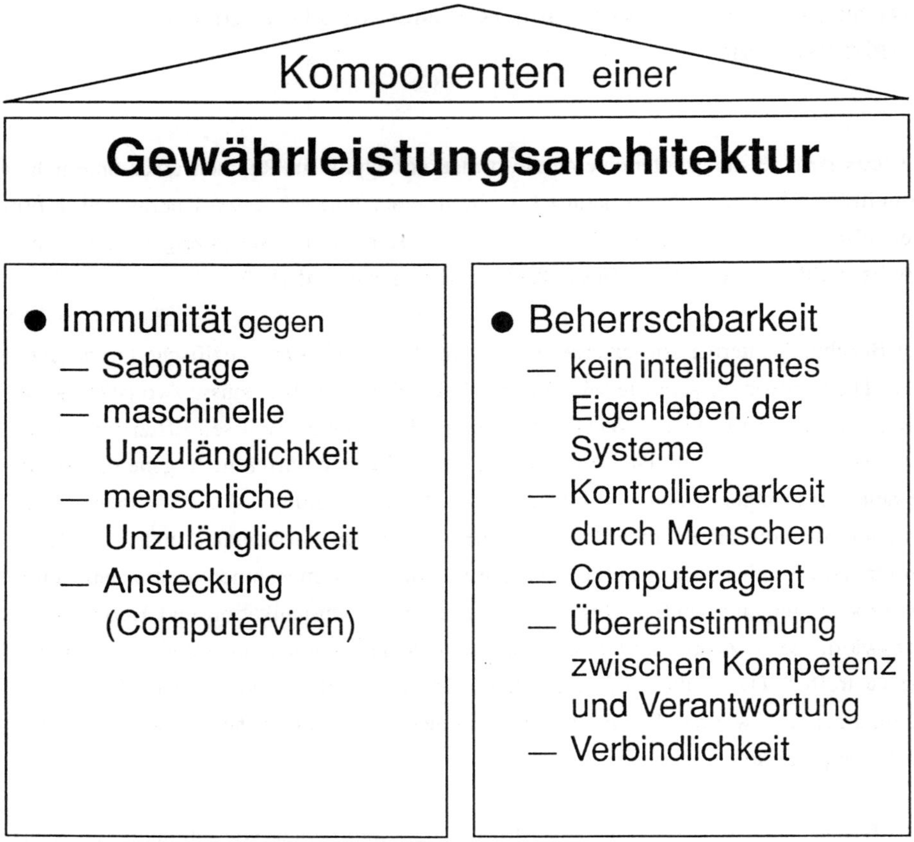

Komponenten einer
Gewährleistungsarchitektur

- **Immunität** gegen
  - Sabotage
  - maschinelle Unzulänglichkeit
  - menschliche Unzulänglichkeit
  - Ansteckung (Computerviren)

- **Beherrschbarkeit**
  - kein intelligentes Eigenleben der Systeme
  - Kontrollierbarkeit durch Menschen
  - Computeragent
  - Übereinstimmung zwischen Kompetenz und Verantwortung
  - Verbindlichkeit

Abb. 8: Gewährleistung

Die Beherrschbarkeit ist des weitereren von zentraler Bedeutung. Es muß grundsätzlich gewährleistet werden, daß der Einsatz des einzelnen Rechners zu keinem intelligenten Eigenleben führt. Bei Nutzung der Geräte muß ihre Kontrollierbarkeit jeweils bei dem bleiben, der für seine Arbeit ihre Unterstützung sucht. Die Rechner dürfen nur als Agenten eingesetzt werden. Das grundsätzliche Prinzip der Kongruenz von Verantwortung und Kompetenz muß auch in stark informationstechnisch unterstützten Organisationen erhalten bleiben.[17]

Diese Elemente einer Gewährleistungsarchitektur bilden im Prinzip Forderungen nach einem langfristigen Programm, das aus der Notwendigkeit der hier angesprochenen Integrationen - über die Aktionszentren hinweg - entstanden ist.[18] Von der Erfüllung dieses Programmes wird die Akzeptanz der Informationstechnik und die Geschwindigkeit der informationstechnischen Durchdringung der einzelnen Logistikebenen wesentlich abhängen.

---

[17] Vgl. Szyperski 1989, S. 147
[18] Ein konzeptioneller Ansatz, der gerade diese Anforderungen aufgreift, wird z.Zt. in der Gesellschaft für Mathematik und Datenverarbeitung (GMD) unter der Bezeichnung "Assistenzcomputer" entwickelt. Vgl. o.V. 1988, S. 78 ff.

Literaturverzeichnis

Betsch, O.: Strukturwandel und Wettbewerb am Bankenmarkt. Stuttgart 1988.

Bretzke, R.: Der Trend zur Zentralisierung der Warenverteilung verstärkt den Leistungsdruck auf die Spedition. In Handelsblatt v. 3.5.1989/Nr. 85, S. 27.

Cox, H.: Bei der Umstrukturierung der Bundespost darf der öffentliche Auftrag nicht auf der Strecke bleiben. In: Handelsblatt, Nr. 48, 9.3.1988, S. 18.

Eschenröder, G.: Planungsaspekte einer ressourcenorientierten Informationswirtschaft, Bergisch Gladbach 1985.

Fieten, R.: Integrierte Materialwirtschaft. Definition, Aufgaben, Tätigkeiten. 2. Aufl., Frankfurt a.M. 1986.

Fischer, H.: Kluger Beifahrer - Management-System. In: Report 8/88, S. 40 f.

Kirsch, W.: Wissenschaftliche Unternehmensführung oder Freiheit in der Wissenschaft. 2. Halbband, München 1984.

Kosiol, E.: Die Unternehmung als wirtschaftliches Aktionszentrum. Einführung in die Betriebswirtschaftslehre. Reinbek bei Hamburg 1966.

Meffert, H.: Globalisierungsstrategien und ihre Umsetzung im internationalen Wettbewerb. In: DBW 4/89, S. 445 ff.

O.V.: Assistenz-Computer - Eine neue Generation von Bürosystemen. In: GMD - Perspektivplanung. Hrsg. von Gesellschaft für Mathematik und Datenverarbeitung. Sankt Augustin 1988, S. 78 ff.

Pöhl, H.-H.: Logistik-Informationssysteme verbessern Wettbewerbschancen, IBM Nachrichten 38 (1988), Heft 294, S. 22 ff.

Raubold, E.: Kommunikations-Standards, "persönliche Computer", verteilte Systeme - was kommt danach? In: Der GMD-Spiegel 4/88, S. 17 ff.

Rothfeder, J.: More Companies are Chucking their Computers. In: Business Week, June 19, 1989, S. 70 f.

Scheer, A. W.: CIM - der computergestützte Industriebetrieb. 3. erw. Aufl., Berlin, Heidelberg, New York, Tokyo 1988.

Szyperski, N.; Zahlen, die verblüffen und erschrecken. In: Manager Magazin, 5/1982 a, S. 154 ff.

Szyperski, N.; Bahlmann, A.R.: Instrument für die organisatorische Eingliederung der Materialwirtschaft in die Gesamtunternehmung (OREM). In: Beschaffung und Unternehmensführung. Hrsg. von N. Szyperski und P. Roth. Stuttgart 1982 b, S. 141 ff.

Szyperski, N.: Führungstechnische Integration eines differenzierten Informations- und Kommunikationsmanagements. In Angewandte Informatik. Hrsg. von D. Seibt, N. Szyperski und U. Hasenkamp. Braunschweig, Wiesbaden 1985, S. 15 ff.

Szyperski, N.; Winand, U.: Informationsmanagement und informationstechnische Perspektiven. In: Organisation. Evolutionäre Interdependenzen von Kultur und Struktur der Unternehmung. Knut Bleicher zum 60. Geburtstag. Hrsg. von E. Seidel und D. Wagner. Wiesbaden 1989, S. 133 ff.

Moderne Produktionstechnik - Aufgabe und Herausforderung für die Betriebswirtschaft

Walter Eversheim*
Egbert Steinfatt*

1. Ausgangssituation
2. Produktionstechnische Entwicklung
3. Auswirkung auf die wirtschaftliche Bewertung
4. Lösungsansätze

---

* Prof. Dr.-Ing. Dipl.-Wirt. Ing. Walter Eversheim, Dipl.-Ing. Dipl.-Wirt. Ing. Egbert Steinfatt, Fraunhofer Institut für Produktionstechnologie IPT, Aachen

1. Ausgangssituation

Betrachtet man die Innovationszeiten technischer Neuerungen, d. h. die Fristen zwischen Entdeckung oder Erfindung (Invention) einerseits und Verwertung bzw. Markteinführung (Diffusion) andererseits, so ist generell eine Verkürzung festzustellen (Bild 1). Die Innovationsgeschwindigkeit steigt, technische Neuerungen werden schneller umgesetzt.

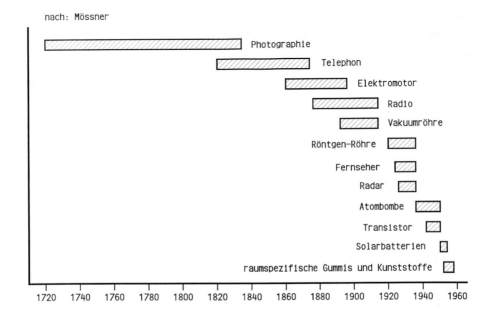

Bild 1: Innovationszeiten von technischen Neuerungen

Nach Schumpeter nutzen dynamische Unternehmer bzw. Unternehmen neues technisches Wissen zur Realisierung von Neuerungen /1/. Die meisten Unternehmen in der entsprechenden Branche sehen sich gezwungen, im Interesse ihrer Wettbewerbsfähigkeit ebenfalls die neuen Technologien zu nutzen. In einem marktwirtschaftlichen System breiten sich neue Technologien also aufgrund des Wettbewerbsdruckes bzw. des Gewinnstrebens aus, ohne daß äußere Eingriffe in das System notwendig sind.

Aufgrund dieses Wettbewerbsdruckes werden produzierende Unternehmen heute vor allem mit folgenden Anforderungen des Marktes konfrontiert (Bild 2):

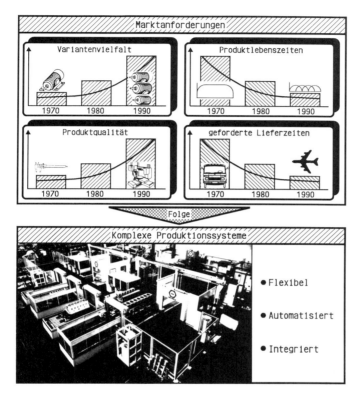

Bild 2: Marktanforderungen als Ursache komplexer Produktionsysteme

- Diversifikation des Produktspektrums,
  d. h. kleine Losgrößen und hohe Variantenvielfalt,

- kurze Produktlebenszyklen,

- hohe Produktqualität sowie

- hohe Lieferbereitschaft bei schnell wechselnden Anforderungen bezüglich Mengen und Produkttypen

Dies erfordert komplexe Produktionssysteme, d. h. Systeme, die sich durch

- hohen Automatisierungsgrad,
- hohe Flexibilität sowie
- Ansätze zur informationstechnischen Integration

kennzeichen lassen.

Den Marktanforderungen stehen aber auf der anderen Seite die hohen Kosten solcher Produktionssysteme gegenüber. Das bedeutet, daß sowohl die Systeme als auch die auf ihnen gefertigten Produkte wirtschaftlich bewertet werden müssen. Dabei sind für Produkte und Prokduktionssysteme in den verschiedenen Phasen ihres Lebenszyklus unterschiedliche Bewertungszwecke zu erfüllen (Bild 3).

Die Produktionssysteme sind während der Planungsphase im Rahmen von Investitionsbewertungen auf ihre Vorteilhaftigkeit hin zu überprüfen. Während ihres Einsatzes müssen im Rahmen der Kostenrechnung periodische Kontrollen der Wirtschaftlichkeit des Produktionssystems durchgeführt werden /2/.

Produktbewertungen sowie Bewertungen von Werkstücken und Baugrup pen fallen in allen Phasen der Produktion an, von der Konstruktion und Entwicklung über die Arbeitsplanung bis zur Montage. Zweck solcher Produktbewertungen sind z.B. Verfahrensvergleiche im Rahmen der Arbeitsplanung oder Soll-Ist-Vergleiche von Fertigungs- u. Montagekosten.

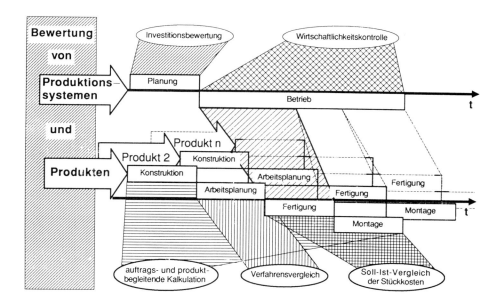

Bild 3: Bewertungssituationen in der Produktion

Die Entscheidungssituation hat sich bei der Bewertung neuer Produktionstechnik jedoch verändert /3, 4/. Aufgrund der höheren Investitionen und der erst in späteren Abrechnungsperioden zu erwartenden, schwer zu prognostizierenden Einsparungen lautet die Forderung, sogenannte nicht quantifizierbare Einflußgrößen in die Bewertung einzubeziehen. Während früher normalerweise über Einzelmaschinen zu entscheiden war, stehen heute und in Zukunft komplexe Systeme zur Bewertung und Entscheidung an.

Ihre Einführung hat in der Regel weitreichende, längerfristige Auswirkungen auf andere unternehmensinterne und -externe Bereiche zur Folge. Das somit erhöhte Investitionsrisiko führt zu langwierigen Entscheidungsprozeduren in den Unternehmen.

Wie Erfahrungsberichte zeigen, handelt es sich um Entscheidungen im Spannungsfeld zwischen einer technischen, einer kaufmännischen und einer arbeitnehmerischen und personalwirtschaftlichen Sicht (Bild 4). Dabei treten verschiedene Konflikte insbesondere im Zusammenhang mit der Einführung dieser Systeme auf. Z.B. ist die Frage zu klären, ob

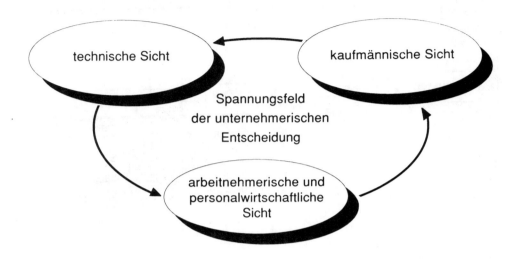

Bild 4: Innerbetriebliche Entscheidungssituation

das Unternehmen die Strategie des Technologieführers verfolgen soll oder ob es sich durch Abwarten das hohe Risiko der Investition in eine unausgereifte Technologie ersparen kann. In vielen Fällen lautet die Devise: "Tun, was machbar ist, bevor es der Wettbewerber tut." Zuweilen erweckt dieses Vorgehen für den Außenstehenden den Eindruck, daß einige Ingenieure ihrem Spieltrieb freien Lauf lassen.

Die technisch-organisatorischen Veränderungen erfolgen mit dem
Ziel der Flexibilisierung der Produktion, der Steigerung der Qualität und der Erhöhung der Produktivität /5/. Gleichzeitig sollen sie die Unfall- und Gesundheitsrisiken vermindern und zur Humanisierung der Arbeit beitragen. Automatisierungsinvestitionen, die immer auch Rationalisierungsinvestitionen sind, gehen jedoch einher mit einer Substitution von Arbeit durch Kapital. Konflikte zwischen Management und Betriebsrat sind dadurch nahezu unvermeidlich.

Weitere Konflikte zwischen den Abteilungen und Bereichen treten aufgrund von Meinungsverschiedenheiten über den Einsatz der knappen Investitionsmittel für verschiedene Technologien oder Komponenten auf. Dabei bestätigt sich, daß neue Technologien wegen der noch fehlenden Vergleichskennzahlen nur schwer wirtschaftlich bewertbar sind.

Wie kann man nun die zuvor beschriebenen Probleme bei der wirtschaftlichen Bewertung neuer Produktionstechniken lösen? Zur Klärung dieser Frage wird im folgenden zunächst versucht, Entwicklungstendenzen in der Produktionstechnik aufzuzeigen. Dazu wird exemplarisch die Entwicklung auf dem Werkzeugmaschinensektor dargestellt. Anschließend werden die Auswirkungen dieser Entwicklung auf die wirtschaftliche Bewertung detailliert beschrieben, um daraus Lösungsansätze abzuleiten.

2. Produktionstechnische Entwicklung

Die älteste deutsche Darstellung der sogenannten Wippenbank (Bild 5) macht deutlich, daß der Bedienungsmann an einem solchen Arbeitsplatz in mehrfacher Hinsicht gefordert war. Neben der handwerklichen Geschicklichkeit beim Umgang mit Werkzeugen mußte der Arbeiter mit Händen und Armen die Kräfte des Werkzeuges aufbringen und zusätzlich über seine Fußbewegung die Kraft für die Rotation des Werkstückes erzeugen.

Bild 5: Älteste deutsche Darstellung der Wippenbank

Bei den Drehmaschinen der folgenden Darstellung (Bild 6) wird in beiden Fällen bereits die Kraft für die Rotationsbewegung über einen Transmissionstrieb von einer zentralen Kraftquelle, Wasserrad oder Dampfmaschine, hergeleitet. Der Bedienungsmann links im Bild muß jedoch noch selbst die Kräfte zur Werkzeugführung aufbringen, während bei der Maschine rechts der Arbeiter durch den Werkzeugsupport weitgehend kraftmäßig entlastet ist.

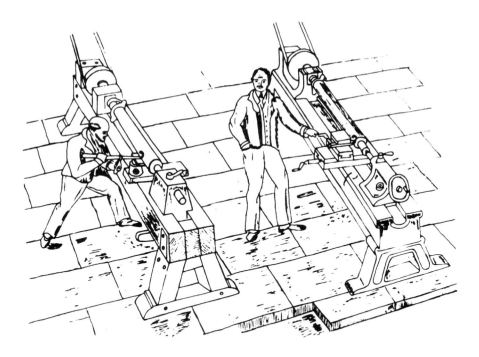

Bild 6:   Darstellung des Fortschritts beim Drehen

Hier ist lediglich noch seine Geschicklichkeit, sein Beobachtungs- und Reaktionsvermögen gefragt, eine Mechanisierung der Bearbeitung ist also erreicht.

Machen wir nun einen Sprung vom frühen 19. Jahrhundert über die Einführung von elektromotorischen Antrieben um die Jahrhundertwende in die zweite Hälfte des 20. Jahrhunderts (Bild 7).

Seit einigen Jahren ist es möglich, auf sogenannten NC-Maschinen (NC = numerically controlled) Werkstücke zu bearbeiten, ohne daß die Maschinenbediener in den Produktionsprozeß eingreifen müssen. Drehzahlen, Vorschübe, Werkzeug- und Werkstückbewegungen werden über numerische Steuerungen nach vorgegebenem Programm automatisch geschaltet und gesteuert. Damit wurde nach der Mechanisierung auch die Automatisierung der eigentlichen Bearbeitungsaufgabe erreicht.

Bild 7: CNC-Drehmaschine

Aus den NC-Maschinen wurden Bearbeitungszentren entwickelt (Bild 8). Durch die Integration mehrerer Bearbeitungsverfahren und durch die Automatisierung von Nebenfunktionen, wie z. B. Werkzeug- bzw. Werkstückwechsel wurde hier ein weiterer Rationalisierungseffekt erzielt. Selbst Überwachungstätigkeiten wie Werkzeugbruchkontrolle oder Messen der Werkstücke, die bei Vorgängertypen dieser Maschinen der Bediener durchführte, entfallen bei derartig hochautomatisierten Bearbeitungsmaschinen.

Flexible Fertigungssysteme bilden die nächste Stufe der Entwicklung (Bild 9). Kennzeichen flexibler Fertigungssysteme ist, daß unterschiedliche Werkstücke gleichzeitig oder nebeneinander auf verschiedenen Werkzeugmaschinen gefertigt werden. Diese Maschinen sind informations- und materialflußtechnisch verkettet. Als Bearbeitungseinheiten werden numerisch gesteuerte Werkzeugmaschinen eingesetzt. Die Fertigungsabläufe und die Ver- und Entsorgungsvorgänge werden mit Hilfe elektronischer Datenverarbeitungsanlagen gesteuert.

EINSATZMÖGLICHKEITEN	ZUSATZAUSRÜSTUNG
• unbemannter Betrieb in der 3. Schicht • Mehrmaschinenbedienung	• Werkzeugbruchkontrolle • Adaptive Control (für Werkzeugverschleiß) • Variable Magazinplatzcodierung

Bild 8:   *Bearbeitungssystem für die unbemannte Produktion*

Bild 9:   *Flexibles Fertigungssystem*

Die weitere Entwicklung, heute mit dem Schlagwort CIM (Computer Integrated Manufacturing) überschrieben, geht in Richtung integrierter Produktionssysteme. Hierbei werden weitere Funktionen vor allem Planungs- und Steuerungsaufgaben - in das Fertigungssystem aufgenommen. Dies ist eine konsequente Fortsetzung der Integration von Bearbeitungs- und Steuerungsaufgaben bei flexiblen Fertigungssystemen. Im Idealzustand von CIM ist der gesamte Ablauf vom Wareneingang bis zum Versand einschließlich der gesamtenPlanung und Steuerung in ein Gesamtsystem integriert (Bild 10).

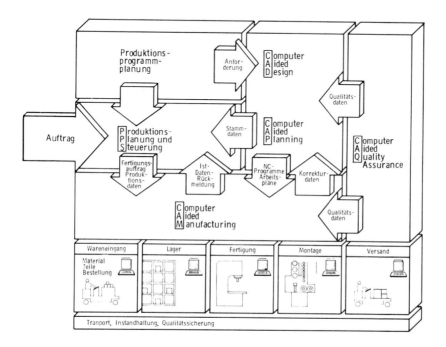

Bild 10: CIM-Komponenten

Wesentlich ist hier die veränderte Stellung des Produktionsfaktors Information. Die Quantität und Komplexität der durch EDV-Systeme zu bewältigenden Informationen nimmt exponentiell zu. Nicht nur die Verarbeitung von Steuerungsinformationen in der Fertigung, sondern auch die Erzeugung, Erfassung, Aufbereitung, Speicherung und Bereitstellung aller für die Produktion erforderlichen Daten muß von diesen Systemen geleistet werden.

Als letzter, heute jedoch noch ganz am Anfang seiner Entwicklung stehender Trend in der Produktionstechnik zeichnet sich ab: Die bisher als nicht algorithmierbar bezeichneten Konstruktions- und Arbeitsplanungslogiken sollen durch den Einsatz von Expertensystemen bzw. "künstlicher Intelligenz" - d. h. durch den Einsatz lernfähiger EDV-Programme - ebenfalls rechnerunterstützt ablaufen.

Bild 11 faßt noch einmal die Entwicklungen auf dem Werkzeugmaschinensektor nach der Mechanisierung der Bearbeitungsaufgabe zusammen. Im Anschluß an die Automatisierung des eigentlichen Bearbeitungsprozesses kam es über die Erweiterung der Bearbeitungs und peripheren Aufgaben zu flexiblen Fertigungssystemen, die übergeordnet gesteuert werden. Für die Zukunft zeichnet sich die weitere Integration von Planungs- und Steuerungsaufgaben sowie eine höhere Flexibilität und Komplexität der in DV-Anlagen durchzuführenden Aufgaben ab.

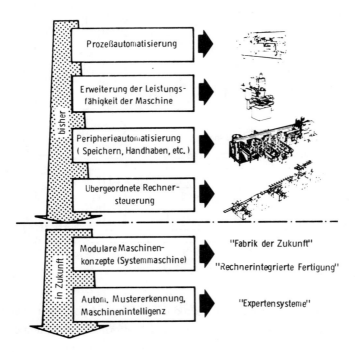

Bild 11:   Entwicklungsstufen der Werkzeugmaschinen

3. Auswirkungen auf die wirtschaftliche Bewertung

Es ist die Frage zu stellen, welche Besonderheiten moderne Produktionstechnologien aufweisen, die Auswirkungen auf ihre wirtschaftliche Bedeutung haben könnten.

Im wesentlichen sind drei Aspekte zu nennen:

- andere Kostenstrukturen,

- längerer Planungshorizont,

- größere Abhängigkeit des Werteverzehrs von anderen Unternehmensbereichen und vom aktuellen Systemzustand.

Bei modernen Produktionssystemen nimmt der Anteil der Personalkosten deutlich ab, während die Kapitalkosten steigen (Bild 12).

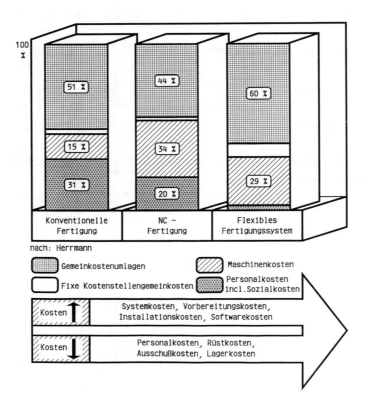

Bild 12: Kostenstrukturen verschiedener Fertigungseinrichtungen

Dies führt zwangsläufig zu dem Problem, daß es aufgrund der hohen Anfangsinvestition selbst bei hoher Produktivität der Anlagen oft nicht möglich ist, die kurzen Amortisationszeiten zu erzielen, wie sie für die Genehmigung von Investitionsvorhaben üblicherweise vorausgesetzt werden.

Die hohen Investitionskosten moderner Produktionssysteme sind im wesentlichen eine Folge des hohen Flexibilitäts- und Automatisierungsgrades, wie ein Preisvergleich von Bearbeitungszentren zeigt (Bild 13) /6/.

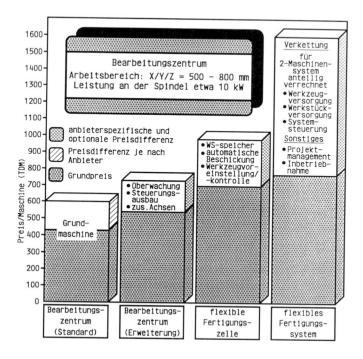

Bild 13: Ausbaustufen von Bearbeitungszentren und ihre Preise

Die Preise für die Grundausstattung bewegen sich je nach Anbieter zwischen 450 und 600 TDM. Diese Standardausführung kann durch Ausbau der Steuerung und Integration zusätzlicher Positionierachsen für die Mehrseitenbearbeitung erweitert werden. Weiterhin fallen Mehrkosten an für Optionen wie innere Kühlmittelzufuhr, Kühlmittelreinigung, Einrichtungen zur Kühlung des Spindelstocks und diverse Überwachungseinrichtungen. Rüstet man eine Standardmaschine mit Zusatzeinrichtungen aus, so steigt der Preis um 65% und mehr.

Ein Bearbeitungszentrum zu einer flexiblen Fertigungszelle aufzurüsten, kann den Grundpreis verdoppeln. Außer den Komponenten zur Überwachung schlagen hier primär die Werkstückspeicher, die zusätzlichen Paletten und die erweiterten Werkzeugmagazine zu Buche.

Beim Erwerb eines flexiblen Fertigungssystems fallen wiederum höhere Kosten an. Begründet liegt diese Differenz in den Mehrausgaben für die zusätzlich erforderlichen Verkettungseinrichtungen, die allesamt mit Rechnersteuerungen ausgestattet sein müssen. Der Komfort und die Flexibilität dieser Steuerungen bestimmen den Preis.

Der zweite Problembereich bei der wirtschaftlichen Bewertung moderner Fertigungssysteme ist die zu betrachtende zeitliche Bilanzgrenze. Investitionsentscheidungen über rechnergeführte Fertigungssysteme sind langfristig und unter gesamtbetrieblicher Sicht zu fällen. Bild 14 veranschaulicht die strategische Dimension von Investitionsentscheidungen. Wie für Produkte läßt sich auch für Produktionstechniken eine Lebenskurve mit charakteristischem Verlauf darstellen. In den vier Phasen von der Entstehung in der "Embryophase" bis zur Ablösung durch nachfolgende Produktionstechniken in der "Alterungsphase" ist eine unterschiedliche Nutzung des Leistungspotentials zu beobachten.

Einschlägige Untersuchungen haben gezeigt, daß Unternehmen, die neue Techniken bereits sehr früh installierten, hohe Summen für die Beseitigung von Technologiemängeln aufzuwenden hatten /7/. Vielfach müssen jedoch auch Unternehmen, die zunächst abwarten, bis die Systeme ausgereift sind, Lehrgeld bezahlen. In diesen Betrieben fehlt dann das erforderliche Know-how, um die technisch anspruchsvollen Maschinen und Systeme zu bedienen. Es läßt sich jedoch feststellen, daß innovative Unternehmen insgesamt erfolgreicher sind.

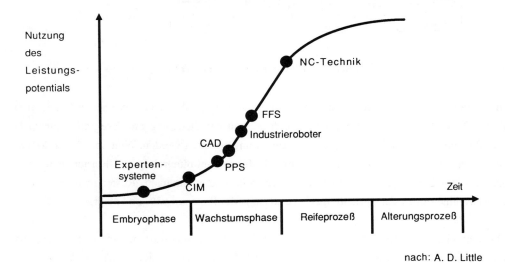

Bild 14: Lebenskurve aktueller Produktionskonzepte

Allerdings ist die Bewertung von Innovationen, aufgrund der zu betrachtenden, langen Zeiträume problematisch. Die Unsicherheit von Schätzungen nimmt mit zunehmendem Abstand vom Planungszeitpunkt naturgemäß zu. Über einen bestimmten Prognosezeitraum hinaus ist es schwierig, exakte Daten für die einzelnen Einflußgrössen wie Losgrößen, Produktspektrum, aufkommende neue Produkte, technische Neuerungen usw. zu ermitteln. Der Euphorie des Technikers bezüglich der Leistungsfähigkeit neuer Fertigungssysteme steht dann die Vorsicht des Kaufmanns wegen der mehrjährigen Bindung des Kapitals und der Unsicherheit über die Zukunft der Marktentwicklung gegenüber.

Neben dieser zeitlichen ist ebenso eine geeignete räumliche Bilanzgrenze zu ermitteln. Es ist gerade bei moderner Fertigung zu untersuchen, wie die Investition das Anlagenumfeld beeinflußt. Änderungen vom Bereich der Arbeitsvorbereitung über die Beschaffung von Wartungshilfsmitteln bis hin zur Reduzierung des Ausschußanteils durch eine integrierte Qualitätskontrolle sind möglich.

Besonders schwierig ist die Quantifizierung noch weitergehender Auswirkungen wie Technologiefortschritt, Image, Wettbewerbsposition oder Akzeptanzpolitik und Ausfallrisiken. Aber auch die Quantifizierung des Werteverzehrs im Produktionssystem selbst ist bei moderner Produktionstechnik problematisch, wie im folgenden am Beispiel flexibler Fertigungssysteme gezeigt wird (Bild 15).

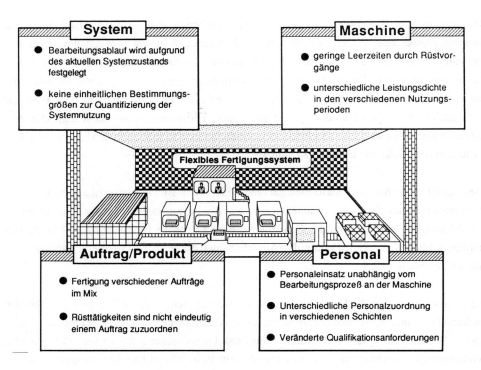

Bild 15: *Merkmale des Werteverzehrs in komplexen Produktionssystemen*

Die Abläufe in flexiblen Fertigungssystemen unterscheiden sich von der konventionellen Produktion durch die Art der Ablauforganisation. Dies gilt für die Einbindung der Systeme in die Gesamtorganisation und für den Bearbeitungsablauf innerhalb der Systeme. Bei Fertigungssystemen mit wahlfreier Verkettung der Bearbeitungsstationen und einer leistungsfähigen Transportsteuerung wird erst kurz vor Beginn der Bearbeitung aufgrund des aktuellen Systemzustands (Kapazitätssituation, verfügbare Werkzeuge und Vorrichtungen) festgelegt, welche Bearbeitungseinrichtungen die Werkstücke in welcher Reihenfolge fertigen. Dies verursacht unterschiedliche Bearbeitungsabläufe für vergleichbare Werkstücke, zum Teil sogar für die Werkstücke eines Auftrags.

Der hohe Anteil an Investitionen für periphere Einrichtungen in Fertigungssystemen, wie z. B. Leitrechner, Transport- und Lagersysteme, erfordert eine differenzierte Quantifizierung ihrer Nutzung. Bisher ist es nicht möglich, einheitliche Bestimmungsgrößen zur Quantifizierung der Nutzung der verschiedenen Systemkomponenten zu benennen. Dies ist zum einen darin begründet, daß in flexiblen Fertigungssystemen unterschiedliche Werkstücke bearbeitet werden, und zum anderen darin, daß flexible Fertigungssysteme in unterschiedlichen Betriebsarten eingesetzt werden. So ist es üblich, daß in der ersten Schicht andere Werkstückarten bearbeitet werden als in der dritten Schicht /8/.

Die Nutzung der Bearbeitungsmaschinen hat sich dahingehend verändert, daß durch die Maßnahmen im Umfeld der Maschinen geringere Leerzeiten durch Neben- und Rüstvorgänge anfallen. Gerade darin liegt die erhebliche Steigerung der Produktivität der Bearbeitung im Vergleich zur konventionellen Produktion begründet. Für die Maschinen gilt, daß in den verschiedenen Nutzungsperioden (1., 2. und 3. Schicht, Wochenende, Pausenüberbrückung) jeweils unterschiedliche Leistungsdichten anfallen. Die Anwender gehen gezielt dazu über, einfache Teile mit langen Laufzeiten bei reduzierten Bearbeitungsparametern (Vorschub, Schnittgeschwindigkeit, Standzeitvorgaben) in den Zeiten mit reduziertem Überwachungspersonal aufzulegen. Dies erfordert eine differenzierte Bewertung unter Berücksichtigung der Leistungsintensität.

In der Praxis wird vielfach die Lohnzuschlagskalkulation zur Bewertung von Produktionssystemen und Produkten verwendet /9, 10/. Die Unternehmen führen flexible Fertigungssysteme gerade mit der Zielsetzung ein, die Lohnkosten zu verringern. Durch diese Produktionstechnik werden daher in erheblichem Umfang Funktionen automatisiert ausgeführt, die bisher dem Menschen vorbehalten waren. Hierdurch wird die Kalkulationsbasis bei der Lohnzuschlagskalkulation weiter verringert. Die Tatsache, daß mit flexiblen Fertigungssystemen neue Arbeitsstrukturen entstehen, die den Menschen vom eigentlichen Bearbeitungsprozeß und vom Arbeitstakt der Maschine entkoppeln, stellt zusätzlich die kalkulatorische Verbindung von Werteverzehr des Fertigungssystems und der menschlichen Arbeit in Frage. In bezug auf das Personal und die Verrechnung von Personalkosten ist zu berücksichtigen, daß in der ersten Schicht bei vielen Fertigungssystemen eine größere Bedienungsmannschaft vorhanden ist als in der zweiten und insbesondere in der dritten Schicht /11/.

Mit der Einführung neuer Fertigungstechniken erwachsen außerdem
neue Anforderungen an die Qualifikation der Mitarbeiter /12/. Dabei ist zu beobachten, daß der Anteil der sogenannten nicht produktiven Arbeiten im Zusammenhang mit flexiblen Fertigungssystemen zunimmt. Kostenrechnerisch entstehen dadurch weitere Gemeinkosten, für deren Verteilung im Rahmen von Kostenkalkulationen geeignete Schlüssel zu definieren sind.

Die Aufträge und Produkte durchlaufen flexible Fertigungssysteme im Unterschied zur konventionellen Produktion nicht mehr in strenger Reihenfolge in Form von Losen. Um die Anzahl erforderlicher Werkstückträger und Vorrichtungen zu begrenzen, werden verschiedene Aufträge im Mix gefertigt. Der Werkzeugbedarf der Werkstücke bestimmt die Werkzeugsätze der Bearbeitungsmaschinen. Diese Werkzeugsätze sind nicht einem Auftrag zugeordnet. Die Rüsttätigkeiten im Zusammenhang mit der Werkzeugversorgung sind dadurch verbrauchsgesteuert und nicht mehr auftragsabhängig. Diese Veränderungen verlangen eine angepaßte Bewertung der Rüsttätigkeiten in flexiblen Fertigungssystemen.

Die aufgeführten Merkmale moderner Produktionstechnik erfordern somit weitreichende Veränderungen in den Methoden der wirtschaftlichen Bewertung. Bild 16 beschreibt die wesentlichen Schwachstellen in der heutigen Bewertungspraxis:

- Die Grundlage einer wirtschaftlichen Bewertung moderner Produktionsanlagen ist oft veraltete Technik;

- es ist eine Inkonsistenz zwischen unternehmerischen Zielen und ihrer Abbildung in der Bewertung zu erkennen;

- die weitreichenden Auswirkungen bei der Einführung neuer Produktionssysteme werden häufig durch die Wahl falscher Systemgrenzen und undifferenzierter Zuschlagsmethoden nicht genügend berücksichtigt.

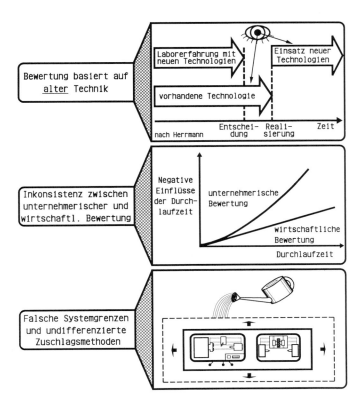

Bild 16: Problemfelder der wirtschaftlichen Bewertung

Es bestehen allgemein erhebliche Bewertungsunterschiede zwischen den eher technikorientierten Investitionsplanern und den kosten und ergebnisorientierten Betriebswirten. Aufgrund eines unterschiedlichen Blickwinkels werden Informationen unterschiedlich beurteilt. Für den Techniker sind die technischen Parameter der neuen Technologien im Labor erprobt und gelten als erreichbar und gesichert. Er bestimmt darauf aufbauend die möglichen Auswirkungen, die erzielbar sind, als positive Einflüsse der anstehenden Investition. Dazu gehören auch Chancen, die sich aus einer veränderten Ablauforganisation oder einer vereinfachten Abwicklung ergeben.

Aus der Sicht des Kaufmanns ist die Realisierung der prognostizierten technischen Parameter genau wie für den Ingenieur selbstverständliches Faktum, die in Vorgabezeiten erkennbaren Effekte sind unumstritten. Die sich aus organisatorischen Veränderungen ergebenden Gemeinkosteneffekte sind aber zunächst nicht bewertbar, da es aus Vergangenheitsdaten heraus dafür keinen Beweis gibt.

Die Erfahrung hat gezeigt, daß zukunftsorientierte Technik bei der Wirtschaftlichkeitsbewertung häufig in ein veraltetes organisatorisches Umfeld eingeplant wird, da für einen anderen Ansatz aus der Rückschau heraus keine greifbaren, nachvollziehbaren und übertragbaren Daten zur Verfügung stehen /13/.

Mit Blick auf die Kostendaten und die kostenrelevanten Daten ist festzustellen, daß kein einheitliches Bewertungsschema vorliegt. In zahlreichen Veröffentlichungen wird herausgestellt, daß gerade die Steigerung der Flexibilität und die Verringerung der Durchlaufzeiten als unternehmerische Ziele der Einführung neuer Produktionstechnik zugrunde liegen /14, 15, 16/. Das wirtschaftliche Bewertungsschema basiert jedoch nach wie vor auf Zielgrößen, die auf der Kostenseite nur die Verkürzung der Prozeßzeiten honoriert.

Bezüglich der Systemgrenzen orientieren sich praktisch alle Bewertungsverfahren jeweils nur an einem zeitlichen Bewertungshorizont und zusätzlich an festgefügten Kostenstellengrenzen. Da diese starre Struktur durch integrierte Fertigungsverfahren gerade aufgebrochen wird /17/, mangelt es den Verfahren an einer angemessenen Berücksichtigung angrenzender Bereiche.

Außerdem begnügt man sich bisher weitgehend damit, die steigenden Kosten für Informationsverarbeitung und planende und steuernde Funktionen über Gemeinkostenumlagen zu verteilen. Die Zuschlagssätze auf immer geringere Zuschlagsbasen werden dabei immer grösser. Dies liegt unter anderem darin begründet, daß Einzelkosten nicht als Einzelkosten erfaßt, sondern als unechte Gemeinkosten verrechnet werden /17, 18/.

4. Lösungsansätze

Mit den verfügbaren Methoden werden in den meisten Fällen moderne Produktionsanlagen relativ schlecht bewertet. Zur Überwindung der bereits diskutierten Schwachstellen gibt es grundsätzlich drei Möglichkeiten:

- Zurückstellen der Investition, bis die zu erwartenden Vorteile monetär quantifizierbar sind und ein eindeutig positives Bewertungsergebnis vorliegt.

- Bewußte Verschiebung der Grenze zwischen positivem und negativem Ergebnis, hier "strategische" Entscheidung genannt (Bild 17). Diese Entscheidungen haben dann auf jeden Fall einen Ausnahmecharakter und werden zumeist mit dem "Spürsinn" oder der guten "Unternehmernase" des Entscheidungsträgers gerechtfertigt.

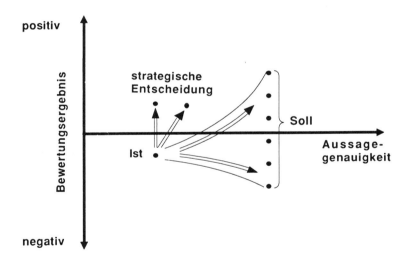

Bild 17: Möglichkeiten zur Änderung der Bewertungssituation

- Anwendung zweckorientiert differenzierter Verfahren mit dem Ziel, die Aussagegenauigkeit der Bewertung zu erhöhen (Bild 17). Inwieweit die Bewertungsergebnisse dann positiv sind, läßt sich nicht pauschal vorhersagen.

Im folgenden soll für jede der in Bild 16 beschriebenen Problembereiche eine Möglichkeit vorgestellt werden, die Bewertungsqualität durch differenzierte Betrachtung zu verbessern.

Zunächst zum Problem des zeitlichen Planungshorizonts:

Die Tasache, daß Produktionskonzepte der Automatisierungs- und Integrationstechnik in der Regel mittelfristig realisiert werden, macht ebenfalls eine langfristig vorausschauende Strategie erforderlich, die Produkt und Produktion im Zusammenhang betrachtet. Dies kann mit Hilfe eines Technologiekalenders erreicht werden (Bild 18).

Technologiekalender	eingeführter Stand der Technik	mittelfristige Planung	langfristige Planung
Jahre	83 84 85 86	87 88 89 90 91	92 93 94 95 96
Produkt- und Produktionsprogramme	Produkt A	Produkt B	Produkt C
Neue Fertigungsverfahren Neue Werkstoffe	■ Laserschneiden ■ Laserschweißen	■ Laserlöten ■ Neue Oberflächenschutzsysteme	■ Hochgeschwindigkeitszerspanung ■ Superplast. Formen ■ Formen amorpher Metalle
Neue DV-Systeme	■ Produktionsplanung ■ Produktionssteuerung	■ Integr. Lagersystem ■ Integr. Materialwirtschaft ■ CAD ■ CAD/NC ■ CAP ■ DNC ■ BDE	■ Neues DB-Konzept ■ KI-Angebotssystem ■ CAx-Integration ■ Fertigungsleitsystem
Neue Fertigungskonzepte	■ CNC-Meßmaschine ■ Handhabungssystem	■ FFS-Zerspanung ■ Montageautomation ■ Automatisches Lager ■ FTS	■ Integr. Teilefertigung ■ Integr. Montagesystem ■ Integr. Prüftechnik

nach: AEG

Bild 18: Bewertung von Produktionskonzepten mit dem Technologiekalender

Der Technologiekalender hat die Aufgabe, den zeitlichen Zusammenhang zwischen der Einführung neuer Produkte und neuer Produktionskonzepte herauszustellen. Er enthält deshalb die Prämissen zukünftiger Produkt- bzw. Produktionsprogramme und die zu ihrer Herstellung erforderlichen neuen Technologien bzw. Verfahren. In der Strategie sind schwerpunktmäßig die Entwicklungen auf den Gebieten

- neuer Fertigungsverfahren und Werkstoffe,
- neuer Datenverarbeitungssysteme und
- neuer Produktionskonzepte

in die unternehmerischen Überlegungen einzubeziehen. Es wäre falsch, hier Patentrezepte zur Einführung von neuen Konzepten bieten zu wollen. Vielmehr muß jedes Unternehmen eine eigene Strategie entwickeln. Im Rahmen des Technologiekalenders werden Prognosen darüber erstellt, zu welchem Zeitpunkt für das Unternehmen relevante Technologien welchen Reifegrad erlangen werden (Laborstadium, Pilotanwendung, konkrete Investitionsmaßnahme usw.). Hieraus lassen sich die weiteren Maßnahmen und Auswirkungen ableiten, wie z. B. die Beschaffung des notwendigen Personals, die Veränderung der Kapazitätsstrukturen sowie die Abschätzung des Bedarfs an finanziellen und infrastrukturellen Ressourcen. Insofern kann ein Technologiekalender zu einem Leitfaden der Entwicklung der Produktion werden. Unternehmerische Entscheidungen über den Zeitpunkt der Ausführung und Anwendung ersetzt er nicht.

Ein Beispiel für die Inkonsistenz zwischen unternehmerischen Zielen und wirtschaftlicher Bewertung ist die Flexibilität von modernen Produktionsanlagen. Neben der Verkürzung der Durchlaufzeit wird die Flexibilität häufig als positives Merkmal komplexer Fertigungssysteme herausgestellt. Es taucht dabei jedoch die Frage auf, wie die Flexibilität bei der wirtschaftlichen Bewertung berücksichtigt werden kann.

Mit der Einführung flexibler Fertigungssysteme wird das Ziel verfolgt, unterschiedliche Produkte gleichzeitig oder in zeitlicher Folge ohne Umbaumaßnahmen herzustellen. Dies erfordert besondere Investitionen in Funktionen und damit in Komponenten, die diese Flexibilität gewährleisten. Als Beispiele seien nur die komplexen Systemsteuerungen, die externen Rüst- und Spannplätze, die umfangreichen Werkzeugversorgungssysteme und die automatischen Transporteinrichtungen genannt. Der Vorteil dieser Einrichtungen liegt darin, daß auch die Werkstücke und Produkte problemlos gefertigt werden können, die zum Zeitpunkt der Planung noch nicht bekannt waren oder aus Kapazitätsgründen kurzfristig auf den flexiblen Anlagen gefertigt werden müssen.

Die Auslegung einer Produktionsanlage ist allerdings so vorzunehmen, daß die Summe der Herstellkosten langfristig möglichst niedrig ist (Bild 19).

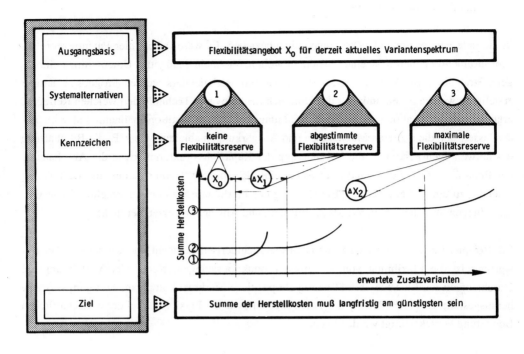

Bild 19:   Wirtschaftliche Bewertung der Flexibilität

Ausgehend von dem Flexibilitätsangebot einer Produktionsanlage für das aktuelle Variantenspektrum lassen sich drei grundsätzliche Alternativen hinsichtlich des Umfangs der Flexibilitätsreserven unerscheiden. Wird bei Alternative 1 keine zusätzliche Flexibilitätsreserve vorgesehen, sind die Herstellkosten für die gefertigten Produkte aufgrund der geringen Anfangsinvestionen am niedrigsten. Die erforderliche Anpassung der Produktionseinrichtungen an zusätzlich vom Markt verlangte Varianten oder an Stückzahlsteigerungen bewirkt in den meisten Fällen jedoch eine sofortige, starke Steigerung der Herstellkosten.

Im Vergleich dazu stellt die Systemalternative 3 das andere Extrem dar. Die Einrichtung einer maximalen Flexibilitäts- und Kapazitätsreserve ermöglicht es, schnell auf Zusatzvarianten und Stückzahlschwankungen reagieren zu können. Sie hat jedoch den Nachteil, daß durch die anfänglich sehr hohen Investitionen die Herstellkosten von Beginn an auf einem hohen Niveau liegen. Hierbei ist außerdem in Frage gestellt, ob die vorgehaltene hohe Flexibilitäts- und Kapazitätsreserve im Verlauf der Nutzungsdauer der Einrichtungen überhaupt notwendig ist.

Hier ist sicherlich der 'Mittelweg' einer abgestimmten Flexibilitätsreserve anzustreben, dem beim Einsatz der Bewertungsmethoden allerdings auch Rechnung zu tragen ist.'

In der Praxis hat sich gezeigt, daß der größte Nutzen von Investitionen in flexible Fertigung dann zu verzeichnen ist, wenn sich unerwartet das zu bearbeitende Teilespektrum ändert. Bei der Kosten- und Investitionsbewertung werden jedoch die Kosten für Flexibilität ausschließlich dem ausgewählten Teilespektrum zugerechnet. Es ist zu überlegen, wie alle potentiellen Nutznießer der Flexibilität als Kostenträger herangezogen werden können (Bild 20).

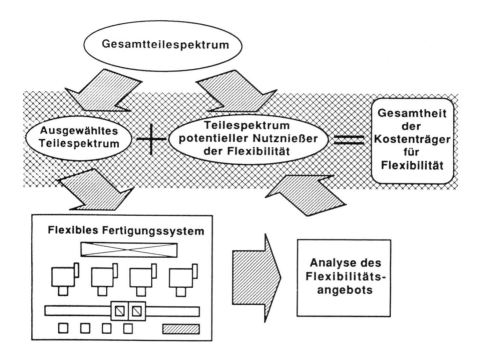

Bild 20: Flexibilitätsorientierte Kostenrechnung

Für die Auswahl der Kostenträger sind dazu die Funktionen des Fertigungssystems hinsichtlich ihres Flexibilitätsangebots zu analysieren. Die zusätzlichen, flexibilitätsbedingten Investitionen für die Funktionen, die als Flexibilitätsträger bestimmt worden sind, können über die zugehörigen Produktionsfaktoren und deren Preise ermittelt werden. Ein Beispiel für derartige Flexibilitätsträger stellen die Werkzeuglagerungs- und -versorgungseinrichtungen dar, die dazu dienen, unterschiedliche Werkstücke ohne Eingriff des Bedieners über längere Zeit bearbeiten zu können. Es ist relativ leicht möglich, gegenüber einer Alternative ohne diese Einrichtungen die zusätzlich erforderlichen Investitionen und Kosten zu bestimmen.

Aus dem gesamten Teilespektrum einschließlich der neu entwickelten Werkstücke können mit Hilfe der identifzierten Funktionskombinationen diejenigen Werkstücke bestimmt werden, die prinzipiell im Fertigungssystem herstellbar sind. Durch eine entsprechende Umlage (Flexibilitätszuschlag) sind die Kosten der Funktionen, die die Flexibilität der Anlage ausmachen, auf alle diese Werkstücke zu verteilen.

Ein konkreter Anwendungsfall für die Verrechnung von Flexibilitätszuschlägen liegt z. B. vor, wenn Spitzenbelastungen auftreten, so daß Produkte außer auf einer Transferstraße auch in einem flexiblen Fertigungssystem hergestellt werden. Das Vorgehen erscheint auch gerechtfertigt, wenn flexible Fertigungssysteme dazu dienen, den geringeren Kapazitätsbedarf in den An- und Auslaufphasen von Produkten abzudecken.

Um beim dritten Problembereich der wirtschaftlichen Bewertung der unangemessenen Wahl der Systemgrenzen und der undifferenzierten Zuschläge - fundierte Lösungen zu finden, muß man versuchen, die kostenbestimmenden Einflüsse genauer zu erfassen.

Dazu werden komplexe Produktionssysteme in Teilsysteme unterteilt, deren Nutzung getrennt erfaßt und über den jeweils zugehörigen Verrechnungssatz bewertet wird /9, 19, 20/. Dies ist auf unterschiedlichen Detaillierungsebenen möglich (Bild 21).

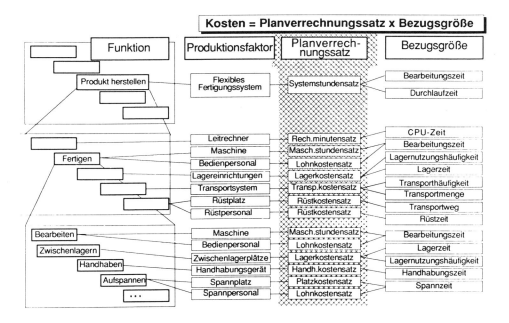

Bild 21: Ermittlung von Planverrechnungssätzen auf unterschiedlichen Detaillierungsebenen

Entsprechend der gewünschten Detaillierung wird die Hierarchieebene der Funktionen des flexiblen Fertigungssystems ausgewählt. Ausschlaggebend für die Auswahl des Detaillierungsgrades sind vor allem die Verfügbarkeit der Bestimmungsgrößen und der zulässige Aufwand für ihre Ermittlung.

Als Verrechnungssatz läßt sich auf der Ebene geringster Detaillierung ein pauschaler Systemstundensatz ermitteln, bei dem die Nutzung aller Komponenten des Fertigungssystems über eine einzige Bezugsgröße verrechnet wird. Als Bezugsgröße wird normalerweise die Bearbeitungszeit gewählt.

Bei weitergehender Detaillierung lassen sich verschiedene Funktionen anhand der genutzten Produktionsfaktoren zusammenfassen, für die jeweils ein zugehöriger Verechnungssatz bereitgestellt wird. So entstehen die Teilmengen der Personalfunktionen, der Maschinenfunktionen und der Systemfunktionen, die über verschiedene Bezugsgrößen bewertet werden.

Ein Beispiel zur differenzierten Kostenzuordnung stellt eine Kostenrechnung dar, die sich im Zusammenhang mit aktuellen Produktionsstrategien (Just-in-Time, Minimierung der Durchlaufzeit durch Komplettbearbeitung) erstmals auch an der Durchlaufzeit in Fertigungssystemen orientiert (Bild 22) /20/. Konsequenterweise sollte die Größe Durchlaufzeit als Bezugsgröße für die Verrechnung der Peripheriekosten in komplexen Fertigungssystemen dienen, die normalerweise im Maschinenstundensatz eingerechnet sind. Die Funktionen dieser Peripheriekomponenten, wie Lager, Tansport und übergeordnete Steuerung, werden bei konventioneller Fertigung von Lager- und Transportarbeitern oder Mitarbeitern der Fertigungssteuerung ausgeführt. Die dadurch verursachten Kosten werden als Gemeinkosten oder betriebliche Verwaltungskosten auf die Basis der Herstellkosten zugeschlagen. Dies ist bei komplexen Fertigungssystemen nicht zulässig, da eine Doppelverrechnung dieser Kosten einträte.

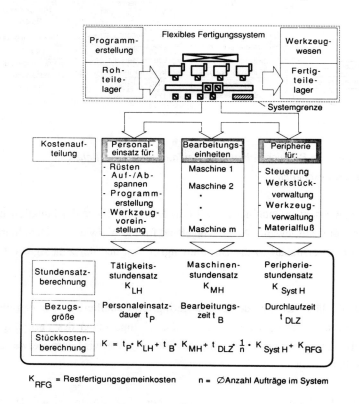

Bild 22: *Durchlaufzeitorientierte Kostenrechnung*

Statt dessen empfiehlt sich folgendes Vorgehen: Die Systemgrenze für die Kostenermittlung umfaßt alle Komponenten des Fertigungssystems. Zur Kostenberechnung werden die gesamten Kosten drei Bereichen zugeordnet:

- dem Personal,
- den Bearbeitungsmaschinen und
- der Peripherie.

Als Bezugsgrößen für die Kostenverrechnung lassen sich zugrundelegen:

- die Personaleinsatzdauer für manuelle Tätigkeiten,
- die Bearbeitungszeit für die Maschinen und
- die Durchlaufzeit für die Peripherie.

Da sich zur gleichen Zeit mehrere Aufträge im System befinden, ist die durchschnittliche Anzahl dieser Aufträge zu ermitteln. Diese Größe kann entweder ein Nebenprodukt von Simulationsuntersuchungen oder ein Ergebnis der Auswertung von BDE-Statistiken sein. Restfertigungsgemeinkosten, die dem Fertigungssystem zuzurechnen sind, können anschließend zugeschlagen werden.

Im folgenden wird mit Hilfe dieses Ansatzes eine Vergleichsrechnung für ein Werkstück (Zylinderträger) durchgeführt (Bild 23).

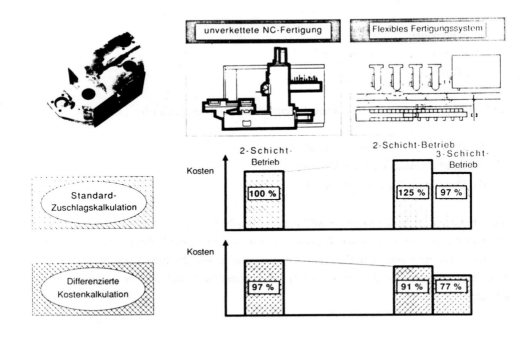

Bild 23: *Durchlaufzeitorientierte Kostenrechnung - Fallbeispiel -*

Der Arbeitsplan für dieses Werkstück sieht eine konventionelle Prototypenfertigung und für die Serienfertigung die Bearbeitung auf einem CNC-Bearbeitungszentrum vor.

Für die unverkettete CNC-Fertigung ergeben sich bei Standard-Zuschlagskalkulation Stückkosten, die hier zu 100 Prozent gesetzt sind. Der Kalkulation liegt eine Losgröße von 10 zugrunde. Bei gleicher Losgröße betragen die Stückkosten in der konventionellen Prototypenfertigung 265 Prozent.

Für die Serienfertigung kann auch ein FFS eingesetzt werden. Dieses FFS besteht aus vier Bearbeitungszentren, zwei induktiv geführten Förderzeugen und einem Hochregallager. Die Investitionssumme beläuft sich auf knapp 4 Mio DM. Das FFS wird dreischichtig betrieben und arbeitet darüber hinaus weit in die Wochenenden hinein fast ohne Personal. Durch diese intensive Nutzung ergeben sich bei Standard-Zuschlagskalkulation Stückkosten in Höhe von 97 Prozent, weil die durch verlängerte Nutzungszeiten reduzierten Anlage-Stundensätze durch die hohen Personal-Schichtzulagen wieder kompensiert werden.

Um eine Vergleichssituation zu schaffen, soll im folgenden mit gleichen Annahmen wie für die unverkettete NC-Fertigung, d. h. 2- bis 3-Schicht-Betrieb und Losgröße 10, gerechnet werden. Es muß betont werden, daß in der betrieblichen Praxis ein 3-Schicht-Betrieb bei unverketteter NC-Fertigung aus Personalgründen meist unmöglich ist, dieser bei FFS-Fertigung mit geringerem Personaleinsatz nach der zweiten Schicht durchaus möglich ist. Beim 2-Schicht-Betrieb führt die Standard-Zuschlagskalkulation auf jeden Fall zu höheren Stückkosten, hier 125 Prozent.

Unter Verwendung des in Bild 22 vorgestellten Ansatzes sind einige zusätzliche Annahmen erforderlich:

- Die Stoffgemeinkosten verändern sich dadurch, daß die Gußteile direkt ins Rohmateriallager des FFS geliefert werden. Dadurch werden Materialhandhabungs- und -buchungskosten eingespart.

- Die Rüst-Fertigungskosten werden bei der Zuschlagskalkulation anhand des Maschinenstundensatzes errechnet. Rüsten erfolgt jedoch außerhalb der Maschine auf einem separaten Rüstplatz parallel zur Bearbeitung anderer Werkstücke, daher darf nur mit dem Stundensatz des Rüstplatzes und des Rüstpersonals gerechnet werden. Außerdem wird beim FFS grundsätzlich nur während der ersten und zweiten Schicht gerüstet.

- Die Maschinenstundensätze werden vom Systemstundensatz getrennt. Bezugsgröße für die Bearbeitung ist die Einzelzeit, Bezugsgröße für die Systemnutzung (ohne Maschine und ohne Rüstplatz) ist die Systemdurchlaufzeit. Während dieser Zeit beanspruchen die Werkstücke das System durch Transport- und Lagervorgänge sowie durch Transport- und Lagerverwaltung.

Die Systemkosten werden aufgrund der durchschnittlich im System befindlichen Werkstücke umgelegt. Das Personal, je nach Schicht arbeiten unterschiedlich viele Mitarbeiter als Operator, Systembetreuer und Aufspanner, wird entsprechend seinen Aufgaben dem Rüsten, dem Bearbeiten oder der Systembetreuung zugeordnet. Der Systemstundensatz enthält die zuzuordnenden Personalkosten, in diesem Fall den Stundensatz des Operators. Die Verwaltung des FFS durch Transportwesen und Fertigungssteuerung erfolgt intern und ist im Systemstundensatz enthalten. Daher sind nur noch geringe Zuschläge für zentrale Fertigungssteuerung, Materialflußanbindung sowie Programmierung und Ausschuß vorzusehen. Weitere Vorteile zeigen sich beim Vergleich der Arbeitspläne in der geringeren Zahl der Arbeitsvorgänge und in den dadurch kürzeren Durchlaufzeiten und geringeren Umlaufbeständen, was die Kapitalbindungskosten, die in den Fertigungsgemeinkosten enthalten sind, deutlich senkt.

Unter Berücksichtigung dieser Annahmen betragen die Stückkosten des betrachteten Werkstücks bei Fertigung im FFS ca. 90 Prozent der Kosten bei unverketteter NC-Fertigung, wenn diese mit Hilfe der Standard-Zuschlagskalkulation ermittelt werden. Im Vergleich zu den nach der Standard-Zuschlagskalkulation ermittelten Kosten der unverketteten NC-Fertigung ergeben sich bei differenzierter Rechnung Kosten in Höhe von 97 Prozent. Wird das vorgestellte Rechenverfahren für den erweiterten 3-Schicht-Betrieb angewendet, bei dem zusätzliche Nutzungszeit durch personalreduzierten Betrieb am Wochenende gewonnen wird, so betragen die Stückkosten 77 Prozent im Vergleich zur NC-Fertigung im 2-Schicht-Betrieb. Bei Standard-Zuschlagskalkulation werden für diesen Fall 97 Prozent ausgewiesen.

Abschließend bleibt festzuhalten, daß die Schwachstellen der heutigen Bewertungspraxis durch eine differenzierte, zweckorientierte Betrachtung der Bewertungssituation weitgehend behoben werden können.

Hierzu sind keine grundlegend neuen Bewertungsmethoden erforderlich, man muß allerdings die wesentlichen, kostenbestimmenden Einflußfaktoren detailliert und differenziert analysieren. Dabei besteht das Hauptproblem in der Aufbereitung der relevanten Einflußgrößen und in der Beschaffung des benötigten Datenmaterials.

Das ist jedoch kein primär betriebswirtschaftliches Problem. Vielmehr muß der Planer beurteilen, welche kostenmäßigen oder zahlungswirksamen Konsequenzen aus den technischen Maßnahmen erwachsen. Bei Kenntnis geeigneter betriebswirtschaftlicher Methoden ist die Ermittlung der entscheidungsrelevanten Kennwerte dann unproblematisch. Hier ist also eine verstärkte Zusammenarbeit von Technikern und Kaufleuten erfolgversprechend (Bild 24).

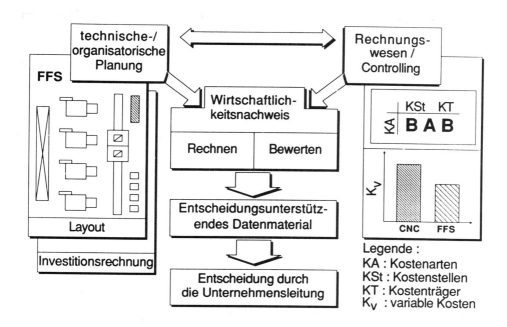

Bild 24: Technisch-kaufmännische Kooperation bei der Bewertung moderner Produktionstechnik

Es muß jedoch darauf hingewisen werden, daß moderne Produktionskonzepte aufgrund ihrer Besonderheiten ein gewisses Risiko für den Investor bedeuten. Dieses Risiko kann den betrieblichen Entscheidungsträgern letzlich auch durch eine umfassende Planung nicht abgenommen, wohl aber transparenter gemacht werden.

Literaturverzeichnis

/1/ Schumpeter, J., Theorie der wirtschaftliche Entwicklung, 6. Auflage, Berlin, 1964

/2/ Küpper, H.-U., Der Bedarf an Kosten- und Leistungsinformationen in Industrieunternehmen - Ergebnisse einer empirischen Erhebung, KRP (1983), Nr. 2, S. 269 - 181

/3/ Kaplan, R. S., Strategic Cost Analysis, In: Proceedings of Symposium on CAM-I Cost Management System Project, Nizza, 1987

/4/ Herrmann, P., Wirtschaftlichkeitsbewertung für flexible Fertigung, In: Tagungsband zum 2. Fertigungswirtschaftlichen Kolloquium, S. 274 - 291, Passau, 1986

/5/ Pieper, A., Forschung und Entwicklung - eine Chance für die Wirtschaft, Beiträge zur Gesellschafts- und Bildungspolitik 103, Köln, 1984

/6/ Erkes, K. F, Schönheit, M., Wiegershaus, U., Fachgebiete in Jahresübersichten - Flexible Fertigung, VDI-Z 130 (1988) Nr. 9, S. 62 - 79

/7/ Wildemann, H., Strategische Investitionsplanung für neue Technologien in der Produktionstechnik, In: Tagungsband zum 2. Fertigungswirtschaftlichen Kolloquium, S. 1 - 110, Passau, 1986

/8/ Müller, U., Planung einer wirtschaftlichen Qualitäts- und Funktionsüberwachung in der Einzel- und Serienfertigung, VDI-Fortschrittsberichte, Reihe 2, Nr. 73, Düsseldorf, 1984

/9/ Eversheim, W., Schmidt, H., Erkes, K., Wirtschaftliche Bewertung komplexer Produktionssysteme, VDI-Z 129 (1987), Nr. 8, S. 18 - 23

/10/ Theunisse, H. Empirical Research Concerning Cost Calculation Methods and Cost Accounting Methods in Industrial Companies, In: Proceedings of Symposium on CAM-I Cost Management Sytem Project, Nizza, 1986

/11/ Kenn, H., Flexible Fertigung im Druckmaschinenbau - Arbeit und Entlohnung im Wandel, VDI-Z 129 (1987), Nr. 8, S. 24 - 27

/12/ Eversheim, W., Ottenbruch, P., Schmidt, H., Schuh, G., Qualifizierung für neue Produktionstechniken, VDI-Z 130 (1988), Nr. 1, S. 32 - 36

/13/ Herrmann, P., Wirtschaftlichkeitsaspekte und Chancen einer flexiblen Fertigung aufgezeigt an Beispielen aus dem Maschinenbau, In: Wirtschaftlichkeit neuer Produktions- und Informationstechnologie (Hrsg. Horváth, P.), Stuttgart, 1988

/14/ Shah, R. Erfahrungen europäischer CIM-Anwender, VDI-Z 129 (1987) Nr. 1, S. 34 - 43

/15/ Eidenmüller, B., Auswirkungen neuer Technologien auf die Arbeitsorganisation, FB/IE 36 (1987), Nr. 1, S. 4 - 8

/16/ Milberg, J., Entwicklungstendenzen in der automatisierten Produktion, Technische Rundschau 77 (1985), Nr. 37, S. 42 - 48

/17/ Ziegler, H., Industrielle Leistungen - eine Herausforderung für Theorie und Praxis, ZfbF 34 (1982) Nr. 8/9, S. 816 - 825

/18/ Bröll, T. Rechneruntertützung in Entwicklung, Konstruktion und Produktion - Auswirkungen auf Kostenstrukturen und Kostenrechnungssysteme, Controlling-Forschungsbericht Nr. 86/2, Stuttgart, 1986

/19/ Knoop, J., Prozeßorientierte Kostenrechnung - Ein Instrument zur Planung flexibler Fertigungssysteme, KRP (1987) Nr. 2, S. 47 - 58

/20/ Eversheim, W., Erkes, K., Schmidt, H., Wirtschaftliche Bewertung flexibler Fertigungsanlagen, Ind.-Anz. 107 (1985), Nr. 44, S. 23 - 28

Erwartungen an eine Allgemeine Betriebswirtschaftslehre aus der Sicht von Forschung und Lehre

Podiumsdiskussion

Teilnehmer:

Prof. Dr. h.c. mult. Horst Albach, Universität Bonn
(Diskussionsleitung)
Prof. Dr. Jürgen Bloech, Universität Göttingen
Prof. Dr. Erwin Dichtl, Universität Mannheim
Prof. Dr. Günther Schanz, Universität Göttingen
Prof. Dr. Henner Schierenbeck, Universität Münster
Prof. Dr. Dieter Schneider, Universität Bochum
Dipl. Kfm. Günter Vogelsang, Düsseldorf

Albach

Wir haben uns hier zusammengefunden, um eine Diskussion über Stand und Aufgaben der Allgemeinen Betriebswirtschaftslehre durchzuführen. Ich hab' die Freude, diese freundschaftliche Kontroverse zu moderieren. Keinen der Teilnehmer an dieser Podiumsdiskussion brauche ich vorzustellen; deshalb können wir sofort in die "Arena" steigen, und Herr Bloech wird so nett sein, das "Opening-Statement" zu machen. Ich darf vielleicht noch sagen, wie wir uns die Dinge vorgestellt haben, damit jeder auch seinen Punkt klar und begründet herausarbeiten kann. Damit Sie sich ein Urteil bilden können, werden wir einen ersten Durchgang machen, in dem jeder sagt, was er von der Allgemeinen Betriebswirtschaftslehre hält oder nicht hält, und dann werden wir im zweiten Durchgang die Kontrahenten in den Ring steigen lassen und die systematische Diskussion über das, was hier vorgetragen worden ist, einleiten. Ich muß sagen, daß wir nicht prognostizieren können, daß Sie alle mit einem Ergebnis oder gar mit einem Studienplan in Allgemeiner Betriebswirtschaftslehre aus diesem Saal gehen können. Ob wir am Ende einen Konsens erzielt haben oder ob wir uns nur gegenseitig bescheinigen, wir haben Achtung vor dem, was der andere gesagt hat, aber halten nichts davon, das ist nicht vorauszusehen. Herr Bloech, Sie beginnen.

Bloech

Die Betriebswirtschaftslehre als eine Wissenschaft der Wirtschaftswissenschaften und ein <u>Teilsystem der im deutschsprachigen Raum an der Universitäten eingebetteten Wissenschaften</u> genießt alle Privilegien dieser Kooperation; sowohl solche, die ihren Status (Fakultät, Fachbereich oder Studiengang) betreffen als auch solche, die den Status ihrer Wissenschaftler betreffen (Promotion, die Habilitation) wie auch diejenigen, die ihre Studenten betreffen.

Sie zählt zu den "jüngeren Wissenschaften" und bemüht sich, durch wissenschaftliche Forschung Erkenntnisse über Wesen und Wirtschaft der Unternehmungen, Betriebe und Werke sowie der Teilbereiche dieser Institutionen und ihrer Verknüpfungen zu der Umwelt zu erfahren.

Die Erfahrungsobjekte der Betriebswirtschaftslehre, die auch Erfahrungsobjekte zahlreicher anderer Wissenschaften sind, befinden sich in einer Entwicklung, die laufend neue Erscheinungsformen hervorbringt.

Zentrale Erkenntnisobjekte der Betriebswirtschaftslehre sind alle wirtschaftlichen Tatbestände, Wirkungen und Erwartungen im Zusammenhang mit den Erfahrungsobjekten sowie alle Ursachen wirtschaftlicher Wirkungen.

Die Entscheidungen in den Unternehmungen und Betrieben zeigen direkte und indirekte Wirkungen, die weit über ihre institutionellen Grenzen hinausreichen und die Erkenntnisobjekte anderer Wissenschaften beeinflussen.

Aus diesem Grunde taucht die Frage auf, zu der ich drei Thesen aufstellen möchte: Bedarf es einer Allgemeinen Betriebswirtschaftslehre?

These 1:
Das Fundament einer breit angelegten Allgemeinen Betriebswirtschaftslehre ist wesentlich für die Position des Faches in der deutschen Universität. Die Allgemeine Betriebswirtschaftslehre dient der Identifikation unseres Faches als Wissenschaft, die sich bemüht, die innere Einheit und den Sinn aller wirtschaftlichen Vorgänge und Tatbestände in Unternehmungen und Betrieben zu begreifen.

Eine Identifikation der Betriebswirtschaftslehre als einheitliche Gesamtheit ermöglicht ihre Einordnung in das System der Wissenschaften unserer Universitäten.

Diese Identifikation ist wichtig, weil - ähnlich wie in der weiter zurückliegenden Vergangenheit - unsere Wissenschaft als Teilsystem der Universität auch wieder in Frage gestellt werden kann.

Mit der Allgemeinen Betriebswirtschaftslehre ist eine Basis der Identifikation vorhanden, die über die Funktionen und Zweiglehren hinweggreift, Aussagen für sie alle gemeinsam trifft und die ihr in den Universitäten ein mit anderen Fächern vergleichbares Gewicht verleiht.

These 2:
Es bedarf einer Allgemeinen Betriebswirtschaftslehre, um zu Wesen und Wirtschaft der Unternehmungen und Betriebe übergreifende Aussagen zu formulieren und zu begründen.

Die Vielfalt der Erscheinungsformen der Unternehmungen und Betriebe sowie die Vielfalt wirtschaftlicher Verknüpfungen innerhalb dieser Einheiten und zwischen diesen Einheiten benötigt allgemein ausgerichtete Aussagen und Begründungen. Die Allgemeine Betriebswirtschaftslehre ist die Allgemeinbildung unseres Faches, sie ist Träger einer Theorie der Unternehmung und Betriebe. Sie zeigt bereichsübergreifende Zusammenhänge im Vergleich mit den bereichsspezifischen auf, sie zeigt unternehmensübergreifende Zusammenhänge im Vergleich mit unternehmensspezifischen auf, sie zeigt branchenübergreifende Zusammenhänge im Vergleich mit branchenspezifischen auf und zeigt schließlich auch systemindifferente Tatbestände im Vergleich zu systembezogenen Tatbeständen auf.

Die Allgemeine Betriebswirtschaftslehre kann die Gesamtwirkung neuer Methoden und Instrumente auf die wirtschaftlichen Teilbereiche der Unternehmungen und Betriebe erfassen, wie dies z.B. in der Zukunft auch mit der Informatik ansteht. Schließlich wird auch die venia legendi in Allgemeiner Betriebswirtschaftslehre angestrebt und verliehen.

These 3:
Es bedarf einer breit angelegten Allgemeinen Betriebswirtschaftslehre, um ein genügendes Fundament für Spezialisierungen zu besitzen und auch, um die Basis für die Zusammenarbeit mit anderen Wissenschaften auf gemeinsamen Grenzbereichen der Erkenntnisobjekte aufzuweisen.
Je tiefer das Vordringen der Spezialisten in ihre ausgewählten Bereiche erfolgt, um so größer wird auch das _Gewicht_ der Wissensbasis, _um Zusammenhänge der Spezialgebiete mit dem Gesamtsystem zu begreifen und um die Frage zu beantworten, welche Konsequenzen_ spezielle Entwicklungstendenzen für das Gesamtsystem haben.

Für gewisse Zeitabschnitte können sich Spezialgebiete auseinanderbewegen, und sie können sich zu anderen Zeiten wieder vereinen oder annähern. Die Allgemeine Betriebswirtschaftslehre eignet sich besonders gut, um derartige Entwicklungen in ein Bezugssystem einzuordnen. In ihr lassen sich auch Gemeinsamkeiten aus den Aussagen der verschiedenen Spezialgebiete formulieren.

Für die Unternehmungen und Betriebe und auch für die Betriebswirtschaftslehre in der Bundesrepublik Deutschland gilt es zu beachten, daß ihre Entscheidung Wirkungen auf z.B folgende vernetzte Systeme in einem engen geographischen Raum haben:

A) Ein System einer dichten Industrialisierung auf hohem Niveau.
B) Ein demokratisches, marktwirtschaftliches System mit großer Entscheidungsfreiheit der Personen und Institutionen in einem ausgefeilten Rechtssystem.
C) Eine Bevölkerung mit großer Dichte und hohem Einkommen sowie hohen Einkommenserwartungen.
D) Eine noch teilweise intakte Natur mit hohem Wert für die Bevölkerung.

Die Möglichkeiten der Unternehmensführung bei gleichzeitiger Erhaltung der Abstimmung dieser Systeme ist eine der Aufgaben, die nur über die Zusammenarbeit mit mehreren Wissenschaften gelöst werden können. Zur Begründung solcher Kooperationen bedarf es der Basis einer Allgemeinen Betriebswirtschaftslehre.

Zu den Fragen der Erwartung an die Allgemeine Betriebswirtschaftslehre aus der Sicht der Forschung und Lehre möchte ich nur einige ganz kurze Bemerkungen machen:

Zum einen werden sicherlich immer wieder Forschungsarbeiten nötig sein, die neue Erkenntnisse über die allgemeinen wirtschaftlichen Probleme der Unternehmungen und Betriebe hervorbringen können. So muß weiterhin im betriebswirtschaftlich historischen Bereich geforscht werden, um Entwicklungswege und Szenarien aufzuzeigen. Forschungen betriebswirtschaftlich und wirtschafts-informatorisch ausgerichteten Inhalts und Forschungen, die das betriebswirtschaftliche Faktorsystem ansprechen und die Wandlungen der Erscheinungen dieser Faktoren aufzeigen, sind nach wie vor notwendig. Forschungsarbeiten über Zielsysteme, Zielveränderungen und Zielkollisionen zwischen den Unternehmungen und anderen Institutionen werden ebenfalls der Allgemeinen Betriebswirtschaftslehre zuzuordnen sein. Im Bereich der Lehre ist eine Überarbeitung und Aktualisierung der Allgemeinen Betriebswirtschaftslehre mit dem Ziel der Angleichung auf den Stand der Erkenntnisse nötig. Diese Überarbeitung ist wichtig, im Hinblick auf die Anforderungen, die die Wirtschaft an die Absolventen der Betriebswirtschaftslehre stellt. Außerdem sollten die Lehrmethoden dahingehend angepaßt werden, daß die traditionellen Vorlesungen, Übungen und Seminare durch Praxiskontakte, Unternehmensplanspiele und Fallstudien ergänzt werden. Der Weg einiger Kollegen, auch deutsche Fallstudien zu konstruieren, sollte fortgeführt werden, um diese Komponente der Ausbildung zu stärken. Die Allgemeine Betriebswirtschaftslehre ist für uns eine besonders ausgeprägte Chance, wissenschaftliche Einheit, Vielfalt der Erscheinungsformen und Entwicklung von Unternehmungen und Betrieben darzustellen.

Albach
Vielen Dank, Herr Bloech! Damit Sie auch die ganze Brisanz dieser Thesen von Herrn Bloech erfassen, darf ich jedenfalls die erste und die letzte nochmal so zusammenfassen:

1. Eine Allgemeine Theorie der Unternehmung begründet den wissenschaftlichen Rang der Betriebswirtschaftslehre. Eine Spezielle Theorie des Marketing wäre nur an einer Akademie für wissenschaftliches Verkaufen zu vertreten.

2. Spezialisten sind für interdisziplinäre Arbeit ungeeignet und dazu unfähig.

Ich glaube, Sie merken schon, hier werden Bomben gelegt. Schönen Dank, Herr Bloech. Herr Schneider.

Schneider

Meine verehrten Damen und Herren, aus der Sicht der Forschung hat die Allgemeine Betriebswirtschaftslehre m.E. die Aufgabe, einen Baumstamm zu entwickeln, aus dem spezielle Betriebswirtschaftslehren sich dann verästeln. Der Stamm Allgemeine Betriebswirtschaftslehre saugt in seinen Wurzeln Forschungsnahrung in Form von Leitbildern der Theorienbildung und von Wissenschaftsprogrammen auf. Er entwickelt in seinem Stamm Zusammenhänge zwischen beobachtbaren Handlungen und Umweltbedingungen in Form erklärender Theorien, also Hypothesenbildungen, und er erarbeitet metrisierende Theorien, über die eine bessere Meßbarkeit von Begriffsinhalten erreicht wird, die in erklärenden Theorien benutzt werden. Solche metrisierenden Theorien versuchen, eine präzisere wissenschaftliche Sprache, wenn möglich in quantitativen Begriffen, zu finden, um Hypothesen testen zu können. Die Präzisierung der Messung von Begriffen wie Grenzkosten oder Einzelkosten, Gewinn, Insolvenzrisiko, Eigenkapitalquote usw. bilden zugleich die Grundlage, um in den speziellen Betriebswirtschaftslehren für die Praxis nützliche Planungs- und Kontrolltechniken zu entwickeln.

Das "Allgemeine" in der Betriebswirtschaftslehre besteht also in einem Theorienstamm. Innerhalb des Stammes muß von vielem abstrahiert werden, was in speziellen Betriebswirtschaftslehren an vielblättrigem Wissen hinzuzufügen ist. Von der Allgemeinen Betriebswirtschaftslehre kann deshalb nicht erwartet werden, daß sie die weit verästelten speziellen Betriebswirtschaftslehren in ihrer Breite zu integrieren vermag.

Beschränkt man das Allgemeine in der Betriebswirtschaftslehre auf den Theorienstamm, so kann die Allgemeine Betriebswirtschaftslehre keine angewandte Wissenschaft sein. Zum einen liegt bei der Redeweise von der angewandten Wissenschaft ein Sprachfehler vor, weil nur die Tätigkeiten in der Praxis angewandte Wissenschaft sein können. Sprachfehler verführen bekanntlich zu Denkfehlern. Bei einer sorgfältigeren Sprechweise wie: Die Betriebswirtschaftslehre sei eine Wissenschaft zur Erarbeitung des Wissens X, das auf Probleme der Unternehmensführung, der Marktverhandlungen, der Politikberatung usw. anzuwenden sei, wäre die Anschlußfrage offenkundig und unabweisbar: Welches Wissen X hat die Allgemeine Betriebswirtschaftslehre zu erarbeiten? Zum anderen kann die Allgemeine Betriebswirtschaftslehre in der Sache deshalb keine anwendungsorientierte Wissenschaft zur Unternehmensführung sein, weil Unternehmensführung, wie jedes andere eigenverantwortliche menschliche Handeln auch, Wissen aus den verschiedensten Gebieten zu berücksichtigen hat: kaufmännisches Sachwissen, das traditionell zur Betriebswirtschaftslehre gehört, neben wirtschaftspolitischen und Rechtskenntnissen, neben verhaltenswissenschaftlichen Einsichten zur Menschenführung usw.

Aus der Sicht der Forschung erscheint es zweckmäßig, das auf Anwendung gerichtete, in Handlungsempfehlungen mündende Wissen in den Speziellen Betriebswirtschaftslehren zu erarbeiten, weil dort seit je Erkenntnisse aus verschiedenen Disziplinen berücksichtigt werden und zumindest teilweise Forschungen interdisziplinär verlaufen, in der steuerlichen Betriebswirtschaftslehre z.B. mit Steuerrechts- und Finanzwissenschaftlern.

Aus der Sicht der Forschung kann die Allgemeine Betriebswirtschaftslehre wohl auch keine interdisziplinäre Wissenschaft sein. Wenn die Redeweise "interdisziplinär" Sinn haben soll, müssen einzelne Disziplinen wie die Betriebswirtschaftslehre von anderen Disziplinen trennbar sein. Wer interdisziplinäre Forschung wünscht, muß also zuvor Abgrenzungsmerkmale nennen können, durch die sich betriebswirtschaftliche Aussagen von ingenieur-, rechts- oder sozialwissenschaftlichen Aussagen unterscheiden. Und damit sind wir erneut bei dem Wissen X, das die Allgemeine Betriebswirtschaftslehre zu erarbeiten hat. Worin besteht dieses Wissen X einer Allgemeinen Betriebswirtschaftslehre?

Seit Edward Baumstark 1835 den Namen "Betriebswirthschaft" einführte, umschließt Betriebswirtschaft zumindest die Erhaltung, Verwendung und Berechnung des Vermögens und Einkommens in den einzelnen Gewerben. Menschen müssen Einkommen erzielen und verwenden, um zu überleben und um ethische, kulturelle und andere Ziele verwirklichen zu können. Dabei ist als Erfahrungstatbestand unbestreitbar, daß Unsicherheit beim Erwerb von Einkommen und bei der Verwendung von Einkommen nicht zu vermeiden ist. Die Aufgabe, bei gegebenen Mitteln und Erwartungen Einkommen zu erzielen und zu verwenden, und dabei Einkommensunsicherheiten zu verringern, verlangt eine eigenständige Wissenschaft, weil die hierbei auftretenden Probleme so schwierig sind, daß sie weder durch praktische Erfahrung allein noch durch Erkenntnisse von Sozial-, Rechts- und anderen Wissenschaften bewältigt werden können. Erwähnt sei nur die Schwierigkeit, eine angemessene Eigenkapitalausstattung von Unternehmungen allgemein und Kreditinstituten und Versicherungen im besonderen zu bestimmen, was zumindest auch ein Rechtsproblem ist, oder die heute noch in vielem ungelösten Probleme internationaler Steuerbelastungsvergleiche, um die finanzielle Wettbewerbsfähigkeit von Unternehmungen im Standort Bundesrepublik Deutschland verläßlich einzuschätzen.

Die Aufgabe Allgemeiner Betriebswirtschaftslehre sehe ich darin, eine Lehre von den Institutionen menschlichen Zusammenlebens zu entwickeln, betrachtet unter einem Aspekt, dem der Verringerung von Einkommensunsicherheiten einzelner Menschen oder Gruppen von Menschen in einer größeren staatlichen oder überstaatlichen Gemeinschaft.

Die Allgemeine Betriebswirtschaftslehre als Einzel-Wirtschaftstheorie der Institutionen kann dabei in ihren Wurzeln verschiedenen Leitbildern der Forschung folgen. Die produktionsorientierte Sichtweise in Verbindung mit neoklassischer Mikroökonomie, unter der meine Altersgruppe Theorie gelernt hat, ist inzwischen zu einer institutionellen Mikroökonomie weiterentwickelt worden bis hin zu einer Reihe von Modellen, die ausdrücklich die Ungleichverteilung des Wissens zwischen auftraggebendem Principal (sei es Geldgeber, Arbeitnehmer, Kunde) und dem den Auftrag ausführenden Agent (sei es Unternehmensleitung, Lieferant, Versicherungsnehmer) in Vertragsgestaltungen zu modellieren suchen, die beider Interessen wahren. Methodische Grundlage solcher Principel-Agent-Modelle ist die freiwillige Koordination einzelwirtschaftlicher Pläne über pareto-optimale Vertragsgestaltungen, also über eine Spielart des Marktgleichgewichtsdenkens.

Um die institutionellen Gegebenheiten auf Märkten, in Arbeits- und Finanzierungsverträgen, Unternehmungen mit dieser oder jener Organisation, betriebswirtschaftlich zu erklären, dazu erscheint mir freilich eine marktprozeßtheoretische Sicht besser geeignet, die das Denken in Unternehmerfunktionen wieder aufnimmt, wie es ansatzweise bereits vor und neben der nationalökonomischen Klassik entwickelt wurde. Rechtlich-organisatorische Innovationen in Marktstrukturen, Hierarchien in Organisationen, Kooperationsformen zwischen Personen und Unternehmungen als Institutionen, etwa um Arbitragegewinne gegenüber dem Fiskus oder Ausweichhandlungen vor anderen Regulierungen auf Kapitalmärkten durchzuführen: Solche Institutionenbildungen lassen sich über ein Denken in Unternehmerfunktionen besser als mit marktgleichgewichtstheoretischer Methodik erklären.

Als Einzelwirtschaftstheorie der Institutionen methodisch im Marktgleichgewichts- oder Marktprozeßdenken wurzelnd, bietet die Allgemeine Betriebswirtschaftslehre ein fruchtbares Theorienbildungspotential, wie die neueren Ansätze in der Finanzierungstheorie, der Theorie der entscheidungsneutralen Gewinnermittlung und -besteuerung, aber auch in anderen Bereichen, z.B. der Arbeitsverträge und der Unternehmungsverfassung, zeigen.

Welche Folgen sind aus dem Verständnis von Allgemeiner Betriebswirtschaftslehre als Einzelwirtschaftstheorie der Institutionen für die Lehre zu ziehen?

Zwei Bereiche des Grundstudiums sind vom Hauptstudium zu trennen: Zum einen die unerläßliche Unternehmenskunde, also Rechts- und Faktenwissen sowie technische Fähigkeiten. Hierzu gehören nicht nur Propädeutika, sondern auch jene Rechtskenntnisse als Voraussetzung, um über Finanzierungsarten und den Jahresabschluß zu reden. Zum anderen gehört ins Grundstudium die herkömmliche Theorie der Unternehmung, die aus Vereinfachungsgründen von sicheren Erwartungen ausgeht: Produktions- und Kostentheorie, Absatz- und Beschaffungstheorie der Marktformen, Investitionsrechnung usw.

Erst nachdem ein solches Grundwissen vorhanden ist, also im Hauptstudium, erscheint es sinnvoll, an den heutigen Stand der Forschung heranzuführen, durch Vorlesungen über Entscheidung unter Ungewißheit und die darauf aufbauende Finanzierungstheorie. Danach ist die institutionelle Vielfalt anderer Funktionsbereiche eines Unternehmens zu lehren.

Die Verbindung zwischen den einzelnen Teilbereichen betriebswirtschaftlicher Theorien läßt sich erst in den Schlußsemestern herstellen, z.B. in Übungen anhand von Fallstudien oder auch in einer theoriesystematisierenden Weise, für die sich die Geschichte betriebswirtschaftlicher Theorien anbietet. Die Geschichte der Betriebswirtschaftslehre der Einführung in die Betriebswirtschaftslehre zuzuordnen, entleert den Sinn der Wissenschaftsgeschichte völlig. Erst wenn Fachwissen vorhanden ist, werden Streitfragen verständlich, wie z.B. Rieger gegen Schmalenbach und Fritz Schmidt. Vor allem aber lehrt die Geschichte einzelner Theorien, warum bestimmte Problemsichtweisen zustande gekommen sind, z.B. in der Entscheidungstheorie, in der Investitionstheorie. Dies schärft m.E. den Blick für die Anwendungsvoraussetzungen theoretischen Wissens, denen der Studierende sich bald in der Praxis gegenübersieht.

Albach

Schönen Dank, Herr Schneider! Darf ich versuchen, Sie so zusammenzufassen, daß Sie drei Briefchen geschrieben haben. Das erste Briefchen ist an die Personal-Betriebswirte gerichtet gewesen: "Von Ökonomie nur noch Spurenelemente vorhanden", wie der Titel eines Aufsatzes von Gerpott in der ZfB lautet. Sie fordern Rückbesinnung auf den ökonomischen Erhalt der BWL. Das zweite Briefchen war wohl an die Frankfurter Kollegen gerichtet, doch noch einmal das Programm des nächsten Jahres zu überdenken. Das dritte Briefchen war an die Fakultäten gerichtet, nur noch solche Betriebswirte die Vorlesung "Allgemeine Betriebswirtschaftslehre" lesen zu lassen, die in der Principal-Agent-Theorie wissenschaftlich ausgewiesen sind.

Schönen Dank, Herr Schneider. Und nun kommen wir zu Herrn Dichtl.

Dichtl

Meine Damen und Herren, zunächst wollte ich gerne darauf verweisen, daß wir eigentlich das Spektrum um einen Begriff erweitern müssen, nämlich um die Lehre. In Mannheim z.B. ist es so, daß es kein spezifisches Lehrangebot zur Allgemeinen Betriebswirtschaftslehre gibt, und trotzdem handelt es sich um ein Prüfungsfach. Worauf wir uns geeinigt haben, ist ein Katalog von Sachfragen, der für Prüfer und zu Prüfende einen gemeinsamen Bezugspunkt bildet. Das vielleicht vorweg!

Als ich die Einladung erhielt, mich an dieser Diskussion zu beteiligen, habe ich mir überlegt, was ich unternehmen könnte, um etwas Innovatives beizutragen, und daraufhin eine Hilfskraft nach Heidelberg entsandt, um sich einige Prüfungsordnungen anzusehen. Gibt es in anderen Fächern auch dieses Spannungsverhältnis zwischen Allgemein und Speziell? Die Fiktion, die dahintersteckt, ist die: Wenn es ein Prüfungsfach gibt, dann müssen auch Lehrgebiete oder Forschungsfelder existieren. Daß das nicht immer stimmen muß, habe ich soeben schon angedeutet. Bei uns gibt es ein Prüfungsfach, aber kein spezielles Lehrgebiet. Was bei meinen Bemühungen herausgekommen ist, möchte ich an Hand einer Abbildung erläutern.

ABWL	Spezielle BWL	Parallelen
I.		Rechtswissenschaft Soziologie Chemie Biologie Pharmazie
II.		?
III.		Physik Mathematik Erziehungswissenschaft
IV.		Anglistik

Fall 1: Man könnte davon ausgehen, daß die Allgemeine Betriebswirtschaftslehre eine leere Menge darstellt. Ganz so abwegig erscheint dies nicht; denn es gibt auch keine "allgemeine" Komponente in der Rechtswissenschaft, in der Soziologie, in der Chemie, Biologie und Pharmazie. Im übrigen darf ich Sie darauf verweisen, daß unsere Diskussion unter dem Leitwort steht: "Erwartungen an eine Allgemeine Betriebswirtschaftslehre aus der Sicht von Forschung und Lehre". Die Allgemeine Betriebswirtschaftslehre hat damit offenbar niemand im Visier. Gleichwohl heißen Lehrstühle - zum Teil - so und es müssen Studierende Prüfungen in dieser Disziplin ablegen.

Fall 2: "Allgemeine Betriebswirtschaftslehre" könnte auch folgendes kennzeichnen: Was bleibt von den Speziellen Betriebswirtschaftslehren übrig, wenn man sie gewissermaßen aus der Hubschrauberperspektive betrachtet? Welche Konturen kann man erkennen. Was sieht man, wenn man von Detailfragen abstrahiert? Das wären sicher die Aspekte, die man in Einführungsveranstaltungen und Überblicksvorlesungen vermittelt.

Fall 3: Eine dritte Möglichkeit wäre, daß die Allgemeine Betriebswirtschaftslehre gewissermaßen eine Teilmenge der Speziellen Betriebswirtschaftslehren und zugleich etwas Eigenständiges verkörpert. Parallelen dazu gibt es etwa in der Physik, in der Mathematik und in der Pädagogik. Außerdem wird diese Sicht im Aufbau von Büchern zur Allgemeinen Betriebswirtschaftslehre reflektiert.

Im übrigen wollte ich noch auf eine Problematik hinweisen, die sich aus dieser Sicht ergibt: Die Allgemeine Betriebswirtschaftslehre wäre in diesem Fall von Hochschule zu Hochschule jeweils etwas anderes, je nachdem, welche Speziellen Betriebswirtschaftslehren dort vertreten sind.

Fall 4: Die Allgemeine Betriebswirtschaftslehre ist etwas ganz anderes als die sog. Speziellen Betriebswirtschaftslehren. Eine Parallele dazu zeigt sich etwa in der Anglistik. Wenn Sie sich etwa vor Augen führen, daß es Bezeichnungen gibt wie "Lehrstuhl für Allgemeine Betriebswirtschaftslehre und Absatzwirtschaft", also etwas Additives, dann ist auch diese Variante nicht völlig abwegig.

Welches Fazit ergibt sich für mich persönlich aus all' dem?

Zunächst einmal möchte ich darauf hinweisen, welches Fazit sich nicht ergibt. Es stellt nicht etwa einen einen unfairen Akt dar, wenn ich in diesem Zusammenhang auf Empfehlungen verweise, die eine Fachkommission für Ausbildungsfragen der Schmalenbach- Gesellschaft -

Anforderungsprofil für die Hochschulausbildung in Allgemeiner Betriebswirtschaftslehre

Studiengebiet	Studieninhalte
Einführung in die Betriebswirtschaftslehre	● Erkenntnisobjekt der Betriebswirtschaftslehre ● Einordnung der Betriebswirtschaftslehre als Wissenschaft ● Geschichte der Betriebswirtschaftslehre ● Betrieb und Wirtschaftssystem ● Unternehmertum und Wettbewerb ● Betriebswirtschaftliche Ziele und strategische Grundentscheidungen ● Betrieb und Umwelt ● Die Hauptfunktionen der Unternehmung ● Internationale Unternehmenstätigkeit
Institutionen	● Industrie/Handwerk ● Energieversorgungsunternehmen ● Banken/Versicherungen ● Handel ● Sonstige Dienstleistungen ● Öffentliche Verwaltung und Sozialbetriebe
Die Unternehmung als Ganzes	● Managementmethoden ● Anforderungen an Führungskräfte ● Unternehmensorganisation ● Strategische und operative Planungs- und Kontrollkonzeptionen/Unternehmenscontrolling ● Informationssysteme ● Entscheidungstheorien
Investition und Finanzierung	● Investitionsarten ● Investitionsrechnungen ● Optimale Investitionsprogramme ● Finanzierungstheorien ● Finanzierungsgrundsätze ● Kapitalbedarfsrechnungen ● Eigen- und Fremdfinanzierung ● Außen- und Innenfinanzierung ● Finanzplanung
Beschaffung	● Beschaffungswirtschaftliche Ziele und Konzeptionen ● Beschaffungsmarketing ● Lagerhaltung ● Logistik ● Entsorgung ● Beschaffungscontrolling

Studiengebiet	Studieninhalte
Produktion und Kosten	● Produktions- und Kostentheorie ● Produktionstypen ● Produkt- und Programmplanung ● Anlagenwirtschaft ● Prozeßwirtschaft ● Produktionscontrolling
Absatz und Erlöse	● Absatz- und Erlöstheorie ● Absatzwirtschaftliche Ziele und Konzeptionen ● Marktformen ● Marktsegmentierungen ● Käuferverhalten ● Marketing-Instrumente ● Absatz- und Erlöscontrolling
Personal	● Arbeitsrechtliche Rahmenbedingungen ● Mitbestimmung ● Personalplanung ● Personaleinsatz und Arbeitsgestaltung ● Personalentwicklung ● Lohn- und Gehaltssysteme ● Betriebliche Altersversorgung ● Personalcontrolling
Forschung und Entwicklung	● Produktinnovationen ● Verfahrensinnovationen ● Marktorientierung ● Zeit- und Kostenplanung ● FuE-Controlling
Rechnungswesen	● Systeme des Rechnungswesens ● Jahresabschluß ● Konzernabschluß ● Bilanzpolitik ● Abschlußanalyse ● Kostenrechnungssysteme ● Erlösanalyse ● Kurzfristige Erfolgsrechnung ● Controlling
Steuern	● Die wichtigsten Steuern im Unternehmen ● Bilanzierungs- und Bewertungsgrundsätze für die Steuerbilanz ● Auswirkungen von Steuern auf betriebliche Entscheidungen
Studiengebiet	Studieninhalte
Betriebswirtschaftliche Bedeutung wesentlicher Rechtsgebiete	● Rechtsformen der Unternehmung ● Unternehmensverfassung ● Kooperations- und Konzentrationsformen ● Betriebswirtschaftliche Bedeutung der in der juristischen Grundausbildung gelehrten Rechtsgebiete aus BGB, HGB, Gesellschaftsrecht, Öffentlichem Recht, Arbeitsrecht, Wettbewerbsrecht

Deutsche Gesellschaft für Betriebswirtschaft e.V. - im vergangenen Jahr erarbeitet hat. Diese sind überschrieben mit: "Anforderungsprofil für die Hochschulausbildung in Allgemeiner Betriebswirtschaftslehre". Der Katalog umfaßt nicht weniger als 78 Positionen, wovon einige wie z.B. Finanzierungstheorien oder Bilanzpolitik von einem Gewicht sind, daß dazu eigene Lehrveranstaltungen gehalten werden müssen.

Einen Katalog von Anforderungen solchen Ausmaßes aufzustellen, erscheint blauäugig und unrealistisch. Erstens einmal, glaube ich, ist ein entsprechendes Angebot an keiner deutschen Hochschule vorhanden, und zweitens steht überhaupt nicht so viel Zeit zur Verfügung, um das alles darzubieten. Die Studenten wären damit überfordert.

Welche Erwartungen kann ich nun formulieren?

1. Orientierungsfunktion

Zunächst einmal - und das deckt sich z.T. mit dem, was soeben auch schon gesagt worden ist - kommt der Allgemeinen Betriebswirtschaftslehre eine Orientierungsfunktion zu. Auseinanderdriftende Spezialdisziplinen bedürfen einer Klammer auf der einen und einer Einordnung in größere Zusammenhänge auf der anderen Seite. Was muß z.B. ein Student, der sich mit Finanzierung, Steuerlehre und Treuhandwesen als Schwerpunktfächern beschäftigt, auch von Organisation und Personalwesen wissen? Vergleichbare Beispiele gibt es beliebig viele.

Wichtig ist aber auch eine Verklammerung mit gesamtwirtschaftlichen Fragen, also mit unserem Wirtschaftssystem, mit der Rechts- und mit der Sozialordnung. Das ist für mich eine Conditio sine qua non.

Ich habe dafür auch ein sehr praktisches Beispiel an der Hand. Manch einer von uns ist in China tätig gewesen und hat dabei die Erfahrung gemacht, daß es völlig unmöglich ist, chinesischen Managern etwas über Marketing zu vermitteln, ohne den gesamtwirtschaftlichen Hintergrund zumindest zu streifen. Man kann das anders gar nicht schaffen. Ähnliches gilt sicherlich auch für jemanden, der über Finanzierung spricht und etwas über das westliche Bankensystem berichten muß.

Die Zuständigkeit ist für mich dabei eine nachrangige Frage. Die Volkswirte beschäftigen sich nicht mit all den Fragen, um die sie sich kümmern sollten.

Hier hat zweifellos auch die Dogmen-Geschichte ihren Platz. Obwohl ich selbst meine Schwierigkeiten damit habe, weiß ich aber doch, daß dieses Feld beispielsweise in Japan einen außerordentlich hohen Stellenwert genießt. Die Beschäftigung mit der Historie stellt sicher nicht nur ein historisches Relikt dar.

Im übrigen ist die Orientierungsfunktion eine Sache für Lehre und Prüfungen; mit Forschung hat das für mich eigentlich nichts zu tun.

2. Querschnittsfunktion

Die "Allgemeine Betriebswirtschaftslehre" müßte auch eine gewisse Querschnittsfunktion wahrnehmen. Dies deckt sich genau mit dem, was Herr Bloech und auch Herr Schneider ausgeführt haben. Es geht um die Suche nach Paradigmata, nach Gemeinsamkeiten, nach Gesetzmäßigkeiten. Was haben z.B. Daimler Benz, Deutsche Bank, Bundesbahn, ein Handwerksbetrieb und ein "Tante Emma-Laden" gemeinsam? Gefragt sind dabei nicht nur eine Beschreibung, sondern auch eine Erklärung dafür.

Dies stellt ein sehr gefährliches Feld dar und im allgemeinen kommt man dabei über die Anhäufung von Trivialwissen nicht hinaus. Ich glaube nicht, daß es damit getan wäre, darauf hinzuweisen, daß in all' diesen Unternehmen Menschen arbeiten, daß alle irgendwelche Ziele anstreben und daß alle Betriebe Kapital benötigen. Bei den Zielen beispielsweise das ökonomische Prinzip als gemeinsames Band herauszuarbeiten, reichte nach meinem Dafürhalten erstens nicht aus und wäre zweitens auch falsch.

Wie schwierig es ist, Gemeinsamkeiten zu finden, möchte ich an einem Beispiel erläutern: Stellen Sie sich vor, Sie haben drei Kollegen vor sich, von denen sich einer mit Psycho-Biologie beschäftigt, obwohl er einen Lehrstuhl für Betriebswirtschaftslehre hat. Ein zweiter entwickelt Algorithmen und ein dritter beschäftigt sich mit Problemen, die sich aus der Anwendung des Bauplanungsrechts ergeben. Dabei wäre es für mich überhaupt kein Problem, zu diesen Begriffen jeweils Namen zu nennen.

Betroffen von der Querschnittsfunktion sind Forschung, Lehre und Prüfungswesen.

3. Brückenfunktion

Es gibt noch eine dritte Aufgabe für die Allgemeine Betriebswirtschaftslehre, die ich mit Brückenfunktion umschrieben habe, die Hinwendung des Blicks weg von Teilsystemen der Unternehmung zur Unternehmung als Einheit oder zu höheren Systemen bis hin zur Volkswirtschaft.

Beispiele dafür wären etwa: Gründung, Wachstum der Unternehmung, Kooperation mit anderen, Verschmelzung bzw. Fusion. Auch die gesamte Erfolgsfaktorenforschung läßt sich nicht in eine bestimmte Schublade stecken. Dazu gehören ferner Beziehungen zu Märkten, Wettbewerb, Markteintrittsbarrieren, kurz: Fragen der Industrie-Ökonomik. Ich bin überzeugt, daß der ganze Bereich der Industrial Organization von uns Betriebswirten bislang nicht entdeckt worden ist. Die Fusionswelle z.B., die über die deutsche Wirtschaft hinwegschwappt, hat uns als Wissenschaftler noch nicht erreicht.

Für mich wären in diesem Bereich auch Aufgabenstellungen anzusiedeln, die in keine bestimmte Schublade passen: Etwa all' das, was die Generalisten unter den Unternehmensberatern leisten, nicht die Spezialisten, die für EDV oder andere eindeutig abgegrenzte Probleme zuständig sind. Gemeint sind also Aufgaben, bei denen noch nicht einmal klar ist, worin das Problem besteht.

Von diesem Bereich betroffen sind Forschung, Lehre und Prüfungen.

Fazit: Es ist meine Überzeugung, daß die Allgemeine Betriebswirtschaftslehre alle diese drei Funktionen erfüllen muß. Wenn man sich über das Ziel einig ist, dann kann man erst nachdenken über das "Wie", also die Wege zum Ziel. Dabei bedarf es eines gewissen Mutes zur Selbstbeschränkung, m.a.W. eines Verzichts auf Stoffhuberei zugunsten der Betonung des Exemplarischen.

Albach
Ich hoffe, Herr Dichtl, ich überinterpretiere Sie nicht, wenn ich nicht Ihr letztes Fazit herausstelle für die Diskussion, sondern die erste sehr prononcierte These, daß die Allgemeine Betriebswirtschaftslehre kein Sammelsurium von 78 Positionen ist, und wenn ich Sie zweitens so interpretieren darf, daß Sie sagen, in der Allgemeinen Betriebswirtschaftslehre muß die Ausdünnung betriebswirtschaftlicher Studiengänge von nationalökonomischen Kenntnissen wieder rückgängig gemacht werden.

Wir kommen zu dem Münsteraner Vertreter, der seine eigene Interpretation des Papiers, an dem er mitgewirkt hat und das Sie ja in den Unterlagen hoffentlich alle auch schon gelesen haben, vorträgt, Herr Schierenbeck, bitte.

Schierenbeck
Herzlichen Dank, Herr Albach, meine Damen und Herren!

Wie Herr Albach eben schon sagte, werden meine Überlegungen sich auf das Thesenpapier beziehen, das Ihnen in den Tagungsunterlagen beigelegt worden ist. Ich möchte dabei betonen, daß die dortigen Überlegungen nicht zuletzt auch mit der Wahl unseres diesjährigen Tagungsthemas zusammenhängen und insoweit eine Einheit bilden.

Auf die Zersplitterung und zunehmende Verästelung unserer Fachdisziplin ist ja schon mehrfach hingewiesen worden, und ich möchte diese Diagnose zunächst einfach übernehmen; allerdings einleitend betonen, daß sie natürlich nicht gleichermaßen an allen Universitäten gilt. Zumindest wäre u.E. zu unterscheiden zwischen den großen betriebswirtschaftlichen Fakultäten mit vielen speziellen Lehrstühlen und den kleinen Fakultäten, wo der Ausdifferenzierung natürliche Grenzen gesetzt sind. Davon aber zunächst losgelöst möchte ich folgende Fragestellungen an den Anfang stellen:

Ist diese Zersplitterung und damit Vernachlässigung des Kerns unserer Disziplin mit gleichzeitiger starker Verästelung in den letzten Jahren und Jahrzehnten nicht vielleicht sogar als Zeichen der Stärke, der Dynamik und Entwicklungskraft unseres Faches zu werten? Ist diese Entwicklung nicht vielleicht sogar positiv und wünschenswert. Oder aber, sollten die früheren Zustände, als man noch mit Fug und Recht von der Existenz einer Allgemeinen Betriebswirtschaftslehre sprechen konnte, vielleicht restauriert werden, wenn nötig auf Kosten der Spezialisierung? Oder sollte vielleicht, als Synthese, eine als notwendig und wünschenswert erachtete Spezialisierung durch eine spezifische Funktionssicht der Allgemeinen Betriebswirtschaftslehre stärker als in der Vergangenheit gesteuert bzw. moderiert werden. Der letzteren Ansicht neigen die Münsteraner zu und haben versucht, in acht Thesen diese so verstandene Funktion der Allgemeinen Betriebswirtschaftslehre zu definieren. Ich möchte meine Ausführungen in zwei Abschnitte gliedern und komme zunächst auf einige Punkte, die die Lehre betreffen und dann solche, die primär die Forschung angehen. Zunächst zur **Lehre**.

1. Eine wesentliche Aufgabe der Allgemeinen Betriebswirtschaftslehre leitet sich u.E. aus ihrer Klammerfunktion für die speziellen Betriebswirtschaftslehren her. Dabei erscheint eine stärkere Ausrichtung der Allgemeinen Betriebswirtschaftslehre auf die allgemeinen Grundlagen unseres Faches unumgänglich, um der eben schon konstatierten Zersplitterung des Faches entgegenzuwirken. Eine so verstandene Allgemeine Betriebswirtschaftslehre umfaßt dabei, und das ist uns sehr wesentlich, die gemeinsamen Elemente der unterschiedlichen Richtungen des Faches. Diese allgemeinen Elemente sehen wir in erster Linie in den betriebswirtschaftlichen Grundbe-

griffen und den formalen Denkprinzipien. Betriebswirtschaftliche Grundbegriffe sind in diesem Sinne etwa Wirtschaftlichkeit, Produktivität, Rentabilität, Liquidität, Risiko und Flexibilität. Zu den grundlegenden Denkprinzipien der Betriebswirtschaftslehre zählen u.E. vor allem das Denken in Kosten-Nutzen-Relationen, das Denken in Veränderungen, das Denken in vernetzten Ursache-Wirkungs-Beziehungen bzw. Mittel-Zweck-Beziehungen sowie das Denken in unsicheren Relationen. Ferner zählen zum gemeinsamen Bestand der Allgemeinen Betriebswirtschaftslehre die Prinzipien, die Betonung liegt auf Prinzipien, der Lenkung von Wirtschaftseinheiten (d.h. die Prinzipien der Entscheidungslehre, des Controlling, der Organisation und Führung) sowie die Prinzipien der Abbildung von Prozessen und Zuständen (also die Prinzipien der Dokumentation, der Rechenschaftslegung sowie der Bewertung).

2. Die Allgemeine Betriebswirtschaftslehre muß damit verbunden zwei didaktische Funktionen kombinieren. Sie muß einerseits speziell in Anfangssemestern einen Überblick über das Fach vermitteln, also eine Überblickfunktion wahrnehmen und andererseits, und dies ist eher Aufgabe des Fortgeschrittenen-Studiums, den Zusammenhang zwischen den Elementen unseres Faches verdeutlichen. Das ist also die Integrationsfunktion. Didaktische Instrumente für die Überblickfunktion sind dabei Einführungsveranstaltungen, kombiniert mit einfachen praktischen Fällen und Planspielen, während für die Integrationsfunktion anspruchsvolle Planspiele, Projektarbeitsgruppen, funktionsübergreifende Fallstudien sowie Ringvorlesungen u.E. bewährte Instrumente sind. Für die Ausbildung in Münster gilt sowohl im Grund- als auch im Hauptstudium dabei noch eine Besonderheit, nämlich daß die Allgemeine Betriebswirtschaftslehre in einen stärker theorieorientierten und einen stärker rechnungsorientierten Teil gegliedert ist. Die Integrationsfunktion wird dabei speziell im rechnungsorientierten Teil der Allgemeinen Betriebswirtschaftslehre über das Konzept des Controlling umzusetzen versucht, während dies im theorieorientierten Teil die betriebswirtschaftlichen Modelle im Produktions-, Absatz- und Finanzierungsbereich übernehmen. Wichtig ist hierbei die Aussage, daß beide Teile jeweils getrennte Pflicht-Prüfungsfächer in der Diplomprüfung darstellen, so daß zwei von insgesamt fünf Diplomfächern in Münster durch die Allgemeine Betriebswirtschaftslehre getragen werden.

3. Speziell im Grundstudium geht es uns aus der Sicht der Allgemeinen Betriebswirtschaftslehre vor allem um die Vermittlung eines gemeinsamen Denkstils (oder auch eines kognitiven Stils) für betriebswirtschaftliche Problemstellungen. Die Allgemeine Betriebswirtschaftslehre muß hier also insbesondere Problemverständnis und Methodenkenntnisse vermitteln. Dort, wo dies mit der reinen Stoff- und Wissensvermittlung konfligiert, und das tut es ja sehr häufig, muß letzteres u.E. zurücktreten. Das führt zu der Notwendigkeit, das Grundstudium ständig aufs Neue zu entschlacken. Eine Aufgabe, die zugegebenermaßen häufig nicht sehr erfolgreich absolviert wird. Die frei werdende Zeit sollte dann verwendet werden, um bei den Studierenden

das Verständnis für die betriebswirtschaftlichen Problemstrukturen und damit letztlich die Freude an unserem Fach zu wecken und es nicht zu verschütten. Dies wird u.E. dabei auch dadurch erleichtert, daß wir sog. Basiswissen auf der Grundlage eines einheitlichen Begriffsapparats vermitteln. Ebenso ist zu verhindern, so meinen wir, daß die Studierenden bereits im Grundstudium dem für sie noch völlig undurchschaubaren "Paradigmen-Dschungel" der Betriebswirtschaftslehre ausgesetzt werden.

4. In den mittleren und höheren Semestern des Studiums gilt es insbesondere, die Theorien, Techniken und Methoden des strategischen und operativen Managements unter Betonung der Notwendigkeit eines ganzheitlichen Führungsverhaltens stärker zu betonen. Ein Problem, auf das heute morgen auch Herr Dr. Wössner nachdrücklich hingewiesen hat, als er davon sprach, daß die Studenten mit den bereits angesprochenen didaktischen Instrumenten intensiver als bislang im vernetzten, übergreifenden Denken geschult werden müssen.

Speziell dieser Integrationsaspekt ist für das Hauptstudium von zentraler Bedeutung. Dabei ist u.E. auch deutlich zu machen, daß vernetztes Denken nicht nur für die Optimierung von Entscheidungen erforderlich ist, sondern gerade auch die Durchsetzung von Entscheidungen und die damit verbundenen Probleme der Führung, der Organisation mit einzubeziehen hat.

Lassen Sie mich zum Schluß auch noch einige Worte zu den Aufgaben und Funktionen der Allgemeinen Betriebswirtschaftslehre in der **Forschung** machen. Auch hier vier Punkte:

1. Die Allgemeine Betriebswirtschaftslehre muß u.E. stärker als bisher als Plattform für den konstruktiven Dialog zwischen den unterschiedlichen Forschungsansätzen in den Kerngebieten, aber auch an den Rändern unserer Disziplin genutzt werden. Denn gerade angesichts der offenkundigen Forschungspluralität in unserer Disziplin kommt dem Wettbewerb, dem wissenschaftlichen Disput zwischen den verschiedenen Ansätzen eine herausragende Bedeutung zu und hier ist die Allgemeine Betriebswirtschaftslehre mehr denn je gefordert, ein kraftvolles Sprachrohr für entsprechende Bemühungen zu sein.

2. Gefordert werden muß ferner eine Revitalisierung der Grundlagenforschung in der Betriebswirtschaftslehre durch Ausbau ihrer Drehscheibenfunktion für Methoden- und Objektwissen aus den betriebswirtschaftlichen Teildisziplinen. So kann die Allgemeine Betriebswirtschaftslehre, wie ich aus eigener Erfahrung bestätigen kann, wertvolle Impulse für die Forschung in speziellen Betriebswirtschaftslehren, in meinem Fall war dies die Bankbetriebslehre, liefern, wie umgekehrt neuere Erkenntnisse in speziellen Betriebswirtschaftslehren auch wieder zurückwirken können in das Aussagensystem der Allgemeinen Betriebswirtschaftslehre und dort

bisher gültiges Basiswissen in Frage stellen. An einem diesbezügliches Projekt, das sich mit dem Transfer von Erkenntnissen aus der modernen Margenkalkulation im Kreditgewerbe in die allgemeine betriebswirtschaftliche Investitionstheorie beschäftigt, wird beispielsweise gegenwärtig an meinem Institut gearbeitet.

3. Ein wichtiges Aufgabengebiet der Allgemeinen Betriebswirtschaftslehre in der Forschung ist u.E. weiter darin zu sehen, daß dieser ein Kristallisationspunkt für disziplinübergreifende Forschungsansätze wird und damit einer Reintegration der Funktionsspezialisierung Vorschub leistet. Gerade neuere technologische, aber auch gesellschaftliche Entwicklungen bieten hier Gelegenheit zu einer verstärkten Berücksichtigung integrierter, und das sind immer funktionsübergreifende, Sichtweisen.

4. Schließlich und letztens meinen wir, daß Wertfragen zunehmend in den Mittelpunkt auch betriebswirtschaftlicher Forschung zu rücken haben und daß hier der Allgemeinen Betriebswirtschaftslehre eine natürliche Aufgabe zukommt, nämlich gemeinsame Wertfragen als Grundlage und als Voraussetzung für spezialisierende Forschungsprogramme herauszuarbeiten und auf die Konsequenzen impliziter Wertprämissen hinzuweisen.

Albach
Vielen Dank, Herr Schierenbeck, ich glaube es ist deutlich geworden, daß hier eine Antiposition zu dem, was Herr Bloech und Herr Schneider festgestellt haben, aufgebaut worden ist, wenn bewußt von Prinzipien, die die Allgemeine Betriebswirtschaftslehre vermitteln sollte, und nicht von Gesetzmäßigkeiten gesprochen wird. Wenn davon gesprochen wird, daß die Allgemeine Betriebswirtschaftslehre einen theoretisch orientierten und einen rechnungsorientierten Teil enthalte, dann widerspricht das genau dem, was Herr Schneider eben gesagt hat. Wir sollten aber auch sehen, daß Herr Schierenbeck darauf hingewiesen hat, daß die Allgemeine Betriebswirtschaftslehre die Forschungseffizienz in den Speziellen Betriebswirtschaftslehren erhöhen kann, ein wichtiger Punkt, der die Frage nach dem Sinn von Spezialisierung und den Grenzerträgen von Spezialisierung thematisiert.

Herr Schanz wollte gerne zu diesem Themenkomplex des Papiers der Münsteraner Kollegen Stellung nehmen und dieses Konzept auch in kritischer Weise weiterentwickeln. Herr Schanz, bitte.

Schanz

Meine Damen und Herren, der Feststellung der Münsteraner Kollegen, daß in unserer Disziplin von einer zunehmenden Vernachlässigung der Allgemeinen Betriebswirtschaftslehre auszugehen ist, möchte ich einleitend zustimmen und dem noch hinzufügen, daß ich dies als ausgesprochenen Verlust empfinde.

Die jetzt vielfach spürbare Trauer um diesen Verlust kommt gleichwohl überraschend, denn es handelt sich, trotz aller wohl unvermeidlichen Spezialisierungstendenzen in der Wirtschaftspraxis, primär um ein **hausgemachtes Problem.** Erinnern wir uns: Vorlesungen zur Allgemeinen Betriebswirtschaftslehre, was immer inhaltlich das im einzelnen heißen mag, sind in der jüngeren Vergangenheit angesichts **massenuniversitärer Bedingungen** zunehmend als unangenehm empfunden worden. Das gilt insbesondere für die Betriebswirtschaftslehre im Grundstudium. Im Hauptstudium sind vielfach "pragmatische", d.h. sehr personenbezogene Lösungen gefunden worden, die mit Allgemeiner Betriebswirtschaftslehre wenig zu tun haben. Soweit meine erste Anmerkung zur **Lehrsituation**.

In bezug auf die **Forschungssituation** meine ich feststellen zu müssen, daß die **Gratifikationsmechanismen** in unserer Disziplin genau das gefördert haben, was ein Teil von uns heute beklagt. Einem Nachwuchswissenschaftler könnte ich im Hinblick auf die letzten 10 bis 15 Jahre eine generalistische, auf Allgemeines abzielende Orientierung jedenfalls höchstens unter kognitiven Gesichtspunkten empfehlen. Unter Karriereaspekten würde ich ihm davon abraten.

Wenig Anlaß sehe ich, der **betrieblichen Praxis** irgendeine "Schuld" am weitgehenden Verlust unseres zentralen Gegenstandes anzulasten. Die Erwartungen aufgeklärter Praktiker richten sich nämlich, und das nicht erst seit heute, primär auf den Generalisten. Ich zitiere aus einer Umfrage der IHK Hannover-Hildesheim vom November 1980. Unter der Überschrift "Wünsche an die Hochschulausbildung" ist dort zu lesen: "Die Wirtschaft möchte universell ausgebildete Absolventen einstellen und nicht Spezialisten. Wichtig ist, daß eine analytische, generalisierende, systembezogene Denkweise beherrscht wird. Eine Spezialisierung schon während des Studiums ist nicht gefragt. Es ist wichtig, zur Gesamtschau zu finden." - Ist es nicht ein schönes Plädoyer für die Allgemeine Betriebswirtschaftslehre?

Vertreten durch Herrn Schierenbeck weisen die Münsteraner Kollegen der Allgemeinen Betriebswirtschaftslehre für die Lehre eine **Überblicks-** und eine **Integrationsfunktion** zu. Im Grundstudium soll dem Studenten zu einem Überblick über das Fach verholfen werden. Ich stimme dem gern zu, und dies fällt vermutlich auch niemandem im Saal sonderlich schwer. Aber was heißt es beispielsweise konkret, wenn die "Denkprinzipien der Betriebswirtschaftslehre" nahegebracht werden sollen oder wenn es darum geht, einen gemeinsamen kognitiven Stil zu prägen? Ich will es bei der Frage belassen. Sie zielt natürlich darauf ab, ob man sich hier nicht geradewegs auf einen ökonomistischen Pfad begibt.

Im Papier der Münsteraner Kollegen wird der Allgemeinen Betriebswirtschaftslehre im Hauptstudium eine Integrationsfunktion zugewiesen. Über meine Bedenken, daß dieses Wort vielleicht allzu hohe Erwartungen wecken könnte, will ich mich an dieser Stelle hinwegsetzen und statt dessen auf einen inhaltlichen Aspekt eingehen. Er betrifft die Ansicht, den Schwerpunkt der integrativ ausgerichteten Allgemeinen Betriebswirtschaftslehre sollten **führungsbezogene Lehrinhalte** bilden. Dieser Gedanke leuchtet ein - mir zumindest, denn der Blick wird dabei zwangsläufig "auf's Ganze" ausgerichtet.

Als Werber für eine "Betriebswirtschaftslehre als Sozialwissenschaft" habe ich es mit größtem Vergnügen gelesen: "Den Studierenden muß vermittelt werden, daß sich der Integrationsaspekt nicht allein auf ökonomische Prozesse innerhalb der Unternehmen bezieht; sie müssen vielmehr erkennen, daß Unternehmen Teil größerer Systeme sind, deren Reaktion und Verhalten in betriebswirtschaftlichen Entscheidungsprozessen Berücksichtigung finden müssen." Mir drängt sich dabei allerdings die Frage auf, warum die Vermittlung solcher Angelegenheiten dem Hauptstudium vorbehalten bleiben soll. Das Gespür für die Wichtigkeit sozialer bzw. sozialökonomischer Aspekte ist bei unseren Abiturienten durchaus vorhanden. Warum es also erst einmal für ein paar Semester trockenlegen? Ich sehe dazu keinerlei Notwendigkeit. Natürlich müssen den Studenten im Grundstudium gewisse betriebswirtschaftliche "Denkprinzipien" nahegebracht werden. Aber das muß nicht heißen, daß kein Brückenschlag zu Problemen möglich wäre, die nicht wenige Fachvertreter außerhalb unserer Disziplin anzusiedeln pflegen. Sie scheinen sich dabei nicht immer des Tatbestands bewußt zu sein, daß die "Grenzen", die sie zu sehen glauben, in der Vergangenheit reichlich willkürlich festgelegt wurden...

Die Münsteraner Kollegen äußern sich auch zur Allgemeinen Betriebswirtschaftslehre als **Forschungsgegenstand** und plädieren in diesem Zusammenhang für die **Revitalisierung der Grundlagenforschung**. Ohne direkten Bezug zum Thesenpapier und zu den Ausführungen von Herrn Schierenbeck möchte ich zur Forschungsproblematik zunächst sagen, daß wir hier nach meiner Überzeugung vor einer grundlegend anderen Ausgangssituation als in der Lehre stehen. In der Lehre geht es vor allem darum, einen (halbwegs) tragfähigen Konsens über die Inhalte der Allgemeinen Betriebswirtschaftslehre zu finden. Das sind wir unseren Studenten, der Praxis, den zuständigen Ministerien und vielleicht sogar der Gesellschaft insgesamt schuldig, weil sie uns ja schließlich finanziert. Ich denke auch nicht, daß eine derartige Problemsicht auf die Verordnung eines Einheitskorsetts oder etwa gar als Suspendierung des Grundsatzes von der Freiheit der Lehre hinausläuft. Es bleibt ja für jeden einzelnen Hochschullehrer genügend Spielraum, um dem Lehrgegenstand "Allgemeine Betriebswirtschaftslehre" seinen persönlichen Stempel aufzudrücken. Gerade dies halte ich für sehr wünschenswert und im Grunde genommen auch für völlig unvermeidlich.

Im Bereich der Forschung ist nun nach meiner Ansicht ein solcher Konsens absolut unnötig; er wäre sogar schädlich. Es erscheint mir durchaus vorteilhaft, wenn es im Fach mehrere Allgemeine Betriebswirtschaftslehren gibt. So hat beispielsweise Herr Kollege Stüdemann vor kurzem eine solche vorgelegt; Herr Schneider hat uns hier die Umrisse einer etwas anders gearteten Allgemeinen Betriebswirtschaftslehre vorgetragen. Am **Meinungspluralismus**, vor allem wenn er durch wechselseitige Kritik geprägt ist, hat noch keine Wissenschaft dauerhaft Schaden genommen - schon eher an monopolistischen Ansprüchen.

Nach Münsteraner Vorstellungen sollte ein Schwerpunkt der Grundlagenforschung im Bereich der **vergleichenden Analyse unterschiedlicher Wissenschaftsprogramme** liegen. Das ist auch nach meiner Überzeugung eine attraktive Problematik. Wer sich darauf einläßt, kommt allerdings nicht um die Erörterung metawissenschaftlicher Fragen herum. Ferner müßte es sich um ein kritisches Unternehmen handeln, womit man sich bekanntlich nicht unbedingt nur Freunde macht... Faktisch dürfte die Weichenstellung auf diesen Aspekt der Allgemeinen Betriebswirtschaftslehre vermutlich also nicht ganz einfach zu vollziehen sein. Um aber nicht mißverstanden zu werden: Der Münsteraner Vorschlag, allgemein-betriebswirtschaftliche Grundlagenforschung im Sinne eines Vergleichs verschiedener Wissenschaftsprogramme zu betreiben, erscheint mir beachtenswert.

Die Münsteraner Kollegen sehen in **technologischen Entwicklungen** und in **gesellschaftlichen Herausforderungen** Chancen zur Rückbesinnung auf die Allgemeine Betriebswirtschaftslehre. Tatsächlich ist beispielsweise Computer Integrated Manufacturing, wie der Name schon hinreichend deutlich macht, ein integrativer Ansatz, und der europäische Binnenmarkt verlangt eine Gesamtsicht ebenso wie die Umweltproblematik. - Diejenigen unter uns, die sich bislang ganz ihren Spezialfragen hingegeben haben, werden diese Entwicklung vermutlich jedoch - und das sogar mit einiger Berechtigung als Notwendigkeit zur weiteren Spezialisierung begreifen. Ich muß das hier gar nicht weiter ausschmücken. Es würde also sicherlich einiger List bedürfen, um neue Technologien und gesellschaftliche Herausforderungen als trojanische Pferde zum Einschmuggeln des Allgemeinen in die Betriebswirtschaftslehre zu benutzen.

Nachhaltig zu unterstützen ist aus meiner Sicht der Hinweis auf die **Notwendigkeit dogmengeschichtlicher Forschung** im Fach, ganz abgesehen davon, daß die Dogmengeschichte nach meinem Dafürhalten einen wesentlichen Anteil an der Lehre in Allgemeiner Betriebswirtschaftslehre haben müßte: Im Grundstudium in sehr vorsichtiger Dosierung, im Hauptstudium dann sehr viel massiver, denn erst in dieser Phase kann bei unseren Studenten das notwendige Problembewußtsein überhaupt erst vorhanden sein.

Bis zu einem gewissen Grad ist es vielleicht unvermeidlich, daß eine so praxisorientierte Disziplin wie die unsere kein besonders gut ausgeprägtes Langzeitgedächtnis entwickelt. Durch die Selbstverpflichtung zur historischen Reflexion könnte dem jedoch gegengesteuert werden. Für mich ist es beispielsweise außerordentlich faszinierend und im Ergebnis auch ermutigend, der früheren Streitkultur in unserem Fach nachzuspüren. Schmalenbachs "Kunstlehre"-Aufsatz ist dabei vielleicht das bekannteste Beispiel. Aber wer würde heute, wie etwa Hanns Linhardt, eine Aufsatzsammlung mit "Angriff und Abwehr im Kampf um die Betriebswirtschaftslehre" betiteln? Zugegeben, das klingt mittlerweile etwas antiquiert und auch etwas zu martialisch, kündet aber andererseits von einem dem Ganzen verpflichteten Engagement wie man es heute bestenfalls in Ausnahmefällen noch antrifft. - Ich wage abschließend die These, auch dies könnte etwas damit zu tun haben, daß uns die Allgemeine Betriebswirtschaftslehre ein wenig aus dem Blickfeld geraten ist.

Albach

Ich darf mit Ihrer Zustimmung diesmal davon abweichen, die Unterschiede zwischen Herrn Schanz und Herrn Schierenbeck herauszuarbeiten. Das wäre hier am Orte vielleicht doch nicht ganz höflich. Dagegen will ich auf die schönen sprachlichen Nuancen hinweisen. Der eine sprach von "ökonomischen" Gesetzmäßigkeiten, der andere spricht von "ökonomistischer" Theorie. Man kann offenbar auch mit dem Florett fechten, man braucht ja nicht immer wie Linhardt schwere Säbel zu benutzen.

Wir kommen nun zu Herrn Vogelsang, der damit genügend Gelegenheit gehabt hat, seine Munition zu versammeln, um die 78 Positionen, die er mit anderen Experten "Allgemeine Betriebswirtschaftslehre" zu nennen sich erkühnt hat, zu verteidigen. Herr Vogelsang, bitte.

Vogelsang

Ich möchte, meine Damen und Herren, nicht mit dem Mißverständnis des Diskussionsleiters beginnen. Ich empfehle gründliches Studium der Ausarbeitung und vielleicht vorurteilsfreie Bewertung. Kritik ist zugelassen.

Ich bin gebeten worden, etwas über das Anforderungsprofil hier vorzutragen, das eine Fachkommission der Schmalenbach-Gesellschaft Deutsche Gesellschaft für Betriebswirtschaft erstellt hat. Es haben daran mitgewirkt 6 Professoren, also Herren aus der Forschung und Lehre, die haben sich nicht auf billige Kritik beschränkt, und 6 Herren aus der Praxis, insbesondere aus der Führungsebene von Unternehmen. Wir sind von folgender Grundthese ausgegangen:

Es soll ein anspruchsvolles Fähigkeitsprofil erstellt werden, das eine Führungskraft aufweisen sollte, und ich betone hier, Führungskraft. Nicht jeder Betriebswirt, der die Hochschule verläßt und in die Unternehmen geht, wird auch eine Führungskraft. Es gibt zahlreiche andere Arbeitsgebiete mit großer Verantwortung und die große Fähigkeiten erfordern, die aber eben keine solche der Führung, der Unternehmensführung oder der Mitwirkung in der Unternehmensführung sind. Das ist der erste Hinweis, den ich hier machen möchte. Wer das Papier sorgfältig liest, erkennt, daß wir uns mit einem solchen Anforderungsprofil beschäftigt haben, wohlwissend, daß wir damit nur ein Teilgebiet erfassen.

Und wir sind nebenbei nicht der Meinung, daß die erforderlichen Fähigkeiten nur durch ein Hochschulstudium erworben werden können. Führungsaufgaben und Führungsfähigkeiten zu erlangen bedarf eines weiten Weges. Aber das ist nicht das Thema hier.

Ich merke an, daß ein gut ausgebildeter Betriebswirt, der ein breites Wissen an seiner Hochschule erworben hat, alle Voraussetzungen mitbringt, in Führungsaufgaben einzusteigen. Wir sehen das Studium nicht so sehr als eine schon im engeren Sinne fachliche Spezialausbildung, sondern für uns ist das betriebswirtschaftliche Studium auch sehr stark die Ausbildung einer Denkweise, einer Betrachtungsweise von Problemen in der Wirtschaft. Die jungen Damen und Herren sollten angeleitet werden zur selbständigen Urteilsbildung, zur selbständigen Lösung von Problemen, die sich ja immer in neuerer und anderer Form darstellen.

Von dem, was ich zu meiner Zeit auf der Hochschule gelernt habe, gelten die Grundzüge noch heute unverändert. Was wir heute in der Tagesarbeit bewältigen müssen, das sind Begriffe und Stoffe, von denen haben wir während unseres Studiums nichts gehört, auch nichts hören können, weil es sie einfach nicht gab. Und so wird es auch den jungen Leuten heute ergehen, die mit dem Examen die Hochschule verlassen. Sie müssen einen geordneten Kopf, eine präzise

Denkweise, eine Fähigkeit erlangt haben, Probleme zu überschauen und Gesamtzusammenhänge zu erkennen. Und dann sind sie vorbereitet, mit dem was in den nächsten 30 bis 40 Jahren auf sie zukommt, in der Wirtschaft fertig zu werden. Allerdings wenn das nur Generalkenntnisse sind, beschränkt auf eine Überschau, dann ist das nicht ausreichend.

Wir haben uns in der Wirtschaft gefragt, was müßte der junge Mann und die junge Dame wissen, bzw. welche Arbeitsgebiete der Betriebswirtschaft müßten erarbeitet sein, mit denen man in der Praxis etwas anfangen kann. Wir haben uns zusammengesetzt und die Wünsche der Praxis in dieser Fachkommission an unsere Kommissionsmitglieder aus Forschung und Lehre herangetragen. Insgesamt sind wir zu 10 Arbeitsgebieten gekommen und haben jedes Arbeitsgebiet mit ein paar Stichworten versehen. Das sind dann zufällig 78 Stichworte geworden, aber nicht 78 Arbeitsgebiete. Wer das als Sammelsurium ansieht, der hat das nicht richtig verstanden. Möglicherweise haben wir das aber auch nicht deutlich genug ausgedrückt, das will ich nicht ausschließen.

Das sind 10 Arbeitsgebiete, von denen wir glauben, daß nicht eines davon verzichtbar ist für einen Betriebswirt, der den Anspruch erhebt, in Führungsaufgaben eines Unternehmens hineinzuwachsen. Ich würde diejenigen, die das kritisch beurteilen, und das belebt ja immer die Diskussion, bitten, dann auch zu sagen, auf welches Arbeitsgebiet sie verzichten würden, was also der Absolvent der Hochschule nicht zu kennen braucht. Uns Praktikern, und ich betone damit die Meinungen der praktischen Herren in der Fachkommission, ist es nicht so wichtig, ob ein Arbeitsgebiet im Rahmen der Allgemeinen Betriebswirtschaftslehre oder bei speziellen Betriebswirtschaftslehren behandelt wird, ob im Rahmen eines Grundstudiums oder eines Hauptstudiums. Wir wissen, daß jede Universität ihr eigenes Profil und ihre eigene innerbetriebliche Organisation des Lehrbetriebs hat. Für uns ist wichtig, wer von einer deutschen Hochschule kommt und nennt sich Betriebswirt und hat Betriebswirtschaftslehre studiert, dann sollte er ein ganz bestimmtes Spektrum der Betriebswirtschaft beherrschen. Zugegebenermaßen mit unterschiedlichen Schwerpunkten, mit unterschiedlichen Interessen, aber von einem der 10 Arbeitsgebiete nichts zu wissen, könnte nicht toleriert werden. Ob man das nun mit 78, 34 oder 800 Stichworten erläutert, ist ziemlich zweitrangig.

Sie kennen ein ähnliches Problem, ob es heute noch in der Weise besteht, weiß ich nicht. Wir hatten eine Zeit, da konnte jemand an einem deutschen Gymnasium ein Abitur machen, ohne Deutsch oder ohne eine Fremdsprache und ohne Mathematik. Wir sind der Meinung, wer auf einem deutschen Gymnasium sein Abitur macht, für den sollte ein angemessenes Standing der

Allgemeinbildung selbstverständlich sein. Ein Abitur zu haben, ohne Deutsch und ohne eine Fremdsprache und ohne ein oder zwei Naturwissenschaften und ohne Geschichte, ist aus meiner Sicht ebenfalls nicht zu tolerieren.

Wir müssen von dieser Sicht auch bei der Betriebswirtschaft ausgehen. Wer gewisse Dinge nicht studiert und nicht erarbeitet hat, ganz gleich auf welche Weise, bereitet sich nicht genügend vor für die Aufgaben, die in der Wirtschaft auf ihn zukommen. Ich glaube, ich würde hier die Veranstaltung und das Zeitmaß überfordern, wenn ich Ihnen die 10 Arbeitsgebiete im einzelnen aufzählen würde. Wenn es im Laufe der Diskussion gewünscht wird, will ich es gerne tun. Einer der Diskussionskollegen war so freundlich und hat schon mal die von der Kommission genannten Fachgebiete im Dia gezeigt.

Das ist unser Anliegen und ich betone, als Grundwissen. Warum nur als Grundwissen? In der Unternehmensführung ist das eigentlich die nackte Voraussetzung. Hinterher kommt es ja darauf an, wie macht man eine Problemlösung, die mit betriebswirtschaftlichem und sonstigem Sachverstand erarbeitet wurde, überhaupt gängig? Früher war es schon eine große Leistung, wenn jemand die Lösung eines Problems erarbeitet hatte. Das ist auch heute noch so, aber hinzugekommen ist das Problem, wie kann man die Lösung innerhalb des Betriebes und außerhalb des Betriebes verkaufen, und wie kann man den großen Hürdenlauf überwinden, um irgend etwas heute in die Praxis umzusetzen. Da gibt es die Mitbestimmung, die Betriebsverfassung, das Kartellrecht, das Steuerrecht, die Devisenfragen, da gibt es die Gewerbeaufsicht, die erforderlichen Zulassungen und Genehmigungen. Es gibt einen unendlichen Katalog von Dingen, die man alle in Betracht nehmen muß und die zu überwinden sind, um eine raumgreifende Unternehmensentscheidung in die Praxis umzusetzen. Alles das kann zwar die Hochschule nicht vermitteln - das wird die Aufgabe der Unternehmen sein -, aber die Kenntnis der wichtigsten betriebswirtschaftlichen Arbeitsgebiete, die sollte schon komplett bei uns ankommen. Vielen Dank!

Albach
Schönen Dank, Herr Vogelsang, ich glaube, es ist nun deutlich geworden, worin die Kontroverse liegt. Herr Dichtl hat diesen Katalog als ein enzyklopädisches Wissen bezeichnet, und Herr Vogelsang hat in der Tat unterstrichen, daß es sich um eine enzyklopädische Zusammenstellung von Wissensgebieten handelt, die der Betriebswirt kennen sollte. Herr Dichtl hat demgegenüber, und Herr Schneider ja auch, die theoretische Bewältigung von Komplexität als Aufgabe der Allgemeinen Betriebswirtschaftslehre und eben nicht Enzyklopädie in den Mittelpunkt gestellt. Damit sind die Fronten, glaube ich, in diesem Punkte klar.

Wir haben nun noch eine 3/4 Stunde für die Diskussion. Ich sehe nicht, daß wir alle aufgeworfenen Themen hier behandeln können. Ich würde gerne den Versuch machen, Fernsehdiskussionen nachzuahmen, indem ich Ihnen sechs Thesen nenne, die aus dieser Diskussion entstanden. Sie stimmen über sie ab, und wir diskutieren sie in der Reihenfolge der Stimmen.

These 1 lautete: Unternehmensführung ist nicht Allgemeine Betriebswirtschaftslehre. Entsinnen Sie sich, These von Herrn Schneider vs. These Schanz. Also Soziologie, Psychologie, Ingenieurwissenschaften sind nicht Teil der Allgemeinen Betriebswirtschaftslehre.

These 2: Die Allgemeine Betriebswirtschaftslehre ist eine einzelwirtschaftliche Theorie der Institutionen. Auch klar, wer die These vertreten hat.

These 3: Es soll mehrere Allgemeine Betriebswirtschaftslehren nebeneinander geben. Pluralität in der Allgemeinen Betriebswirtschaftslehre ist sinnvoll. Gegenthese natürlich, man sollte sich vielleicht auch entscheiden, zumindest an einer Hochschule.

These 4: Eine Verstärkung der Allgemeinen Betriebswirtschaftslehre zwingt zu einer stärkeren Ausbildung von Generalisten, gegebenenfalls unter Zurückstellung von Ausbildungsinhalten für Spezialisten. Wenn ich recht sehe, war das die Aussage, die Sie, Herr Schierenbeck, gemacht haben.

These 5: Unternehmensethik gehört nicht zur Allgemeinen Betriebswirtschaftslehre. Herr Schanz hat das sehr deutlich gesagt. Ich wiederhole das und füge hinzu, braucht' auch nicht, weil die Allgemeine Betriebswirtschaftslehre ohnehin eine moralische Wissenschaft ist.

These 6: Die Allgemeine Betriebswirtschaftslehre hat theoretische Bewältigung der Komplexität und nicht enzyklopädisches Wissen zu vermitteln.

Das wären also sechs mögliche Thesen, die hier im Raum waren. Einige davon sind in den Vorbesprechungen auch schon zur Sprache gekommen, so daß die Diskutanten nicht ganz unvorbereitet sind, auf diese Thesen. Darf ich mit Ihrer Zustimmung so vorgehen, wie vorgeschlagen: ein bißchen Beteiligung des Publikums muß ja auch sein.

Also These 1: Unternehmensführung ist keine Allgemeine Betriebswirtschaftslehre, wer will das als erstes diskutiert haben? Also relativ wenig: 5 Stimmen.

2. These war: Die Allgemeine Betriebswirtschaftslehre ist eine einzelwirtschaftliche Theorie der Institutionen. Also alle Principal-Agent-Theoretiker vor! Ja, da muß ich mich als einziger melden. Also: 1 Stimme.

Nun zur These 3: Es soll mehrere Allgemeine Betriebswirtschaftslehren nebeneinander geben. Die Begeisterung schlägt ja große Wellen: 4 Stimmen!

4. These: Eine Verstärkung der Allgemeinen Betriebswirtschaftslehre zwingt zur stärkeren Ausbildung von Generalisten. Ich sehe 18 Hände!

5. These: Unternehmensethik gehört nicht zur Allgemeinen Betriebswirtschaftslehre. Wenn ich recht sehe, sind das auch mehr als bisher, ich zähle rund 10 Stimmen.

Die letzte und 6. These: Die Allgemeine Betriebswirtschaftslehre hat theoretische Zusammenhänge und nicht enzyklopädisches Wissen zu vermitteln. Also dann ist das klar: 15 Stimmen.

Die Entscheidungsfreude im Plenum ist besonders groß. Wir beginnen also mit der These 4: Eine Verstärkung der Allgemeinen Betriebswirtschaftslehre zwingt zur stärkeren Ausbildung von Generalisten. These von Herrn Schierenbeck, wenn ich das recht sehe. Wer hat was dagegen?

Schierenbeck
Ich darf da vielleicht einmal mit anfangen. Ganz so war die These nicht formuliert. Wir sind der Meinung, daß wir beides brauchen. Wir brauchen den Spezialisten und wir brauchen den Generalisten mit einem fundierten Allgemeinwissen. Die Aufgabe der Allgemeinen Betriebswirtschaftslehre im Rahmen des Studiums soll es hierbei also sein, dieses betriebswirtschaftliche Allgemeinwissen zu vermitteln. Dann zählt wie gesagt, die Entwicklung eines spezifisch betriebswirtschaftlichen Problemverständnisses, gekennzeichnet durch die grundsätzliche Art und Weise, an betriebswirtschaftliche Probleme heranzugehen und die Fähigkeit, Methodenkenntnisse in konkreten Problemsituationen anzuwenden. Gleichzeitig, und das scheint uns unabdingbar, gilt es natürlich auch die Spezialisierung voranzutreiben, wobei ich vielleicht hier noch auf den Unterschied zwischen Funktionsspezialisierung und Institutionenspezialisierung hinweisen darf. Wir haben ja noch an vielen Fakultäten die institutionell gegliederten und die funktional gegliederten speziellen Betriebswirtschaftslehren. Für die institutionelle Spezialisierung gilt dabei, daß sie zwangsläufig im Kern auch schon eine funktionale Integration in der Ausbildung mit sich bringt, also wenn man so will, die institutionellen Betriebswirtschaftslehren der Allgemeinen Betriebswirtschaftslehre näher stehen als die funktionalen Betriebswirt-

schaftslehren. Der Student kann bei ersteren also eine Art von Generalist trotz spezieller Ausrichtung der Ausbildung werden. Vielleicht noch ein weiterer Punkt, der das Ganze etwas deutlicher prononciert, was wir mit der Kombination von angemessener Breite des Wissens mit der notwendigen Tiefe in Einzelfragen meinen. Es ist undenkbar, daß wir in der Allgemeinen Betriebswirtschaftslehre den Anspruch vermitteln, daß derjenige, der Allgemeine Betriebswirtschaftslehre studiert hat, nun wirklich das Wissen parat hat, was er hier aufgenommen hat. Ich habe in diesem Zusammenhang zufällig vor zwei Tagen im Handelsblatt einen Beitrag von dem ehemaligen Wissenschaftssenator Turner gelesen und da stand zu diesem Thema ein interessanter Satz, den ich Ihnen vielleicht einmal vorlesen darf: "Lehre und Studium sollten auch zum Dilettieren ermutigen, im gebührenden Rahmen und stets im Bewußtsein der prekären Grenzen ... Die Fähigkeit zum reflektierten Dilettantismus muß Wesensbestandteil einer umfassenden Ausbildung sein". Danach kann im Grunde die Ausbildung in der Allgemeinen Betriebswirtschaftslehre nichts anderes sein, als die Grundlage für dieses reflektierende Dilettieren im gesamten Spektrum unseres Faches zu liefern. Dazu müssen aber dann unumgänglich auch spezialisierende Fähigkeiten und Kenntnisse treten, um eine produktive Kombination von fachlicher Breite und Tiefe zu ermöglichen.

Albach
Will gegen das reflektierende Dilettieren hier jemand die Stimme erheben? Bestimmt - Herr Schneider ...

Schneider
Wir müssen bei der Frage doch trennen zwischen den Studiengängen zum Diplomkaufmann mit den 5 oder wieviel Prüfungsfächern, und dem Stoffgebiet, das wir in der Allgemeinen Betriebswirtschaftslehre zu erforschen haben und lehren können. Ich bin mit Herrn Schierenbeck insoweit einer Meinung, daß wir in der Allgemeinen Betriebswirtschaftslehre einen Theorienstamm aufbauen, also daß Grundlagen gelegt werden müssen. Das reicht aber für einen Generalisten noch nicht aus; denn zu einem Generalisten gehört neben wirtschaftstheoretischem, sprich betriebswirtschaftlichen Wissen auch das um andere Sachverhalte: Sozialwissenschaftliche und Rechtskenntnisse, Ingenieurkenntnisse, je nachdem, wo man im einzelnen tätig ist. Ich meine weiter, daß wir eine bestimmte Spezialisierung, z.B. in den speziellen Betriebswirtschafts- und in den Wahlfächern, brauchen. Man hat Theorien erst dann verstanden, wenn man in ein, zwei Gebieten in die Tiefe gegangen ist und theorienanwendend gearbeitet hat. Dann kann man sich auch sehr leicht umschulen auf andere Gebiete. Ich spreche ein bißchen aus der wissenschaftlichen Erfahrung. Nach dem Vergnügen, hier in Münster als Nichtsahnender mit einem Steuer-Lehrstuhl betraut zu werden, hatte ich dann das Vergnügen, auf einen mir schon von der Ausbildung her bekannten Industrie-Lehrstuhl zurückkehren zu dürfen. Ich bin dann

aus einer ganzen Reihe von Gründen, vor allem wegen Interesses an allgemeinen Wohlfahrtsaspekten, die auch dem Fache Betriebswirtschaftslehre innewohnen (und Herr Albach hat hier gesagt, daß die Allgemeine Betriebswirtschaftslehre eine moralische Wissenschaft ist), zu der für diese Fragen viel offeneren Steuerlehre zurückgekehrt. Dabei konnte ich das, was ich in der Steuerlehre vertieft studiert hatte, ganz gut bei bestimmten industriebetrieblichen Fragen anwenden, und das, was ich in der Industriebetriebslehre vertieft hatte, ganz gut auf eine andere spezielle BWL, die Steuerlehre, übertragen.

Auf dem Gebiet Allgemeine Betriebswirtschaftslehre muß zunächst die Theorie, das ist die Denkstrukturierung, im Vordergrund stehen und es genügt, die Denkstrukturierung in einem oder zwei Gebieten anwendungsbezogen zu vertiefen. Dies ist ja in unsere Studiengänge eingebaut, weil diese mindestens ein oder zwei spezielle Betriebswirtschaftslehren verlangen.

Albach
Wir haben jetzt eine interessante Definition von Herrn Schneider gehört. Der Generalist ist die Allgemeine Betriebswirtschaftslehre plus reflektierendes Dilettieren und nicht gleich reflektierendem Dilettieren. Haben wir damit den Generalisten schon erschlagen? Bitte schön, Herr Dichtl...

Dichtl
Ich weiß nicht, woran ich anknüpfen soll, an das, was Herr Schneider soeben ausgeführt hat, oder aber an das, was vorher gesagt worden ist. Vielleicht sollte ich an dieser Stelle kurz eine Erfahrung preisgeben, die ich unlängst gemacht habe, um daraus einen Schluß zu ziehen.

Vor einigen Monaten habe ich in der Diplomprüfung im Fach Marketing, nicht in Allgemeiner Betriebswirtschaftslehre, folgende Frage gestellt, die innerhalb von 30 Minuten zu beantworten gewesen wäre.

Die Deutsche Lufthansa offeriert ihren Kunden folgendes: Wenn Sie 9.500 DM bezahlen, dann erwerben Sie das Recht, ein Jahr lang im innerdeutschen Flugverkehr Ihre Tickets mit einem Nachlaß von 20 % zu erwerben. 1. "Was mag die Lufthansa bewogen haben, dieses Angebot zu unterbreiten?" 2. "Wo liegt der Break even-Punkt?" 3. "Wie kann ein Kunde abschätzen, ob er den kritischen Wert erreicht?"

Die zweite Frage habe ich auch meinem jüngeren Sohn gestellt, der die 12. Klasse Gymnasium besucht und nicht glauben konnte, daß es sich hierbei um eine ernst gemeinte Aufgabe handelt. Ich möchte nicht verhehlen, was bei dem Unterfangen herausgekommen ist: 66 Kandidaten unterzogen sich der Prüfung, 53 haben die Frage genommen (es waren 4 aus 5 auszuwählen) und 12 haben eine halbwegs vernünftige Antwort gegeben. 12 von 53! Die anderen haben entweder nichts geschrieben, Formeln entwickelt oder mehrere Seiten gefüllt, ohne die Zahl zu nennen.

Was folgt man daraus? Unsere Studenten werden in einem Maße mit Spezialwissen und theoretischen Konzepten vollgestopft, daß ihnen der Blick für einfachste Zusammenhänge verlorengeht. Sie mißtrauen simplen Fragen, weil es doch gar nicht sein kann, daß sich ein Prüfer mit derlei harmlosen Überlegungen zufrieden gibt.

In dem geschilderten Trivialfall hätte man nicht einmal Bleistift und Papier benötigt, um die Lösung zu finden. Von Feinheiten, daß man etwa die 9.500 DM auch noch verzinsen müßte, haben wir abgesehen. Wir waren zufrieden, wenn jemand ausrechnen konnte, was 5 x 9.500 DM ergibt.

Ich könnte einen ähnlichen Fall, den ich in der Prüfung zur Allgemeinen Betriebswirtschaftslehre gestellt habe und der sich auf eine Anlageentscheidung bezieht, auch zum besten geben. Das Ergebnis war gleichermaßen erschütternd, wobei ich nicht glaube, daß es sich um ein spezifisches Mannheimer Problem handelt.

Fazit: Es hat keinen Sinn, wenn Studierende etwas erzählen können über das Capital Asset Pricing-Modell, aber eine ganz simple Anlageentscheidung, vor der jeder Bürger stehen kann, ob er nun Betriebswirtschaftslehre studiert hat oder nicht, nicht zu treffen vermögen.

Albach
Darf ich eine Prognose wagen, Herr Dichtl, zur Ehrenrettung Ihrer Studenten. Wenn Sie für diese Frage nicht 30 Minuten, sondern 5 Minuten zur Verfügung gestellt hätten ...

Dichtl
Es gab ja noch zwei andere Fragen.

Albach
Bitte Herr Bloech.

Bloech
Herr Schneider hat schon darauf hingewiesen, daß diese Frage, die eigentlich in dem Punkt 4 zur Diskussion steht, zu teilen ist, und ich glaube auch, daß wir sie in der Hinsicht teilen soll-

ten, daß wir uns zunächst fragen: Führt sie zu einer Stärkung der Generalisten - und das ist sicher für die Allgemeine Betriebswirtschaftslehre zu begrüßen, ohne, Herr Albach, daß man dabei definieren muß, was ein Generalist ist. Den Generalisten im absoluten Sinne werden wir nur sehr schwer definieren können. Die Stärkung kann eben eigentlich aus dem Dualismus des betriebswirtschaftlichen Ausbildungsprogramms erklärt werden, wo wir zum einen ein Bildungsprogramm haben, in dem wir, wie z.B. in der Allgemeinen Betriebswirtschaftslehre, die Theorie der Unternehmen, die für mich eigentlich d i e Allgemeine Betriebswirtschaftslehre ist, haben und dann gleichzeitig in den Spezialfächern stark das Programm der Ausbildung, die über die Bildung hinausgeht, und die nicht allein das Denken schult, sondern auch das Können anspricht.

Schierenbeck

Ich darf vielleicht noch einmal das Thema "Dilettantismus" in einer anderen Weise beleuchten. Ich hatte ja eben von der Lehre gesprochen. Ich meine, das Problem in der Forschung sollte man vielleicht auch ganz kurz angehen. Wenn man mit amerikanischen Kollegen spricht, dann erlebt man bei ihnen immer wieder das Erstaunen darüber, daß man als deutscher Professor eigentlich den Anspruch erhebt, in Forschung und Lehre aktiv ein so breites Gebiet wie die Betriebswirtschaftslehre zu vertreten. Es käme den amerikanischen Kollegen normalerweise gar nicht in den Sinn so etwas zu behaupten, da sie in aller regel nur in einem häufig schmalen Spezialgebiet wirklich produktiv tätig sind. Wenn man in diesem Zusammenhang die deutsche Forschung in der Betriebswirtschaftslehre betrachtet, so wird man sicherlich auch hier sagen können, daß vielleicht nicht zu 100 %, aber doch sicherlich zu 95 % wirkliche Forschungsleistungen immer in Spezialdisziplinen stattfinden. Das Problem oder die Aufgabe der Allgemeinen Betriebswirtschaftslehre, und das hatte ich ja auch versucht zu formulieren, muß also darin gesehen werden, diese speziellen Forschungsergebnisse auf ihren generellen Gehalt für die Allgemeine Betriebswirtschaftslehre "abzuklopfen", also diese von mir so genannte "Drehscheibenfunktion" wahrzunehmen. Dazu muß natürlich jeder einzelne Forscher oder jede einzelne Kollege sich auch persönlich aufgefordert fühlen und das ist in der Vergangenheit, so meine ich, häufig genug nicht geschehen.

Albach

Schönen Dank, ich bin nicht ganz sicher, daß wir hier am Podium das Thema Generalisten vs. Spezialisten an diesem Punkt verlassen sollten. Es ist noch nicht ausdiskutiert. Herr Schneider hat seine These noch einmal in anderer Form vertreten: Die Rechtfertigung für Spezielle Betriebswirtschaftslehren folgt aus dem Erlebnis der Anwendbarkeit der Allgemeinen Bwl auf spezielle betriebswirtschaftliche Probleme, will ich mal sagen. Aus diesem Erlebnis, daß die Allgemeine Betriebswirtschaftslehre wirklich eine Theorie ist, mit der man etwas anfangen kann, aus dem Erlebnis, daß die Allgemeine Betriebswirtschaftslehre ein großartiges und reizvolles theoretisches Gebäude ist, folgt die Rechtfertigung für die Behandlung der Speziellen Betriebswirtschaftslehren im Unterricht. Andere hier sind dagegen offenbar der Ansicht, man braucht die Speziellen als Ausbildungsinstrument für die Studenten, weil die Praxis Spezialwissen von den Absolventen verlangt. Diese Ansicht vertritt auch Herr Vogelsang, wenn ich ihn richtig verstanden habe. Ich glaube, wir sollten hier noch ein bißchen tiefer bohren. Herr Vogelsang.

Vogelsang

Ich denke jetzt mal daran, daß die jungen Damen und Herren, wenn sie von der Hochschule kommen, ja auch Eingang finden müssen bei den Unternehmen, und da gibt es natürlich viele Bewerber für eine vakante Position und wenn dann der Generalist antritt und steht im Wettbewerb zu jemandem, der neben der Allgemeinen Betriebswirtschaftslehre als Generalstudium noch 2 - 3 Spezialgebiete erarbeitet hat, z.B. Finanzierung oder Produktionskosten oder Absatzwesen usw., dann ist es sehr viel leichter, mit der Hilfe der Spezialarbeitsgebiete den Personalchef zu überzeugen. Auch bei denjenigen, die über ein Spezialwissen eingestiegen sind, kommt es auf die Kenntnisse des Generalstudiums an, wenn sie verantwortungsreichere Aufgaben anstreben.

Man sollte in jedem Fall einige Sachgebiete konkret bearbeitet haben, möglichst auch im Detail, und sich nicht nur bei Generalfragen aufhalten.

Schneider

Herr Schierenbeck, Sie hatten gesagt, Forschung findet eigentlich nur in Spezialdisziplinen statt. Ich bestreite das. Herr Albach und ich führten eine Diskussion in Bonn "Für und Wider den Transaktionskostenansatz". Der Transaktionkostenansatz ist vielfältig anwendbar. Wir beide waren uns jedenfalls darin einig, daß hier eine Grundlagendiskussion zur Forschung in der Allgemeinen Betriebswirtschaftslehre geführt wurde, jedoch keine in einer speziellen Betriebswirtschaftslehre.

Noch einen Punkt zu Herrn Dichtl. Sie hatten etwas kritisch die Diskussion um das Capital Asset Pricing Model in der Lehre erwähnt. Um was geht's denn dabei eigentlich? Es geht um den zwingenden Nachweis, unter welchen überaus engen Voraussetzungen eine einzige Risikoprämie zum risikolosen Zinsfuß existiert, damit Ertragswerte in der Unternehmensbewertung berechnet werden können, also um den Existenznachweis eines einzigen Risikozuschlags. Für einen Studierenden ist es wichtig zu wissen, unter welchen engen Voraussetzungen eine Risikoprämie existiert, mit der er dann rechnen kann, und welche Implikation damit verbunden ist, wenn man praktisch damit rechnet, obwohl die Prämissen wie vollkommener Kapitalmarkt usw. nicht erfüllt sind. Das Herausarbeiten von Anwendungsvoraussetzungen sehe ich aber auch als Problem der Allgemeinen Betriebswirtschaftslehre an.

Schanz
Ich hoffe, daß Herrn Schierenbecks Wort, Forschung könne nur in "Spezialdisziplinen" geleistet werden, nicht ganz so ernst gemeint war, wie es mir zu klingen schien. Wäre dem nicht so, dann hätten wir es mit einem Beispielbeleg für jenen Gratifikationsmechanismus zu tun, von dem ich vorher gesprochen habe. Es entbehrt nicht der Ironie, daß er dafür mit verantwortlich ist, worüber wir uns hier gerade mit einem gewissen Bedauern unterhalten: für den partiellen Verlust unseres Gegenstandes. Die Münsteraner Kollegen plädieren beispielsweise in Ihrem Paper für eine vergleichende Analyse unterschiedlicher Wissenschaftsprogramme. Unterschiedliche Wissenschaftsprogramme, die in aller Regel generellen Anspruch haben, müssen ja erst mal konzipiert werden - und das ist durchaus eine Forschungsleistung, die eine Disziplin voranbringen kann.

Schierenbeck
Ich habe zunächst einmal nicht gesagt, daß sie nur dort stattfinden kann, sondern die Erfahrung lehrt, daß sie dort überwiegend stattfindet, und vielleicht um Mißverständnisse auch auf der anderen Seite auszuräumen: Ihr Beispiel "Transaktionsökonomie" ist m.E. gerade ein Beispiel für meine These, wenn man davon ausgeht, daß denn Transaktionsökonomie in der volkswirtschaftlich orientierten Mikroökonomie und nicht in der Allgemeinen Betriebswirtschaftslehre entstanden ist. Meine Aussage war ja, daß Erkenntnisse aus anderen Disziplinen für ihre Verwendung in der Allgemeinen Betriebswirtschaftslehre abgeklopft werden müssen und daß hierin eine wichtige Aufgabe der Allgemeinen Betriebswirtschaftslehre gesehen werden muß. Ähnliches gilt im übrigen auch für die Kapitalmarkttheorie, die ja gegenwärtig auch ein neues Element für eine Allgemeine Betriebswirtschaftslehre bilden könnte. Diese Kapitalmarkttheorie ist mitnichten in der Allgemeinen Betriebswirtschaftslehre entstanden oder dort erforscht worden. Ihre Ursprünge liegen in der Volkswirtschaftslehre und sind für die betriebswirtschaftliche Finanzierungstheorie adaptiert worden. Die gegenwärtige Frage ist nun, inwieweit man deren Aussagesysteme in die Allgemeine Betriebswirtschaftslehre einbringen kann und sollte, um es auch dem Generalisten zugänglich zu machen. Genau in dieser Transferfunktion sehen wir die Funktion der Allgemeinen Betriebswirtschaftslehre in der Forschung.

Albach

Also jetzt sind wir wahrscheinlich bei einem dogmenhistorischen Streit, den wir lieber lassen. Der Aufsatz von Coase aus dem Jahre 1936 hieß: "The Theory of the Firm" und das würden viele normalerweise als Allgemeine Betriebswirtschaftslehre verstehen. Aber wir sollten darüber nicht streiten, das mag jeder selbst entscheiden. Ich würde gerne diesen ersten Abschnitt so zusammenfassen: Der Spezialist ist nicht das Ideal der betriebswirtschaftlichen Ausbildung. Das Ideal ist der "bewährte Generalist", der sich in einer Spezialdiszipin, vielleicht auch in zwei wie es die Prüfungsordnung vorsieht, bewährt hat. Ob das nun bedeutet, daß wir die Allgemeine Betriebswirtschaftslehre in der Ausbildung wieder verstärken sollten, muß jeder Fachbereich für sich entscheiden. Ich rufe nun die Diskussion der These 6 auf. Sie lautet: Die Allgemeine Betriebswirtschaftslehre hat theoretische Zusammenhänge, nicht aber enzyklopädisches Wissen zu vermitteln.

Herr Dichtl, Sie wollten Abbitte leisten.

Dichtl

Ich glaube, es gab ein Mißverständnis zwischen uns. Herr Vogelsang hat ganz am Schluß seiner Ausführungen etwas gesagt, was man so deuten kann: Dieser Katalog von Stichworten macht die gesamte Betriebswirtschaftslehre aus, wobei es gleichgültig ist, ob die einzelnen Elemente im Grundstudium, im Hauptstudium oder wo auch immer vermittelt werden. Wenn all das die Betriebswirtschaftslehre umschreibt, dann kommen wir uns durchaus näher. Es ist aber so, daß das Ganze überschrieben ist mit "Anforderungsprofil für die Hochschulausbildung in Allgemeiner Betriebswirtschaftslehre". Insofern haben wir das ein bißchen anders gesehen. Schuld an unserem Dissens ist also ein semantisches Problem.

Vogelsang

Dazu kann ich gerne was sagen. Sie wissen ja, was ist ein Kamel? Das ist ein Pferd, welches eine Kommission gemacht hat. Wenn man unter 6 Hochschullehrern und 6 Praktikern zusammensitzt, viele Male und stundenlang, dann kommt auch mal eine Sache heraus, die hier und da kompromißweise geboren ist, um das Papier endlich mal herauszubringen. Daher habe ich das gemeinsame Anliegen nochmals betont und auf diese kurze Formel kann ich es wohl bringen: Der junge Mann und die junge Dame, die die Hochschule verlassen und zu den Unternehmen kommen, sollten die von uns genannten 10 Arbeitsgebiete - die können sie auch zu 8 zusammenfassen oder in 12 aufgliedern - das sind Äußerlichkeiten - also die Sachinhalte kennen und sich damit beschäftigt haben. Zusätzlich sollten noch einige Gebiete speziell vertieft worden sein. Das ist eine Wunschvorstellung, so hätten wir gern die jungen Betriebswirte. Ob jede Hochschule sie uns so liefern kann, weiß ich nicht, dazu kann ich mich auch nicht sachverständig äußern. Jedenfalls wenn eins von diesen Arbeitsgebieten deutlich unterbelichtet ist, liegt ein erheblicher Mangel vor. Da ich selbst Betriebswirtschaft studiert habe, kann ich nicht einsehen, warum ein Absolvent der Betriebswirtschaft z.B. ein oder zwei Arbeitsgebiete, die wir aufgeführt haben, auslassen sollte.

Ich habe in den Diskussionen mit den Kollegen der Hochschule gelernt, daß einige Schwierigkeiten hatten, sich vorzustellen, daß die jeweilige Hochschule das alles leisten kann, was in diesem Katalog aufgeführt ist. Das hat nicht so ganz mein Verständnis gefunden und auch nicht das meiner Kollegen aus der Praxis. Ich habe in Köln Betriebswirtschaft studiert und ich muß meiner alten Fakultät hoch anrechnen, daß wir auf allen genannten Arbeitsgebieten - dem damaligen Stand entsprechend - Lehre und Ausbildung erhalten konnten, wenn man sich nur darum bemüht hat. Ob das in einem Seminar war oder in einer Übung, in einem Grundstudium oder im Hauptstudium, daß wüßte ich heute nicht mehr zu sagen. Aber die betriebswirtschaftliche Fakultät der Universität Köln hat in den Jahren nach 1945, in denen ich dort studiert habe, alle genannten Arbeitsgebiete vermittelt. Jeder von uns war auch bereit, sich damit zu beschäftigen und mit großem Nutzen, wie ich glaube sagen zu können. Noch heute bin ich meiner Universität und ihrer Fakultät sehr dankbar.

Albach
Ich glaube, wir sind dann damit, das ist in der Tat gut gewesen, daß das jetzt geklärt ist. Es handelt sich also nicht um etwas, was hier zu diskutieren wäre, sondern um ein Anforderungsprofil an Absolventen, die in die Praxis gehen wollen und wenn es ein Dekalog ist, ist es immer besser, als wenn es ein 12er oder 8er Forderungskatalog ist. Wir können also dann wohl zu dem, wenn dazu keine Diskussionspunkte mehr sind, zum - Herr Schneider noch?

Wir haben ja noch nicht ausdiskutiert, ob wir Herrn Vogelsang sozusagen damit durchkommen lassen. Dürfen denn die Fragen, die hier gestellt worden waren, Herr Vogelsang war ja, reicht das überhaupt aus, d.h. wo ist die Theorie, die dahinter steckt hinter diesem Dekalog und das war ja doch die Fragestellung.

Schneider
Herr Vogelsang, eine solche Katalogisierung läuft immer Gefahr, zusammengehörende Sachverhalte zu zerschneiden. Daneben war ich erfreut und überrascht, daß Sie in den 50er Jahren, also vor 30 Jahren, schon Finanzierungstheorien und Investitionsrechnungen heutiger Art in Köln gehört haben. Mir als Dogmengeschichtlicher ist das neu, ich muß mein Werk offenbar umschreiben.

Der Punkt, der mich an dem Anforderungskatalog gestört hat, war hauptsächlich folgender: Obwohl als Ausbildungsziel schon für das Grundstudium die Funktionsweise des Unternehmens als Ganzes verstanden sein soll, so schreiben Sie an einer Stelle, werden die einzelnen Studiengebiete doch nur nebeneinander gestellt. Zwingende Verbindungslinien werden m.E. nicht genannt. Punkte, die im einzelnen untereinander aufgeführt werden, finde ich mindestens für die Umsetzung in die Lehre so nicht geeignet. Ein Beispiel nur: Investition und Finanzierung, 2. Punkt: Investitionsrechnung, 9. und letzter Punkt: Finanzplanung. Finanzplanung heißt ja doch wohl zunächst mal Auflisten der erwarteten Zahlungsströme. Auflisten der erwarteten Zahlungsströme ist die Grundvoraussetzung, damit überhaupt mit Investitionsrechnung angefangen werden kann. Finanzplanung würde also eigentlich an die erste Stelle gehören und nicht an die letzte Stelle. Ein anderer Punkt: In Ihrem letzten Gebiet betonen Sie die betriebswirtschaftliche Bedeutung wesentlicher Rechtsgebiete, völlig d'accord. Aber deren Bedeutung erstreckt sich doch auf alle 10 Gebiete, von den Institutionen wie Banken und Versicherungen über Personal mit Mitbestimmung, über den Jahresabschluß. Steuern kann man nicht einfach neben Rechnungswesen stellen, die Bilanzierungsgrundsätze für die Steuerbilanz gehören einfach ins Rechnungswesen, sonst ist das der Jahresabschluß, der dort gelehrt wird, praktisch nichts wert. Ich meine auch, daß Steuern, soweit sie in der Allgemeinen Betriebswirtschaftslehre behandelt werden können, auf Steuerzahlungen zurückzuführen sind. Den Arbeitseinsatz bei der Besteuerung können wir ja allenfalls im speziellen Fach behandeln. Steuerzahlungen sind aber ein Problem, das zunächst mal in die Finanzierung gehört und dann Rückwirkungen auf die Investitionen hat. Ich würde den Anforderungskatalog also anders strukturieren. Mir fehlen Verknüpfungslinien, zweckmäßiger wäre gewesen, wenn Sie eine Matrix gemacht hätten, die Gebiete auflistet und dieses und jenes verknüpft. Das war ein Hauptstörpunkt, und ein zweiter generell, ob so ein Anforderungskatalog eben nicht doch eine Art Endgültigkeitscharakter für Qualitätsmerkmale beansprucht und damit für die Wissenschaft innovationsfeindlich ist.

Vogelsang

Herr Schneider, machen Sie bitte nicht rückwirkend aus einem Kamel ein Pferd. Alles das, was Sie vorgetragen haben, kann ich durchaus unterstreichen. Ich kann mir das als Matrix vorstellen, ich kann mir das als Verbindungslinie vorstellen, aber das ist nun mal bei der Kommission nicht so herausgekommen.

Wenn ich ein Stichwort aufgreifen darf: Steuern. Jeder Betriebswirt muß sich mit Steuern beschäftigen, muß die Systematik des Einkommensteuerrechts, des Körperschaftsteuerrechts, des Gewerbesteuerrechts, des Vermögensteuerrechts usw. kennen, wenn auch nicht im Detail. In den wesentlichen steuerlichen Zusammenhängen muß er denken können. Wenn Sie sagen, Herr Schneider, die Steuern sind im wesentlichen ein Zahlungsvorgang, dann bin ich anderer Meinung. Ich finde, man muß das Steuerrecht so gut beherrschen, daß vermeidbare Steuern nicht anfallen.

Schneider
Darf ich einen Satz dazu sagen. Ich bin strikt dagegen, daß alle "vermeidbaren" Steuerzahlungen vermieden werden, dies erreicht man nur durch Verzicht auf unternehmerisches Handeln, dieses ist aber nötig, da es auch öffentliche Aufgaben zu finanzieren gilt. Die Alternative wäre eine allgemeine Inflation, und das halte ich für noch schlechter als daß bestimmte Leute Steuern zahlen.

Albach
Ich glaube wir haben jetzt einen breiten Konsens erzielt. Herr Vogelsang stimmt sicher zu, daß man alle diese Dinge leichter lernt und leichter behält, wenn man eine gute Theorie hat, die das alles miteinander verbindet. Damit haben wir in diesem Punkt auch die notwendige Klärung erreicht. Der dritte Punkt, den Sie diskutiert sehen wollten, ist die Frage, ob Unternehmensführung etwas anderes ist als Allgemeine Betriebswirtschaftslehre. Herr Schneider sprach vom Generalisten, der Allgemeine Theorie plus Soziologie, Psychologie, Recht und was nicht noch alles noch studiert hat, Herr Schanz war in diesem Punkt anderer Meinung. Er nannte die Verengung auf die ökonomische Theorie der Institutionen "ökonomistisch".

Schanz
Ökonomismus ist für mich eine Überbetonung "rein ökonomischer" Gedankengänge; eine verengte Problemsicht, die dazu tendiert, den erfahrungswissenschaftlichen Anspruch nicht einlösen zu können. Ich glaube, die Betriebswirtschaftslehre hat sich nicht völlig grundlos in der jüngeren Vergangenheit auch anderen Richtungen zugewandt. Dabei mag es zu mancherlei Übertreibungen gekommen sein; insgesamt hat unser Fach dadurch aber wohl doch an Attraktivität gewonnen.

Ich sage dies hier vor allem aus der Sicht eines Disziplinvertreters, der Spezialfächer lehrt, in denen "der Mensch" nun einmal zum notwendigen Bezugspunkt wird: aus der Sicht der Personalwirtschaftslehre und der Organisationstheorie (so wie ich sie verstehe). Mich leiten dabei aber auch grundlegende erkenntnistheoretische Überzeugungen.

Um einen sehr praktischen Aspekt anzusprechen: Wir sollten beispielsweise nicht die Augen davor verschließen, daß der eine oder andere personalwirtschaftliche Lehrstuhl nicht mehr mit einem Betriebswirtschaftler besetzt wird. Das kann schon nachdenklich stimmen, und man kann es vielleicht auch bedauern. Aber es gibt dafür einen recht plausiblen Grund: Vertreter anderer Disziplinen werden offensichtlich als besser geeignet eingeschätzt, um ein solches Fach angemessen zu vertreten. Ich werte dies als einen für die weitere Entwicklung der Betriebswirtschaftslehre durchaus besorgniserrenden Tatbestand!

Bloech

Ich glaube, um Unternehmensführung und Allgemeine Betriebswirtschaftslehre zu vergleichen, braucht man eine stärkere Ausrichtung der Definition der Unternehmensführung. Ich neige dazu, dem zu widersprechen, denn eigentlich ist die Allgemeine Betriebswirtschaftslehre ja die Analyse der wirtschaftlichen Wirkungen und die Theorie der Unternehmung, aufbauend auf dem System der Faktoren und ihrer Erscheinungsformen, der Systembildung, der Systemstrukturen und des Systemverhaltens. Darin Steuerungen über die Instrumente vorzunehmen, die auch die Unternehmensführung bietet, ist ein Teilaspekt, der in der Theorie der Unternehmung berücksichtigt werden kann. Aber meiner Meinung nach ist die Unternehmensführung an sich nur eine Komponente der Allgemeinen Betriebswirtschaftslehre, eher eine Randkomponente, sie ist zentrale Aufgabe der praktischen Unternehmensführung, aber sie ist nicht zentrale Aufgabe der Theorie in der Allgemeinen Betriebswirtschaftslehre oder der Allgemeinen Betriebswirtschaftslehre.

Vogelsang

Die Allgemeine Betriebswirtschaftslehre wie überhaupt das gesamte betriebswirtschaftliche Studium ist sicher eine ganz wesentliche Voraussetzung für Damen und Herren, die in Führungsaufgaben hineinwachsen wollen, aber bei weitem nicht die einzige. Wir kennen in der Praxis Diplom-Ingenieure, Chemiker, sogar Juristen und andere, die mit großem Erfolg sich in den Unternehmen zu einer Qualifikation entwickelt haben, die sie in die Lage versetzt, mittlere und große Führungsverantwortung zu tragen. Da gehört viel mehr dazu, als eine Universität vermitteln kann. Eine Universität kann darauf aufmerksam machen, was nach dem Hochschulstudium dazu gehört, sich zu diesen Verantwortungsbereichen vorzuarbeiten und daß das kein Selbstgänger ist. In diesem Sinne ist die Betriebswirtschaft eine gute Grundlage, aber wie ich schon sagte, keineswegs die einzige.

Albach

Ich glaube, die Diskussion geht hier um das Kernproblem: wie halten wir es mit dem "Organization" und "Behavior"? Konzentrieren wir uns wieder auf die ökonomische Theorie, wie es Herr Schneider fordert, oder verbreiten wir uns über die soft science des Organizational Behavior. Es wäre gut, wir würden die verbleibende Zeit auf die Klärung dieser ja doch sehr brisanten, auch für unsere Studiengänge brisanten, Frage konzentrieren.

Schierenbeck

Ich möchte vielleicht bei dieser Frage anknüpfen an den Vortrag von Dr. Wössner heute morgen, der ja sehr plastisch unterschieden hat zwischen dem Manager und dem Unternehmer, und beim Manager sprach er eben vom Controller und vom Buchhalter. Das sind ja nichts anderes als die klassischen betriebswirtschaftlichen Funktionen. Dagegen stehen beim Unternehmer mehr die Funktionen des Marktmachers und Innovators im Vordergrund. Wenn man jetzt in der Betriebswirtschaftslehre herumschaut, so wird man sicherlich das Marketing als einen Bereich identifizieren können, der diese unternehmerische Komponente der Unternehmensführungslehre -man darf es wohl so sagen- mit Erfolg usurpiert hat und die Frage, die sich jetzt stellen würde, wäre die, ob man sozusagen die Dinge, die beim Marketing als Spezialdisziplin so überaus erfolgreich gewesen sind, nicht auch für die Allgemeine Betriebswirtschaftslehre nutzen könnte. Wir Münsteraner haben ja in der einen These formuliert, daß wir meinen, in höheren Semestern sollten unternehmerische Führungsaspekte ergänzend zu den rein technokratischen Wissenselementen von Planung, Organisation und Kontrolle mit in die Ausbildung einbezogen werden.

Dichtl

Wir - einige Marketing-Professoren - haben im Hause Unilever schon des öfteren Klage darüber geführt, daß dieses Unternehmen Leute mit Studium für Positionen im Vertrieb oder im Marketing sucht, und dabei bewußt offenläßt, an welche Art von Studium man denkt. Es darf sich dabei auch um jemanden handeln, der Theologie oder Archäologie studiert hat. Das ist natürlich für einen Fachvertreter des Marketing nicht sehr schmeichelhaft.

Nach einer Reihe von Diskussionen habe ich jedoch Verständnis für diese Haltung gefunden. Um ein Unternehmen erfolgreich zu führen, braucht es offenbar mehr, als fundierte Kenntnisse in Betriebswirtschaftslehre und Marketing zu erlangen. Es kommt in einer entsprechenden Position nicht nur darauf an, daß jemand über Fachwissen verfügt, sondern er muß auch kreativ sein, analytisch denken können, belastbar sein u.s.w.

Unilever ist nicht das einzige Unternehmen, das auf folgendem Standpunkt steht: Wenn jemand auf diesen Sektoren große Stärken aufweist und hier unserem Anforderungsprofil gerecht wird, dann würden wir es hinnehmen, daß er zumindest in dem Augenblick, wo er zu uns kommt, Marketing, wie es an der Universität gelehrt wird, nicht beherrscht. Diese Lücke kann er gegebenenfalls bei uns schließen.

Das ist eine Position, die sich vertreten läßt. Insofern kann Unternehmensführung - insbes. das, was man darüber lehren kann - nicht gleich Allgemeine Betriebswirtschaftslehre sein, ganz unabhängig von der Überlegung, daß auch Psychologen und Soziologen, wenn man an Leute wie Elton Mayo denkt, Experimente durchgeführt und Beiträge zur Literatur der Unternehmensführung geleistet haben. Sind nun wir die Usurpatoren, die alles vereinnahmen, oder die anderen?

Albach
Wir wollen pünktlich Schluß machen, deshalb noch eine Bemerkung von Herrn Vogelsang und dann kommen wir zum Schluß.

Vogelsang
Ich wollte keine Schlußbemerkung machen. Ich wollte nur zu den Stichworten Unilever vielleicht einen interessanten Hinweis geben. Ich bin Mitglied eines Beraterkreises von Unilever. Es ist das einzige Unternehmen, bei dem ich gesehen habe, daß Vorstandsmitglieder ihre Ressorts nach zwei, drei Jahren wechseln. Da wird der Finanzchef Arbeitsdirektor, der Verkäufer wird Finanzchef usw. Das sind Führungsaufgaben. Man sagt: In der Spitze muß jeder Unternehmer sein. Ein Unternehmen erfolgreich führen, das muß man auf jedem Arbeitsgebiet können. Wenn alle ihre Absolventen die angestrebte breite Ausbildung in der Betriebswirtschaft bekommen haben, dann können sie es eines Tages auch. Vielen Dank.

Albach
Schönen Dank, meine Damen und Herren, ich werde nicht versuchen, ein Ergebnis dieser Diskussion zu formulieren. Ich glaube, wir haben gesehen, daß wir auf der einen Seite eine Richtung haben, die die neue Institutionentheorie heißt. Über sie hat Adams einmal einen Aufsatz geschrieben mit dem Titel: "Der Imperialismus der Ökonomen ist ausgebrochen". Ich glaube, wir alle sind als gute Betriebswirte Imperialisten. Deshalb haben wir hier am Tisch auch Vertreter einer solchen Imperialismustheorie gehabt, die sich wünschen, daß die Allgemeine Betriebswirtschaftslehre in diese Richtung ausgebaut wird. Wir haben andere hier gesehen, die wissen, daß es gegen diesen ökonomistischen Imperialismus Widerstand aus anderen Disziplinen gibt, die darauf hinweisen, daß Literatur-Professoren Manager von großen deutschen Automobilunternehmen werden. Wir werden sicher eine interessante weitere Entwicklung in der

Allgemeinen Betriebswirtschaftslehre erleben. Mir bleibt, Dank an die hier versammelten Podiumsdiskutanden und Teilnehmer zu sagen, ich möchte diesem Dank aber auch einen besonderen Dank an die Münsteraner Kollegen hinzufügen, denn sie haben innovativ zum ersten Male eine solche Podiumsdiskussion unter Kollegen ins Leben und aufs Programm gesetzt. Sofern Sie meinen Dank teilen und glauben, man sollte einen solchen Teil des Programms auch in Zukunft auf das Programm unserer Jahrestagungen setzen, dann sollten Sie das durch kräftigen Applaus zum Ausdruck bringen. [1]

---

[1] Applaus ist kräftig! (Anm. d. Red.)

Arbeitsorganisation und Mitarbeiterqualifikation beim Einsatz moderner Informations- und Kommunikationstechniken

Eduard Gaugler[*]

	Einleitung
1.	Wandel in den Arbeitsanforderungen
1.1	Technologischer Determinismus
1.2	Paradigmenwechsel der organisatorischen Gestaltung
1.3	Qualifizierungsthesen
2.	Dynamische Konzepte für die Mitarbeiterqualifizierung
2.1	Rationale Personalentwicklung
2.2	Schlüsselqualifikationen
2.3	Prognostizierbarkeit der Schlüsselqualifikationen
3.	Folgerung für die Betriebswirtschaftslehre
3.1	Grundkonzept des betriebswirtschaftlichen Studiums
3.2	Inhalte der Allgemeinen Betriebswirtschaftslehre
3.3	Grenzen kognitiver Schlüsselqualifikationen

---

[*] Prof Dr. Dr. h.c. Eduard Gaugler, Seminar für Betriebswirtschaftslehre, Personalwesen und Arbeitswissenschaft, Universität Mannheim

Einleitung

Ausgangspunkt für die folgenden Überlegungen sind die Thesen von der partiellen Überwindung des sog. technologischen Determinismus und vom Paradigmenwechsel bei der Gestaltung der betrieblichen Arbeitsorganisation. Die Inhalte dieser beiden Thesen stehen in enger Verbindung mit den modernen Informations- und Kommunikationstechniken, wie sie zunächst seit den 70er Jahren vorrangig im Bürobereich (Verwaltung), seit einigen Jahren zunehmend auch in anderen Funktionsbereichen (Vertrieb, Forschung und Entwicklung, Konstruktion, Fertigung etc.) Verwendung finden. Vermehrt kommen diese Informations- und Kommunikationstechniken inzwischen auch im Handel sowie im Dienstleistungsbereich (Banken, Versicherungen, Touristik etc.) zum Einsatz.

Die folgenden Ausführungen gliedern sich in drei Teile. Ein erster Abschnitt bringt einleitende Erläuterungen zum "Technologischen Determinismus" und zum "Paradigmenwechsel in der Arbeitsorganisation"; ferner werden daraus Konsequenzen für die Anforderungen an die Qualifikation der Mitarbeiter gezogen. Ein zweiter Teil untersucht die Mehrfach- und Schlüsselqualifikationen in ihrer Bedeutung für den technischen und organisatorischen Wandel im Betrieb. Schließlich bringt ein dritter Teil im Hinblick auf das Thema der Wissenschaftlichen Jahrestagung Folgerungen aus den vorhergehenden Überlegungen für die Inhalte der Allgemeinen Betriebswirtschaftslehre.

1. Wandel in den Arbeitsanforderungen

1.1 Technologischer Determinismus

Die These von der partiellen Überwindung des technologischen Determinismus leugnet nicht die Einflüsse, die vom Einsatz der Technik im betrieblichen Leistungsprozeß auf die Arbeitsorganisation und Arbeitsanforderungen an die Mitarbeiter ausgehen. Sie relativiert aber die Dominanz, die man zuvor vielfach im Verhältnis der Technik gegenüber der Arbeitsorganisation und dem Personaleinsatz angenommen hatte. Im übrigen ist sie nicht auf den Einsatz moderner Informations- und Kommunikationstechniken begrenzt. Partiell gilt diese These auch für andere Erscheinungsformen der Technik. Dennoch sind die modernen Informations- und Kommunikationstechniken im Zusammenhang mit dem technologischen Determinismus besonders bedeutsam, weil sie relativ früh ein geeignetes Anschauungs- und Belegmaterial für gewisse Freiheitsgrade bei der arbeitsorganisatorischen Gestaltung lieferten. Gerade am Beispiel der modernen Informations- und Kommunikationstechniken hatte man gelernt, zwei Stufen des technologischen Determinismus zu unterscheiden. Der technologische Determinismus I bezog sich auf den Sachverhalt, daß die Gestaltung der Technik selbst (Anlagen, Geräte, Aggregate etc.) sich ausschließlich an funktionsbedingten, technischen Anforderungen auszurichten hat. Bei der Ausgestaltung der Technik lassen sich physisch-psychische Bedingungen und Erwartungen der eingesetzten Mitarbeiter nicht oder nur in engen Grenzen berücksichtigen. Der technologische Determinismus II sieht die Arbeitsorganisation in ihrer Unterwerfung unter die Bedingungen der zum Einsatz kommenden Technik. Die Eigenarten der verwendeten Technik bestimmen die jeweilige Arbeitsorganisation und damit auch die sich daraus ergebenden Anforderungen an die Mitarbeiter. Eine Reihe empirischer Untersuchungen über die Verwendung moderner Informations- und Kommunikationstechniken bestätigen die These von der partiellen Überwindung des technologischen Determinismus I und II.

Verschiedene Gründe erklären die partielle Überwindung des technologischen Determinismus II. Im Vergleich zum Einsatz der traditionellen Großtechnik in der industriellen Fertigung geht von den modernen Informations- und Kommunikationstechniken ein relativ geringer Bedarf an Investitionsmitteln aus. Der rasche Fortschritt beim Angebot immer neuer Informations- und Kommunikationstechniken hat zunehmend sinkende Kostenbelastungen ausgelöst. Damit verliert der Auslastungsgrad der Informations- und Kommunikationstechniken als ökonomisches Kriterium für ihre Verwendung an Bedeutung. Ferner sind die modernen Informations- und Kommunikationstechniken häufig mehr- bzw. multifunktional konstruiert (Mehrzweck-, Vielzweck-Geräte). Ihre Verwendungsbreite gestattet unterschiedliche Gestaltungen der Arbeitsorganisation in ihrem Einsatzbereich. Schließlich existiert heute ein großes und noch immer anwachsendes Angebot unterschiedlicher Informations- und Kommunikationstechnik-Geräte und -Anlagen mit einer breiten Vielfalt an hardware und software. Die software der modernen Informations- und Kommunikationstechniken läßt sich meist für unterschiedliche Zwecke entwickeln.

1.2 Paradigmenwechsel der organisatorischen Gestaltung

Ungefähr gleichzeitig mit der Verbreitung moderner Informations- und Kommunikationstechniken hat sich das Leitbild für die Gestaltung der betrieblichen Arbeitsorganisation partiell gewandelt. Erste Ansätze dafür finden sich schon in den 50er Jahren; wichtige Impulse brachte das Buch von Georges Friedmann mit dem Titel "Grenzen der Arbeitsteilung" (1959). Diese Überlegungen zeigten eine Abkehr vom Paradigma F. W. Taylors, also eine Reduzierung hochgradiger Spezialisierung der Aufgaben, der Stelleninhalte und der Aufgabenträger.

Vor allem seit den 70er Jahren zeichnet sich - teilweise in Verbindung mit dem Einsatz von Informations- und Kommunikationstechniken - ein Wandel in den Formen der Arbeitsorganisation ab. Beispielhaft sind die Bemühungen um die sog. Arbeitsstrukturierung zur Erweiterung des Aufgabenfeldes zu nennen (job enlargement, job enrichment, überlappende Arbeitsplätze, teilautonome Arbeitsgruppen etc.). Man bemühte sich zunehmend um den Erhalt bzw. um die Rückkehr zu Mischarbeitsplätzen mit mehreren, unterschiedlichen Aufgabeninhalten. Tendenzen zur Dezentralisierung zeigten sich zunehmend beispielsweise bei der dezentralen Datenerfassung und bei der dezentralen Informationsverarbeitung, bei der Kompetenz-Delegation im Zuge der Dezentralisation von Großorganisationen (Firmengruppen, Konzerne) sowie beim Projektmanagement, das durch eine dezentrale, integrierte Bearbeitung komplexer Aufgaben mit kreativen Anforderungen gekennzeichnet ist. Schließlich zeigte sich auch ein Wandel bei den Formen der Arbeitsorganisation in der Verringerung der Zahl der Hierarchiestufen im Management; die Reduzierung bzw. Ausdünnung des mittleren Management war teilweise von einer Reintegration der Führungsaufgaben begleitet.

Solche und ähnliche Veränderungen in der organisatorischen Gestaltung wurden ermöglicht bzw. erleichtert durch die partielle Überwindung des technologischen Determinismus II bei der Verwendung von Informations- und Kommunikationstechniken. Mit diesen Änderungen will man die Defizite herkömmlicher organisatorischer Regelungen verringern bzw. überwinden. Sie ergeben sich aus bestimmten Anforderungen an die betriebliche Organisation.

Mit dem Stichwort "Humanisierung der Arbeit" umschreibt man seit den 70er Jahren in sehr allgemeiner Weise auch Anforderungen an die organisatorische Gestaltung des betrieblichen Arbeitsprozesses. Im Betriebsverfassungsgesetz 1972 (§§ 90/91) kommt dies mit der Aufforderung an den Arbeitgeber und den Betriebsrat zur "menschengerechten Gestaltung der Arbeit" nach den gesicherten arbeitswissenschaftlichen Erkenntnissen zum Ausdruck. Insbesondere sind dabei arbeitsorganisatorische Gestaltungen gefordert, die Monotonie, Absentismus,

Fluktuation, Leistungszurückhaltung etc. vermeiden helfen. Die angestrebten Organisationsformen sollen dem Mitarbeiter Chancen zur Entfaltung breiterer Qualifikationspotentiale geben. Ferner ist mit der Intensivierung des Wettbewerbs an den in- und ausländischen Absatzmärkten die Flexibilisierung des Aufgabenvollzugs zu einer vorrangigen Anforderung an die organisatorische Gestaltung geworden. Die Elastizität des betrieblichen Leistungsprozesses bildet eine wesentliche Voraussetzung, um Marktchancen bei scharfem Konkurrenzdruck wahrnehmen zu können. So entsteht ein Bedarf an elastischen Organisationsstrukturen bei flexibel einsetzbaren Mitarbeitern. Hoch spezialisierte und starre Aufgabenzuschnitte stehen im Widerspruch zu den Markterfordernissen.

1.3 Qualifizierungsthesen

Veränderungen in der Arbeitsorganisation und beim Einsatz der Technik können die Anforderungen an die Qualifikation der im betrieblichen Leistungsprozeß eingesetzten Mitarbeiter modifizieren. In Verbindung mit der eingesetzten Technik diskutiert man vielfach vier Qualifikationsthesen:

- Dequalifikationsthese
- These von der Höherqualifikation
- Dichotomisierungs- bzw. Polarisationsthese
- These von der Andersqualifikation

Die zuletzt genannte These von der Andersqualifikation wird zumeist in eine besondere Beziehung zu den Informations- und Kommunikationstechniken gebracht.

Vor allem für den Einsatzbereich der Informations- und Kommunikationstechniken geht man heute vielfach von der gleichzeitigen Gültigkeit der Polarisationsthese und der These von der Andersqualifikation aus. Demnach bringt man mit den modernen Informations- und Kommunikationstechniken drei Veränderungen bei den Qualifikationsanforderungen der Mitarbeiter in Verbindung. An manchen Arbeitsplätzen sinken die erforderlichen Qualifikationen der Mitarbeiter, während sie an anderen ansteigen. Schließlich treten Qualifikationserfordernisse auf, die gegenüber den bisherigen Anforderungen neuartig sind.

Diese Kombinationsthese, die aus der Polarisationsthese und aus der These von der Andersqualifikation besteht, läßt verschiedene wichtige Fragen offen. So bleibt beispielsweise ungeklärt, ob im Geltungsbereich der Polarisationsthese in Verbindung mit neuen Techniken der Bedarf an höheren oder an geringeren Mitarbeiterqualifikationen überwiegt. Unbeantwortet bleibt die Frage, in welcher Relation zueinander die Dequalifikations- und die Höherqualifikationserscheinungen auftreten. Außerdem stellt sich die Frage, welches die vorwiegenden Inhalte der erforderlichen Andersqualifikation sind.

Diese Fragen lassen sich nicht generell beantworten; ihre Antworten sind offensichtlich jeweils von den Anforderungen der eingesetzten Technik und von den Besonderheiten der angewandten Organisationsformen abhängig. Allenfalls kann man Trendaussagen für die allgemeine Entwickung der erforderlichen Mitarbeiterqualifikation bei angenommenen Veränderungen in der Arbeitsorganisation und bei den Informations- und Kommunikationstechniken machen.

2. Dynamische Konzepte für die Mitarbeiterqualifizierung

Der Rückblick auf die Verwendung der Informations- und Kommunikationstechniken in den letzten Jahrzehnten und auf die etwa gleichzeitige Entwicklung veränderter Formen der Arbeitsorganisation zeigt eine starke Dynamik in den Anforderungen an die betroffenen Mitarbeiter und Führungskräfte. Es erscheint unwahrscheinlich, daß sich diese Dynamik in absehbarer Zeit erheblich abschwächen oder gar völlig aufhören wird. Mit neuen Techniken, insbesondere Informations- und Kommunikationstechniken hat man auch in Zukunft zu rechnen. Ferner kann man vermuten, daß die Suche und Entwicklung neuer Formen der Arbeitsorganisation weitergehen werden. Damit wächst die Notwendigkeit, die Förderung der erforderlichen Mitarbeiterqualifikationen mit diesen dynamischen Entwicklungen abzustimmen.

2.1 Rationale Personalentwicklung

Die Anpassung der Qualifikation der Mitarbeiter und der Führungskräfte an die Anforderungen, die sich aus einem veränderten Einsatz der Technik und aus variierten Formen der Arbeitsorganisation ergeben, kann in dreifacher Weise erfolgen: nachholend, simultan, antizipierend. Die antizipierende Qualifizierung dürfte regelmäßig einige Vorteile aufweisen. Sie erleichtert die Akzeptanz der Neuerung, weil sie Widerstände gegen Innovationen bei den betroffenen Mitarbeitern und Führungskräften abbaut. Die Anlaufverluste in der Einführungsphase der neuen Techniken und Organisationsformen lassen sich reduzieren. Insgesamt sind bei einer antizipierenden Qualifizierung geringere Kosten bei der Realisierung der technischen und organisatorischen Änderungen zu erwarten. Allerdings setzt die antizipierende Qualifizierung u.a. eine hinreichend genaue Prognostizierbarkeit der künftigen Anforderungen an die Mitarbeiter und Führungskräfte voraus.

Wie die Erfahrungen aus der betrieblichen Personalarbeit zeigen, ist in der Praxis teilweise eine kurzfristige Prognose der künftig erforderlichen Qualifikationen möglich. Häufig reicht aber dann die verfügbare Zeit für eine ausreichende Qualifizierung der betroffenen Führungskräfte und Mitarbeiter nicht aus. Ebenso zeigt die betriebliche Praxis, daß mittel- und längerfristige Prognosen über künftige Anforderungen an die Betroffenen oft nicht hinreichend genau anzustellen sind. Offensichtlich handelt es sich bei den Änderungen der Anforderungen, die aus organisatorischen und technischen Neuerungen sowie aus künftigen Produkt-, Leistungs- und Verfahrensmodifikationen resultieren, um ein sehr komplexes Prognoseobjekt. Nicht selten sind auch erfahrene Experten überfordert, wenn sie die Auswirkungen mittel- und längerfristiger Veränderungen auf die Qualifikation der Mitarbeiter und der Führungskräfte abschätzen sollen. Diese Prognoseproblematik bei den mittel- und längerfristig benötigten Qualifikationen stellt die Frage, ob und inwieweit man ihr mit spezifischen Qualifizierungskonzeptionen begegnen kann.

Das Konzept von der Mehrfachqualifikation der Mitarbeiter meint, ihre fachliche Qualifikation so zu erweitern, daß sie mehrere Aufgaben erledigen können und an unterschiedlichen Arbeitsplätzen einsetzbar sind. Mehrfachqualifikationen treten in der betrieblichen Praxis bei Springern und beim systematischen Arbeitsplatzwechsel (job rotation) auf; regelmäßig sind sie auch mit bestimmten Formen der Arbeitsstrukturierung (job enrichment, eventuell auch beim job enlargement) zu beobachten. Mehrfachqualifikationen erhöhen die qualitative Elastizität beim Personaleinsatz und steigern das Flexibilitätspotential des Betriebes bei qualitativ gleichem Personalbestand. Allerdings lösen die Mehrfachqualifikationen die oben angesprochene

Prognoseproblematik nicht, wenn die neuen Anforderungen an die Mitarbeiterqualifikationen außerhalb des Spektrums der bereits vorhandenen Mehrfachqualifikationen der Mitarbeiter liegen. Mit dieser Feststellung verbindet sich die Frage nach der Bedeutung der sog. Schlüsselqualifikationen für die Problematik der Prognostizierbarkeit der erforderlichen Personalqualifizierung. Insbesondere ist zu fragen, ob vermittelte Schlüsselqualifikationen die antizipierende Anpassung der Mitarbeiterqualifikation an künftige Anforderungen, die sich aus Änderungen im Technikeinsatz und in der Arbeitsorganisation im Betrieb ergeben, erleichtern.

2.2 Schlüsselqualifikationen

Mit der Vorstellung der sog. Schlüsselqualifikationen verbinden sich in der Gegenwart unterschiedliche Konzeptionen, die eine nicht unerhebliche Streubreite aufweisen. Erste Ansätze für solche Qualifikationskonzeptionen finden sich bereits bei den Klassikern der pädagogischen und didaktischen Fachliteratur. Einen modernen Anknüpfungspunkt lieferte Rolf Dahrendorf mit seiner Vorstellung von "extrafunktionalen Fertigkeiten" (1956). Er unterschied drei Gruppen von Fertigkeiten, die für den Fertigungsprozeß vorteilhaft sein können, ohne dafür aber unbedingt benötigt zu werden: Fertigkeiten, die die Anpassung im Betrieb ermöglichen bzw. erleichtern; Fertigkeiten zur Ausübung von Verantwortung im Betrieb; "latente funktionale Fertigkeiten", womit Dahrendorf Kenntnisse meinte, die den gesamten Arbeitsbezirk jenseits des einzelnen Arbeitsplatzes und verwandte Arbeitsprozesse einschlossen. Man erkennt, daß Dahrendorfs Vorstellungen über die extrafunktionalen Fertigkeiten ein relativ statisches Konzept verkörpern, das für die Dynamik der Anforderungen und für ihre Prognostizierbarkeit nur eine begrenzte Bedeutung besitzt.

Der Leiter des Instituts für Arbeitsmarkt- und Berufsforschung bei der Bundesanstalt für Arbeit in Nürnberg, Dieter Mertens, hat 1974 ein bis heute breit beachtetes Konzept sog. Schlüsselqualifikationen vorgestellt. Damit bezeichnet er "solche Kenntnisse, Fähigkeiten und Fertigkeiten, welche nicht unmittelbaren und begrenzten Bezug zu bestimmten disparaten praktischen Tätigkeiten erbringen, sondern vielmehr die Eignung für eine große Zahl von Positionen und Funktionen als alternative Optionen zum gleichen Zeitpunkt, und die Eignung für die Bewältigung einer Sequenz von (meist unvorhersehbaren) Änderungen von Anforderungen im Laufe des Lebens" beinhalten.

Der letztgenannte Aspekt ist für die hiesigen Überlegungen besonders relevant; der Bezug zu "Änderungen von Anforderungen im Laufe des Lebens" schließt eine längerfristige und dynamische Perspektive ein. Insgesamt kennzeichnet Mertens vier Typen von Schlüsselqualifikationen:

- Basisqualifikationen
- Horizontalqualifikationen
- Breitenelemente
- Vintage-Faktoren

Diese Schlüsselqualifikationen sollen dazu befähigen, daß die Mitarbeiter den künftigen beruflichen Anforderungen (besser) entsprechen können, auch wenn die Dynamik der Arbeitsanforderungen zunimmt und wenn sich das "Obsoleszenz-Tempo (Zerfallzeit, Veraltenstempo) von Bildungsinhalten" beschleunigt.

Dieser Zielaspekt der Schlüsselqualifikationen hat in den letzten Jahren wiederholt Beachtung gefunden, beispielsweise bei der Expertenkommission Baden-Württemberg "Weiterbildung" (1984) und bei der Expertenkommission Rheinland-Pfalz "Wettbewerbsfähigkeit" (1985). Heftige Kritik am Konzept der Schlüsselqualifikationen hat u.a. Zabeck (1989) geübt und ihm eigene Konzeption von "vier Strukturmerkmalen beruflicher Anforderungen" entgegengesetzt, in der sich u.a. "Umstellungsfähigkeit und Umstellungsbereitschaft" finden.

Insgesamt soll die Vermittlung von Schlüsselqualifikationen u.a. insbesondere die Risiken der betrieblichen Anpassungs- und Innovationsprozesse verringern, den Mitarbeitern das permanente Lernen ("lebenslanges Lernen") erleichtern sowie Befähigungspotentiale für den Erwerb künftig erforderlicher Fachqualifikationen vermitteln. Daraus folgt, daß Schlüsselqualifikationen kein Ersatz für Anpassungsqualifizierung an veränderte Anforderungen bei technischen und organisatorischen Entwicklungen sind; insbesondere stellen sie kein Surrogat für die sog. Andersqualifikation dar, wie sie gerade bei Informations- und Kommunikationstechniken häufig erforderlich wird.

2.3 Prognostizierbarkeit der Schlüsselqualifikationen

Das gegenwärtige Verständnis vom Inhalt der Schlüsselqualifikationen hat sich selbst in den letzten ein bis zwei Jahrzehnten weiter entwickelt. Die Befähigung, den technischen und organisatorischen Wandel in den Anforderungen durch Qualifizierung zu bewältigen, ist immer mehr in den Vordergrund getreten. Eine Reihe von Problemen, die sich bei der Vermittlung der Schlüsselqualifikationen ergeben, sind inzwischen erkannt und diskutiert worden. Diese Erwägungen beziehen sich insbesondere auf die Vermittlung der Schlüsselqualifikationen bei der betrieblichen Aus- und Weiterbildung. Im Hinblick auf die hier anzustellenden Erwägungen ist die Frage besonders relevant, ob die Schlüsselqualifikationen prognostizierbar sind. Insbesondere ist zu prüfen, ob die Schlüsselqualifikationen wenigstens besser vorhersehbar als die erforderlichen Einzelqualifikationen bei technischen und organisatorischen Veränderungen im betrieblichen Leistungsprozeß sind.

Zur Beantwortung solcher Anfragen muß man festhalten, daß die Schlüsselqualifikationen die längerfristig erforderliche Qualifizierungsinhalte nicht endgültig beschreiben. Wie schon Mertens festgestellt hat, unterliegen sie selbst dem Wandel, "wenn auch einem weit langsameren Wandel als spezielle Fertigkeiten am einzelnen Arbeitsplatz". Die heutigen Vorstellungen über die Schlüsselqualifikationen prägen drei Trends. Auf den Inhalt der Schlüsselqualifikationen haben die grundlegenden Entwicklungen in der Technik der letzten zwei bis drei Jahrzehnte, insbesondere die Fortschritte bei den Informations- und Kommunikationstechniken eingewirkt. Geprägt sind die Schlüsselqualifikationen ferner von den arbeitsorganisatorischen Tendenzen, die man mit dem Stichwort "Abkehr vom Taylorismus" skizzieren kann. Schließlich spiegeln die Schlüsselqualifikationen die starke Intensivierung des binnenwirtschaftlichen und internationalen Wettbewerbs der Unternehmen mit ihrem Innovations- und Flexibilisierungsbedarf wider. Bei ähnlichen paradigmatischen Entwicklungen in der Zukunft kann man erwarten, daß sich auch die Vorstellungen vom Inhalt der Schlüsselqualifikationen weiter entwickeln werden. Mittelfristig sind nach heutiger Erfahrung Schlüsselqualifikationen für generelle Erfordernisse an Qualifikationen in der Gesamtwirtschaft und für vorherrschende Qualifikationsanforderungen in einzelnen Branchen und Wirtschaftszweigen prognostizierbar. Die Vermittlung dieser mittelfristig vorhersehbaren Qualifikationsinhalte an Mitarbeiter und Führungskräfte erleichtert die kurzfristige Detailqualifizierung; sie verringert die Kosten dieser Spezialqualifizierung bei technisch und organisatorisch bedingtem Anforderungswandel gerade auch dann, wenn die einzelnen Anforderungen mittel- und längerfristig nicht prognostizierbar sind und wenn deshalb eine rechtzeitige antizipierende Detailqualifizierung verwehrt bleibt.

3. Folgerung für die Betriebswirtschaftslehre

Aus den bisherigen Überlegungen zur Dynamik der Anforderungen an die Mitarbeiterqualifikation und zur Vermittlung von Schlüsselqualifikationen kann man einige Folgerungen für das Studium der Betriebswirtschaftslehre an wissenschaftlichen Hochschulen ableiten.

3.1 Grundkonzept des betriebswirtschaftlichen Studiums

Auch für akademisch ausgebildete Betriebswirte, die in Führungs- und Expertenpositionen tätig sind, wird man weiterhin davon ausgehen müssen, daß sich ihre beruflichen Anforderungen über längere Zeit hinweg wandeln. Mit einer Dynamik bei den Anforderungen an ihre berufliche Qualifikation wird man wegen der weiteren Veränderungen in der Technik, in den arbeitsorganisatorischen Entwicklungen, durch Verfahrensänderungen, wegen unternehmungspolitischer Entwicklungen und infolge von wirtschafts- und gesellschaftspolitischen Wandlungsprozessen rechnen müssen. Auch für Betriebswirte sind die künftigen Anforderungen an ihre berufliche Qualifikation nur sehr bedingt mittel- und längerfristig prognostizierbar. Daher gewinnt auch bei ihnen die berufliche Weiterbildung immer mehr an Bedeutung für die Unternehmen, in denen sie in Führungs- und Expertenfunktionen tätig sind, und für ihren eigenen beruflichen Erfolg. Naheliegend ist die Erwartung, daß die Weiterbildung auf eine bestmöglich qualifizierende Ausbildung aufbauen können sollte. Aus dieser Überlegung ergeben sich Folgerungen für Anlage und Struktur des betriebswirtschaftlichen Studiengangs an wissenschaftlichen Hochschulen.

Nach den Erfahrungen der vergangenen Jahrzehnte empfiehlt es sich, die Aufteilung des Studiengangs in ein Grund- und Hauptstudium, die begrenzte Schwerpunktbildung im Hauptstudium und das Lehrangebot in Allgemeiner Betriebswirtschaftslehre in beiden Studienabschnitten beizubehalten. Dabei kommt der Allgemeinen Betriebswirtschaftslehre im Grund- und Hauptstudium eine Doppelfunktion zu. Einmal soll sie zur Sicherung breiter Berufseintrittschancen der Absolventen im Beschäftigungssystem dienen. Zum andern soll sie das Fundament für die Schwerpunkte im Hauptstudium liefern und zu einer Integration der Speziellen Betriebswirtschaftslehren im Hauptstudium beitragen.

Ihre Funktionen in den beiden Studienabschnitten kann die Allgemeine Betriebswirtschaftslehre besser erfüllen, wenn sie in beiden Studienabschnitten durch das Studium der Volkswirtschaftslehre ergänzt wird.

Aus diesen Überlegungen folgt, daß man entgegen der immer wieder geäußerten Absicht die Allgemeine Betriebswirtschaftslehre im betriebswirtschaftlichen Studiengang auch in Zukunft nicht abschaffen sollte.

3.2 Inhalte der Allgemeinen Betriebswirtschaftslehre

Bei der fortschreitenden Wissensmehrung durch die betriebswirtschaftliche Forschung und bei den Tendenzen zu weiteren Speziellen Betriebswirtschaftslehren stellen sich für die Allgemeine Betriebswirtschaftslehre zwei wesentliche Fragen. Einmal ist zu prüfen, welche Inhalte der Allgemeinen Betriebswirtschaftslehre gewährleisten, daß sie ihre Fundierungs- und Integrationsfunktion für die Speziellen Betriebswirtschaftslehren mit Aussicht auf Erfolg erfüllen kann. Ferner ist nach den Inhalten zu fragen, die die Allgemeine Betriebswirtschaftslehre zu einer Art kognitiver Schlüsselqualifikation für ihre Studierenden und Absolventen machen. Welcher Stoff läßt die Allgemeine Betriebswirtschaftslehre zum Grundlagenwissen für ein berufslebenslanges Lernen?

Zur Beantwortung dieser Fragen folgen drei Diskussionsthesen, die keine definitiven Empfehlungen sondern vielmehr Anregungen für ein weiteres Nachdenken über die Inhalte der Allgemeinen Betriebswirtschaftslehre geben wollen.

1. These: Eine grundlegend geänderte Neukonzeption für die Allgemeine Betriebswirtschaftslehre erscheint nicht erforderlich.

Die derzeitigen Probleme, die Allgemeine Betriebswirtschaftslehre in den Studienplänen zu erhalten und tatsächlich auch zu lehren, liegen vor allem in der Vorbildung der Hochschullehrer. Die frühzeitige und starke Spezialisierung des wissenschaftlichen Nachwuchses erscheint zwar im Hinblick auf die wissenschaftliche Forschung unvermeidlich zu sein. In der akademischen Lehre sollte der Nachwuchs breiter und über mehrere Teilgebiete der Allgemeinen Betriebswirtschaftslehre hinweg tätig werden. Außerdem sollten gerade auch erfahrene und etablierte Hochschullehrer regelmäßig Lehrveranstaltungen zur Allgemeinen Betriebswirtschaftslehre im Grund- und Hauptstudium anbieten. Diese Beiträge zur Allgemeinen Betriebswirtschaftslehre sollten sie neben und deutlich unterschieden von ihren Speziellen Betriebswirtschaftslehren leisten. Dabei sollten sie bei Prüfungen Doubletten von Allgemeiner und Spezieller Betriebswirtschaftslehre vermeiden.

2. These: Das betriebswirtschaftliche Basiswissen ist in der allgemeinen Betriebswirtschaftslehre beizubehalten.

Gerade als Grundlagenwissen für ein berufslebenslanges Lernen des Wirtschaftsakademikers kann man auf eine Reihe grundlegender Lehrinhalte auch in Zukunft nicht verzichten. Dazu gehören beispielsweise das Wissen von der Unternehmung in entscheidungs- und systemtheoretischer Interpretation, die Faktorenlehre mit der Kombination der Betriebsfaktoren, die Funktionen des betriebswirtschaftlichen Leistungsprozesses, die Markt- und Gesellschaftsbezogenheit des Unternehmens, die Unternehmungspolitik, die betriebliche Informationswirtschaft (Rechnungswesen) etc.

3. These: Das Veränderungs- und Entwicklungswissen muß in der Allgemeinen Betriebswirtschaftslehre dringend intensiviert werden.

Seit Jahrzehnten lehrt die Allgemeine Betriebswirtschaftslehre eine Reihe von Komponenten dieses Veränderungs- und Entwicklungswissens. Mit fortschreitender Dynamik in der wirtschaftlichen Wirklichkeit sollte die Allgemeine Betriebswirtschaftslehre immer mehr diese Inhalte betonen. Dazu zählen insbesondere drei Komponenten: Prognose von Veränderungsbedarfen und Entwicklungschancen der Unternehmen, Planung von Veränderungs- und Entwicklungsprozessen der Unternehmen, Steuerung und Kontrolle von Anpassungs- und Innovationsprozessen der Unternehmen.

Für diese Schwerpunkte einer künftigen Allgemeinen Betriebswirtschaftslehre existieren bereits jetzt viele Prognose-, Planungs-, Steuerungs- und Kontrollmethoden. Diese Inhalte sollten in der Allgemeinen Betriebswirtschaftslehre stärker betont und vor allem auf mittel- und längerfristige Perspektiven ausgerichtet werden. Insbesondere erscheint es heute erforderlich, ihre internationalen und interkulturellen Dimensionen zu verdeutlichen.

Schließlich ist zu erwägen, inwieweit in der Allgemeinen Betriebswirtschaftslehre die Firmengeschichte intensiviert werden kann. Dabei ist an die Lehre und das Studium historischer Veränderungsprozesse bei konkreten Unternehmen als Anschauungs-, Erfahrungs- und Lernbeispiele für reale Dynamik und Veränderungsinhalte zu denken. Der Einbau solcher firmengeschichtlicher Komponenten in die Allgemeine Betriebswirtschaftslehre könnte die Theorie vom Unternehmungswachstum illustrieren und bereichern.

Analog zur volkswirtschaftlichen Dogmengeschichte ist schließlich noch an die Entfaltung einer Geschichte betriebswirtschaftlicher Lehrmeinungen in der Allgemeinen Betriebswirtschaftslehre zu erörtern. Mit dieser Komponente läßt sich das Bewußtsein vom Entwicklungsprozeß des betriebswirtschaftlichen Wissens und die richtige Einschätzung seines jeweiligen Standes fördern. Außerdem kann eine betriebswirtschaftliche Dogmengeschichte die Wissensproduktion rationalisieren, indem die mehrfache Erforschung derselben Sachverhalte in historischer Folge reduziert wird.

Zusammenfassend kann man festhalten, daß man die Allgemeine Betriebswirtschaftslehre zu einer kognitiven Schlüsselqualifikation für Wirtschaftsakademiker erweitern kann, wenn man sie durch Intensivierung der Beschäftigung mit Inhalten und Methoden von Veränderungs- und Entwicklungsprozessen der Unternehmen anreichert. Bei der Umsetzung dieser Vorstellung vom Inhalt der Allgemeinen Betriebswirtschaftslehre muß man mit Hemmnissen rechnen. Sie liegen zum einen in der Qualifikation der betriebswirtschaftlichen Hochschullehrer, zusätzlich zu ihrem bisherigen Lehrstoff auch historische Inhalte (Firmengeschichte, betriebswirtschaftliche Dogmengeschichte) vermitteln zu können. Außerdem treten Probleme mit der immer wieder geforderten Straffung des Stoffes und der gerade jetzt nachdrücklich postulierten Verkürzung der Studiendauer auf. Immerhin kann man daran denken, den Umfang der Speziellen Betriebswirtschaftslehren zugunsten der hier skizzierten Allgemeinen Betriebswirtschaftslehre begrenzt zu reduzieren.

3.3 Grenzen kognitiver Schlüsselqualifikationen

Die hier diskutierte Akzentuierung der Allgemeinen Betriebswirtschaftslehre betrifft ihre Lehrinhalte, also das durch sie zu vermittelnde Wissen. Mit der Betonung des Veränderungs- und Entwicklungswissens wird die Funktion der Allgemeinen Betriebswirtschaftslehre als Schlüsselqualifikation für akademisch ausgebildete Betriebswirte unterstrichen. Eine so gestaltete Allgemeine Betriebswirtschaftslehre stellt letztlich eine kognitive Schlüsselqualifikation dar. Ob und inwieweit das Flexibilitätspotential der künftigen Wirtschaftsakademiker dem erwartbaren Flexibilitätsbedarf des einzelnen Unternehmens entspricht, hängt jedoch nicht allein von dieser kognitiven Schlüsselqualifikation ab. Auch die Einstellungen und Verhaltensweisen der betriebswirtschaftlichen Absolventen sollten im Sinne von Schlüsselqualifikationen schon während ihres Studiums geprägt und gefördert werden. Für diese Persönlichkeitsprägung des akademischen Nachwuchses, die ihn in der beruflichen Praxis zur Bewältigung von Veränderungs- und Entwicklungsprozessen befähigt, ist der gegenwärtige Massenansturm von Studierenden zu den betriebswirtschaftlichen Studiengängen an den wissenschaftlichen Hochschulen äußerst nachteilig. Die Massenuniversität behindert schwerwiegend den Erwerb von Schlüsselqualifikationen, die sich der Studierende in Kooperation und Kontakt zwischen Forschenden und Lehrenden aneignen sollte. Stattdessen begünstigen die Massenerscheinungen vielerorts in den betriebswirtschaftlichen Studiengängen negative Persönlichkeitsentwicklungen bei den Studierenden. Bei den sich immer mehr verschlechternden Zahlenverhältnissen zwischen Lehrenden und Studierenden haben die Hochschullehrer wenig Chancen, diesen bedrohlichen Tendenzen erfolgreich entgegenzutreten.Umso dringender geboten ist wenigstens die Handhabung der Allgemeinen Betriebswirtschaftslehre im Sinne der hier skizzierten kognitiven Schlüsselqualifikation.

Literaturverzeichnis

Martin Baethge, Herbert Oberbeck, Zukunft der Angestellten. Neue Technologien und berufliche Perspektiven in Büro und Verwaltung. Frankfurt/New York 1986

Ralf Dahrendorf, Industrielle Fertigkeiten und soziale Schichtung, in: Kölner Zeitschrift für Soziologie und Sozialpsychologie, 8. Jg. 1956, S. 540 - 568

Expertenkommission Rheinland-Pfalz, Wettbewerbsfähigkeit und Beschäftigung, Mainz 1985

Georges Friedmann, Grenzen der Arbeitsteilung, Frankfurt 1959

Eduard Gaugler, Ulrich Althauser, Meinulf Kolb, Angelika Mallach, Rationalisierung und Humanisierung von Büroarbeiten. 2. Auflage. Ludwigshafen 1980

Eduard Gaugler, Zur Vermittlung von Schlüsselqualifikationen, in: E. Gaugler (Hrsg.), Betriebliche Weiterbildung als Führungsaufgabe, Wiesbaden 1987, S. 69 - 84

Eduard Gaugler, Winfried Schlaffke, Weiterbildung als Produktionsfaktor, Köln 1989

Eduard Gaugler, Zur Weiterentwicklung der Betriebswirtschaftslehre als Management- und Führungslehre, in: Rolf Wunderer (Hrsg.), Betriebswirtschaftslehre als Management- und Führungslehre. 2. Auflage. Stuttgart 1989, Seite 231 - 242

Horst Kern, Michael Schumann, Das Ende der Arbeitsteilung? Rationalisierung in der industriellen Produktion, München 1984

Kommission Baden-Württemberg, Zukunftsperspektiven gesellschaftlicher Entwicklungen, Stuttgart 1983

Kommission Baden-Württemberg, Weiterbildung - Herausforderung und Chance, Stuttgart 1984

Dieter Mertens, Schlüsselqualifikationen, in: Mitteilungen aus der Arbeitsmarkt- und Berufsforschung, 1974, Seite 36 - 43

Hans Pornschlegel, Technischer Wandel als Herausforderung an die Personalwirtschaft - am Beispiel der Bürokommunikation, in: AFA-Informationen, 39. Jg., Mai/Juni 1989, S. 8 - 30

Jürgen Zabeck, "Schlüsselqualifikationen" - Zur Kritik einer didaktischen Zielformeln, in: Wirtschaft und Erziehung, 41. Jg., Heft 3/1989, S. 77 - 86

Integrierte und flexible Unternehmungsführung durch computergestütztes Controlling

Dietger Hahn*

1. Problemstellung
2. Controlling als Führungs- und Führungsunterstützungsfunktion
3. Aufgaben und Probleme des Controlling in primär funktional organisierten Unternehmungen
4. Aufgaben und Probleme des Controlling in primär divisional organisierten Unternehmungen
5. Anforderungen an die Controller und die Controlleraus- und -weiterbildung

---

* Prof. Dr. Dietger Hahn, Institut für Unternehmungsplanung, Universität Gießen

1. Problemstellung

In den Betrieben unseres Wirtschaftssystems mit dem Streben nach optimalem Ergebnis als oberstem monetären Ziel bildet heute das Controlling eine der wichtigsten Führungs- und auch Führungsunterstützungsaufgaben. So, wie es Aufgabe des Marketing ist, das gesamte Unternehmungsgeschehen markt- bzw. kundenorientiert zu führen, und es Aufgabe des Treasuring ist, stets Liquidität und Finanzierung zu sichern, ist es Aufgabe des Controlling, das gesamte Entscheiden und Handeln in der Unternehmung durch eine entsprechende Aufbereitung von Führungsinformationen ergebnisorientiert auszurichten[1]. Je nach Wirtschaftszweig, Programm- und Leistungserstellungstyp, Unternehmungsgröße, Standort-, Organisations- und Rechtsstruktur sowie verfolgter Führungsphilosophie bedarf es hierbei einer spezifischen Ausprägung der Controllingorganisation und einer entsprechenden Ausgestaltung und Anwendung der Controllinginstrumente. Die Effizienz des Controlling wird hierbei ganz wesentlich durch Art und Umfang der jeweils eingesetzten Informations- und Kommunikationstechniken, insbesondere des Computereinsatzes, bestimmt. Die folgenden Ausführungen beziehen sich auf die Industrie. Es soll verdeutlicht werden, welche Veränderungen sich tendenziell in unseren Industrieunternehmen auf Grund gravierender Änderungen in ihren Umfeldern vollziehen und welche Anforderungen hieraus an die Weiterentwicklung des Controlling abzuleiten sind.

Auf Grund der gravierenden Änderungen im sozio-kulturellen, wirtschaftlichen, technologischen und ökologischen Umfeld der Unternehmungen haben sich für diese gerade in den letzten Jahren Art und Umfang der zu bewältigenden Aufgaben stark gewandelt. Es ist geradezu eine Aufgabenexplosion zu beobachten. Sie wird sichtbar zum einen durch zusätzliche Aufgaben in den bisherigen bzw. klassischen Funktionen, vom Absatz bzw. Marketing begonnen, bis hin zum Personal- und Finanzwesen, zum anderen vor allem aber durch Ausbau und Schaffung neuer Funktionen, neuer Querschnittsfunktionen mit einer Vielzahl von Schnittstellen. Hierzu zählen z.B. Ausbau oder Schaffung eines Produkt- und Programmmanagement, Qualitätsmanagement, FuE und Produktion verbindenden Technologiemanagement, Logistikmanagement, Umweltschutz- und Energiemanagement, Risikomanagement sowie Informations- und Kommunikationsmanagement. Diese Querschnittsfunktionen erhöhen die Komplexität und wechselseitige Abhängigkeit unternehmerischer Aufgabenerfüllung und führen zu einer erheblichen zusätzlichen zeitlichen Inanspruchnahme der Aufgabenträger bei immer um-

---

[1] Vgl. grundlegend Hahn, D., Stand und Entwicklungstendenzen des Controlling in der Industrie, in: Zukunftsaspekte der anwendungsorientierten Betriebswirtschaftslehre, Hrsg. E. Gaugler, H. G. Meissner, N. Thom, Stuttgart 1986, S. 267 ff.

fangreicher werdenden Abstimmungsprozessen. Hinzu treten innerhalb der Funktionsbereiche und funktionsübergreifend zunehmend Projektaufgaben. Unübersehbar ist hierbei bei nahezu allen Aufgaben eine Verkürzung der zulässigen Aktions- und Reaktionszeiten, um wettbewerbsfähig bleiben zu können.

Tendenziell ergeben sich auf Grund der Aufgabenzunahme bereits bei primär funktional organisierten Unternehmungen offensichtlich ein erhöhter Bedarf an zielorientierten Integrations- und Koordinationsaufgaben sowie verstärkte Anforderungen an Flexibilität und Aktualität bezüglich der Bereitstellung der für die zielorientierte Führung erforderlichen Informationen.

Zwingen die Änderungen im sozio-kulturellen, wirtschaftlichen, technologischen und/oder ökologischen Umfeld die Unternehmungen bei zunehmender Unternehmungsgröße zu einem relativ heterogenem Programm mit dann auch meist dekonzentrierter Standortstruktur, und soll dennoch die Führungsflexibilität erhalten bleiben, so erfolgen i.d.R. Divisionalisierung und verstärkte Dezentralisierung. Nur hierdurch lassen sich überschaubare, relativ eigenständig agierende und flexible Führungseinheiten mit verstärkt motivierten Führungskräften schaffen. Für eine derartige, primär produkt- und/oder regionalorientiert divisionalisierte Unternehmung, meist in der Rechtsstruktur des Konzerns, wird zum Zwecke einer an Gesamtunternehmungs- bzw. Konzernzielen ausgerichteten strategischen und ggf. auch operativen Führung der Zwang zu einer zielorientierten Integration und Koordination der Aufgabeneinheiten offensichtlich.

Schließlich führen - ähnlich wie in Konzernen mit starkem Lieferungs- und/oder Leistungsverbund - vielfach überbetriebliche Kooperationen zu verstärkten Integrations- und Koordinationsaufgaben bei erhöhten Flexibilitätsanforderungen an Führung und Durchführung. Hier sei nur an die Zusammenarbeit zwischen Lieferant und Abnehmer nach dem Just in time-Prinzip erinnert, die nahezu alle Funktionsbereiche der beteiligten Unternehmen in Beziehungen zueinander setzt und direkt oder indirekt zu Abstimmungen zwingt.

Im folgenden sei versucht aufzuzeigen, daß das Controlling von seiner Aufgabe her geradezu prädestiniert erscheint, diese Forderungen nach erhöhter zielorientierter Integration und Koordination und bestmöglicher Flexibilität und Aktualität der Informationsverarbeitung zu erfüllen. Hierbei wird allerdings deutlich, daß noch erhebliche Arbeiten auf dem konzeptionellen Gebiet, dem handwerklichen bzw. instrumentellen Gebiet und vor allem auf dem Aus- und Weiterbildungsgebiet zu leisten sind.

2. Controlling als Führungs- und Führungsunterstützungsfunktion

Controlling ist eine Führungs- und Führungsunterstützungsfunktion. Hierbei verstehen wir unter Führung einen personengebundenen Informationsverarbeitungsprozeß, einen Prozeß der Willensbildung und Willensdurchsetzung - stets verbunden mit spezifischem Führungsverhalten. Der Prozeß umfaßt Planungs- bzw. Entscheidungsphasen, Steuerungs- bzw. Vorgabephasen sowie Kontroll- und Überwachungsphasen im Hinblick auf Ziele und Zielerreichungsmöglichkeiten im Zusammenhang mit der Unternehmung[2]. Dieser in der Regel multipersonale und mehrstufige, nach dem Regelkreiskonzept interpretierbare Prozeß ist vielfach mit Integrationsaufgaben und grundsätzlich mit Koordinationsaufgaben verbunden (vgl. Abbildung 1).

Bei der Integration handelt es sich um die Inbeziehungsetzung von Objekten bzw. Elementen mit dem Resultat der Bildung von Strukturen, bei der zielorientierten Inbeziehungsetzung von Objekten bzw. Elementen unter einer ganzheitlichen Betrachtungsweise um die Bildung von Systemen, wobei man beiden in der Regel eine gewisse Konstanz über einen Zeitraum beimißt. In diesem Sinne lassen sich unsere Aufbau- und Ablauforganisation und unsere Planungskonzepte als Strukturen und Systeme des sozio-technischen Systems Unternehmung charakterisieren, spezifisch zu kennzeichnen durch Art und Umfang ihrer Elemente und Art und Umfang ihrer Beziehungen.

Die Koordination hat hingegen einen mehr situativen Charakter. Sie beinhaltet eine zielorientierte Abstimmung von Objekten bzw. Elementen - hier z.B. von Planungs- und Kontrolltätigkeiten im Rahmen eines Planungs- und Kontrollsystems mit Plänen und Berichten als Resultate[3].

Controlling beinhaltet bei dieser Interpretation des Führungsprozesses die informationelle Sicherung ergebnisorientierter Planung, Steuerung und auch Überwachung des Unternehmungsgeschehens - vielfach verbunden mit einer Integrationsfunktion und grundsätzlich verbunden mit einer und Koordinationsfunktion[4].

---

[2] Vgl. Hahn, D., Planungs- und Kontrollrechnung - PuK, 3. Aufl. Wiesbaden 1985, S. 21 ff.; Hahn, D., Führung des Systems Unternehmung, in: ZfO, 40. Jg. 1971, S. 161 ff.; Steinle, C., Führungskonzepte und ihre Implementation, in: HWFüh, Hrsg. A. Kieser, G. Reber, R. Wunderer, Stuttgart 1987 Sp. 576 ff.

[3] Vgl. zu den Begriffen Integration und Koordination Bleicher, K., Unternehmungsentwicklung und organisatorische Gestaltung, Stuttgart 1979, S. 47 ff. Vgl. auch Hahn, D., Integrierte Planung, in: HWPlan, Hrsg. N. Szyperski, Stuttgart 1989, Sp. 770 ff.

[4] Vgl. mit teilweise noch stärkerer Betonung der Koordinationsfunktion und geringerer Betonung der Ergebnisorientierung auch Horvath, P., Controlling, 2. Aufl., München 1986, S. 124 ff. sowie Küpper, H.-U.,

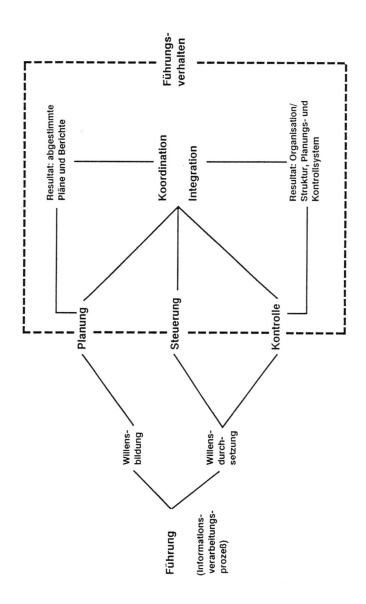

Abb. 1: Führungsprozeß in der Unternehmung

Sicherung ergebnisorientierter Planung, Steuerung und Überwachung ist hierbei nur durch ein entsprechend aufbereitetes Zahlenwerk des Rechnungs- und Finanzwesens möglich - im Idealfall im Rahmen einer betriebswirtschaftlich-technischen Daten- und Modellbank. Nur hierdurch lassen sich ergebnisorientierte Planungs-, Dokumentations- und Kontrollrechnungen mit einzelproblembezogenem oder sich wiederholendem Charakter als Entscheidungshilfen durchführen.

Die generelle Aufgabe des Controlling besteht damit in Industrieunternehmungen in der informationellen Sicherung bzw. Sicherstellung ergebnisorientierter Planung, Steuerung und Überwachung des Unternehmungsgeschehens - vielfach verbunden mit einer Integrationsfunktion und grundsätzlich verbunden mit einer Koordinationsfunktion - auf der Basis einer multifunktionalen, betriebswirtschaftlich-technischen Daten- und Modellbank[5].

Hieraus lassen sich spezielle Aufgaben des Controlling ableiten. Sie beziehen sich auf die folgenden Komplexe im Hinblick auf Unternehmung bzw. Konzern und Divisions bzw. Tochtergesellschaften:

1. Unternehmungsplanung und -kontrolle, insbesondere ergebnisorientierte, z.T. auch liquiditätsorientierte Planungs- und Kontrollrechnung
   Mitwirkung oder Mitentscheidung bei
   -- Projektplanungen und -kontrollen
   -- Produkt- und Programmplanungen und -kontrollen
   -- Funktionsbereichsplanungen und -kontrollen sowie

   Koordination und Durchführung der
   -- periodischen Ergebnis- und
   Finanzplanungen und -kontrollen

Koordination und Interdependenz als Bausteine einer konzeptionellen und theoretischen Fundierung des Controlling, in: Betriebswirtschaftliche Steuerungs- und Kontrollprobleme, Hrsg. W. Lücke, Wiesbaden 1988, S. 163 ff.

[5] Zu den generellen und speziellen Aufgaben des Controlling vgl. Hahn, D., Stand und Entwicklungstendenzen des Controlling in der Industrie, in: Zukunftsaspekte der anwendungsorientierten Betriebswirtschaftslehre, Hrsg. E. Gaugler, H. G. Meissner, N. Thom, Stuttgart 1986, S. 267 f. sowie Hahn, D., Hahn, D., Konzepte und Beispiele zur Organisation des Controlling in der Industrie, in: ZfO, 48. Jg. 1979, S. 4 ff.; ferner in z.T. abweichender Aufgabencharakterisierung, Danert, G., Solaro, D., Controller, in: HWO, Hrsg. E. Grochla, 2. Aufl. Stuttgart 1980, Sp. 423 ff.; Serfling, K., Controlling, Stuttgart 1983; Reichmann, P., Controlling mit Kennzahlen, München 1985, S. 1 ff.; Horvath, P., Controlling, 2. Aufl., München 1986, S. 167 ff.; Welge, M. K., Unternehmungsführung, Band 3: Controlling, Stuttgart 1988, S. 96 ff. sowie The Prentice Hall Editorial Staff (Hrsg.), Corporate Treasurer's and Controller's Encyclopedia, Revised, Englewood Cliffs 1975.

2. Rechnungswesen/Dokumentationsrechnungen
   Durchführung der
   -- Kosten- und Erlösrechnung sowie ggf.
   -- Buchhaltung, GuV, Bilanz
   -- Steuern, Zölle

   Hierbei können die Aufgaben des Rechnungswesens in Abhängigkeit davon, ob das sogenannte deutsche oder amerikanische (Kern-)Controlling-Konzept zugrundegelegt wird in unterschiedlicher Weise organisatorisch zugeordnet werden. Während im amerikanischen (Kern-)Controlling-Konzept die Aufgaben des externen Rechnungswesens dem Controlling zugeordnet werden, ist dies im deutschen (Kern-)Controlling-Konzept nicht der Fall[6].

3. Informationserstellung und -erstattung über Ergebnislage und -entwicklung für
   -- interne interessierte Gruppen
   -- externe interessierte Gruppen

4. Erarbeitung von Systemen und Verfahren für
   -- Unternehmungsplanung und -kontrolle, insbesondere Planungs- und Kontrollrechnung
   -- Rechnungswesen

5. Organisation der Unternehmungsplanung und -kontrolle
   Aufbauorganisation,
   Ablauforganisation, Vorbereitung und z.T. auch Durchführung von Planungs- und Kontrollkonferenzen/-ausschüssen, Jahresabschlußbesprechungen, Projektsitzungen

Controlling umfaßt also Dienstleistungs- bzw. Beratungsfunktionen sowie Mitentscheidungs- bzw. Entscheidungsfunktionen in unterschiedlichster Ausprägung - bezogen auf die Gesamtunternehmung, Funktionsbereiche, Produkte und Projekte in allen organisatorischen Ebenen einer Unternehmung. Hierbei sichert nur ein kooperativer Führungsstil mit Zielvereinbarungen und gemeinsamen Auswertungsgesprächen zwischen Controlling und den anderen Führungseinheiten Erhaltung und erfolgreiche Weiterentwicklung der Unternehmung (vgl. Abbildung 2).

---

[6] Vgl. hierzu Hahn, D., Hat sich das Konzept des Controllers in Unternehmungen der deutschen Industrie bewährt?, in: BFuP, 30. Jg. 1978, S. 101 ff.; Hahn, D., Stand und Entwicklungstendenzen des Controlling in der Industrie, in: Zukunftsaspekte der anwendungsorientierten Betriebswirtschaftslehre, Hrsg. E. Gaugler, H. G. Meissner, N. Thom, Stuttgart 1986, S. 267 ff.

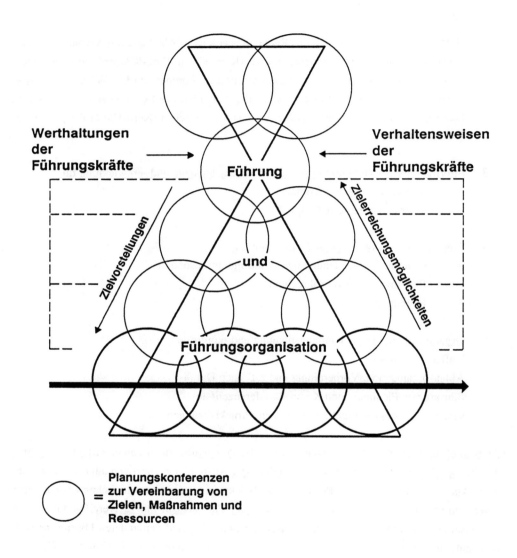

Abb. 2: Mehrstufiger Führungsprozeß und Führungsorganisation

Der heutige Aufgabenkomplex des Controlling hat sich aus den jeweiligen Anforderungen der einzelnen Epochen heraus entwickelt; er ist nicht festgeschrieben. Es lassen sich vielmehr bezüglich Begriff und Aufgaben des Controlling folgende Entwicklungstendenzen aufzeigen:

1. Der Controllingbegriff für den hier aufgezeigten Aufgabenkatalog - auch in engerer oder erweiterter Fassung - hat sich im Vergleich zu einer von uns vor 10 Jahren durchgeführten Befragung in der Bundesrepublik Deutschland nicht nur in den meisten Großunternehmungen, sondern auch in der überwiegenden Zahl der mittelgroßen Industrieunternehmungen durchgesetzt[7]. Organisatorisch wird das Controlling heute in Großunternehmungen entweder durch einen eigenen Geschäftsführungs- bzw. Vorstandsbereich vertreten oder - wie auch in den meisten mittelgroßen Unternehmungen - zusammen mit dem Treasuring in einem Geschäfts- bzw. Vorstandsbereich Finanzen betreut.

2. Ausgehend von der Kernaufgabe des Controlling, der mehrperiodigen integrierten, koordinierenden Ergebnis- und Finanzplanung und dazugehörigen Kontrollen, nehmen die Unterstützungs- und Beratungsfunktionen des Controlling im Hinblick auf eine ergebnisorientierte Unternehmungsführung in nahezu allen Aufgabenbereichen zu (vgl. Abbildung 3). Der Controller ist als Mitglied der oberen Führung einer Unternehmung unmittelbar an der Gestaltung der Unternehmungspolitik bzw. generellen Zielplanung sowie strategischen und operativen Planung beteiligt. Zudem werden vom Controlling für alle Aufgabenbereiche in der Unternehmung ergebnisorientierte Entscheidungshilfen geboten, sofern diese nicht von Kräften in diesen Aufgabenbereichen direkt durchgeführt werden.

3. Für die Aufgabenkomplexe des Controlling haben sich Systeme und Verfahren bzw. Instrumente herausgebildet, die heute isoliert oder auch vernetzt weitgehend computergestützt durchgeführt werden bzw. durchgeführt werden können.

An unserer alten Idealvorstellung eines integrierten Führungsinformationssystems hat sich im Prinzip nichts geändert (vgl. Abbildung 4)[8]. Allerdings wissen wir heute, daß wir für die Bewältigung der Abwicklungs- bzw. Durchführungsaufgaben und der dispositiven Führungsaufgaben intern und ggf. auch extern vernetzte Datenbank-, Rechner- und Modellbankstrukturen benötigen. Hierbei erscheint uns auch eine Trennung in Basisdatenbanken und (z.T. hieraus extrahierten) Führungsdatenbanken sowie in Basis-

---

7 Vgl. hierzu Hahn, D., Hat sich das Konzept des Controllers in Unternehmen der deutschen Industrie bewährt?, in: BFuP, 30. Jg. 1978, S. 101 ff.
8 Vgl. Hahn, D., Planungs- und Kontrollrechnung - PuK, 3. Aufl., Wiesbaden 1985, S. 659 ff. sowie grundlegend Hoffmann, F., Computergestützte Informationssysteme, München 1984.

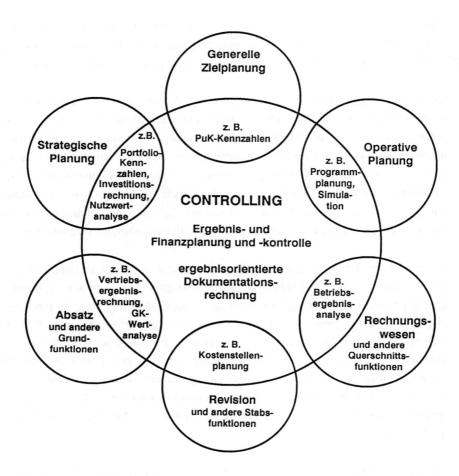

Abb. 3: Abgrenzung des Controlling

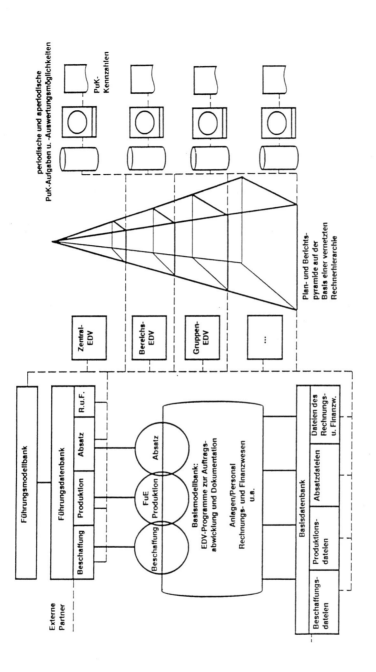

Abb. 4:   *Computergestütztes Controlling*

modellbanken und Führungsmodellbanken mit kombiniert zentralen und dezentralen Speicher- und Auswertungsmöglichkeiten sinnvoll. Eine andere Tendenz geht dahin, bewußt Führungs- und Basisdaten in einer gemeinsamen Datenbank zu belassen, aus der die Daten jeweils für unterschiedlichste Anwendungen, auch auf Personal Computern bzw. Workstations abgerufen werden können. Dies setzt entsprechend strukturierte Dateien sowie horizontal und vertikal vernetzte Verarbeitungsebenen und Verarbeitungszentren voraus. Neben dem Einsatz so strukturierter Informationssysteme, bei denen <u>Führungsaufgaben problembezogen auf jeder Führungsebene</u> speziell auch <u>im Dialogverkehr computergestützt</u> durchgeführt werden können, ermöglichen insbesondere auch <u>neue Formen der Telekommunikation</u> eine Erhöhung von Flexibilität und Aktualität des Controlling. Hier reichen die Unterstützungsmöglichkeiten auf allen Führungsebenen vom Telefax zur Informationsübertragung bis zur Videokonferenz als spezifische Planungskonferenz.

Für die Aufgaben der Auftragsabwicklung und Dokumentationsrechnung liegen für den kommerziellen administrativen Teil heute Standardprogramme der verschiedensten Anbieter vor. Sie kommen in unternehmungsspezifischer Integration zum Einsatz, vielfach auch in zwischen- und überbetrieblicher Vernetzung.

Differenzierter erscheint uns das Bild für die periodischen und vor allem aperiodischen Aufgaben des Controlling - bezogen auf Entscheidungsvorbereitungen, Planaufstellungen und -überwachungen. Welche Aufgaben lassen sich hier computergestützt verbessert durchführen, wo liegen die Probleme?

3. Aufgaben und Probleme des Controlling in primär funktional organisierten Unternehmungen

Controlling beinhaltet Führungs- und Führungsunterstützungsfunktionen, d.h. Informations-, Beratungs-, Gestaltungs- und Überwachungsaufgaben. Diese beziehen sich auf alle Aufgaben der Führung im System Unternehmung (vgl. Abbildung 5). So <u>prägt der Controller</u> wie auch jedes andere Mitglied der oberen Führung <u>ausgehend von seinen Werten und Normen die Unternehmungsphilosophie und Unternehmungspolitik mit</u>, gerade bei der Ausprägung der Gewinnerwirtschaftungs- und Gewinnverwendungsziele (und entsprechender -grundsätze) in Abstimmung mit den Sach- bzw. Leistungszielen, den Sozialzielen und z.T. auch den übergeordneten

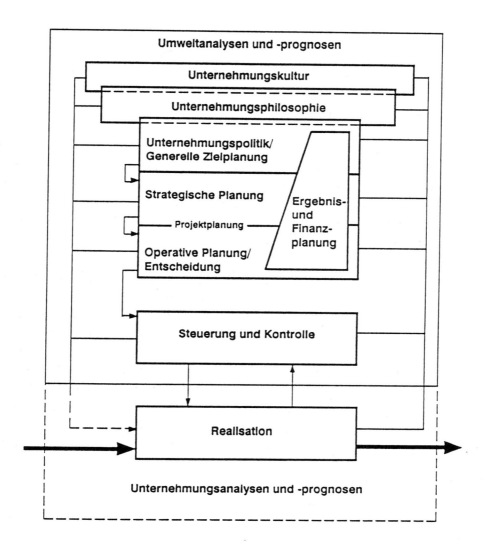

Abb. 5: Führungsaufgaben in der Unternehmung

Rahmenbedingungen. Als Mitglied der oberen Führung obliegt gerade ihm die ergebnisorientierte Ausrichtung und Überwachung der strategischen Planung, hier insbesondere der Geschäftsfeldplanung. Ganz offensichtlich ist seine Koordinationsfunktion bei der Aufstellung der operativen Planung und der von ihm eigenverantwortlich durchzuführenden periodischen gesamtunternehmungsbezogenen Ergebnis- und Finanzplanung.

Trotz der zunehmenden Aufgaben hat sich das wichtigste Integrations- und Koordinationsinstrument des Controllers, das Unternehmungsplanungssystem mit integrierter Planungs- und Kontrollrechnung, in seinem Grundaufbau, wie wir es bereits auf der Hochschullehrertagung 1973 in Augsburg vorgestellt haben, nicht ändern müssen (vgl. Abbildung 6)[9]. Ihm liegen die Interpretation der Unternehmung als zielorientiertes Potential- und Aktionszentrum sowie die System- und Entscheidungstheorie zugrunde[10].

Die mehrperiodige kalkulatorische und bilanzielle Ergebnisplanung und -kontrolle und die hieraus indirekt - oder aber direkt aus der strategischen und operativen Planung - ableitbare Finanzplanung und -kontrolle gestatten, Ziele und Zielerreichungsprozesse in der Unternehmung monetär abzubilden, zu gestalten und zu überwachen. Dies gilt im Hinblick auf alle Sach- bzw. Leistungsziele, Wert- und Sozialziele und auch alle Maßnahmen (zielorientierte Aktionen) - mit und ohne Potential- bzw. Kapazitätsänderungen. Dieses Konzept gestattet die Gestaltung eines pyramidenartig aufgebauten, mehrstufigen, periodischen und aperiodischen Plan- und Berichtssystems, das eine Führung nach dem Regelkreisprinzip ermöglicht. Vom Controlling sind hier insbesondere monetäre kardinale Kennzahlen zu vertreten, vom Auftragseingang und Umsatz über Kosten und Aufwand, Ergebnis- und Renditekategorien, über den Cash-flow und die Investitionen bis hin zur Liquidität, letztere zumindest als Planzahl.

Bezüglich der gesamtunternehmungsbezogenen bilanziellen Ergebnisplanung sowie der Finanzplanungs-, Dokumentations- und Kontrollrechnung führen die veränderten Rahmenbedingungen und Aufgaben zu keinen wesentlichen neuen Problemen. Zwar sind gewisse Modifika-

---

[9] Vgl. Hahn, D., Integrierte ergebnis- und liquiditätsorientierte Planungs- und Kontrollrechnung als Instrument der Unternehmungsführung, in: Unternehmensplanung, Hrsg. H. Ulrich, Wiesbaden 1975, S. 49 ff. sowie Hahn, D., Planungs- und Kontrollrechnung - PuK, Wiesbaden 1974; Hahn, D., Planungs- und Kontrollrechnung - PuK, 3. Aufl., Wiesbaden 1985. Vgl. allgemein zu Unternehmungsplanung sowie speziell zu Anforderungen an Planungssysteme Kirsch, W., Planung - Kapitel einer Einführung, München 1975; Töpfer, A., Planungs- und Kontrollsysteme industrieller Unternehmungen, Berlin 1976; Albach, H., Beiträge zur Unternehmensplanung, 3. Aufl., Wiesbaden 1979.

[10] Vgl. zur Interpretation der Unternehmung Kosiol, E., Die Unternehmung als wirtschaftliches Aktionszentrum, 4. Aufl., Reinbek 1978. Zum systemtheoretischen Ansatz in der Betriebswirtschaftslehre vgl. Ulrich, H., Die Unternehmung als produktives soziales System, 2. Aufl., Bern 1970 sowie zum entscheidungstheoretischen Ansatz Heinen, E., Der entscheidungstheoretische Ansatz der Betriebswirtschaftslehre, in: ZfB, 41. Jg. 1971, S. 429 ff.

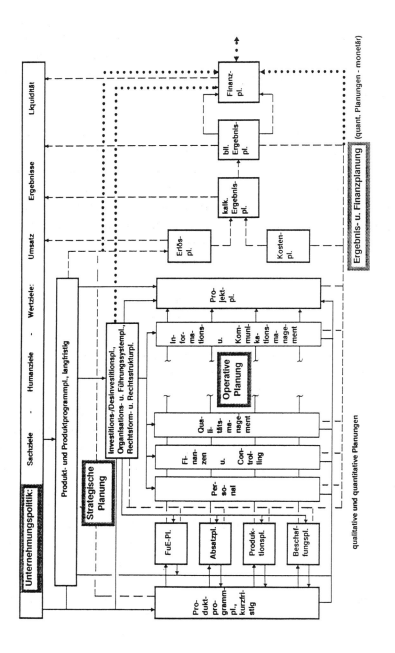

Abb. 6: Planungs- und Kontrollsystem mit integrierter Planungs- und Kontrollrechnung

tionen dieser Rechnungen durch das Bilanzrichtliniegesetz eingetreten und die Wertschöpfungsrechnung integriert worden, dafür existieren aber zunehmend leistungsfähige standardisierte Computerprogramme für ihre Durchführung, insbesondere auch für differenzierte Auswertungsanalysen.

Auch die periodische kalkulatorische Betriebsergebnisplanung weist keine neuen Probleme auf. Wohl aber ist dies der Fall bei den Funktionsbereichsplanungen und hier vor allem bei der Verknüpfung der Kosten und Erlöse bzw. Kosten und Leistungen mit dem art- und mengenmäßig ausgedrückten Output und Input sowie den art-, mengen- und vor allem zeitmäßig ausdrückbaren Prozessen. Die Gründe liegen hier offensichtlich im Aufgabenzuwachs, zum einen durch die zunehmenden Querschnittsfunktionen, zum anderen vor allem auch durch zunehmende projektbezogene Arbeiten, die als uni- oder multifunktionale Projekte der Mitwirkung des Controlling bei der Planung und Überwachung bedürfen[11].

Trotz erreichter intensiver EDV-Unterstützung und enormer Weiterentwicklung von Hard- und Software - beispielsweise der zunehmenden Verfügbarkeit von Standard-Software für Budgetmodelle mit einem Planungszeitraum von ein bis zwei Jahren - reicht der traditionelle Aufbau unserer Kostenrechnung mit Kostenarten-, Kostenstellen- und produktbezogener Kostenträgerrechnung zur Bewältigung vieler vernetzter betriebswirtschaftlich-technischer Aufgaben nicht mehr aus. Auch Programm- und Projektplanungen als Insellösungen gestatten (meist) nur eine Suboptimierung, allerdings teilweise mit recht anspruchsvollen computergestützten Modellen, so z.B. mit LP-Programmen für die Produktprogrammplanung und mit Expertensystemen für die Unternehmungsanalyse. Auch dem Comupter Integrated Manufacturing-Konzept, dem CIM-Konzept, und dem Computer Integrated Processing-Konzept, dem CIP-Konzept, ist erst in Ansätzen oder Einzelfällen durch eine Verknüpfung mit der Kosten- und Leistungsrechnung entsprochen worden. Hier sei insbesondere auf die Arbeiten von Scheer verwiesen[12]. Die entwicklungs- und konstruktionsbegleitende lang- und kurzfristige Projekt-/Produktkalkulation, die prozeßbegleitende Kostenplanung und -überwachung sowie differenzierte Erlös- und mehrstufige Deckungsbeitragsrechnungen finden sich vom Konzept her und auch computergestützt jedoch erst vereinzelt in der Praxis[13]. Die relative Einzelkostenrechnung von Riebel - mit einer Grundrechnung und differenzierten Auswertungsmöglichkeiten auf der Basis einer entsprechend strukturierten technisch-betriebswirtschaftlichen Daten- und Modellbank -, die Betriebs-

---

[11] Vgl. Solaro, D. (Hrsg.), Projekt-Controlling, Stuttgart 1979; Bürgel, H. D., Projektcontrolling, in: Controlling, 1. Jg. 1989, S. S. 4 ff.

[12] Vgl. Scheer, A.-W., CIM - Der computergesteuerte Industriebetrieb, 2. Aufl., Berlin 1987; Scheer, A.-W., Wirtschaftsinformatik, 2. Aufl., Berlin 1988

[13] Vgl. Hahn, D., Controlling - Stand und Entwicklungstendenzen unter besonderer Berücksichtigung des CIM-Konzeptes, in: Rechnungswesen und EDV, Hrsg. A.-W. Scheer, Heidelberg 1987, S. 4 ff.

modelle von Laßmann und Wartmann und der Matrizenrechnungsansatz von Chmielewicz für eine integrierte Finanz- und Erfolgsrechnung zeigen Ansätze für eine erfolgreiche Weiterentwicklung der Planungs- und Kontrollrechnung. Dies gilt auch für das Konzept der inkrementalen Zielplanung von Zwicker, der computergestützten Budgetplanung mit vollem Einbezug von Zielvereinbarungen im Dialog nach dem Gegenstromprinzip[14]. Hierbei sollten unseres Erachtens solche Ansätze für spezifische Unternehmungstypen zu Planungs- und Kontrollrechnungssystemen integriert werden.

Einen Prototyp EDV-organisatorischer Umsetzung derartiger Entwicklungen mittels integrierter technisch-betriebswirtschaftlicher Daten- und Modellbanken stellt das von Mertens auf der Hochschullehrertagung 1987 vorgestellte System REMBA (Rechnungswesen-Methodenbank) dar (vgl. Abbildung 7)[15]. Dieses beinhaltet eine vielfach auswertbare Grundrechnungsdatenbank mit realitätsnah strukturierten Datensätzen, die sich inhaltlich an den Anforderungen Riebels orientiert. Das Konzept einer Grundrechnung auf der Basis von Einzelkosten, die mit Arten-, Mengen- und Zeitgrößen verknüpft sind, ermöglicht es, daß das System in Abhängigkeit von der jeweiligen Entscheidungssituation entscheidungsrelevante Daten bzw. Informationen zur Verfügung stellt. Die Grundrechnung bildet hier die Schnittstelle zwischen den datenliefernden administrativen Programmen und den Methoden bzw. Führungsmodellen, mit denen diese ausgewertet werden können. Die Auswertungsmethoden liegen in einer Methoden- bzw. Modellbank vor; sie können über ein Steuerungssystem im Dialogverkehr durch den Benutzer abgerufen und angewendet werden. Im System REMBA werden hierbei die Methodenbereiche "Abrechnung und Analyse" sowie "Planung, Kalkulation und Entscheidungsunterstützung" sowie der Sondermethodenbereich "Produktlebenszyklus-Controlling" unterschieden. Die Steuerung der eingesetzten Methoden überwacht zudem auch einzelne, nicht als Funktionen abbildbare Planungszusammenhänge und weist bei diesen auf Folgewirkungen der Veränderung einzelner Planungsvariablen hin. In diesem Zusammenhang kontrolliert das System so während des Planungsprozesses auch die Werte einer Reihe von wählbaren Kennzahlen.

---

[14] Vgl. Chmielewicz, K., Mehrperiodenplanung von industriellen Erzeugnis- und Teilerzeugnisprogrammen mit Hilfe des Matrizenkalküls, in: ZfbF, 22. Jg. 1970, S. 285 ff.; Laßmann, G., Gestaltungsformen der Kosten- und Erlösrechnung im Hinblick auf Planungs- und Kontrollaufgaben, in: Die Wirtschaftsprüfung, 26. Jg. 1973, S. 4 ff.; Wartmann, R., Steinecke, U., Sehner, G., System für Plankosten- und Planungsrechnung mit Matrizen - Leitfaden für Programmierung und Installation, IBM-Form: GE 12 - 1345 - 0, Düsseldorf 1975; Zwicker, E., Simulation und Analyse dynamische Systeme in den Wirtschafts- und Sozialwissenschaften, Berlin 1981; Riebel, E., Einzelkosten- und Deckungsbeitragsrechnung, 5. Aufl., Wiesbaden 1986.

[15] Vgl. Mertens, P., Haun, P., Daten- und methodenbankorientiertes Rechnungswesen - eine 3. Generation der Computerunterstützung? Erfahrungen mit einem Laborsystem an der Universität Erlangen-Nürnberg, in: Betriebswirtschaftliche Steuerungs- und Kontrollprobleme, Hrsg. W. Lücke, Wiesbaden 1988, S. 211 ff.

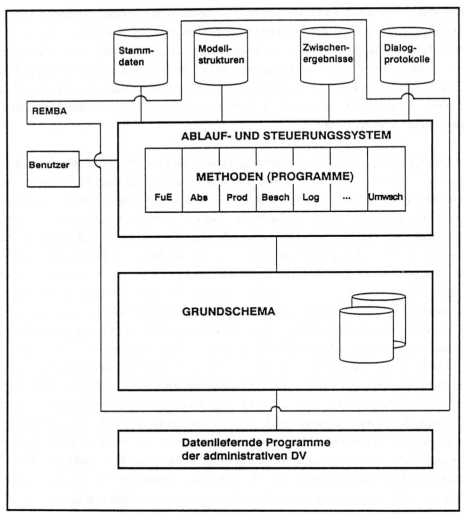

Abb. 7.:   Architektur des REMBA-Systems

Unseres Erachtens stellt das System REMBA einen richtungsweisenden Beitrag für die künftige EDV-Unterstützung des Controlling dar. Die konzeptionelle Entwicklung derartiger Systeme und ihre praktische Umsetzung sollten unter Berücksichtigung produktionstypbedingter Eigenheiten vorangetrieben werden.

Auch wenn wir in der gesamten Unternehmung vernetzte Computer besitzen, um möglichst viele periodisch wiederkehrende Planungs- und Kontrollaufgaben und vor allem auch fallweise auftretende Entscheidungsaufgaben von eingewiesenen Führungskräften computergestützt (auf der Basis entsprechender Führungsmodelle und Datenbanken) durchführen zu können, bedarf es in vielen Bereichen der Unternehmung sicher auch in Zukunft sehr gut geschulter Controller, um ergebnisorientiert entscheiden und handeln zu können. Um die Grundidee des Controlling in allen Bereichen einer Unternehmung bestmöglich durchsetzen zu können, hat sich wohl auch deshalb in einigen großen funktional organisierten Unternehmungen im letzten Jahrzehnt das sogenannte dezentrale Controlling entwickelt. Abbildung 8 verdeutlicht für eine funktional gegliederte Unternehmung die organisatorische Positionierung von Funktionsbereichscontrollern und auch Werkscontrollern, von Produktcontrollern und Produktprogrammcontrollern sowie auch Projektcontrollern, die neben dem Zentralcontroller spezifische Controllingaufgaben wahrnehmen. Produkt- und Projektcontroller werden hierbei in der Regel vom Zentralcontrolling gestellt, wobei diese Personen voll oder nur mit einem Teil ihrer Arbeitszeit mit derartigen Aufgaben in Ausschüssen bzw. Komitees und Projektteams betraut werden. Löst man die fachliche und disziplinarische Unterstellung der dezentralen Controller zufriedenstellend - auf dafür in Frage kommende Konzepte soll hier nicht näher eingegangen werden[16] - so lassen sich mit einer derartigen Controllingorganisation bei entsprechenden personellen Voraussetzungen und entsprechender Aufklärungsarbeit die Qualität der Planung und auch der Abweichungsanalysen in Unternehmungen erheblich steigern. Sicherlich ist allerdings bei Anwendung des dezentralen Controlling auch die Gefahr der personellen Überbesetzung und der betriebswirtschaftlichen Verselbständigung von Funktionsbereichen ohne hinreichende Koordination gegeben.

---

[16] Vgl. zum dezentralen Controlling und zur Organisation des Controlling Hahn, D., Stand und Entwicklungstendenzen des Controlling in der Industrie, in: Zukunftsaspekte der anwendungsorientierten Betriebswirtschaftslehre, Hrsg. E. Gaugler, H. G. Meissner, N. Thom, Stuttgart 1986, S. 272 ff. sowie Hahn, D., Konzepte und Beispiele zur Organisation des Controlling in der Industrie, in: ZfO, 48. Jg. 1979, S. 4 ff.

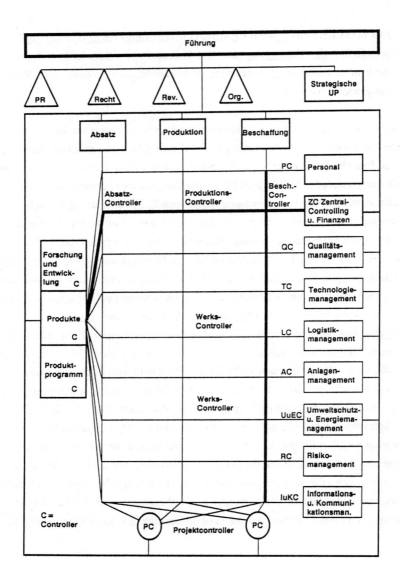

Abb. 8: Dezentrales Controlling bei funktionaler Aufbauorganisation

Das nachfolgende Beispiel zeigt den möglichen Aufgabenkatalog eines FuE-Controllers im Rahmen eines solchen dezentralen Controllings:

- Generelle Aufgabe:
  Ergebnisorientierte Ausrichtung (Planung, Steuerung und Kontrolle) aller Prozesse zur Schaffung neuen technischen Wissens grundlegender Art und spezieller Art im Hinblick auf Produkte, Verfahren und auch Anwendungsgebiete.

- Spezielle regelmäßige Aufgaben sind z. B.
  -- Mitarbeit bei der strategischen und operativen
      FuE-Programmplanung (Aufnahme, Weiterführung,
      Abbruch von FuE-Projekten, Prioritätenfestlegung)

  -- Beurteilung von FuE-Anträgen
      (Kosten bzw. Wirtschaftlichkeit)

  -- Mitarbeit bei der integrierten Produkt- und
      Verfahrens-Projektplanung

  -- Budgetplanung und -kontrolle des FuE-Bereichs nach
      Kostenarten, Kostenbereichen/Kostenstellen,
      Kostenträgern (Projekten, Projektdeckungsrechnungen)

- Spezielle fallweise Aufgaben sind z. B.
  -- Erarbeitung von Grundsätzen und Verfahren

  -- Konzeptionsgestaltung und Implementierung sowie
      Weiterentwicklung eines projekt- und bereichs-
      bezogenen Planungs-, Steuerungs- und Kontrollsystems

  -- Mitarbeit an Wertanalyse-Projekten
      (value engineering)

  -- Betriebswirtschaftliche Sonderaufgaben
      (z.B. Mitarbeit bei der wirtschaftlichen Beurteilung
      von Produkten/Projekten, Entscheidungsvorbereitung
      über Eigen- und/oder Fremdentwicklung, Ermittlung
      von Lizenzkosten und -erlösen)

Die noch zu leistende Arbeit für ein effizientes, computergestütztes Controlling ist offensichtlich und bedarf noch großer Anstrengungen. Sicherlich bietet gerade das dezentrale Controlling die Chance, wichtige Aufgaben für das Controlling zu erkunden und ergebnisorientierte Lösungsansätze gedanklich aufzubereiten und ggf. als Modell für eine Führungsmodellbank zu programmieren.

Nach wie vor werden für viele Aufgabenstellungen - vor allem strategischer Art - spezifische Methoden nur in Form einer Projekt- bzw. Teamarbeit unter Mitwirkung des Controllers zu entwickeln sein. Dies gilt z.B. im Zusammenhang mit der Definition der Fertigungstiefe in Industrieunternehmungen. Hier handelt es sich um ein <u>strategisches Problem der Festlegung von Eigen- und/oder Fremdfertigung</u> - in immer stärkerer Weise verbunden mit der Entscheidung über Eigen- und/oder Fremdentwicklung von Produkten und Prozessen. Theoretisch sind damit für alle Endprodukte, Komponenten und auch Teile jeweils 27 Kombinationen im Hinblick auf die Entscheidung Eigen- und/oder Fremdfertigung sowie Eigen- und/oder Fremdentwicklung möglich. Die Vielfältigkeit der Betrachtungs- und Lösungsmöglichkeiten dieses Entscheidungsproblems läßt erahnen, daß gerade im strategischen Bereich trotz umfangreicher Datenbanken im Hinblick auf spezielle Alternativen vielfach nur unbefriedigend aufbereitete Daten und noch nicht voll entwickelte Lösungsmethoden verfügbar sind.

4. Aufgaben und Probleme des Controlling in primär divisional organisierten Unternehmungen

In divisional organisierten Unternehmungen bzw. Konzernen mit relativ kleinen Divisions oder mit Divisions mit einfachem Produktionstyp entfällt i.d.R. die Notwendigkeit eines dezentralen Controlling innerhalb dieser Einheiten (vgl. Abbildung 9). Die Divisions bzw. Tochtergesellschaften haben einen Divisioncontroller als Mitglied der Divisionleitung und einen durch diesen zu verantwortenden Funktionsbereich. Allerdings kann auch hier - bei Divisions mit komplexen Aufgabenbereichen - innerhalb dieser ein dezentrales Controllingkonzept verwirklicht werden.

Aus der Sicht der Unternehmungs- bzw. Konzernspitze interessieren insbesondere <u>die Aufgaben des Controlling im Rahmen der Konzernführung</u>. Hier bestimmt der Konzerncontroller als Mitglied der Konzerngeschäftsführung bzw. des Konzernvorstandes ganz wesentlich Konzernphilosophie und Konzernpolitik sowie damit zusammenhängend auch die Konzernstrategie mit.

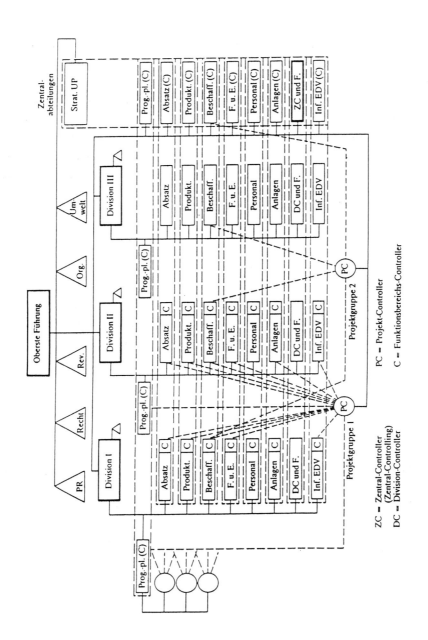

Abb. 9: *Controlling bei divisionaler Aufbauorganisation im Konzern*

Monetäre Zielsetzung und Ressourcenverteilung sowie auch -überwachung erfolgen primär mit den Instrumenten bzw. Zahlenwerk des Controlling (vgl. Abbildung 10). Es bildet das Hauptintegrations- und Koordinationsinstrument der Konzernführung und hängt in seinem Aufbau primär vom Konzernaufbau, d.h. von der Organisation, der Programm- und Standortstruktur des Konzerns sowie von der verfolgten Führungsphilosophie im Konzern ab[17]. So gestattet das Instrumentarium des Controlling eine mehr zentrale oder mehr dezentrale Führung mit mehr autoritärem oder mehr kooperativem Führungsstil, was ganz wesentlich Art und Umfang der zwischen Konzernspitze und Divisionsleitungen erforderlichen strategischen und ggf. auch operativen Planungs- und Kontrollkonferenzen sowie der Budget- und Jahresabschlußbesprechungen beeinflußt. Die wichtigsten monetären Kennzahlen zur Charakterisierung der Entwicklung des Konzerns, der Ober- bzw. Muttergesellschaft und der Divisions sind jedoch bei allen Konzerntypen im Rahmen der Plan- und Berichtspyramide gleich. In den großen Konzernen wird dieses Zahlenwerk grundsätzlich computergestützt erstellt. Auch für die bilanziellen Konsolidierungsrechnungen liegen für Dokumentations- und auch Plan- und Kontrollrechnungen EDV-Programme vor und kommen auch in der Praxis zur Anwendung. Eine Verdichtung nicht monetärer Kennzahlen wie Marktanteilszahlen, Produktivitätszahlen u.a. ist - abgesehen von Personalzahlen - jedoch nur in Konzernen mit stark homogenem Produktprogramm sinnvoll.

Im Zusammenhang mit der Erstellung und Auswertung des Plan- und Berichtssystems sowie der Vorbereitung von Einzelfallentscheidungen bereiten in Konzernen mit Divisions bzw. Tochtergesellschaften im europäischen und außereuropäischen Ausland vor allem die folgenden Aufgaben des Controlling Schwierigkeiten[18]:

- Die Festlegung der Umrechnungskurse, insbesondere bei Divisions in Inflationsländern.

- Die Ermittlung und Zurechnung der Umrechnungsdifferenzen.

- Die Durchsetzung einheitlicher Konzernrichtlinien für Planungs-, Dokumentations- und Kontrollrechnungen, auch verbunden mit sogenannten Brückenrechnungen.

- Die Festsetzung bzw. Vereinbarung von Konzernverrechnungspreisen, wobei dieses Problem bei der zunehmenden Ausgliederung von Aufgabenbereichen in Servicegesellschaften bereits auch im Inlandskonzern z.T. erhebliche Schwierigkeiten bereitet.

---

[17] Vgl. hierzu auch Hahn, D., Return on Investment-/Cash-Flow-Führungskonzeption, in: Management-Enzyklopädie, 2. Aufl., 8. Band, Landsberg 1984, S. 144 ff.
[18] Vgl. Müller, E., Controlling im internationalen Konzern - Praktische Probleme der Umsetzung, in: Betriebswirtschaftliche Steuerungs- und Kontrollprobleme, Hrsg. W. Lücke, Wiesbaden 1988, S. 243.

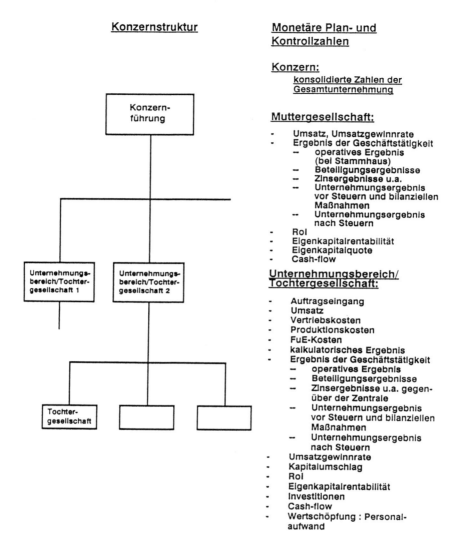

Abb. 10: Konzernstruktur und monetäre Plan- und Kontrollzahlen

Im Rahmen der oberen Zielplanung und -überwachung kann hierdurch die Ermittlung und Vergleichbarkeit von Renditezahlen für Divisions bzw. Tochtergesellschaften erheblich beeinträchtigt werden.

Dies betrifft damit auch die Kapital- und Investitionslenkung im Rahmen der strategischen Planung (vgl. Abbildung 11)[19]. Im Zusammenhang hiermit basieren die Planungen der Divisions bzw. Tochtergesellschaften auch auf bestimmten von der Muttergesellschaft vorgegebenen Prämissen. Die Beurteilung der von den Divisions bzw. Tochtergesellschaften erarbeiteten Strategien, der Produkt- und Programmplanungen, beruht auf den in der jeweiligen Division bzw. Tochtergesellschaft zu erwartenden Periodengewinnen, ermittelten Kapitalwerten und auch Cash-flow Beträgen - sowohl in Landes- als auch in Konzernmutterwährung. Zumindest für das Zahlenwerk ausländischer Tochtergesellschaften sind hier zwingend Planungen unter alternativen Annahmen - Sensitivitätsrechnungen also - erforderlich. Die von der jeweiligen Division bzw. Tochtergesellschaft ausgewählte Geschäftsfeldstrategie wird dann von der Konzernmuttergesellschaft bezogen auf die Konzernziele und -strategie bewertet und zur Realisation freigegeben oder aber einer wiederholten Planungsrunde unterworfen.

Hier können Modelle gemischt-ganzzahliger Programmierung eingesetzt werden, in der Praxis kommen jedoch bisher nahezu ausschließlich Simulationsmodelle zur Anwendung[20].

---

[19] Vgl. Hahn, D., Planungs- und Kontrollrechnung - PuK, 3. Aufl., Wiesbaden 1985, S. 543 ff. sowie zur Darstellung des Planungsprozesses in mehrgliedrigen Unternehmungen bzw. Konzernen Arbeitskreis "Organisation international tätiger Unternehmen" der Schmalenbach-Gesellschaft, Organisation des Planungsprozesses in international tätigen Unternehmen, in: ZfbF, 31. Jg. 1979, S 33; Gaitanides, M., Produktportfoliomanagement und Planungsrechnung bei dezentraler Organisationsstruktur, in: DU, 34. Jg. 1980, S. 72 f.

[20] Vgl. auch Popp, W., Simultane Planung betrieblicher Funktionsbereiche, in: Strategische Unternehmungsplanung, Hrsg. D. Hahn, B. Taylor, 4. Aufl., Heidelberg 1986, S. 596 ff.

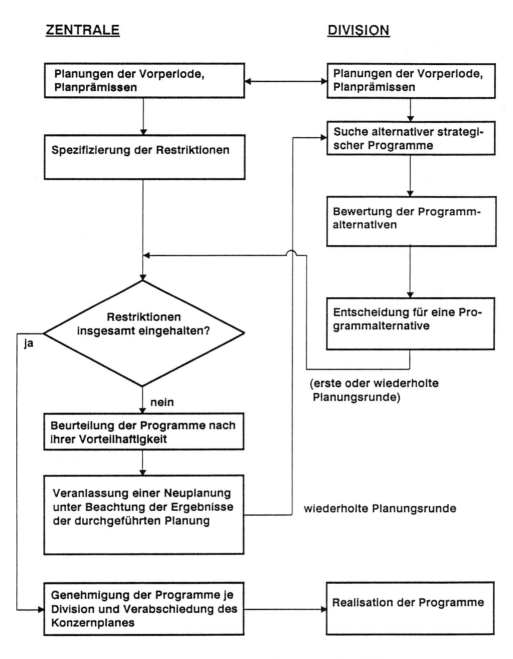

Abb. 11: Koordination zwischen Zentrale und Division im Bereich der strategischen Programmplanung bei dezentraler Führung

5. Anforderungen an die Controller und die Controlleraus- und -weiterbildung

Überschaut man den möglichen Aufgabenbereich des Controlling in funktional und divisional organisierten Unternehmungen und fragt nach den <u>Anforderungen an Controller</u>, die zu erfüllen sind oder erfüllt sein sollten, damit sie diesen Aufgaben gerecht werden können, so scheint es zweckmäßig, zwischen notwendigen <u>humanorientierten Anforderungen</u> und notwendigen <u>sachlichen Anforderungen</u> zu unterscheiden (vgl. Abbildung 12)[21].

Geht man davon aus, daß die Planungs- und Kontrollaufgaben des Controllers in Planungs- und Kontrollkonferenzen bzw. Budget- und Jahresabschlußsitzungen sowie bei Mitwirkungen in Projektteams nur auf der Basis eines kooperativen Führungsstils erfolgreich durchführbar sind, insbesondere durch in Diskussionen erarbeitete Zielvereinbarungen (MbO) und gemeinsame Zielerreichungsanalsen (MbE), so wird deutlich, daß sich der Controller durch <u>Teamfähigkeit</u>, <u>Verhandlungsgeschick</u> und überzeugende <u>Argumentationskraft</u> auszeichnen muß. Als Zentralcontroller und Divisionscontroller muß er zudem wie jedes Führungsmitglied Mitarbeiter führen können und besonderes Gestaltungs- und Durchsetzungsvermögen besitzen.

Die <u>sachlichen Anforderungen</u> hängen zunächst stark von dem Umfang des Aufgabenkataloges des Controlling und damit von der Unternehmungsgröße und -organisation und dem praktizierten Controllingkonzept ab. Ist der Zentral-Controller oder Division-Controller als Finanzchef in großen, mittelgroßen und kleinen Unternehmungen gleichzeitig als Treasurer tätig, hat er insbesondere die folgenden Aufgabenbereiche zu beherrschen bzw. zumindest erfolgreich zu leiten:

- Unternehmungsplanung,
- internes Rechnungswesen,
- externes Rechnungswesen,
- Steuern,
- Organisation/EDV,
- Finanzierung und Bankwesen.

---

[21] Vgl. auch Peemöller, V. H., Schmid, R., Meister, U., Anforderungsprofil von Controllern und Internen Revisoren, in: DBW, 49. Jg. 1989, S: 227 ff.

		Finanzchef							
		CONTROLLER							Treasurer
		Anforderungen							
		Verhalten		Kenntnisse					
		Überzeugungskraft und Durchsetzungsvermögen	Teamfähigkeit	Unternehmungsplanung	Internes Rechnungswesen	Externes Rechnungswesen	Steuern	Organisation/EDV	Spezielle Fachkenntnisse	Finanz- und Bankwesen
Zentral-Controller		X	X	X	X	X	X	X	!	X
Division-Controller		X	X	X	X	X	(X)	X	!	(X)
Funktionsbereichs-Controller		X	X	X	X	(X)	!	X	X	!

Abb. 12:   *Anforderungskatalog Controller - Finanzchef*

Zudem muß er heute Sprachkenntnisse und möglichst auch Auslandserfahrung besitzen. Seine Integrations- und Koordinationsaufgabe erfordert vom Controller die Bereitschaft und Fähigkeit zu ganzheitlichem, vernetztem Denken. Erhebungen in der Praxis haben diesen Aufgabenkatalog bestätigt[22]. Als Funktionsbereichscontroller sind insbesondere auch spezifische Funktions- und Branchenkenntnisse unabdingbar. Sie lassen sich nur in der Praxis, im beruflichen Werdegang erwerben.

Fragt man nun nach dem idealen Ausbildungsweg für den Controller, so stellen sicher ein Hochschul- oder Fachhochschulstudium auf dem Gebiet der Betriebswirtschaftslehre oder ein Studium des Wirtschaftsingenieurwesens die beste Ausbildungsgrundlage dar. Hierbei sollte das Studium allerdings zwingend mit einer Lehre und/oder gezielten Praktika und auch Auslandsaufenthalten verbunden sein. Zudem wird verstärkt eine Ausbildung auf dem Gebiet der Wirtschaftsinformatik unentbehrlich, um die Entwicklung von Controlling-Konzeptionen und deren computergestützte Umsetzung zumindest mitgestalten und beurteilen zu können[23].

Eine inhaltlich breit angelegte Allgemeine Betriebswirtschaftslehre[24] enthält die für den Controller wichtigen Basisgebiete, die er zudem durch zu seinem Anforderungskatalog passende Wahlfächer ergänzen und vertiefen kann und muß.

Neben der innerbetrieblichen Weiterbildung vor allem in Großunternehmungen und der externen Weiterbildung z.B. in Akademien scheint uns gerade im Hinblick auf das Gebiet des Controlling für gemischt externe/interne Weiterbildungsveranstaltungen durch Universitäten und Unternehmungen ein wichtiges Kooperationsfeld von Wirtschaftspraxis und Wirtschaftstheorie gegeben zu sein.

Faßt man die Anforderungen an Aus- und Weiterbildungskonzepte des Controllers zusammen, so liegt der Schluß nahe: Der beste Controller ist immer noch ein gut ausgebildeter Betriebswirt oder Wirtschaftsingenieur.

---

[22] Vgl. v. Landsberg, G., Mayer, E., Berufsbild des Controllers, Stuttgart 1988.
[23] Vgl. so auch Mertens, P., Haun, P., Daten- und methodenbankorientiertes Rechnungswesen - eine 3. Generation der Computerunterstützung? Erfahrungen mit einem Laborsystem an der Universität Erlangen-Nürnberg, in: Betriebswirtschaftliche Steuerungs- und Kontrollprobleme, Hrsg. W. Lücke, Wiesbaden 1988, S. 229.
[24] Vgl. hierzu z.B. Fachkommission für Ausbildungsfragen der Schmalenbach-Gesellschaft - Deutsche Gesellschaft für Betriebswirtschaft e.V. für den Bereich der Allgemeinen Betriebswirtschaftslehre, Anforderungsprofil für die Hochschulausbildung in Allgemeiner Betriebswirtschaftslehre, in:ZfbF, 40. Jg. 1988, S. 1037 ff.

Unternehmensdatenmodell (UDM):
Verbindung von Allgemeiner BWL und integrierter Informationsverarbeitung

August-Wilhelm Scheer[*]

A. Bedeutung eines Unternehmensdatenmodells
B. Beschreibungssprache
C. Top-Down-Entwurf des Unternehmensdatenmodells
D. Einbettung des Datenmodells in die Informationspyramide eines MIS (Bottom-Up-Entwurf)

---

[*] Prof. Dr. August-Wilhelm Scheer, Institut für Wirtschaftsinformatik (IWi), Universität Saarbrücken

A. Bedeutung eines Unternehmensdatenmodells

In früheren Phasen der Entwicklung von Anwendungssoftware stand die Programmierung der Anwendungsfunktionen im Vordergrund - die benötigten Daten wurden als "Mittel zum Zweck" betrachtet. Die enge Verknüpfung von Daten, Datenverwaltung und Anwendungsfunktionen in einem Programm führte aber zu einer hohen Datenredunanz, da die gleichen Daten häufig von mehreren Anwendungsprogrammen benötigt und damit verwaltet wurden. Deshalb werden heute Datenstrukturen als eigene Organisationselemente erkannt, die möglichst anwendungsunabhängig entworfen und verwaltet werden sollen. Hierdurch wird erreicht, daß die Daten unabhängig sind von speziellen Anwendungsprogrammen und unterschiedlichen Sichtweisen, die aus der Aufbau- und Ablauforganisation der Unternehmung resultieren (vergleiche hierzu (3)). Eine hohe Flexibilität der Datenbasis ist auch Grundlage für sogenannte benutzerorientierte Anfrage- und Planungssprachen sowie Programmiersprachen der vierten Generation. Grundsätzlich gilt: Je benutzerfreundlicher die Kommunikationsschnittstelle zwischen Mensch und Computersystem gestaltet wird (z.B. auch durch analoge Eingabetechniken wie Maus, Touchscreen oder Lichtgriffel), um so wichtiger wird die Mächtigkeit der Datenbasis, die mit Hilfe dieser Techniken ausgewertet wird.

In dem Entwurf der Datenstrukturen kommt auch die informationelle Verflechtung verschiedener Anwendungsgebiete zum Ausdruck. Nur wenn z. B. der Produktionsbereich und das Rechnungswesen gemeinsam die für Produktionsplanung und Produktkalkulation benötigten Grunddaten der Stücklisten, Arbeitspläne und Betriebsmittelgruppen entwerfen und verwalten, kann eine redundanzarme und konsistente Verwaltung dieser Massendaten gesichert sein.
Die sorgfältige Gestaltung der Datenbasis ist auch Grundlage eines Management-Informationssystems (MIS), das von den operativen Anwendungen ausgehend Daten über mehrere Verdichtungsstufen zur Unternehmensplanung zur Verfügung stellt. Die hohe Bedeutung der Datenbasis für ein MIS man ein Grund dafür sein, daß das in den 60er Jahren entwickelte Kölner Integrationsmodell KIM nicht den erwarteten Erfolg zur Gestaltung von unternehmensweiten Informationssystemen erlangt hat. Dieses Modell war vor allen Dingen funktionsbezogen und schenkte der Gestaltung der Datenstrukturen zu wenig Aufmerksamkeit (vergleiche hierzu (2)). Folgt man diesen Argumenten, so rückt die Gestaltung der Datenbasis in das Zentrum des Entwurfs von computergestützten Informationssystemen. Dabei vollzieht sich der Entwurfsprozeß in drei Stufen (vgl. Abb. 1).

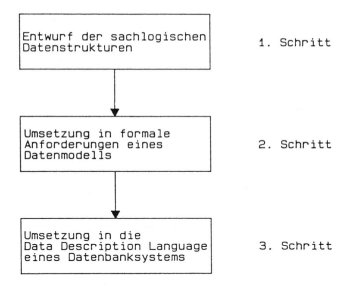

Abb. 1:

Auf der ersten Ebene werden die Datenstrukturen aus den betriebswirtschaftlichen Zusammenhängen entworfen. Der Entwurf dieser sachlogischen Datenstrukturen stellt somit die Schnittstellen zwischen dem Fachwissen und einer erforderlichen Formalisierung zur informationstechnischen Weiterverarbeitung dar.

In dem zweiten Schritt werden die entworfenen sachlogischen Datenstrukturen in die formalen Anforderungen eines Datenmodells umgesetzt. Datenmodelle sind dabei formalisierte Hilfsmittel zur Beschreibung von Datenstrukturen, wobei bestimmten Sichtweisen auf Daten gefolgt wird. Das Netzwerkmodell besitzt beispielsweise eine enge Verbindung zwischen der physischen Implementierung und der logischen Beschreibung der Datenstrukturen, während das Relationenmodell eine implementierungsunabhängige mathematische Abbildung von Datenstrukturen erlaubt.

Auf den Datenmodellen basieren konkrete Datenbankverwaltungssysteme, die mit der sogenannten Data Description Language eine Beschreibungsmöglichkeit der Datenstrukturen bereitstellen, so daß das Datenbanksystem diese Beschreibungen zur konkreten Verwaltung der Daten einsetzen kann.

Wie generell vom Entwurf von Informationssystemen bekannt ist, ist der erste Schritt, d. h. die Schnittstellen zwischen dem Anwendungswissen und dem ersten Ansatz zur Formalisierung, für den Erfolg eines Informationssystems am wichtigsten. Fehler, die hier gemacht werden, haben unverhältnismäßig höhere Auswirkungen als Fehler in einer detaillierteren Entwurfsphase. Dies gilt auch für den Entwurf der Datenstrukturen.

Aus diesem Grund muß der Entwurf möglichst so durchgeführt werden, daß spätere Detailentwürfe in einzelnen Anwendungsgebieten das Grundraster der Datenstrukturen eines Unternehmens nicht stören.

Es wird deshalb der Weg für den Entwurf eines Unternehmensdatenmodells gezeigt. Dieser geht zunächst von einem sehr hohen Abstraktionsniveau aus, um dann beispielhaft für eine Anwendung auch eine detailliertere Entwurfsebene zu zeigen.

Es wird dargelegt, daß neben einem Top-Down-Vorgehen auch ein Bottom-Up-Entwurf zu betriebswirtschaftlich interessanten Erkenntnissen über Datenzusammenhänge führt. Diese geben auch Hilfestellung für die Einbettung der Datenbasis in ein Management-Informationssystem.

Als Beschreibungssprache wird das Entity-Relationship-Modell unter Einbeziehung von sogenannten Konstruktionsoperatoren eingesetzt. Dieses wurde gewählt, um eine möglichst leichte Kommunikationsschnittstelle zwischen dem Fachwissen der Fachabteilungsebene und der Anforderung an Formalisierbarkeit durch computergestützte Informationssysteme zu gewährleisten.

B. Beschreibungssprache

Das Entity-Relationship-Modell (ERM) geht auf Chen (vgl. hierzu (1)) zurück. Es ist aufgrund seiner graphischen Darstellungsweise (ERM-Diagramme) und seiner klaren Definition besonders benutzerfreundlich.

Das ERM unterscheidet zwischen Entities, Attributen und Beziehungen.

Entities sind reale oder abstrakte Dinge, die für eine Unternehmung von Interesse sind, so z. B. Kunden, Artikel, Aufträge. Werden Entities als Mengen betrachtet, so werden sie als Entitytypen bezeichnet, deren einzelne Ausprägungen die Entities sind. Im folgenden werden Entitytypen immer durch Großschreibung gekennzeichnet und im ERM-Diagramm durch Kästchen dargestellt.

Attribute sind Eigenschaften von Entities, z. B. Kundennummer, Name und Anschrift von KUNDE. Die Unterscheidung zwischen Entity und Attribut hängt vom Anwendungszweck ab.

Eine Beziehung ist eine logische Verknüpfung zwischen zwei oder mehreren Entitytypen. Während Entities bereits für sich existieren können, bestehen Beziehungen nur in Verbindung mit den betreffenden Entitytypen. Eine Beziehung zwischen KUNDE und ARTIKEL könnte KAUFEN heißen. Auch Beziehungstypen werden im folgenden groß geschrieben. Beziehungen werden graphisch durch Rauten dargestellt und mit den entsprechenden Entitytypen verbunden (vgl. Abb. 2).

Abb. 2:

Bei der Konstruktion eines Beziehungstyps wird quasi durch Verschmelzung zweier vorhandener Begriffe (hier KUNDE und ARTIKEL) ein neuer Begriff geschaffen (hier KAUFEN). Dieser Vorgang wird auch als Aggregation bezeichnet.

Eine Ausprägung des Beziehungstyps KAUFEN ordet einem bestimmten Kunden einen bestimmten von ihm gekauften Artikel zu. Als Attribute können ihr alle Eigenschaften zugeordnet werden, die sich auf diese Verknüpfung beziehen, also z. B. die von dem betrachteten Kunden gekaufte Menge des bestimmten Artikels.

Als Anhaltspunkt zur Unterscheidung zwischen Entitytyp und Beziehungstyp gilt, daß Entitytypen in der Regel durch Substantive, Beziehungen durch Verben bezeichnet werden.
Sowohl Entitytypen als auch Beziehungstypen können Attribute zugeordnet werden. Bei den folgenden Ausführungen steht der Entwurf der Entity- und Beziehungstypen im Vordergrund. Die Beziehungstypen können nach ihrem Verknüpfungsgrad charakterisiert werden.
(vgl. Abb. 3)

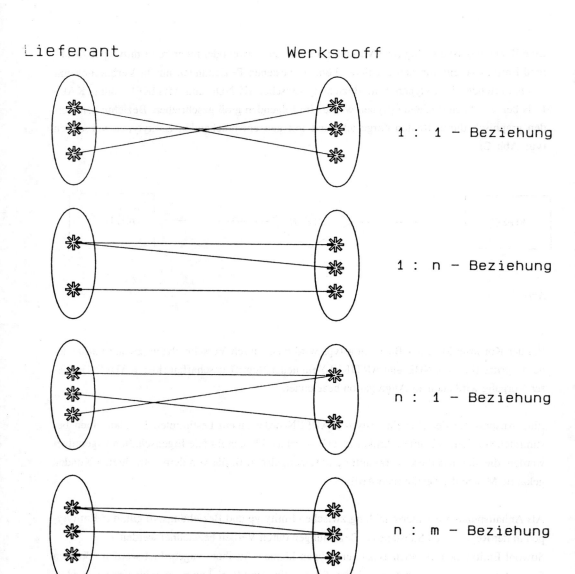

Abb. 3:

Bei einer 1:1-Beziehung wird jeder Ausprägung des ersten Entitytyps genau ein Element des zweiten Entitytyps zugeordnet und umgekehrt. Bei einer 1:n-Beziehung werden jedem Element der ersten Menge n-Elemente der zweiten Menge zugeordnet, jedem Element der zweiten Menge aber genau ein Element der ersten Menge. Die n:1-Beziehung drückt den gleichen Sachverhalt in umgekehrter Reihenfolge aus.

Bei einer n:m-Beziehung werden einem Element der ersten Menge mehrere Elemente der zweiten Menge zugeordnet und umgekehrt.
Die Komplexität des Beziehungstyps wird an die Kanten des Beziehungstyps eingetragen. Die Wahl des adäquaten Verknüpfungsgrads ist von grundlegender Wichtigkeit für die Qualität der Datenstrukturen, da sie Redundanzfähigkeit und Performance einer Datenbank bestimmt. Es versteht sich, daß die Beziehung KAUFEN in der Regel von Typ n:m ist.
Das 1976 von Chen veröffentlichte Entity-Relationship-Modell ist auf mehreren Tagungen sowie in zahlreichen Veröffentlichungen weiterentwickelt worden. Die davon benötigten werden bei ihrer Verwendung erklärt.

C. Top-Down-Entwurf des Unternehmensdatenmodells

Beim Top-Down-Entwurf wird von einer allgemeinen Ausgangssituation durch fortlaufende Verfeinerung das Datenmodell konstruiert. Ausgangspunkt der Betrachtung von Entity- und Beziehungstypen ist die aus der Theorie der Unternehmung abgeleitete Konzeption, daß der Leistungserstellungsprozeß eines Unternehmens durch die Kombination von Produktionsfaktoren charakterisiert wird und ein Unternehmen Geschäftsbeziehungen zu Marktpartnern unterhält. In Abb. 4 ist dieser Sachverhalt durch die Entitytypen GESCHÄFTSPARTNER, LEISTUNGEN und PRODUKTIONSFAKTOREN dargestellt. Die Geschäftsbeziehungen bilden einen n:m-Beziehungstyp zwischen Leistungen und der Außenwelt des Unternehmens, dargestellt durch den Entitytyp GESCHÄFTSPARTNER. Eine Ausprägung der Beziehung beschreibt z. B. die ausgehandelten Konditionen zwischen einem Kunden und einem Artikel. Der Leistungserstellungsprozeß wird durch den Beziehungstyp FERTIGUNGSVORSCHRIFT beschrieben (s. Abb. 4). Da eine Leistung mit unterschiedlichen Fertigungsvorschriften erzeugt werden kann, die Produktionsfaktoren ebenfalls in unterschiedliche Leistungen eingehen, ist auch dieser Beziehungstyp vom Typ n:m.

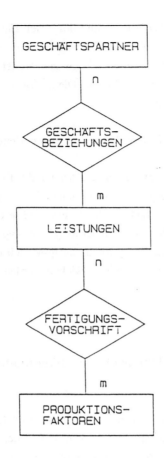

Abb. 4:

Die dargestellte Struktur ist statisch, d. h. es werden zeitunabhängige Datenstrukturen betrachtet. Sie werden in der Computersprache auch als Stammdaten bezeichnet. Zu diesen statischen Strukturen treten Ereignisse, die in der Zeit ablaufen. Zu ihrer Darstellung wird zunächst der allgemeine Entitytyp ZEIT in Abb. 5 eingeführt. EXTERNE AUFTRÄGE bilden eine Beziehung zwischen GESCHÄFTSPARTNER, LEISTUNGEN und ZEIT. In gleicher Weise sind INTERNE AUFTRÄGE als Kombination von ZEIT, LEISTUNGEN und PRODUKTIONSFAKTOREN zu interpretieren.

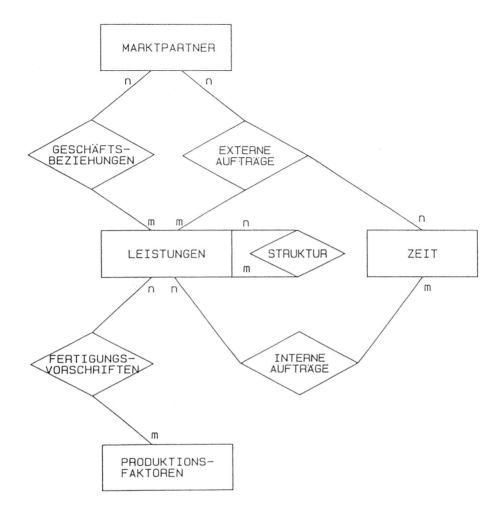

Abb. 5:

Gleichzeitig wird in Abb. 5 eine Verfeinerung des Typs LEISTUNGEN vorgenommen. Häufig werden in Unternehmungen, insbesondere vom Typ Industriebetrieb, Leistungen über mehrere Produktionsprozesse hinweg erzeugt. Ihre Abbildung kann in Form einer Stückliste (vgl. Abb. 6) anschaulich dargestellt werden. Sie bildet einen n:m-Beziehungstyp innerhalb des Entitytyps LEISTUNGEN. Da die fremdbezogenen Leistungen (Materialien sowie fremdbezogene

Baugruppen) in der Stückliste erfaßt werden, werden sie aus dem Begriff PRODUKTIONS-FAKTOREN herausgenommen. Er umfaßt nunmehr noch die Produktionsfaktoren Arbeitsleistung und Betriebsmitteleinsatz. Die EXTERNEN AUFTRÄGE beschreiben die Beschaffungsaufträge zwischen Lieferanten und Fremdleistungen sowie die Kundenaufträge. Die GESCHÄFTSBEZIEHUNGEN beschreiben die Konditionen zwischen Lieferanten und fremdbezogenen Leistungen sowie zwischen Kunden und absetzbaren Artikeln. Die Stücklistenstruktur wird durch die n:m-Beziehung STRUKTUR abgebildet.

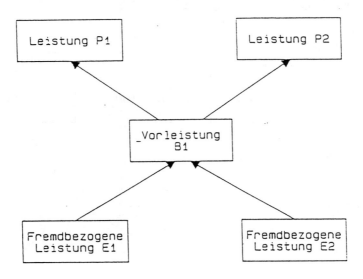

Abb. 6:

Abb. 5 gibt in sehr allgemeiner Form die Datenstruktur einer Unternehmung wieder. Im nächsten Schritt wird sie verfeinert, indem eingeführte Begriffe in feinere Begriffe aufgespalten werden. Dieser Vorgang wird als Spezialisierung bezeichnet.

Der Entitytyp GESCHÄFTSPARTNER wird dazu in die Teilbegriffe KUNDEN und LIEFERANTEN aufgespalten. Ebenso werden die PRODUKTIONSFAKTOREN in BETRIEBSMITTEL und MITARBEITER geteilt. Graphisch wird dieses zum Ausdruck gebracht, indem in Abb. 7 eine sogenannte is-a-Beziehung eingeführt wird, die die Spezialisierung eines allgemeinen Begriffs in Teilbegriffe verdeutlicht. Gleichzeitig werden die LEISTUNGEN in ABSETZBARE LEISTUNGEN, FREMDBEZOGENE LEISTUNGEN und EIGENERSTELLTE LEISTUNGEN gespalten.

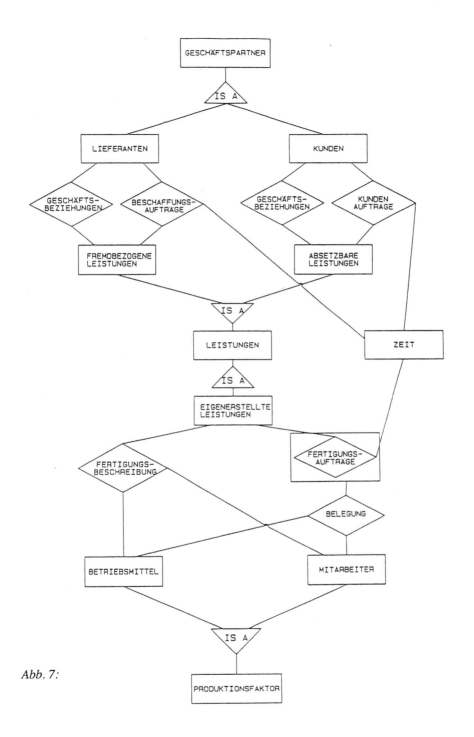

Abb. 7:

Aus dieser Spezialisierung der Entitytypen folgen auch differenziertere Beziehungstypen. Während in Abb. 5 EXTERNE AUFTRÄGE noch Beschaffungs- und Verkaufsaufträge umfaßten, werden diese nun als selbständige Beziehungen eingeführt. Entsprechend beziehen sich die GESCHÄFTSBEZIEHUNGEN zwischen LIEFERANTEN und FREMDBEZOGENEN LEISTUNGEN auf Konditionen, die von Lieferanten eingeräumt werden, während in den GESCHÄFTSBEZIEHUNGEN zwischen KUNDEN und ABSETZBAREN LEISTUNGEN Daten mit Kundenbezug erfaßt werden.

Der Vorgang der Spezialisierung hat weitreichende Bedeutung für den Entwurf von Informationssystemen. Mit der Aufspaltung von GESCHÄFTSPARTNER in LIEFERANTEN und KUNDEN entstehen aus einem vorher einheitlichen Anwendungsgebiet, nämlich der Abwicklung von externen Aufträgen mit noch unspezifizierten Partnern die zwei getrennten Anwendungsgebiete "Beschaffung" und "Vertrieb".

Die spiegelbildlichen Datenstrukturen der beiden Bereiche machen aber noch ihre enge Verwandtschaft deutlich. Eine zu frühe Spezialisierung von Begriffen führt demnach zu einer Aufsplittung von Informationssystemen.

Während man bei Betrachtung der Abb. 5 die Verarbeitung von externen Aufträgen noch mit **einem** Anwendungssoftwaresystem lösen könnte, liegt es bei der Abb. 7 nahe, zwei getrennte Anwendungssysteme für Beschaffung und Vertrieb zu entwickeln.

Der untere Teil in Abb. 7 bildet die Leistungserstellung ab. Die FERTIGUNGSBESCHREIBUNG beinhaltet die Informationen, wie eigenerstellte Leistungen durch BETRIEBSMITTEL und MITARBEITER erstellt werden. FERTIGUNGSAUFTRÄGE sind Bewegungsdaten und sind deshalb mit dem Entitytyp ZEIT verbunden. Ein Fertigungsauftrag enthält somit als wichtige Daten die zu erstellende Leistung (ausgedrückt z. B. durch eine Teilenummer), das Fertigstellungsdatum und die herzustellende Menge. Wird der Auftrag auf den Ressourcen eingeplant, so führt dieses zu einer Beziehung zwischen dem AUFTRAG und den entsprechenden Produktionsfaktoren BETRIEBSMITTEL und MITARBEITER. Diese Beziehung wird als BELEGUNG bezeichnet. Um diesen Vorgang durchzuführen, wird vorher der Fertigungsauftrag in einen Entitytyp "uminterpretiert". Er ist zwar als Beziehungstyp konstruiert worden, bezüglich der Einführung der Beziehung BELEGUNG besitzt er aber nun den Charakter eines Entitytyps. Graphisch wird diese Unterscheidung dadurch sichtbar, daß bei Einführung von FERTIGUNGSAUFTRAG die Kanten an die Raute geführt werden, während die Kanten zur Beziehung BELEGUNG von den Kanten des Kästchens ausgehen.

Auch das Unternehmensdatenmodell der Abb. 7 befindet sich noch auf einem hohen Abstraktionsgrad. Durch fortlaufende Spezialisierung der Begriffe muß es dehalb für praktische Zwecke weiter verfeinert werden. Dieses ist bei Scheer (vergleiche hierzu (4)) für einen Industriebetrieb durchgeführt worden. Das dort dargestellte Unternehmensdatenmodell umfaßt rund 300 Entity- und Beziehungstypen. Eine Vorstellung von dem Detaillierungsgrad des Modells zeigt Abb. 8, in der ein Ausschnitt der Stammdaten des Fertigungsbereichs dargestellt ist. Es handelt sich somit um eine weitere Spezialisierung der in Abb. 7 mit den Entity- und Beziehungstypen EIGENERSTELLTEN LEISTUNGEN, FERTIGUNGSBESCHREIBUNG, BETRIEBSMITTEL und MITARBEITER dargestellten Zusammenhänge.

D. Einbettung des Datenmodells in die Informationspyramide eines MIS (Bottom-Up-Entwurf)

Bisher wurde die Vorgehensweise zur Entwicklung eines Unternehmensdatenmodells mit Hilfe des Top-Down-Entwurfs demonstriert. Das Unternehmensdatenmodell zeigt die informationellen Verflechtungen zwischen den Funktionsbereichen (Beschaffung, Produktion und Absatz) einer Unternehmung auf. Die Beachtung der informationellen Verflechtung zwischen diesen Bereichen ist Gegenstand der sogenannten integrierten Datenverarbeitung, wie sie als Schlagwort die Anwendungsentwicklung in den letzten zehn Jahren bestimmt hat. Die integrierte Datenverarbeitung ist dabei vornehmlich auf die operative Ebene der Informationsverarbeitung in einem Unternehmen bezogen. In Abb. 9 ist eine Informationspyramide dargestellt (vergleiche hierzu (4)), die die Weiterverwertung von Daten aus den operativen Systemen über wertorientierte Abrechnungssysteme, Berichts- und Kontrollsysteme, Analysesysteme bis hin zur Planungs- und Entscheidungsunterstützung beschreibt. Der waagerechte Pfeil durch die operativen Unternehmensfunktionen verdeutlicht die Richtung der Funktionsintegration bei der Konstruktion der Datenstruktur. Der vertikale Pfeil gibt die Richtung der Datenverwertung in den Schichten der Informationspyramide an.

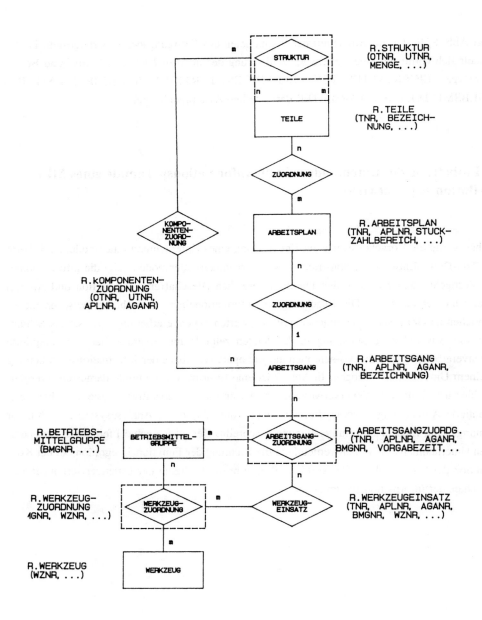

Abb. 8:

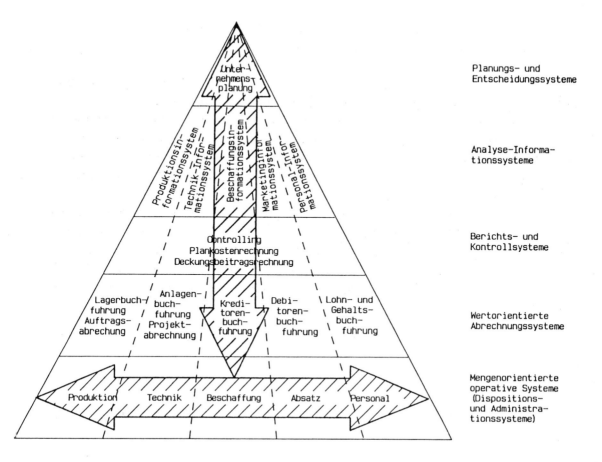

Abb. 9:

Die vertikale Weiterverwertung der Daten kann ebenfalls mit dem Begriff der integrierten Datenverarbeitung in einer Unternehmung bezeichnet werden.

Um diese Form der Datenintegration zu zeigen, eignet sich ebenfalls ein Unternehmensdatenmodell. Im Gegensatz zur bisher angewendeten Top-Down-Methode ist hierfür vor allen Dingen eine Bottom-Up-Vorgehensweise typisch. Dieses bedeutet, daß die Konstruktionsoperation "Spezialisierung" nunmehr in der umgekehrten Richtung, die als "Generalisierung" bezeichnet wird, eingesetzt wird. Die Vorgehensweise wird beispielhaft für den Übergang von den mengenorientierten operativen Systemen zur wertorientierten begleitenden Ebene, wie sie die Finanzbuchführung charakterisiert, gezeigt.

Die Finanzbuchführung (hier als Sammelbegriff auch für alle sogenannten Nebenbuchführungen verwendet) zeichnet die Geschäftsvorfälle einer Unternehmung in wertmäßiger Form auf. Hierzu benutzt sie als Datenstruktur den Entitytyp KONTO mit den verbundenen Buchungen. Durch Einführung des Begriffs KONTO wird eine hohe Abstraktion der einzelnen unterschiedlichen Geschäftsvorfallarten erreicht. In Abb. 10 ist dieser Prozeß durch die Verwendung der Generalisierungsoperationen dargestellt.

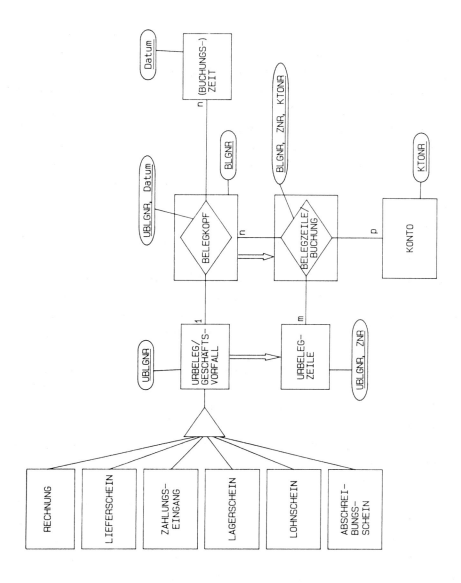

Abb. 10:

Die auf der linken Seite angeführten Entitytypen stellen Datenelemente aus den operativen Systemen dar, die jeweils Geschäftsvorfälle charakterisieren. Jeder Geschäftsvorfall wird durch einen URBELEG charakterisiert, der zunächst eine sogenannte Kopfinformation enthält. Mit ihm sind einzelne URBELEGZEILEN verbunden, die die einzelnen zu dem Vorfall gehörenden Daten aufnehmen. Als Beispiel ist hierfür eine Rechnung zu sehen, die zunächst aus dem Rechnungskopf sowie den einzelnen Rechnungspositionen besteht. Der Doppelpfeil zwischen URBELEG und URBELEGZEILE soll eine sogenannte hierarchische 1:n-Beziehung ausdrükken, die besagt, daß die Kopfinformation jeweils auch mehrere Zeilenpositionen voraussetzt und umgekehrt. Mit diesem ersten Generalisierungsschritt werden die vielfältigen Geschäftsvorfälle auf ein einheitliches "Format" zurückgeführt.

Im nächsten Schritt vollzieht sich der Übergang in die Sphäre der Finanzbuchführung, indem der eingeführte Begriff KONTO mit den Geschäftsvorfällen verbunden wird. Jeder Geschäftsvorfall wird in einem Standardbeleg repräsentiert. Der BELEGKOPF ist eine Beziehung zwischen dem konkreten GESCHÄFTSVORFALL und der BUCHUNGSZEIT. Mit dem BELEGKOPF sind einzelne BELEGZEILEN verbunden, die jeweils eine Buchung charakterisieren. Entsprechend wird die Belegzeile mit dem KONTO und der URBELEGZEILE, die die Buchung hervorruft, verbunden. Dabei kann eine Urbelegzeile (z. B. eine Rechnungsposition) mehrere Buchungszeilen erzeugen, indem z. B. eine Rechnungsposition zu Buchungen in der Kreditorenbuchführung und zu Ausgleichsbuchungen innerhalb der Sachkonten der Materialwirtschaft führt. Analog zur hierarchischen Urbelegzeile wird auch zwischen BELEGKOPF und BELEGZEILE eine hierarchische Beziehung angesetzt.

Sind die als Urbelege bezeichneten Vorgänge bereits in dem Unternehmensmodell erfaßt, so können die Belege entweder weitgehend automatisch erzeugt werden, oder sie besitzen lediglich eine virtuelle Funktion, indem direkt von der übergeordneten Schicht der Informationspyramide auf die untergeordneten Datenebene durchgegriffen wird.

Dieser Zusammenhang ist in Abb. 11 dargestellt, indem auf der untersten Ebene ein Ausschnitt der operativen Datenstruktur angegeben wird, in der nächsten Ebene ein Ausschnitt der Finanzbuchführung und übergelagert ein Ausschnitt der Datenstruktur der Kostenrechnung bzw. des Controllings. Beispielsweise ist dargestellt, daß der Begriff KOSTENTRÄGER der Kostenrechnung eine Verallgemeinerung der auf der operativen Ebene eingeführten Begriffe LIEFERANT, KUNDE, TEIL und FERTIGUNGSAUFTRAG ist. Auch der eingeführte Zusammenhang zwischen URBELEG bzw. URBELEGPOSITION und den Begriffen der operativen Ebene ist durch is-a-Beziehungen angedeutet.

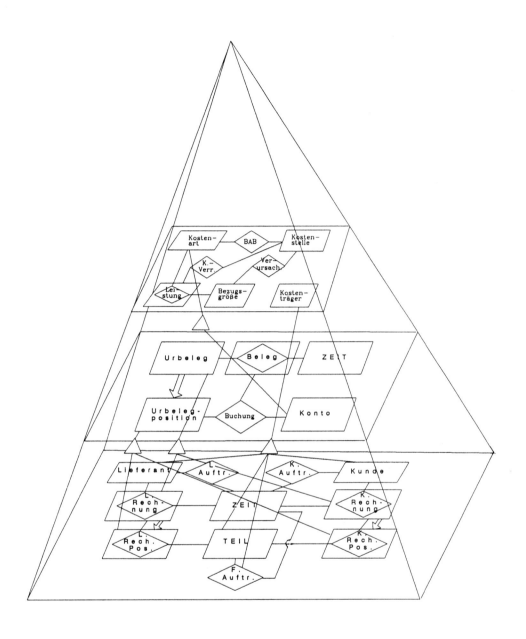

Abb. 11:

Der Entwurf eines Unternehmensdatenmodells ist ein relativ aufwendiger Prozeß. Zunächst muß festgelegt werden, welcher Detaillierungsgrad für das Modell erforderlich ist. Dabei muß darauf geachtet werden, daß dieser Detaillierungsgrad einheitlich über alle Anwendungsebenen hinweg aufrechterhalten wird. Der Entwurf erfordert funktionsübergreifendes Wissen und Wissen über die vertikale Weiterverwendung von Daten bis hin zur Unternehmenssteuerung. Ein bereits vorliegendes Muster eines Unternehmensdatenmodells, wie es von Scheer (vergleiche hierzu (4)) entwickelt worden ist, kann deshalb als Ausgangspunkt für eine konkrete, auf die Branche und Unternehmensspezifika ausgerichtete Konstruktion dienen.

Literaturverzeichnis

(1) Chen, P.P.:

The Entity-Relationship Model: Towards a Unified View of Data, in: ACM Transactions on Database-Systems, Vol. 1 (1976), No. 1, S. 9 - 36.

(2) Grochla, E., u.a.:

Integrierte Gesamtmodelle der Datenverarbeitung, München-Wien 1974.

(3) Mathy, G.:

Informatikstrategie und relationale Datenbanken, in: Information Management, 2/87, S. 6 - 17.

(4) Scheer, A.-W.:

Wirtschaftsinformatik - Informationssysteme im Industriebetrieb, 2. Aufl., Berlin-Heidelberg-New York-London-Paris-Tokyo 1988.

(5) Vetter, M.:

Aufbau betrieblicher Informationssysteme mittels konzeptioneller Datenmodellierung, Stuttgart 1989.

Rationalisierung, Flexibilisierung und Mechatronisierung der Produktion in japanischen Unternehmen

Kazuhiko Murata[*]
Moriyuki Tajima[*]

1. Einführung
2. Entwicklung der Mechatronisierung in Japan
3. Gründe und Effekte der Mechatronisierung
4. Einstellung der Arbeitnehmer und Gewerkschaften zur Mechatronisierung
5. Der Einfluß der Mechatronisierung auf die Arbeit und die Arbeitnehmer
6. Fazit

---

[*] Prof. Dr. Kazuhiko Murata, Prof. Dr. Moriyuki Tajima, Faculty of Commerce, Hitotsubashi Universität Tokio

1. Einführung

Seit den siebziger Jahren ist die Mechatronisierung des Produktionsvermögens eines der wichtigsten Mittel der Rationalisierung geworden. Mechatronisierung könnte eine Rationalisierung durch flexible Maschinisierung realisieren, während die gewöhnliche Maschinisierung häufig auf Kosten der Flexibilität der Produktion geht. Zugleich hat die Mechatronisierung einen großen Einfluß auf den Faktor Arbeit. Daher ist viel darüber diskutiert worden, welche Einflüsse auf die Arbeitnehmer zu erwarten sind und wie stark diese sind. Auch in Japan sind zu diesen Fragen empirische Untersuchungen durchgeführt worden.

In diesem Referat wollen wir auf der Basis der veröffentlichten Ergebnisse einer Reihe neuerer empirischer Untersuchungen eine Analyse der Rationalisierung und der Flexibilisierung durch Mechatronisierung in japanischen Unternehmen durchführen.

2. Entwicklung der Mechatronisierung in Japan

Zunächst möchten wir einige Daten präsentieren, um die Entwicklung und die Tatbestände der Mechatronisierung in japanischen Unternehmen darzustellen. Bild 1 zeigt die Entwicklung der Produktionswerte von Werkzeugmaschinen und Industrierobotern. Bild 2 zeigt, wie sich die Anzahl der in japanischen Betrieben installierten Werkzeugmaschinen und die Anzahl anderer Produktionsanlagen verändert haben.

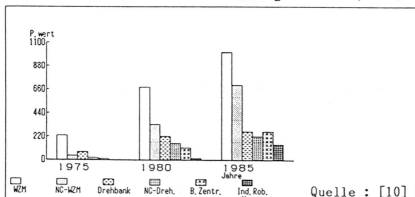

Bild-2 Werkzeugmaschinen und andere Produktionsanlagen, die in den Betrieben behalten werden.

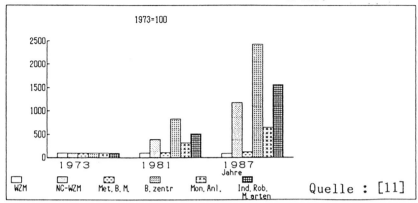

Bild-3 Verhältnis der Prozesse mit ME-Maschinen

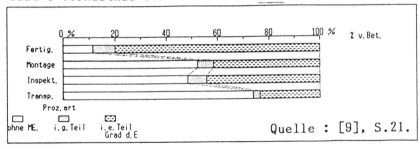

Bild-4 Anfangszeit des Einsatzes von ME-Maschinen

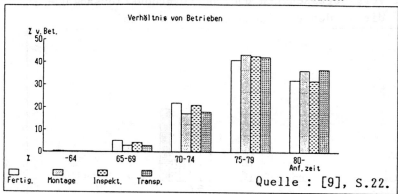

Bild 3 und Bild 4 zeigen zum einen die gegenwärtige Situation und zum anderen die Anfangszeit der Mechatronisierung japanischer Betriebe. Aus diesen Daten kann man die schnelle Entwicklung der Mechatronisierung japanischer Betriebe seit etwa Mitte der siebziger Jahre ersehen.

3. Gründe und Effekte der Mechatronisierung

Im Zusammenhang mit der Erwartung, daß durch Mechatronisierung eine flexible Maschinisierung möglich ist, interessiert uns die Frage nach den Gründen der Einführung von ME-Maschinen. In Tabelle 1 werden die Ergebnisse zweier verschiedener Untersuchungen dargestellt.

Diesen Ergebnissen zufolge wurden durch den Einsatz von ME-Maschinen die Produktqualität und die Produktionsgeschwindigkeit erhöht und Arbeitskräfte durch Maschinen ersetzt. Auch eine Senkung der Produktionskosten und die Möglichkeit einer komplexen Bearbeitung wurden von etwa einem Drittel der Betriebe als Gründe genannt.

Anscheinend können wir daraus schließen, daß mit dem Einsatz von ME-Maschinen keine Flexibilisierung der Produktion selbst bezweckt wurde. Allerdings sollten wir dabei folgende Überlegungen berücksichtigen.

Tabelle 1   Gründe des Einsatzes von ME-Maschinen (M.A.; %)

[1a]

Gründe des Einsatzes	(%)
• wegen der Preissenkung	9.8
• wegen des Mangel an Arbeitskräfte	4.6
• zur Verminderung der Arbeitskräfte	63.2
• zur Erhöhung und der Stabilisierung der Produktqualität	62.5
• zur Senkung der Produktkosten	33.2
• zur Verbesserung der Bedingungen an den Werkstatten	4.1

[1b]

Gründe des Einsatzes	(%)
• passende Losgröße	16.6
• Erhöhung der Fertigungsgeschwindigkeit	51.8
• Ermöglichung der komplexen Bearbeitung	35.8
• Stabilisierung der Qualität u. Präzision	79.1
• Verkürzung des Liefertermins	27.8
• vorausgehende Investition	9.7
• Mangel der gelernten A.	18.3
• Verbesserung der Arbeitsbedingungen	15.8

Quelle : [1a] - [9]-S.22.;[1b] -·[5]-S.44.

Erstens erlaubt eine erhöhte Fertigungsgeschwindigkeit, die Anlagen häufiger auf andere Produkte umzurüsten, sodaß eine größere Produktvielfalt im Zeitablauf bearbeitet werden kann. Zweitens wird durch die Möglichkeit der komlexeren Bearbeitung von Produkten die Flexibilität der Betriebe erhöht. So gesehen stehen die angeführten Gründe zur Mechatronisierung mit der Flexibilisierung des Produktionsvermögens in einem engen Zusammenhang.

Nach einer Untersuchung des Arbeitsministeriums [9] haben ca. fünfzig Prozent der mechatronisierten Betriebe eine "Vermehrung der Produktsorten" und eine "Erweiterung der Produktlinien" als Auswirkungen der Mechatronisierung angeführt. Hier könnte eine Art Flexibilisierung der Produktion durch Mechatronisierung festgestellt werden, die mit den oben angeführten Gründen zusammenhängt. Ferner berichtet eine andere Untersuchung [6], daß Arbeitnehmer in den mechatronisierten Werkstätten mehrheitlich auf den Einfluß umfassenderer Produktionsprogramme auf ihre Arbeit hingewiesen haben (S. 32).

Zusammenfassend könnte man sagen, daß die Mechatronisierung der japanischen Unternehmen derzeit eher eine direkte Erhöhung der Arbeitsproduktivität und eine Kostensenkung denn eine Flexibilisierung der Produktion bewirkt hat, obwohl sie sich auch auf die Flexibilität des Produktionsvermögens ausgewirkt hat.

4. Einstellung der Arbeitnehmer und Gewerkschaften zur Mechatronisierung

Im Zusammenhang mit der Mechatronisierung der Werkstatt interessiert ebenfalls die Frage, welche Einstellung Arbeitnehmer und ihre Vertretungsorganisationen zur Mechatronisierung haben und wie sie auf Entscheidungen diesbezüglich Einfluß nehmen wollen bzw. tatsächlich nehmen.

Tabelle 2   Grundeinstellung der Gewerkschaften zum Einsatz
            von den ME-Maschinen (Prozent der Gewerkschaften)

	grundsätzlich zustimmen	für unvermeidbar halten	grundsätzlich widersprechen	keine eigene Meinung	N. A.
gesamte Industrie	53.6	36.6	2.0	6.3	1.5
verarbeit. Gewerbe	52.7	38.4	1.0	5.9	2.0

Quelle : [8]-S.11

Tabelle 2 zeigt die Grundeinstellung der japanischen Gewerkschaften zur Einführung von ME-Maschinen. Danach lehnen fast alle Gewerkschaften die Einführung von ME-Maschinen nicht ab. Einer anderen Untersuchung [1] nach unterscheiden sich japanische Arbeitnehmer von deutschen Arbeitnehmern in ihrer Einstellung zur Einführung von ME-Maschinen (vgl. Bild 5).

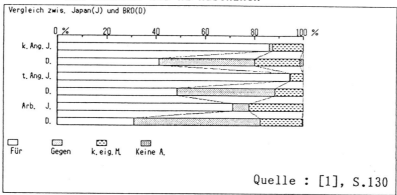

Bild-5 Für und Gegen der Arbeitnehmer zum Einsatz der ME-Maschinen

Quelle : [1], S.130

Ist die Mechatronisierung bereits eingeleitet, so liegt der Schwerpunkt des Interesses der Arbeitnehmer bei den dadurch bedingten Themen des Arbeitsplatzwechsels, der notwendigen Weiterbildung, der Sicherheit und der Hygiene in der Werkstatt.

Die Tabelle 3 und 4 zeigen, daß Beratungen oder Verhandlungen über den Einsatz von ME-Maschinen zwischen Arbeitgebern und Arbeitnehmern oder Gewerkschaften nicht immer stattfanden. Insbesondere Angelegenheiten, die für die Arbeitnehmer von größerem Interesse sind, wurden häufig nicht beraten. Ein erheblicher Teil der Beratungen und Gespräche hatte offensichtlich nur formellen bzw. informativen Charakter.

Tabelle 3   Durchführung der Mitteilung und Beratung beim Einsatz der ME-Maschinen
(Verhältnis der Betriebe mit ME-Maschinen; %)

Betriebsgröße	insgesamt	1,000 u.m.	300-999	100-299
· in Versammlungen zum Gespräch im Werkstatt	21.7	19.3	16.8	24.3
· in Beratungen zwis. AG. u. AN.	26.1	40.8	34.1	20.3
· in Verhandlungen zwis. AG. u. Gew.	1.5	2.3	1.6	1.3
· keine Mitteilung u. Beratung	50.7	37.4	47.4	54.0

Quelle : [9]-S.39.

Tabelle 4   Beratung zwis. AG. u. Gew. über den Einsatz von ME-Maschinen

	gesamte Industrie	verarb. Gewerbe
Gesamte Gewerkschaften	554 (100.0%)	370 (100.0%)
· Formelle u./o. inf. Beratungen gehalten	313 (56.5%)	198 (53.5%)
· Keine Beratungen gehalten	232 (41.9%)	167 (45.1%)

	①	②	③	④	N. A.
I Einsatzplan	34.8	49.2	4.8	1.6	9.6
II Versetzung	9.9	37.7	6.4	23.0	23.0
III Schulung u. Weiterbidung	18.8	47.6	6.7	10.2	16.6
IV ME-Maschinen führende Personal	15.3	43.8	8.6	12.8	19.5
V Sicherheit u. Hygiene	7.7	33.5	8.3	28.4	22.0
VI Schichtarbeit u. ä.	9.3	26.2	11.8	29.4	23.3
VII Arbeitsstunde	9.3	28.1	10.5	27.8	24.3

(Verhältnis zur 313 Gewerkschaften; %)

① Die Arbeitgeber nur teilten den Gewerkschaften darüber mit.
② ① + Die Gewerkschaften äußerten ihre Meinungen darüber.
③ ① + Die Gewerkschaften ließen die Pläne korrigieren.
④ Keine Beratung

Quelle : [8]-S.11-12.

Aus diesen Ergebnissen könnte man folgendes schließen: Arbeitnehmer und Gewerkschaften in Japan stellen sich kaum gegen die Einführung von ME-Maschinen. Es herrscht die Meinung vor, daß unter dem Druck des heftigen Wettbewerbs die Unternehmen einer Rationalisierung durch Mechatronisierung nicht ausweichen können. Außerdem scheinen die Gewerkschaften auf die Entscheidungen der Unternehmen, welche ME-Maschinen und wie diese eingeführt werden sollen, keinen großen Einfluß zu nehmen und nehmen zu wollen. Derartige Stellungnahmen japanischer Gewerkschaften geben den japanischen Unternehmen größeren Spielraum und Beweglichkeit bei der Mechatronisierung.

Einerseits legen japanische Gewerkschaften nach allgemeiner Meinung auf die Sicherung der Beschäftigung den größten Wert. Sie versuchen, die Beschäftigung mit allen Mitteln zu sichern. Andererseits bemühen sich japanische Unternehmen, Entlassungen ihrer Arbeitnehmer möglichst zu vermeiden. Eine der zu erwartenden Auswirkungen der Mechatronisierung ist jedoch der Abbau von Arbeitskräften bei gleicher Produktionsausbringung.

Tabelle 5 Veränderrung der verteilten Arbeitnehmerzahl in den Prozessen
(Verhältnis der Prozesse; %)

	insgesamt	vermehrt	vermindert	kaum geändert
• Prozeese, in denen ME-Maschinen eingesetzt wurde.	100.0	4.5	38.5	55.5
• Prozeese, in denen keine ME-Maschinen eingesetzt wurde.	100.0	2.3	2.6	94.9

Quelle : [9]-S.29.

Tabelle 6　　Veränderung der Produktionswerte und der Arbeitnehmerzahl der Betrieben mit ME-Maschinen (Verhältnis der Betriebe ; %)

Veränderung der Produktionswerte	Arbeitnehmerzahl vermehrt				Arbeitnehmerzahl vermindert			
	insgesamt	-19%	20-49%	50%-	insgesamt	-19%	20-49%	50%-
insgesamt	(4.6)	100.0	53.4	26.7	18.0	(30.1)	100.0	64.9	27.8	6.2
groß vermehrt	(10.7)	100.0	48.5	29.4	19.6	(37.5)	100.0	55.7	32.4	10.2
kaum verändert	(2.6)	100.0	60.2	23.1	16.1	(27.6)	100.0	69.3	25.3	4.4
groß vermindert	(-)	100.0	-	-	-	(45.0)	100.0	-	88.8	11.1

Quelle : [9]-S.31.

Aus Tabelle 5 und 6 können wir ersehen, daß die Arbeitnehmerzahl in ca. vierzig Prozent derjenigen Prozesse und auch in ca. dreißig Prozent derjenigen Betriebe sank, in denen ME-Maschinen eingesetzt wurden. Darüber hinaus sank die Arbeitnehmerzahl auch in etwa vierzig Prozent der Betriebe, in denen sich die Produktionsmenge durch den Einsatz von ME-Maschinen erhöhte. Trotzdem haben japanische Unternehmen einer anderen Untersuchung [2] nach im allgemeinen ihre Belegschaften im ungefähr gleichen Zeitraum nicht verkleinert. Dieser Sachverhalt wird in Tabelle 7 dargestellt.

Tabelle 7　　Automatisierung, Umsatz und Belegschaften (gesamte Industrie ; 1975=100)

in diesen 5 Jahren durchgeführte Automatisierung	Umsatz			Belegschaftenzahl			Arbeitsproduktiv.		
	1975	1980	1985	1975	1980	1985	1975	1980	1985
· nicht besonders	100	165.2	261.8	100	105.2	117.4	100	157.0	223.0
· im kleinen Umfang	100	177.1	283.0	100	111.9	127.1	100	158.3	222.7
· im größeren Umfang	100	191.5	319.4	100	113.4	125.4	100	168.9	254.7

1985 = ein erwarteter Wert　　　　　　　　　　　　　　Quelle : [2]-S.193.

In dieser Periode ist der durchschnittliche Umsatz japanischer Unternehmen, besonders der der in größerem Umfang automatisierten Unternehmen, stark gestiegen. So kann man vermuten, daß zumindest ein Teil der durch Rationalisierung freigesetzten Arbeitsplätze durch die Produktionsausweitung kompensiert, das heißt nicht abgebaut wurde.

Diese Vermutung ist aber nur aus Gesamtunternehmenssicht uneingeschränkt vertretbar. In den einzelnen mechatronisierten Prozessen oder Werkstätten gelingt es unter Umständen nicht, die Personalfreisetzung zu kompensieren. Dieser Sachverhalt spiegelt sich in der oben dargestellten Verminderung der Arbeitnehmerzahl in mechatronisierten Prozessen und Betrieben wider. Eine Kompensierung gelingt offensichtlich erst durch die Versetzung von Arbeitnehmern in andere Betriebsteile. Dieses bestätigt sich auch in einer Untersuchung des Arbeitsministeriums, derzufolge in ca. dreißig Prozent der in irgendeiner Weise mechatronisierten Betriebe eine Versetzung von Arbeitskräften wegen Personalüberhangs durchgeführt wurde. In diesem Zusammenhang soll noch einmal darauf hingewiesen werden, daß japanische Unternehmen eine Maßnahme wie die Versetzung von Arbeitnehmern ohne nennenswerte Widerstände von Arbeitnehmer-und Gewerkschaftsseite ergreifen können.

Auf diese Weise hat in Japan der zu erwartende, durch Rationalisierungsmaßnahmen verursachte Arbeitnehmerüberschuß zumeist nicht direkt zu einer Abnahme der Arbeitnehmerzahl der einzelnen Unternehmen geführt. Somit konnte die Beschäftigung in diesen Jahren im großen und ganzen gesichert werden.

5. Der Einfluß der Mechatronisierung auf die Arbeit und die Arbeitnehmer

Im Zusammenhang mit der Mechatronisierung wird die Meinung vertreten, daß diese zu einer Polarisierung der Arbeit führt.

Tabelle 8   Träger verschiedener Funktionen
(M.A.: Verhältnis der Betriebe ; %)

	Techniker v.a.	Techniker	Beaufsichtig.	Instandhalter	Arbeiter
Programmierung					
Einführungszeit	43.9	54.4	7.3	0.5	6.2
Untersuchungszeit	20.5	57.1	10.8	1.8	14.3
Programmüberprüfung und -verbesserung					
Einführungszeit	29.1	59.4	8.9	0.7	11.9
Untersuchungszeit	11.9	55.7	13.3	2.5	22.0
Störungssuche					
Einführungszeit	44.2	46.4	9.1	7.8	4.8
Untersuchungszeit	24.2	44.0	15.9	15.1	10.5
Verbesserung der Peripheriegeräte					
Einführungszeit	10.0	69.9	16.1	5.5	8.3
Untersuchungszeit	3.5	57.6	24.3	8.8	15.4
Reparatur der Maschinen					
Einführungszeit	51.6	33.3	7.5	16.1	3.2
Untersuchungszeit	36.7	31.1	11.7	25.7	6.0
Bedienung der Maschinen					
Einführungszeit	7.7	26.7	15.5	2.3	56.2
Untersuchungszeit	0.9	12.7	12.2	1.7	74.7
Einrichtung					
Einführungszeit	4.8	27.3	23.3	1.9	48.7
Untersuchungszeit	0.7	13.7	19.2	2.0	67.9
Überwachung					
Einführungszeit	4.1	25.3	27.2	2.7	44.3
Untersuchungszeit	0.9	12.1	27.2	2.0	58.1

Quelle : [5]-S.69,73,80,84,88,92,95,99.

In Tabelle 8 wird dargestellt, wie sich die Zuordnung der zur Bedienung einer ME-Maschine benötigten Funktionen zu einzelnen Funktionsträgern seit der Einführung von ME-Maschinen geändert hat. Danach gibt es erstens die Tendenz, daß die Bedeutung der Fremdtechniker mit der Zeit abnimmt. Zweitens ist in der Mehrheit der Betriebe eine Arbeitsteilung zwischen Technikern als den Trägern der Programmierungsfunktion und Arbeitnehmern in der Werkstatt als den Trägern der direkten Maschinenführungfunktion entstanden. Zugleich soll aber auch darauf hingewiesen werden, daß auch die Programmierungsfunktion mit der Zeit mehr und mehr an die Arbeitnehmer in den Werkstätten, insbesondere an einfache Arbeiter, übergeben wurde. Drittens wurde die Einrichtungsfunktion in den meisten Betrieben von Arbeitnehmern in Werkstätten ausgeführt.

Tabelle 9   Erforderliche Fähigkeit und Eigenschaft
                 im Zusammenhang mit dem Einsatz von ME-Maschinen
                          (M.A.: Verhtnis der Btrieben; %)

	Arbeiter	Instandhalter
· Erfahrungen mit den konventionellen Maschinen	35.1	23.6
· Fähigkeit zur Einrichtung	64.8	14.3
· Fähigkeit zur Teileprogrammierung	23.5	18.2
· Fähigkeit, Störungsursache logisch festzustellen	30.0	76.8
· Fähigkeit, eigenen Prozeß mit den Nachbarachprozessen zu koordinieren	23.4	8.3
· Fähigkeit, Pläne aufzufassen	21.8	30.3
· Fähigkeit, Prozesse u. Arbeit zu verbessern	48.4	33.8
· Kenntnisse über die Messung u. Kontrolle	12.1	43.4

Quelle : [5]-S.121.

Damit zusammenhängend werden in Tabelle 9 Fähigkeiten und Eigenschaften der Arbeiter gezeigt, die nach Meinung der Betriebe bei der Einführung von ME-Maschinen erforderlich sind. Danach werden Fähigkeiten zur Einrichtung und Verbesserung der Prozesse und Arbeiten bei den Fertigungsarbeitern und zur Störungssuche bei den Instandhaltern relativ häufig gefordert. Hier zeigt sich eine Tendenz zur Arbeitsteilung zwischen Technikern und Arbeitern. Aber auch die Hypothese, daß Arbeitnehmer in der Werkstatt zumindest einen Teil der Programmierung durchführen, kann nicht abgelehnt werden.

Einer anderen Untersuchung [9] zufolge wird von den meisten Betrieben die Meinung geäußert, daß die von den Arbeitern geforderten Fertigkeiten als Folge der Einführung von ME-Maschinen eher zu- als abgenommen haben (S. 28), obwohl eine Abnahme der Zahl der gelernten Facharbeiter in den mechatronisierten Prozessen festzustellen ist (vgl. Tabelle 10).

Tabelle 10 Veränderung des Personalaufbaus in den Prozessen

	Prozesse in denen ME-M. eingesetzt wurden.			Prozesse ohne ME-M.
	insgesamt	im meisten Teil des Prozesses	im einen Teil des Prozesses	
insgesamt	(15.9) 100.0	(33.6) 100.0	(13.7) 100.0	(1.3) 100.0
Facharbeiter				
vermehrt	13.9	17.9	12.6	18.2
vermindert	60.2	56.3	61.4	33.8
ungelernte A				
vermehrt	46.1	49.4	45.1	43.5
vermindert	23.3	21.4	23.9	24.0
Techniker				
vermehrt	58.6	71.3	54.7	34.4
vermindert	13.8	8.8	15.4	18.2

( ) - Verhältns der Prozessen, in denen die Änderungen ziemlich groß waren, zu den Prozessen der Betrieben mit ME-Maschinen.

Quelle : [9]-S.35.

In obigen Ergebnissen spiegeln sich zumeist Meinungen japanischer Betriebsleitungen wider. Demgegenüber gibt es eine andere Untersuchung, die unmittelbar die Arbeitnehmer in relativ stark mechatronisierten Werkstätten zum Gegenstand hat [6].

Tabelle 11 Getragene Funktionen und ihre Verhältnisse unter dem Job von einzenlnen Arbeitnehmer

	N.Tragen	Tragen	Verhältnis (%)					
			3%	10%	30%	50%	70% u.m.	N.A.
① Programmierung	69.5	29.9	38.8	21.0	15.3	6.0	10.7	8.2
② Berichtigung der Programme	56.4	43.0	44.8	27.7	9.7	2.5	2.7	12.6
③ Überprüfung der Programme	57.6	41.5	43.6	29.0	10.0	2.1	3.8	11.5
④ Einlernen des Roboters	79.0	19.3	44.6	26.5	14.4	2.8	8.9	2.8
⑤ Einrichtung+Nachstellung der Werk- und Spannzeuge	21.7	76.9	23.4	38.3	19.2	8.6	4.0	6.5
⑥ Führung des Werkzeugmaschine	51.0	47.3	25.8	21.6	13.0	9.7	17.3	12.6
⑦ Anlaufen, Einstellen u. Überwachen der Maschine	31.4	67.8	34.1	24.3	9.4	11.0	11.6	9.6
⑧ Messen u. Inspektion des Gegenstandes	35.1	63.7	46.9	30.7	9.8	3.8	6.5	2.2
⑨ tägliche Inspektion der Anlagen	26.6	72.4	69.0	16.6	3.1	1.0	3.7	6.6
⑩ kleine Reparatur	43.7	55.5	58.2	22.0	5.7	4.2	2.8	6.9
⑪ große Reparatur	70.5	28.2	43.4	24.9	8.7	6.0	5.6	11.3
⑫ Verbesserung von Werkstatt, Arbeit u. Prozesse	28.0	70.9	43.7	26.6	9.2	6.8	3.1	10.8

Quelle : [6]-S.21.

In Tabelle 11 wird dargestellt, welche Funktionen die gefragten Arbeitnehmer ausführen und welches Gewicht jeder Funktion am gesamten Arbeitsinhalt einzelner Arbeitnehmer zukommt. Daraus kann man einige Schlußfolgerungen ziehen.

Erstens führen einige Arbeitnehmer in den Werkstätten neben der eigentlichen Funktion der Maschinenführung verschiedene andere Funktionen aus, wie z.B. Messen und Inspizieren, kleine Reparaturen und Verbesserung von Arbeiten. Diese Funktionen sind in den letzten Jahren ihren bisherigen Arbeitsinhalten hinzugefügt worden oder es hat sich der Anteil dieser Funktionen vergrößert ([6]-S. 52). Hier zeigt sich die Absicht japanischer Unternehmensleitungen, möglichst viele verschiedene Funktionen den Arbeitnehmern in den Werkstätten zu überlassen, um dadurch den Beschäftigungsgrad der hochwertigen Anlagen zu erhöhen und zugleich die Fähigkeiten der Arbeitnehmer möglichst effektiv auszunutzen.

Zweitens führen ca. drei Viertel der Arbeitnehmer Einrichtungstätigkeiten aus. Auch diese Funktion ist im Untersuchungszeitraum mehr und mehr an die Arbeitnehmer in den Werkstätten abgegeben worden ([6]-S. 52).

Drittens führt mit ca. dreißig Prozent ein relativ hoher Anteil der Arbeitnehmer in den Werkstätten Programmierungstätigkeiten aus. Ferner tragen mehr als vierzig Prozent der Gefragten schon Programmüberprüfungs- oder Programmberichtigungsfunktionen. Das macht etwa siebzig Prozent derjenigen Arbeitnehmer aus, die mit ME-Maschinen arbeiten. Außerdem meinen ca. siebzig Prozent der Gefragten, daß sie selbst die Fähigkeit zu Programmieren erlangen sollten. Also kann man festhalten, daß ein großer Teil der mit der Programmierung zusammenhängenden Funktionen schon von Arbeitnehmern in den Werkstätten ausgeführt wird und viele Arbeitnehmer fähig und bereit sind, in Zukunft noch mehr solcher Funktionen zu übernehmen.

Viertens ist auch bemerkenswert, daß der Anteil einzelner Funktionen am gesamten Arbeitsinhalt einzelner Arbeitnehmer im allgemeinen relativ gering ist. Das legt die Vermutung nahe, daß sich die Arbeitnehmer nicht für eine bestimmte Funktion spezialisieren, sondern eine Kombination verschiedener Funktionen ausüben. Dies entspricht der bereits angesprochenen Intention japanischer Unternehmensführungen.

Ca. achtzig Prozent der Arbeitnehmer haben in den fünf Jahren bis zum Jahr 1983 irgendwelche Veränderungen ihrer Jobinhalte erfahren. Mehrheitlich wurden die Arbeitsinhalte erweitert. Dabei waren solche Veränderungen nur zum Teil mit einer Versetzung der betreffenden Arbeitnehmer verbunden. Hierin ist eine Art Flexibilität bei der Jobgestaltung zu sehen.

Ferner hat die Mehrheit der Befragten darauf hingewiesen, daß in diesen zehn Jahren, also seit dem Jahr 1975, Faktoren wie "Verkleinerung der Wartezeit", "Erhöhung des Auslastungsgrades der Maschinen", "Multi-Maschinen-Führung und Erweiterung der Fertigkeiten", "Anteilssteigerung der Verbesserungsfunktionen", "Vergrößerung der Sortenvielfalt" und "Flexibilisierung der Personalverteilung", ihre Jobs stark beeinflußt haben ([6]-S. 32). In dieser Situation sagen mehr als siebzig Prozent der Befragten aus, daß ihre Jobs komplexer, ihre Verantwortung größer, die Spannweite ihrer Jobs weiter und die geistige Ermüdung stärker geworden sind. Der prozentuale Anteil ist bei denjenigen Arbeitnehmern noch größer, die im Untersuchungszeitraum irgendwelche Jobveränderungen erfahren haben ([6]-S. 60).

Zusammenfassend scheint es, daß in japanischen Unternehmen keine starke Polarisierung der Arbeit stattfand. Es gibt zwar noch die Tendenz, Programmierungsfunktionen eher Technikern zuzuweisen, aber nicht wenige Arbeitnehmer in den Werkstätten führen diese Funktion bereits aus. Es ist sogar eine weitere Erhöhung des Anteils derjenigen Arbeitnehmer, die auch diese Funktion innehaben, zu erwarten. Ein Großteil der Arbeitnehmer richtet die Maschinen bereits selbst ein. Außerdem tragen sie gelegentlich noch andere, über die direkte Maschinenführung hinausgehende Funktionen wie Inspektion, kleine Reparaturen und Verbesserung von Arbeiten und Prozessen. Dadurch werden ihre Jobinhalte erheblich erweitert und bereichert. Daher werden von den Arbeitnehmern erweiterte Fertigkeiten und Kenntnisse erwartet. Darin spiegelt sich zweifellos die Absicht japanischer Unternehmensleitungen wider, ihre Arbeitskräfte möglichst effektiv einzusetzen.

Es darf aber nicht übersehen werden, daß durch den effektiven Einsatz von Arbeitnehmern in Werkstätten auch der effektive Einsatz von Technikern ermöglicht werden soll, indem den Technikern nur diejenigen Funktionen, die nur sie tragen können, (z.B. Entwicklung eines neuen komplexen Programms) zugeteilt werden. Folglich gibt es hier eine Tendenz zur Konzentration schwieriger Funktionen, die bisher Facharbeiter innehatten, auf Techniker. Eine gewisse Tendenz zur Polarisierung ist zumindest in diesem Bereich feststellbar.

In diesem Zusammenhang ist auch die Aus- und Weiterbildung der Arbeitnehmer ein sehr wichtiges Problem, das wir aber hier nicht mehr erörtern können (vgl. dazu [7], [12]).

Es soll noch darauf hingewiesen werden, daß die Verwirklichung der Absichten japanischer Unternehmen durch Beschäftigungs-, Entlohnungs- und Beförderungssysteme unterstützt wurde.

6. Fazit

Zur Mechatronisierung stehen mindestens zwei Aspekte der Unternehmensflexibilität in Beziehung.

Einerseits müssen sich Unternehmen im allgemeinen der neuen Entwicklung der Produktionstechnologie schnell und beweglich anpassen. Dies ist ein Problem der rechtzeitigen Einführung neuer Technologien, also hier der rechtzeitigen Mechatronisierung. Ohne Zweifel spielen dabei Entscheidungen der Unternehmensleitung eine große Rolle, allerdings besitzt auch die Einstellung der Arbeitnehmer und der Gewerkschaften zur Einführung neuer Technologien eine nicht zu unterschätzende Bedeutung. Wie oben dargestellt, hatten japanische Unternehmen in diesem Punkt sehr günstige Bedingungen oder sie haben sie sich einfach geschaffen. Daher konnten japanische Unternehmen bei der Mechatronisierung sehr flexibel vorgehen.

Andererseits muß die mechatronisierte Produktion selbst flexibler gestaltet werden. Diese Flexibilisierung der Produktion wird durch die Arbeitsorganisation, die Art und Weise der Jobgestaltung und die Verhaltensweisen der Arbeitnehmer stark beeinflußt. Zugleich hängt sie eng mit der Frage zusammen, ob die Mechatronisierung eine Polarisierung der Arbeit hervorruft. Wir haben gesehen, daß einerseits die Arbeitsinhalte in japanischen Unternehmen im allgemeinen mit der Absicht der effektiven Ausnutzung potentieller Fähigkeiten der Arbeitnehmer sehr flexibel gestaltet wurden, und andererseits die japanischen Arbeitnehmer oft sehr anpassungsfähig und fügsam sind. Daher können in japanischen Unternehmen eingeführte ME-Maschinen zumeist effizient eingesetzt werden. Zugleich kann eine wesentliche Tendenz der Polarisierung der Arbeit kaum festgestellt werden.

Auf diese Weise ist die erfolgreiche Mechatronisierung der Produktionsanlagen japanischer Unternehmen durch die Fähigkeiten und die Fügsamkeit der Arbeitnehmer in den Werkstätten stark unterstützt worden. Diese Charakteristika japanischer Arbeitnehmer wurden von verschiedenen Faktoren beeinflußt, zum Teil von gesellschaftlichen Institutionen, zum Teil aber auch von verschiedenen Maßnahmen der Unternehmen. Dadurch ist für die meisten Arbeitnehmer, so scheint es, ihr Unternehmen bzw. der Fortbestand ihres Unternehmens der höchste persönliche Wert geworden.

Diese Umstände haben allerdings die Abhängigkeit japanischer Arbeitnehmer von ihren Unternehmen verstärkt, was es sehr schwierig macht, eine ausgleichende Macht gegenüber den mächtigen Großunternehmen aufzubauen. Dies wiederum hat eine längere Arbeitszeit, ein niedrigeres substanzielles Lohnniveau und somit eine relativ niedrige Lebensqualität der Arbeitnehmer trotz deren erheblichen Beitrags zu den gestiegenen Unternehmenserträgen zur Folge.

Literaturverzeichnis

[1] 電機労連 (Gewerkschaftsbund der elektrischen Industrie), 調査時報 第182号 (Untersuchungsbericht Nr.182), 1983.

[2] 雇用職業総合研究所 (Institut für Beschäftigung und Beruf), 企業内労働力の有効活用に関する実態調査 (Empirische Untersuchungen der effektiven Ausnutzung der Arbeitskräfte im Unternehmen), 1982.

[3] 雇用職業総合研究所 (Institut für Beschäftigung und Beruf), マイクロエレクトロニクスの雇用に及ぼす質的影響に関する研究報告書 (Forscungsbericht über die Auswirkungen der Mikroelektronik auf die qualitativen Seiten der Beschäftigung), 1983.

[4] 雇用職業総合研究所 (Institut für Beschäftigung und Beruf), マイクロエレクトロニクスの雇用に及ぼす影響について (Über die Auswirkungen der Mikroelektronik auf die Beschäftigung), 1984.

[5] 雇用職業総合研究所 (Institut für Beschäftigung und Beruf), マイクロエレクトロニクス化と生産技術・職場組織の変化に関する研究 (Forschungsbericht über den Einsatz von ME-Maschinen und die Veränderungen der Produktionstechnologie und Arbeitsorganisation), 1985

[6] 雇用職業総合研究所 (Institut für Beschäftigung und Beruf), ME技術革新の現場労働者に及ぼす影響 (Auswirkungen der technologischen Innovation auf den Arbeitnehmer in den Werkstätten), 1985.

[7] 雇用職業総合研究所 (Institut für Beschäftigung und Beruf), 日本における小集団活動の実態とその展開条件に関する事例的研究 (Forschungsbericht über die Tatbestände der Tätigkeiten der kleinen Gruppen und die Bedingungen ihrer Entwicklung), 1986.

[8] 日本労働協会 (Japanisches Institut für Arbeit), マイクロエレクトロニクス機器の導入と労働組合の対応 (Einsatz von ME-Maschinen und Stellungnahme der Gewerkschaften), 1984.

[9] 労働省 (Arbeitsministerium),
技術革新と労働に関する調査報告 (Untersuchungsbericht über die technologischen Innovation und Arbeit), 1984.

[10] 通商産業省 (Ministerium für Handel und Industrie),
機械統計年報 (Statistischer Jahresbericht von den Maschinen).

[11] 通商産業省 (Ministerium für Handel und Industrie),
工作機械設備等統計調査報告書 (Bericht von den statistischen Untersuchungen der Werkzeugmaschinen und Fertigungsanlagen), 第 5 回 (die 5. Untersuchung) 1975; 第 6 回 (die 6. Untersuchung) 1983; 第 7 回 (die 7. Untersuchung) 1988.

[12] 通商産業省 (Ministerium für Handel und Industrie),
企業内教育に関する調査研究報告書 (Forschungsbericht über die innerbetriebliche Aus- und Weiterbildung), 1985.

Dienstleistungsorientiertes Marketing - Antwort auf die Herausforderung durch neue Technologien

Werner Hans Engelhardt[*]

1. Die Orientierung der Betriebswirtschaftslehre am Grundmodell "Sachleistung"
2. Dienstleistungen als Objekte des Marketing
2.1 Reine Dienstleistungen (Tertiärer Sektor)
2.2 Interne Dienstleistungen
2.3 Sach- und Dienstleistungsverbund
3. Dienstleistungsmarketing: Schwerpunktverlagerung oder neuer Denkansatz?
3.1 Abkehr von der Ergebnisorientierung
3.2 Die Bereitstellungsleistung als gemeinsame Basis
3.3 Charakterisierung des Dienstleistungsprozesses
3.4 Entwicklung einer Dienstleistungstypologie
3.5 Anwendung auf neue Technologien
4. Konsequenzen für die Allgemeine Betriebswirtschaftslehre

---

[*] Prof. Dr. Werner Hans Engelhardt, Lehrstuhl für Angewandte Betriebswirtschaftslehre III, (Marketing), Universität Bochum

1. Die Orientierung der Betriebswirtschaftslehre am Grundmodell "Sachleistung"

Zentrales Anliegen des Wirtschaftens ist die Güterversorgung. Diese volkswirtschaftliche Aufgabe hat die Betriebswirtschaftslehre von ihrer Entstehung an stark beeinflußt. Die Optimierung der Allokation von Produktionsfaktoren mit dem Ziel der Erzeugung von Gütern und ihr Absatz an eine mit begrenzter Kaufkraft ausgestattete Nachfrage war und ist Gegenstand betriebswirtschaftlicher Untersuchungen.

Die Perspektive, aus der diese Vorgänge betrachtet wurden, hat sich im Zeitablauf verändert, blieb aber in ihrer Grundausrichtung erhalten. Während zunächst die Erfassung des Produktionsprozesses im internen Rechnungswesen dominierte, traten später Probleme der Fertigungsorganisation hinzu. Es wurden mithin sowohl die Typen des Produktionsprozesses dargestellt als auch der Leistungserstellungsprozeß bzw. die Werttransformation in der Kostenarten-, Kostenstellen-, Kostenträgerrechnung abgebildet. Die Aufnahme der Investitions- und Finanzierungs- sowie der Organisations- und Transportfragen in die wissenschaftliche Betrachtung war eine folgerichtige Weiterentwicklung. Sie führte aber ebenso wie die zunehmende Planungs- und Entscheidungsorientierung zu keinem grundsätzlichen Wechsel des Blickwinkels. Das Forschungsfeld der Betriebswirtschaftslehre wurde zwar immer größer und facettenreicher, die Objekte, auf die alle betrieblichen Prozesse ausgerichtet waren, bestanden aber nach wie vor in den Gütern, die zur Bedarfsdeckung dienen konnten.

Das änderte sich auch nicht, als mit zunehmendem Wohlstand und reichhaltigerem Angebot die Vermarktung dieser Güter größere Probleme aufwarf und die Absatzfunktion der Unternehmen zum Engpaß wurde[1]. Nach anfänglicher Dominanz der Konsumgüter in der absatzwirtschaftlichen Betrachtung wird heute den Investitionsgütern der ihnen zukommende Platz eingeräumt. Damit ist gleichzeitig die nahtlose Verbindung zur fertigungswirtschaftlich orientierten Betrachtung, bei der immer schon Maschinen, Teile und Einsatzstoffe im Vordergrund standen, wiederhergestellt. Eine gewisse Verengung blieb jedoch dadurch bestehen, daß in der Regel nur die Produktion von Seriengütern und deren Absatz auf anonymen Märkten als

---

[1] Die Ausführungen beziehen sich primär auf die industrielle Absatzfunktion. Die - zeitlich früher liegende - Entwicklung der Handelsverkehrs- und Handelsbetriebslehre wird hier vernachlässigt, weil die erste wissenschaftlich keine Weiterentwicklung gefunden hat, die zweite eine Spezielle Betriebswirtschaftslehre des Dienstleistungsbereichs darstellt, zu denen im Abschnitt 2.1 Stellung genommen wird.

Grundmodell verwendet wurde. Das stellt gegenüber der Wirklichkeit nicht nur eine unzutreffende Vereinfachung dar, sondern verstärkt die Orientierung an den Sachleistungen.

Die Integration der betrieblichen Teilprozesse wurde dann entscheidend durch das moderne Marketingdenken gefördert, das von einer marktorientierten Unternehmensführung ausgeht und alle Funktionen auf den Markt hin ausrichtet[2]. Damit verändert sich die Perspektive insofern, als nun die Sicht nicht mehr vom Unternehmen zum Markt erfolgt, sondern umgekehrt der Markt den Ausgangspunkt aller betrieblichen Überlegungen darstellt. Gegenstand des funktionsübergreifenden Marketingdenkens bleiben aber die produzierten Güter, die je nach den Anforderungen der unterschiedlichen Märkte hergestellt und abgesetzt werden müssen.

In jüngster Zeit vollziehen sich tiefgreifende technische Veränderungen, die durch die Schlagworte "Fabrik der Zukunft", "Büro der Zukunft" sowie "Integration von Büro und Fabrik" gekennzeichnet werden können[3]. In vielen Bereichen unserer Wirtschaft werden sie zu revolutionierenden Veränderungen in den Ablaufprozessen führen. Das hat eine gewisse Rückverlagerung des Schwerpunktes betriebswirtschaftlichen Interesses auf die Fertigungswirtschaft zur Folge. Es stellt sich jedoch die Frage, ob es sich dabei um eine der üblichen Pendelbewegungen handelt oder ob sich mit den neuen Technologien ein grundlegender Wandel abzeichnet, der zu einem Paradigmenwechsel in der Betriebswirtschaftslehre führen kann und vielleicht führen muß. Dies läßt sich nur beantworten, wenn man den Leistungserstellungsprozeß und sein Ergebnis genauer analysiert und dabei auf einen Trend eingeht, der ebenfalls kennzeichnend für entwickelte Volkswirtschaften ist: die wachsende Bedeutung der Dienstleistungen.

2. Dienstleistungen als Objekte des Marketing

2.1 Reine Dienstleistungen (Tertiärer Sektor)

Gruppiert man die Unternehmungen nach dem volkswirtschaftlich und statistisch weit verbreiteten Drei-Sektoren-Modell, dann werden im primären Sektor die Unternehmungen der Urproduktion, im sekundären Sektor die der verarbeitenden Wirtschaft und schließlich im Residualbereich des tertiären Sektors vor allem die Unternehmungen erfaßt, die der

---

[2] Vgl. z.B. Becker, J. (1988), S. 2ff.
[3] Vgl. z.B. Backhaus, K./Weiber, R. (1987), S. 70ff.

Dienstleistungsindustrie ("Service Industry") zuzurechnen sind[4]. Dazu zählen alle Organisationen, die mit und ohne Erwerbscharakter, als Unternehmungen der Privatwirtschaft oder als Teil der öffentlichen Hand Dienstleistungen erstellen[5]. Diese Dienstleistungen bilden entweder ausnahmslos, aber mindestens deutlich überwiegend den Inhalt ihrer Tätigkeit. Deshalb kann man auch vom Bereich der reinen Dienstleistungen sprechen.

Über die Bedeutung der drei Sektoren insgesamt und ihr Verhältnis zueinander wurden viele Theorien aufgestellt. Diesen ist gemeinsam, daß sie von einem starken Anwachsen des tertiären Sektors ausgehen, das mit dem Schlagwort "Entwicklung zur Dienstleistungsgesellschaft" charakterisiert werden kann[6]. Die zunehmende Arbeitsteilung und Spezialisierung, die wachsende Komplexität der Wirtschaft, höhere Ansprüche der Bevölkerung, aber auch das Anwachsen der öffentlichen Aufgaben sind neben anderen Ursachen für diese Entwicklung verantwortlich. Ohne auf Differenzierungen und Einschränkungen der These von der Dominanz des tertiären Sektors einzugehen, kann man jedoch feststellen, daß die Entwicklung tendenziell in eine solche Richtung geht[7].

Die Betriebswirtschaftslehre hat dieser Tatsache Rechnung zu tragen. Das bedeutet, daß nicht mehr wie bisher vor allem die Unternehmungen der verarbeitenden Wirtschaft im Mittelpunkt der Betrachtung stehen sollten, sondern auch die Organisationen des tertiären Sektors auf ihren betriebswirtschaftlichen Gehalt zu untersuchen sind. Für die Bereiche Handel, Banken und Versicherungen sowie Verkehr gilt das bereits[8]. Noch stärker müßte aber das Augenmerk auch auf die bisher weniger untersuchten erwerbswirtschaftlichen Unternehmungen des Dienstleistungssektors sowie auf das große und sehr heterogene Feld der nichterwerbswirtschaftlichen Organisationen gerichtet werden. Nur so kann der Bedeutung dieser Bereiche, die sich in ihrem Anteil an der Bruttowertschöpfung bzw. in den Beschäftigtenzahlen dokumentiert, entsprochen werden. Die in den Dienstleistungssektoren anzutreffenden betriebswirtschaftlichen Besonderheiten rechtfertigen durchaus eine stärkere Beachtung der Bereiche. Ihre Behandlung würde zu einer Auffüllung einiger der vielen bislang noch bestehenden weißen Flecken auf der wissenschaftlichen Landkarte des Faches führen. Daraus könnten ferner wertvolle Erkenntnisse für die theoretischen Grundlagen der Betriebswirtschaftslehre gewonnen werden, deren heute feststellbare Einseitigkeiten auf diese Weise vermindert würden. Allerdings ergäbe sich durch die

---

[4] Diese Einteilung ist insbesondere mit den Namen Clark, Fisher, Fourastié und Wolfe verbunden; als Überblick vgl. u.a. Corsten, H. (1988), S. 1ff.; Maleri, R. (1973), S. 9ff.
[5] Hierzu gehören außer den "klassischen" Dienstleistungsbereichen Handel und Verkehr sowie Kreditwirtschaft und Versicherungen so verschiedenartige Branchen wie Rechts- und Wirtschaftsberatung, Rundfunk und Fernsehen, Makler und Architekten oder das Gesundheitswesen. Vgl. hierzu ausführlich Falk, B. (1980), S. 13ff.
[6] Vgl. insbesondere Fourastié, J. (1969).
[7] Vgl. z.B. Albach, H. (1989), S. 397ff.
[8] In diesen Bereichen haben sich Spezielle Betriebswirtschaftslehren entwickelt.

Vermehrung der Speziellen Betriebswirtschaftslehren die Gefahr einer Aufspaltung und Zersplitterung des Faches in sehr viele Teildisziplinen. Ob dies wünschenswert ist - und das muß man bezweifeln - kann hier nicht näher untersucht werden. Vielmehr soll ein anderes, vielleicht noch grundsätzlicheres Problem, das die Fundamente des bisherigen betriebswirtschaftlichen Gebäudes betrifft, in den Mittelpunkt gerückt werden.

2.2 Interne Dienstleistungen

Gleiches gilt für einen anderen Bereich der Dienstleistungen, der ebenfalls bisher noch zu wenig untersucht wurde und eine Fülle von z.T. sehr schwierigen betriebswirtschaftlichen Fragen aufwirft: die internen Dienstleistungen, die im Unternehmen für andere Abteilungen und Instanzen erstellt werden. Aus der Vielzahl der hiermit angesprochenen Leistungen seien beispielhaft nur einige wenige genannt: zentrale EDV-Leistungen, innerbetriebliche Transportleistungen, Rechtsberatung, Weiterbildung, Leistungen des Personal- und Sozialwesens und viele mehr. Die betriebswirtschaftliche Untersuchung dieser internen Dienstleistungen ist bisher noch sehr unvollständig. Bereits die Kostenerfassung und -verrechnung stoßen auf Schwierigkeiten[9]. In noch höherem Maße gilt das für die Steuerung der Inanspruchnahme interner Leistungen und ihre innerbetriebliche Vermarktung[10]. Die Frage, ob diese Leistungen in zunehmendem Maße intern erstellt oder durch selbständige Dienstleistungsunternehmen erbracht und von ihnen zugekauft werden sollen (Make-or-buy-Entscheidung), ist umstritten und wird unterschiedlich beantwortet[11]. Ebenso werfen die Möglichkeiten, diese internen Dienstleistungen zu Marktleistungen auszubauen und zu eigenständigen Erlösträgern umzuformen, interessante, in der Praxis wie in der Theorie aber noch zu wenig behandelte Probleme auf.

Es zeigt sich, daß in allen Unternehmungen mit wachsender Größe eine Vielzahl von innerbetrieblichen Dienstleistungen erstellt wird. Sie stehen mehr oder weniger eng verbunden neben den auf die Erzeugung von Sachleistungen gerichteten Prozessen und führen dazu, daß Gegenstand der Unternehmungsleistung sowohl Sach- als auch Dienstleistungen sind. Auch dieser Aspekt ist nicht Gegenstand des vorliegenden Beitrages, obwohl auf die Bedeutung und Untersuchungsbedürftigkeit des damit angesprochenen Bereichs nachdrücklich hingewiesen werden muß.

---

9 Zu möglichen Ansätzen vgl. z.B. Baumhoff, H. (1986), S. 166ff.
10 Vgl. hierzu ausführlich Cramer, B. (1987), S. 30ff.
11 Vgl. Albach, H. (1989), S. 401ff.; Engelhardt, W.H./Schwab, W. (1982), S. 505ff.

- Absatzmarktstudien für den Kunden
- Durchführbarkeitsstudien (Feasibility Studies)
- Standortuntersuchungen
- Rohstoffuntersuchungen
- Wirtschaftlichkeitsstudien
- Vorprojektierung
- Erstellung der Ausschreibung (Tender)
- Auswertung von Angeboten
- Beratungsleistungen
- Gesamtplanung und Basic Engineering
- Detail Engineering
- Beschaffung von Hard- und Software
- Beschaffung von Rechten (Lizenzen u.a.)
- Lizenzvergabe, Know-How-Transfer
- Lieferung von Hard- und Software
- Transportleistungen
- Versicherung (-svermittlung)
- Bauleistungen
- Montage und Montageüberwachung
- Projektmanagement
- Dokumentation
- Inbetriebsetzung
- Schulung von Betriebspersonal
- Technical Assistance
- Wartung der Anlage
- Ersatzteillieferungen
- Finanzierung (-svermittlung)
- Managementverträge (Betreiben der Anlage)
- Joint Ventures mit den Kunden
- Gegengeschäfte (Kompensationsgeschäfte)
- Vermarktungshilfen
- Revamping

Abb.1: Leistungsspektrum von Anbietern im industriellen Anlagengeschäft

Bei den vernetzten Systemtechnologien (Computer Integrated Manufacturing - CIM) tritt die herausragende und kaufentscheidende Rolle der Dienstleistungen besonders deutlich zutage[12]. Es handelt sich dabei um einen komplexen Sachleistungs-Dienstleistungsverbund. Der potentielle Nachfrager empfindet ein extrem hohes Risiko, wenn er sich auf eine solche neue Technologie einläßt. Dieses Risiko betrifft sowohl die technisch-funktionale Seite, da die Beurteilungsmöglichkeiten des Nachfragers in Anbetracht seiner bisher noch weitgehend fehlenden Erfahrungen gering sind. Es kommt hinzu, daß die Entwicklung sehr schnell weitergeht und der kurze Produktlebenszyklus zu einer raschen Überholung der heute getroffenen Entscheidung führen kann. Auch die ökonomische Seite wirft Risiken auf, da die Wirtschaftlichkeit der Technologie noch nicht durch entsprechende Rechenverfahren nachgewiesen werden kann. Schließlich entstehen erhebliche individual- und sozialpsychologische Risiken, die sich auf die Arbeitsplatzsicherheit, auf Qualifikationsbefürchtungen und auch auf sehr persönliche Einstellungsvorbehalte beziehen.

---

[12] Vgl. auch Günter, B./Kleinaltenkamp, M. (1987), S. 341 ff.

Der Anbieter von Systemtechnologien muß durch risikoreduzierende Dienstleistungen verschiedenster Art versuchen, die Kaufwiderstände zu überwinden. Damit erhalten die Dienstleistungen einen besonderen Stellenwert im Interaktionsprozeß zwischen Anbieter und Nachfrager (Abb. 2).

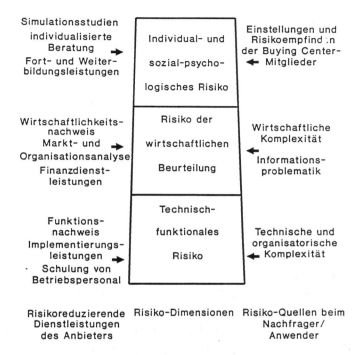

Abb.2: Risiko-Dimensionen, Risiko-Quellen und Risiko-Beeinflussung bei der Beschaffung von Systemtechnologien

Angesichts der Struktur eines solchen Bündels aus Sachleistungen, Dienstleistungen und Rechtsgütern ist aber die Frage, ob es sich um eine Sach- oder um eine Dienstleistung handelt, gar nicht mehr eindeutig zu beantworten (Abb. 3)[13].

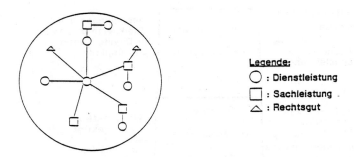

Abb.3:   Zunehmende Komplexität der Leistungsbündel

Der Kostenanteil der verschiedenen Leistungskategorien ist hierbei wenig hilfreich, weil er ein zu stark angebotsorientierter Maßstab ist. Erfolgversprechender hingegen ist der Vorschlag, die Zuordnung eines komplexen Leistungsbündels zu Sach- oder Dienstleistungen davon abhängig zu machen, welchen Leistungselementen das höchste akquisitorische Potential zukommt. Für die Absatzstrategie ist dieses Wissen um die für den jeweiligen Nachfrager kaufentscheidenden Leistungsbestandteile von ausschlaggebender Bedeutung. Allerdings führt dieser Ansatz zu sehr unterschiedlichen, da nachfragerspezifischen und somit nur sehr schwer nachvollziehbaren Einteilungen. Eine generelle Kategorisierung von Leistungsbündeln als Sach- oder Dienstleistungen kann auf diesem Wege demnach nicht gewonnen werden. Die traditionelle Aufgliederung läßt sich mithin kaum aufrecht erhalten, denn sie erweist sich sowohl für wissenschaftliche als auch für praktische Zwecke als wenig brauchbar.

---

[13] Diese Abbildung stellt eine Weiterentwicklung des Molekular-Modells von Shostack, G.L. (1977), S. 74ff. dar. Die Problematik der - notwendigen - Einbeziehung der Rechte in die Gesamtbetrachtung soll hier nur aufgezeigt, nicht aber weiter vertieft werden. Die Rechtsgüter bleiben also in der Folge unberücksichtigt.

2.3 Sach- und Dienstleistungsverbund

Die wachsende Bedeutung der Dienstleistungen zeigt sich noch in einem dritten Bereich: dem der Marktleistungen. Dabei ist von der These auszugehen, daß eine Sachleistung niemals allein, d.h. ohne Dienstleistungen abgesetzt wird, sondern immer ein Sach- und Dienstleistungsbündel vorliegt. Selbst das im Impulskauf erworbene konsumtive Verbrauchsgut ist mit einer ganzen Reihe von Distributions- und Kommunikationsleistungen verknüpft. Für die meisten Investitionsgüter gilt das in noch viel höherem Grade. Innerhalb dieses Verbundes nimmt der Anteil der Dienstleistungen in der Mehrzahl der Fälle ständig zu. In manchen Bereichen sind die Dienstleistungskosten bereits höher als die der Sachleistung i.e.S. Auch in akquisitorischer Hinsicht sind die Dienstleistungen von großer Bedeutung, da sie bei zunehmender Homogenisierung der Sachleistung oft die Kaufentscheidung bestimmen.

Die hier angesprochenen Dienstleistungen gliedern sich in solche vor dem Kauf (Pre-Sales-Services) sowie in die vielfältigen Leistungen, die nach dem Kauf erbracht werden und für die Folgekäufe von entscheidender Bedeutung sein können (After-Sales-Services).

Als Beispiel diene ein Katalog der Dienstleistungen im Anlagengeschäft, der verdeutlichen mag, wie zahlreich und verschiedenartig die Dienstleistungen auftreten können (Abb. 1).

Die Gründe für ein solches Anwachsen der Dienstleistungsanteile liegen ebenso in der Individualisierung der Nachfragerbedürfnisse wie im Differenzierungsstreben der Anbieter. Teilweise werden sie auch durch eine wachsende Komplexität der Sachleistungen und damit durch die technische Entwicklung erzwungen.

3. Dienstleistungsmarketing: Schwerpunktverlagerung oder neuer Denkansatz?

Für die Betriebswirtschaftslehre ergeben sich aus der Vergrößerung des Dienstleistungsanteils am Leistungsbündel zwei mögliche Konsequenzen: die erste, eher traditionelle, besteht darin, die Besonderheiten der Dienstleistungen intensiver als bisher zu untersuchen, die gewonnenen Erkenntnisse mit dem Wissensbestand im Sachleistungsbereich auf Gemeinsamkeiten und Unterschiede zu prüfen sowie - wenn letztere dominieren - neue Untersuchungsfelder abzustecken. Die Forderung läuft auf ein Mehr an Dienstleistungsforschung hinaus. Diesem Gedanken entspricht auch eine Ausweitung der Betriebswirtschaftslehre auf die bisher noch nicht behandelten Bereiche der reinen Dienstleistungen sowie eine stärkere Einbeziehung der internen Dienstleistungen.

Die viel grundsätzlichere zweite Konsequenz ergibt sich aus der Tatsache, daß die bisher so eindeutig erscheinende Differenzierung zwischen Sach- und Dienstleistung unscharf geworden ist und wissenschaftlichen Anforderungen nicht mehr genügt. Eine sich hieraus ergebende Konsequenz könnte darin bestehen, überhaupt keinen Unterschied mehr zwischen Sach- und Dienstleistungen zu machen oder aber einen anderen Ansatzpunkt als den bisher verwendeten für die Differenzierung zu entwickeln. Letzteres ist das Anliegen des vorliegenden Beitrags. Dazu ist es notwendig zu prüfen, ob und gegebenenfalls in welcher Weise sich hinsichtlich des Leistungsergebnisses, der Bereitstellungsleistung oder des Leistungserstellungsprozesses charakteristische Abweichungen zwischen Sach- und Dienstleistungen zeigen, auf denen eine wissenschaftlich fruchtbare und praktisch brauchbare Unterscheidung aufbauen kann[14].

3.1 Abkehr von der Ergebnisorientierung

Die bisher übliche und kaum in Zweifel gezogene Unterscheidung zwischen Sach- und Dienstleistungen setzt am Leistungsergebnis an. Trennkriterium stellt die Materialität dar[15]. Sachleistungen sind durch ihre Stofflichkeit gekennzeichnet, die für Konsum- wie für Investitionsgüter in gleichem Maße gilt. Für die Dienstleistungen wurde eine ganze Reihe von Kriterien entwik-

---

[14] Vgl. auch Rosada, M. (1989).
[15] Vgl. u.a. Berry, L.L. (1984), S. 30; Graumann, J. (1983), S. 28ff.; einen Überblick über den Stellenwert dieses Kriteriums in der amerikanischen Literatur geben Zeithaml, V.A./Parasuraman, A./Berry, L.L. (1985), S. 33f.

kelt, die sich bei genauer Betrachtung fast ausnahmslos auf ein einziges Merkmal zurückführen lassen: das der Immaterialität. Damit ist die Tatsache angesprochen, daß Dienstleistungen sinnlich nicht wahrnehmbar sind. Die ebenfalls als Kriterien herangezogenen Merkmale der Nichtlagerfähigkeit, der Individualität, der Simultanität von Produktion, Absatz und Verbrauch sowie der fehlenden Eigentumsübertragung[16] sind entweder Synonyma für die Immaterialität oder erfassen Tatbestände, die sich aus der Unstofflichkeit ergeben.

Eine genauere Analyse zeigt aber, daß eine ganze Reihe von Dienstleistungen ein materiell greifbares Ergebnis hat (z.B. Reparaturleistungen am Kraftfahrzeug oder die Anfertigung eines Maßanzuges) bzw. die Abgrenzung zwischen Dienstleistung und Trägermedium (Buch, Schallplatte, schriftlicher Bericht einer Beratungsleistung, schriftliche Urteilsabfassung etc.) nicht eindeutig ist. Die Trennschärfe des Kriteriums Immaterialität ist folglich höchst unzureichend.

Ferner ist zu berücksichtigen, daß weniger die Ergebnisse von Leistungserstellungsprozessen Gegenstand betriebswirtschaft-licher Betrachtung sind als vielmehr die zu ihrer Entstehung führenden Vorgänge. Ihr Zustandekommen zu planen, zu steuern und zu kontrollieren sowie ihren Erfolg am Markt zu messen, steht ganz im Mittelpunkt des Interesses. Die Objekte, auf die sich die Prozesse beziehen, treten demgegenüber deutlich in den Hintergrund.

3.2 Die Bereitstellungsleistung als gemeinsame Basis

Am Anfang jedes Leistungserstellungsprozesses steht eine Bereitstellungsleistung. Damit ist die Auswahl, Beschaffung und Kombination der Potential- und Verbrauchsfaktoren gemeint, die in elementare und dispositive Faktoren gegliedert werden können[17]. Die jeweiligen Bereitstellungsleistungen sind zwar, bedingt durch das geplante Leistungsergebnis, die Art des Leistungserstellungsprozesses sowie durch die Strukturmerkmale der Organisation, regelmäßig sehr unterschiedlich. Allerdings lassen sich keine eindeutigen und grundlegenden Differenzierungen zwischen Bereitstellungsleistungen feststellen, die für die Erstellung von Sachleistungen erforderlich sind und solchen, die für die Erbringung von Dienstleistungen benötigt werden. So läßt sich beispielsweise die Auffassung, Dienstleistungsunternehmen bedürften einer geringeren Kapitalausstattung, durch den Hinweis auf Verkehrsbetriebe, Krankenhäuser und Großbanken rasch entkräften. Auch hinsichtlich anderer Potential- und Verbrauchsfaktoren ergeben sich keine eindeutigen Strukturmerkmale.

---

[16] Vgl. z.B. Cowell, D.W. (1984), S. 23ff.
[17] Vgl. Gutenberg, E. (1979), S. 2ff.

Daraus ist der Schluß zu ziehen, daß alle Unternehmungen einer Bereitstellungsleistung bedürfen, die sich zwar im einzelnen stark zu unterscheiden vermag, aber keine Möglichkeit bietet, die Sachleistungserzeugung von der Dienstleistungserstellung eindeutig zu trennen.

3.3 Charakterisierung des Dienstleistungsprozesses

Den dritten Ansatzpunkt zur Unterscheidung von Sach- und Dienstleistungen bietet der finale Leistungserstellungsprozeß. Hier ergeben sich grundlegende Unterschiede, die es erlauben, einen Sachleistungs- und einen Dienstleistungsprozeß klar voneinander abzugrenzen und die jeweiligen Besonderheiten zu charakterisieren.

Trennkriterium für die beiden Prozeßtypen ist die Integration eines externen Faktors. Sie ist beim Dienstleistungsprozeß begriffskonstitutiv, während sie beim Sachleistungsprozeß fehlt. Mit der Integration des externen Faktors wird die Mitwirkung des Nachfragers am Leistungserstellungsprozeß erfaßt. Der externe Faktor kann als Person auftreten (z.B. Weiterbildung), es können Objekte des Abnehmers diese Funktion übernehmen (z.B. Reparatur an Gegenständen des Auftraggebers) oder aber Informationen des Nachfragers den Leistungserstel-lungsprozeß auslösen und bestimmen (z.B. Marktforschungsaufträge, Beratungsleistungen)[18]. Dabei ist anzumerken, daß Informationen stets am Leistungserstellungsprozeß beteiligt sind, auch im Fall der personal- oder objektbezogenen Dienstleistungen.

Ein Dienstleistungsprozeß liegt demnach vor, wenn ein Anbieter einen externen Faktor derart mit seiner Bereit-stellungsleistung kombiniert, daß dieser dadurch zum Produktionsfaktor wird und im Leistungserstellungsprozeß eine Veränderung erfährt. Mithin kommt dem Nachfrager eine Doppelfunktion zu: Er ist Mitproduzent und Abnehmer zugleich[19].

Demgegenüber vollzieht sich der Sachleistungsprozeß ohne Mitwirkung des externen Faktors. Der Anbieter setzt einen Leistungserstellungsprozeß in Gang, der zur Produktion von Leistungen führt, die auf dem Markt abgesetzt werden müssen. Er verfügt zwar uneingeschränkt über den Einsatz der Produktionsfaktoren, wodurch das Produktionsrisiko gesenkt wird. Das Absatz-

---

[18] Neben Personen, Objekten und Informationen können Tiere und Pflanzen sowie Rechte und Nominalgüter als externe Faktoren auftreten. Vgl. z.B. Hilke, W. (1984), S. 8f.
[19] Toffler hat hierfür den Begriff des "Prosumers" geprägt; vgl. Toffler, A. (1980), S. 274ff.

risiko ist jedoch entsprechend höher, da für die erstellten Leistungen erst nach der Produktion Abnehmer gefunden werden müssen.

Bei einem Dienstleistungsprozeß verfügt der Anbieter autonom über die internen Produktionsfaktoren. Sein Einfluß auf den externen Faktor ist hingegen beschränkt. Dadurch erhöht sich das Produktionsrisiko, weil die Mitwirkung des externen Faktors nur in Grenzen beeinflußt werden kann. Das Marktrisiko ist jedoch geringer als beim Sachleistungsprozeß, weil zu Beginn der Leistungserstellung der Kaufprozeß bereits abgeschlossen ist. Zwar bestehen auch im Dienstleistungsprozeß Marktrisiken; diese beziehen sich aber nicht auf den Absatz der erstellten Leistungen, sondern auf die Auswahl und Ausrichtung der Bereitstellungsleistung und sind insofern Bestandteil jedes wirtschaftlichen Handelns.

Die Mitwirkung des externen Faktors führt zu einer tiefgreifenden Beeinflussung des Leistungserstellungsprozesses und damit eines zentralen betrieblichen Problembereichs. Man gewinnt ein eindeutiges Trennkriterium zwischen Sach- und Dienstleistungsprozessen. Diese zu unterscheiden, ist von größerer Bedeutung als die ohnehin kaum befriedigend durchzuführende und auch wenig aussagefähige ergebnisorientierte Differenzierung in Sach- und Dienstleistungen. Die Stofflichkeit des Gutes bleibt hiervon unberührt. Selbstverständlich sind Maschinen, die in Auftragsfertigung erstellt werden, materielle Leistungen, aber der Prozeß ihrer Erstellung, der aus einer Interaktion zwischen Anbieter und Nachfrager besteht, ist ein Dienstleistungsprozeß. Für den Anbieter ist es von größter Wichtigkeit, dabei alle für Dienstleistungen relevanten Aspekte im Rahmen der Vermarktungsstrategie zu berücksichtigen. Handelt es sich hingegen um Sachleistungen, die ohne Mitwirkung des externen Faktors produziert werden, sind ganz anders gelagerte betriebswirtschaftliche Probleme zu lösen, obwohl es sich - stofflich gesehen - ebenfalls um materielle Leistungen handelt. Damit wird deutlich, daß die prozeßorientierte Betrachtung der ergebnisorientierten deutlich überlegen ist und zu interessanten neuen betriebswirtschaftlichen Aspekten führt.

Wendet man diese Ableitung auf die neuen Technologien an, so gewinnt die Leistungserstellung für den CIM-Anwender eine neue Dimension. Die Technologie versetzt ihn in die Lage, seine Leistungsangebote zu individualisieren. Im Extremfall kann jede einzelne Leistung den spezifischen Bedürfnissen des Kunden angepaßt werden ("Losgröße 1"). Daraus eröffnen sich dem Anbieter solcher Leistungen neue Möglichkeiten, indem er die Individualisierung als akquisitorisches Instrument zur Differenzierung seiner Leistung gegenüber der seiner Konkurrenten einsetzt. Allerdings erfordert dies eine speziell auf die Dienstleistungen ausgerichtete Absatzpolitik, denn durch die Integration eines externen Faktors wird ein Dienstleistungsprozeß ausgelöst.

3.4 Entwicklung einer Dienstleistungstypologie

Es wurde bereits darauf hingewiesen, daß der große Bereich der Dienstleistungen eine erhebliche Dynamik aufweist und sehr heterogene Erscheinungen umfaßt. Deshalb ist es für die Entwicklung von betriebswirtschaftlichen Strategien notwendig, zweckmäßige Gruppierungen zu schaffen. Diese sollten sich durch unterschiedliches Nachfrage- und Konkurrenzverhalten auszeichnen und die Ableitung entsprechender Anbieterstrategien zulassen.

Da für die Dienstleistungsprozesse der externe Faktor von so ausschlaggebender Bedeutung ist, liegt es nahe, ihn als diskriminierendes Kriterium heranzuziehen. Hierbei sind zwei Dimensionen zu unterscheiden. Es sind dies einerseits der Grad der Mitwirkung bzw. des Einflusses des externen Faktors auf das Leistungsergebnis und andererseits die Verschiedenartigkeit (Varietät) des externen Faktors.

Der erste Gesichtspunkt läßt sich grob dahingehend unterteilen, ob der externe Faktor einen hohen Einfluß auf das Leistungsergebnis hat oder ob sein Mitwirkungsgrad relativ gering ist. Im ersten Fall wird das Leistungsergebnis durch aktive Partizipation des Nachfragers entscheidend mitgeprägt, im zweiten Fall löst dieser zwar den Leistungserstellungsprozeß aus, spielt aber bei seinem Vollzug nur eine untergeordnete Rolle und hat mithin einen geringen Einfluß auf das Ergebnis.

Hinsichtlich der Varietät lassen sich ebenfalls zwei Extrempositionen unterscheiden. Die Varietät ist groß, wenn die Anforderungen durch den externen Faktor von Fall zu Fall deutlich voneinander abweichen und die Dienstleistungsprozesse dadurch einen hohen Individualitätsgrad gewinnen. Von niedriger Varietät kann man sprechen, wenn die Einbindung des externen Faktors in den finalen Leistungserstellungsprozeß jeweils ähnliche Anforderungen an die Erbringung einer bestimmten Dienstleistung stellt.

Aus der Kombination der beiden diskriminierenden Dimensionen lassen sich vier Grundpositionen für Dienstleistungen entwikkeln, die zu jeweils anderen Verhaltenstypen und Angebotsstrategien führen (Abb. 4).

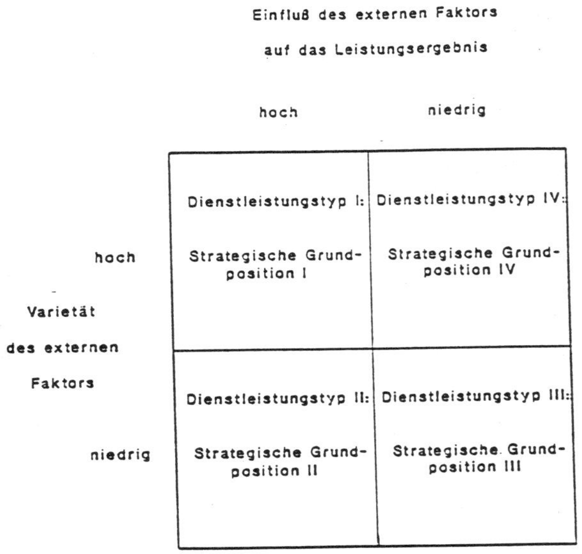

```
                    Einfluß des externen Faktors
                     auf das Leistungsergebnis

               hoch              niedrig

        ┌─────────────────────┬─────────────────────┐
        │ Dienstleistungstyp I:│ Dienstleistungstyp IV:│
   hoch │                     │                     │
        │ Strategische Grund- │ Strategische Grund- │
        │    position I       │    position IV      │
Varietät├─────────────────────┼─────────────────────┤
des externen
Faktors │ Dienstleistungstyp II:│ Dienstleistungstyp III:│
        │                     │                     │
  niedrig│ Strategische Grund- │ Strategische Grund- │
        │    position II      │    position III     │
        └─────────────────────┴─────────────────────┘
```

Abb.4: Dienstleistungstypen als Basis der Strategieformulierung

3.5 Anwendung auf neue Technologien

Zur Erstellung einer Absatzstrategie ist es zunächst erforderlich, eine Einordnung der angebotenen Dienstleistung in eines der Felder der Strategischen Grundpositionen vorzunehmen. Bei den neuen Technologien hat der Nachfrager über die Integration des externen Faktors großen Einfluß auf das Leistungsergebnis, weil die Qualität der installierten Faktorkombination von seinen Informationen über strukturelle Gegebenheiten und seine Ziele sowie von der Mitwirkung seiner Produktionsfaktoren in entscheidendem Maße abhängt. Weiterhin sind die Erwartungen des Nachfragers an die neue Technologie sowie die Art seines Inputs fallweise sehr verschieden. Das hängt von vielen Faktoren ab, von denen hier nur beispielhaft auf Branche, Betriebsgröße, Ressourcenpotential und Know how hingewiesen sei.

Hoher Einfluß auf das Leistungsergebnis und hohe Varietät ergeben demnach für die neuen Technologien eine Einordnung in die Strategische Grundposition I der Typologie-Matrix.

Damit ist ein Kaufverhalten der Nachfrager verbunden, das durch hohes wahrgenommenes Risiko charakterisiert ist. Diese Unsicherheit bezieht sich sowohl auf die Funktionstüchtigkeit der Produktionsfaktoren eines Anbieters, auf die Anforderungsentsprechung der resultierenden Leistungen und schließlich auch auf seine generelle Verläßlichkeit. Letzteres ist insbesondere vor dem Hintergrund einer hohen Anbieterfluktuation, verbunden mit unscharfem Angebotsprofil zu sehen.

Diese Gegebenheiten verlangen von dem Anbieter ein erhebliches Flexibilitätspotential bezüglich der Bereitstellungsleistung, um möglichst vielen Besonderheiten des Nachfragers entsprechen zu können. Ebenso werden hohe Ansprüche an die Qualität der internen Produktionsfaktoren, insbesondere im Bereich menschlicher Arbeit, gestellt.
Die Wettbewerbssituation tendiert zum Oligopol mit hohen Markteintrittsbarrieren. In Anbetracht fehlender nachweisbarer und vergleichbarer Referenzanlagen erfolgt die Akquisition vor allem über Kompetenznachweis (credence qualities)[20].

Die Absatzstrategie des Anbieters wird im Falle der Grundposition I folglich eine konsequente Präferenzstrategie sein müssen. Sie ist vor allem auf die Gestaltung der verschiedenen Leistungs- und Imageparameter ausgerichtet, weniger auf den Preis. Das bedeutet, daß dem Qualitätsmanagement[21] in allen seinen Erscheinungsformen große Bedeutung zukommt. Darüber hinaus gewinnen alle begleitenden Dienstleistungen an Gewicht, die dem Nachfrager vor und nach dem Kauf helfen, seine Kaufentscheidung zu treffen bzw. ihre Realisierung zu erleichtern. Dies alles dem potentiellen Nachfrager nahezubringen, ist Aufgabe einer sehr individuell ausgerichteten Kommunikationspolitik, in der das Personal Selling eine herausragende Rolle spielt.

---

[20] Zur Kompetenz vgl. Kleinaltenkamp, M./Rohde, H. (1988), S. 106ff. Zur Unterscheidung von "search, experience" und "credence qualities" vgl. insbesondere Zeithaml, V.A. (1984), S. 191ff.
[21] Zu Ansatzpunkten für ein umfassendes Qualitätsmanagement bei Dienstleistungen vgl. Parasuraman, A./Zeithaml, V.A./Berry, L.L. (1986).

4. Konsequenzen für die Allgemeine Betriebswirtschaftslehre

Zieht man aus den bisherigen Ausführungen Konsequenzen für die Allgemeine Betriebswirtschaftslehre, so lassen sich diese in einigen Thesen zusammenfassen:

1. Die wachsende Bedeutung der Dienstleistungen muß von der Betriebswirtschaftslehre in stärkerem Maße als bisher aufgegriffen und berücksichtigt werden.

2. Die vorliegenden Ansätze zur Dienstleistungslehre sind zu stark institutionell auf die Dienstleistungsunternehmungen ausgerichtet. Dabei wird der Immaterialität der Dienstleistungen eine zu große, dem Einfluß des externen Faktors auf den Leistungserstellungsprozeß eine zu geringe Beachtung geschenkt.

3. Von mindestens ebenso großer Bedeutung wie die reinen Dienstleistungen sind die mit Sachleistungen verbundenen Dienstleistungen. Ihr Anteil sowie ihr Einfluß auf die Kaufentscheidung werden immer größer. Die Betriebswirtschaftslehre wird dieser Entwicklung aber nicht gerecht, wenn sie von der früher einseitigen Betonung der Sachleistungen nun zu einer ebenso einseitigen Schwerpunktverlagerung auf die damit verbundenen Dienstleistungen übergeht. Vielmehr ist eine grundlegende Neuorientierung notwendig.

4. Eine dienstleistungsorientierte Betriebswirtschaftslehre erfordert einen Paradigmenwechsel: Der ergebnisorientierte Denkansatz muß durch eine prozeßorientierte Betrachtung ersetzt werden.

5. Das prozeßorientierte Dienstleistungsmodell führt zu weitreichenden Implikationen für alle Bereiche der Allgemeinen Betriebswirtschaftslehre, die hier nur beispielhaft aufgezeigt werden können:

- Marketing:
  Der dem Leistungserstellungsprozeß vorgelagerte Absatzvorgang führt zu gravierenden Veränderungen bei der Planung und Gestaltung aller Marketinginstrumente.

- Internes Rechnungswesen:
  Das traditionelle interne Rechnungswesen ist primär auf die Abbildung der Erstellung von Sachleistungen für einen anonymen Markt ausgerichtet. Demgegenüber muß das dienstleistungsorientierte Modell vom Verkauf her konzipiert sein.

- Fertigung:
  Die Integration des externen Faktors, die beim klassischen Fertigungsprozeß fehlt, muß einbezogen und zu einer Optimierung geführt werden.

- Planung und Organisation:
  Die Ablaufplanung muß die Mitwirkung des externen Faktors aufnehmen und eventuell organisatorisch eine Abflachung der Hierarchiepyramide auslösen.

- Personalwesen:
  Die Integration des externen Faktors setzt eine entsprechende Schulung und Weiterbildung des eigenen Mitarbeiterstammes voraus.

- Externes Rechnungswesen:
  Das Dienstleistungsmodell führt zu einer anderen Sicht der Aufträge, Halb- und Fertigfabrikate, die keinem Verkaufsrisiko mehr unterliegen. Eventuell gewinnt die Percentage of Completion-Methode als Bewertungsansatz an Bedeutung.

Um den Anforderungen zu genügen, die durch zum Teil tiefgreifende Veränderungen in den Unternehmungen und in ihrer Umwelt ausgelöst werden, muß die Betriebswirtschaftslehre ihren Standort und ihre Ausrichtung überdenken. Dazu ist es notwendig, die theoretische Basis des Faches zu überprüfen und gegebenenfalls neue Ansätze zu entwickeln. Auch wenn - wie im vorliegenden Fall - ein Funktionsbereich (der Absatz) besonders betroffen ist, müssen die Interdependenzen zu allen anderen betriebswirtschaftlichen Teildisziplinen beachtet werden. Deshalb ergeht die Herausforderung zur Erforschung neuer Grundlagen an die Allgemeine Betriebswirtschaftslehre.

Literaturverzeichnis

Albach, H. (1989): Dienstleistungsunternehmen in Deutschland, in: ZfB, 59. Jg.(1989), S. 397-420

Backhaus, K./Weiber, R.: Systemtechnologien - Herausforderung des Investitionsgütermarketing, in: Harvard manager, 1987, Nr. 4, S. 70-80

Baumhoff, H. (1986): Verrechnungspreise für Dienstleistungen, Köln et al. 1986

Becker, J. (1988): Marketing-Konzeption, 2. Aufl., München 1988

Berry, L.L. (1984): Services marketing is different, in: Lovelock, Ch.H. (Hrsg.): Services marketing, Englewood Cliffs/New Jersey (1984), S. 29-37

Corsten, H. (1988): Betriebswirtschaftslehre der Dienstleistungsunternehmungen, München/Wien 1988

Cowell, D.W. (1984): The marketing of services, London 1984

Cramer, B. (1987): Marketing für innerbetriebliche Weiterbildungsleistungen, Frankfurt a.M. et al. 1987

Engelhardt, W.H./Schwab, W. (1982): Die Beschaffung von investiven Dienstleistungen, in: DBW, 42. Jg.(1982), S. 503-513

Falk, B. (1980): Zur Bedeutung des Dienstleistungsmarketing, in: Falk, B. (Hrsg.): Dienstleistungsmarketing, Landsberg am Lech 1980, S. 9-28

Fourastié, J. (1969): Die große Hoffnung des zwanzigsten Jahrhunderts, 2. Aufl., Köln 1969

Graumann, J. (1983): Die Dienstleistungsmarke, München 1983

Günter, B./Kleinaltenkamp, M. (1987): Marketing-Management für neue Fertigungstechnologien, in: ZfbF, 39. Jg.(1987), S. 323-354

Gutenberg, E. (1979): Grundlagen der Betriebswirtschaftslehre, Bd. 1, Die Produktion, 23. Auflage, Berlin et al. 1979

Hilke, W. (1984): Dienstleistungs-Marketing aus der Sicht der Wissenschaft, Diskussionsbeiträge des Betriebswirtschaftlichen Seminars der Albert-Ludwigs-Universität Freiburg im Breisgau, Freiburg i.Br. 1984

Kleinaltenkamp, M./Rohde, H. (1988): Mit Kompetenzzentren Barrieren überwinden, in: absatzwirtschaft, 31. Jg. (1988), Nr. 11, S. 106-115

Maleri, R. (1973): Grundzüge der Dienstleistungsproduktion, Berlin 1973

Parasuraman, A./Zeithaml, V.A./Berry, L.L. (1986): Servqual: A multiple-item scale for measuring customer perceptions of service quality, in: Marketing Science Institute (Hrsg.): Working Paper, Report No. 86-108, Cambridge, Massachusetts 1986

Rosada, M. (1989): Kundendienststrategien im Automobilsektor - Theoretische Fundierung und Umsetzung eines Konzeptes zur differenzierten Vermarktung von Sekundärdienst-leistungen, Diss. Bochum 1989 (erscheint demnächst)

Shostack, G.L. (1977): Breaking free from product marketing, in: Journal of Marketing, Vol. 41 (1977), No. 1, S. 73-80

Toffler, A. (1980): Die Zukunftschance, München 1980

Zeithaml, V.A.: How consumer evaluation processes differ between goods and services, in: Lovelock, Ch.H.(Hrsg.): Services marketing, Englewood Cliffs/New Jersey (1984), S. 191-199

Integrations- und Flexibilitätswirkungen neuer Umweltschutztechnologien

Hartmut Kreikebaum[*]

1.	Einleitung
1.1	Problemstellung
1.2	Begriffliche Klarstellung
2.	Integrationswirkungen
2.1	Im F&E-Bereich
2.2	Im Produktionsbereich
2.3	Im Marketingbereich
3.	Flexibilitätswirkungen
3.1	Technologische Aspekte
3.2	Organisatorisch-personelle Aspekte
4.	Konsequenzen für die betriebswirtschaftliche Lehre und Forschung

---

[*] Prof. Dr. Hartmut Kreikebaum, Seminar für Industriewirtschaft, Universität Frankfurt

1. Einleitung

1.1 Problemstellung

Integration und Flexibilität sind inhärente Eigenschaften von Ökosystemen als sich selbst stabilisierende, vernetzte Modelle mit verschiedenen Rückkopplungsmechanismen. Im Unterschied dazu realisieren ökonomische Systeme kein autonomes Gleichgewicht, da bei ihnen die Wachstumsprozesse nicht grundsätzlich systemintern begrenzt werden. Durch bewußte, künstliche Nachahmung von ökologischen Regelmechanismen könnten ökonomische Systeme allerdings erheblich umweltverträglicher ausgestaltet werden. Zu diesen Gestaltungsaktivitäten zählt auch die Einführung von Umweltschutztechnologien. Umweltschutztechnologien verfolgen das Ziel, den Anteil der umweltschädigenden Emissionen zu minimieren und damit eine externalisierende Schadensverschiebung zu vermeiden. Insbesondere können neue Umweltschutztechnologien dazu beitragen, über Mechanismen der Selbstregulation der Energie-Inputs und der Schonung der Ressourcen ein qualitatives Wachstum zu erzielen.

Im Referat soll zunächst untersucht werden, welche Integrationswirkungen von neuen Umweltschutztechnologien ausgehen. Wir konzentrieren uns dabei auf die Forschung und Entwicklung (F&E), die Produktion und den Marketingbereich. Im Anschluß daran gehen wir auf die Flexibilitätswirkungen ein, wobei technologische und organisatorisch-personelle Auswirkungen herausgegriffen werden. Abschließend wird auf einige Konsequenzen des Themas für die betriebswirtschaftliche Lehre und Forschung aufmerksam gemacht.

1.2 Begriffliche Klarstellung

Üblicherweise unterscheidet man zwischen nachgeschalteten Technologien (end-of-pipe technologies) und emissionsvermeidenden bzw. integrierten Technologien (clean technologies). Die folgende Abbildung zeigt die wesentlichen Merkmale dieser beiden Technologien.

Nachgeschaltete Technologien (end-of-pipe technologies)	Integrierte Technologien (clean technologies)
- Entsorgungsstrategien (Verminderungsstrategien)	- Vermeidungsstrategien (Verminderungsstrategien)
- Umweltschutzgesichtspunkte werden nach dem Produktionsprozeß berücksichtigt	- Umweltschutzgesichtspunkte werden in den Produktionsprozeß integriert

Abb. 1: Arten von Umweltschutztechnologien

Als "neue" Umweltschutztechnologien sollen im folgenden die integrierten Technologien behandelt werden. Die charakteristischen Merkmale des integrierten Umweltschutzes gehen aus der nachstehenden Übersicht hervor.

Zeitpunkt:	Vorsorgliches Vermeiden vor nachträglichem Vermindern und Entsorgen bei der Vorbereitung und Planung von Produkten und Verfahren
Ziel:	Prozeßintegrierte Schadensvermeidung oder -verminderung durch Emissionsvermeidung und -senkung
Ort:	Auf naturwissenschaftlich-ingenieurmäßigem Wege werden Schad- und Rohstoffe der Produktion an der Quelle selbst ausgeschaltet bzw. minimiert
Betrachtungsweise:	Integrierend-ganzheitlich

Abb. 2: Definitionsmerkmale des integrierten Umweltschutzes

Für den integrierten Umweltschutz sprechen folgende Gründe:
- eine wirkliche Lösung von Umweltproblemen
- bessere Umweltverträglichkeit und keine Sekundäremissionen
- höhere Ressourcenschonung und weniger Energieverbrauch
- Vermeidung von Entsorgungsproblemen- und -kosten
- Schonung von Deponieraum
- Vermeidung zukünftiger Produktionseinschränkungen.

Dem stehen folgende Nachteile gegenüber:
- höherer Investitions- und Forschungsaufwand sowie
- längere Entwicklungszeit.

Wegen der überwiegenden Vorteile gewinnt der integrierte Umweltschutz immer stärker an Bedeutung. Das Ziel der Umwelttechnik muß es deshalb sein, den Anteil der reaktiven Gefahrenabwehr und Schadensreparatur zu reduzieren und damit eine externalisierende Schadensverschiebung zu vermeiden. Allerdings wird es auch in Zukunft keine vollständig reststofffreie Produktion (= "Null-Emission") geben können, selbst nicht bei gutem Willen aller Beteiligten und Beseitigung aller Friktionen. Aus naturgesetzlichen Gründen ist eine rückstandsfreie Produktion ausgeschlossen, denn Materie und Energie lassen sich nicht hundertprozentig in erwünschte Produkte umwandeln, sondern verbleiben auch in unerwünschten Kuppelprodukten. Man wird deshalb in gewissem Maße stets auf zusätzliche nachgeschaltete Maßnahmen angewiesen sein.

Sowohl nachgeschaltete als auch integrierte Umweltschutztechnologien können Gegenstand von marktbezogenen Aktivitäten der Unternehmen sein (= externer oder aktiver Umweltschutz). Hier ist in den nächsten Jahren eine beträchtliche Innovationswelle zu erwarten, vor allem ausgelöst durch die staatliche Gesetzgebung.

2. Integrationswirkungen

2.1 Im F&E-Bereich

Die Entwicklung neuer Umweltschutztechnologien ist häufig gekoppelt mit der Entwicklung neuartiger Werkstoffe. Es ist heute möglich, ganz neue, maßgeschneiderte Werkstoffe anwenderbezogen zu entwickeln. Allerdings zwingt dies zu einer stärkeren Integration von Produktionstechnologie und Produktentwicklung.

Ein Beispiel dazu bieten die polymeren Hochleistungsfaserverbundwerkstoffe (HVW).[1] Dies sind Materialien, die aus mindestens zwei Komponenten bestehen, wobei die eine in Faserform vorliegt und in die andere Komponente - die Polymermatrix - eingebettet ist. Durch die Kombination wird ein Material geschaffen, das in der Summe seiner Eigenschaften dem Eigenschaftsprofil der einzelnen Komponenten überlegen ist. Die außergewöhnlichen mechanischen Eigenschaften dieser Werkstoffe, die sich durch hohe Festigkeit und Steifigkeit bei gleichzeitig niedriger Dichte auszeichnen, prädestinieren sie für den Einsatz im Flugzeugbau und in der Raumfahrtindustrie. Weitere vielversprechende Anwendungsbereiche von Hochleistungsverbundwerkstoffen sind der Anlagenbau, die Energietechnik und die Robotertechnik, also Kernbereiche der Umweltschutzindustrie.

Im Gegensatz zu vielen herkömmlichen Werkstoffanwendungen, bei denen die Entwicklung des Werkstoffes und die des Bauteils zeitlich getrennt und somit unabhängig voneinander erfolgen, entstehen in der Regel bei polymeren HVW der eigentliche Werkstoff und das Bauteil gleichzeitig. Daraus ergibt sich die Notwendigkeit einer multidisziplinären Zusammenarbeit bei der Entwicklung von Fertigungstechnologie und Produkt, die durch das Zusammenwirken der Disziplinen Chemie, Physik, Mechanik und Ingenieurwissenschaften geprägt wird. Ein im Prinzip noch unbefriedigend gelöstes Problem der HVW stellt die Verbesserung der Umweltverträglichkeit dar.

2.2 Im Produktionsbereich

Die Umstellung von nachgeschalteten auf integrierte Technologien hängt von der Möglichkeit ab, Entsorgungsgesichtspunkte ex ante in konkrete produktionstechnische Maßnahmen umzusetzen. Sie wird vor allem durch die Produktionsweise, die Produktionsorganisation und die Prozeßführung bestimmt.[2] Man versucht heute z.B. bei neuen Umweltschutzverfahren in der chemischen Industrie, von diskontinuierlicher auf kontinuierliche Prozeßführung überzugehen, um Sicherheits- und Umweltaspekten Rechnung zu tragen. Dies geschieht durch kleinere Reaktorvolumina, eine bessere Kontrolle der Betriebsbedingungen durch Automatisierung, durch Energieeinsparung und Durchsatzreduktion sowie durch höhere und gleichmäßigere Produktqualität.

---

1 Für die Bereitstellung der Praxisbeispiele danke ich meinem Mitarbeiter im Forschungsprojekt der Stiftung Volkswagenwerk "Qualitatives Wachstum durch Produkt- und Prozeßinnovationen in der chemischen Industrie als Gegenstand des F&E-Managements", Herrn Dipl.-Ing. Dipl.-Kfm. Rolf Schmidt.
2 Siehe dazu Servatius 1985, S. 327 ff.

Ob der wünschenswerte Übergang von der nachgeschalteten zur integrierten Umweltschutztechnologie gelingt, hängt auch von der bestehenden produktionstechnischen Interdependenz ab. Zu fordern ist eine problemfreie Abstimmung integrierter Technologien auf die innerbetrieblichen Logistik- und Produktionssysteme. Dies bedingt eine ganzheitliche Denkweise und die verfahrenstechnische Integration. So muß z.B. die chemische Reaktionstechnik die Voraussetzungen schaffen für:

- die Entwicklung neuer chemischer Verfahren, besonders die dazu notwendige Übertragung einer chemischen Reaktion vom Labor auf den großtechnischen Maßstab (scale-up);
- die Verbesserung bereits laufender Verfahren durch Umstellung auf kontinuierlichen Betrieb, Automatisierung und Steuerung durch Prozeßrechner;
- die Anpassung laufender Verfahren an neue Anforderungen seitens der Rohstoffsituation an die Edukte (Ausgangsmaterialien), von seiten der Marktsituation an die Wertprodukte und seitens der Umweltsituation an die Abfallprodukte (bzw. die Anforderungen des Gesetzgebers).

Diese Aufgaben können nur durch ein enges Zusammenwirken von Chemie und Ingenieurwissenschaften erfüllt werden. Die produktionstechnische Integration setzt eine ex ante-Koordination voraus, die den gesamten Prozeßablauf umfaßt.

2.3 Im Marketingbereich

Integrierter Umweltschutz in Form des externen oder aktiven Umweltschutzes ist darauf angewiesen, daß eine enge Verknüpfung der Forschungs-, Produktions- und Marketingfunktion erreicht wird. Empfohlen wird in diesem Zusammenhang ein "Vorfeld-Marketing".[3] Dabei sind die "Betriebsbeauftragten für Umweltschutz" einzubeziehen.

---

[3] Vgl. Servatius 1988, S. 198 ff.

Der Betriebsbeauftragte für Umweltschutz sollte in die Lage versetzt werden, über seine Kontroll- und Informationsaufgaben hinaus an der Weiterentwicklung von integrierten Technologien des aktiven Umweltschutzes teilnehmen zu können, und zwar durch eine deutlich erkennbare organisatorische Verbindung zum F&E-Bereich und zum Marketing.[4] Er wird diese Steuerfunktion als "Prozeßpromotor" um so effizienter wahrnehmen können, je besser sein Informationsstand über die Marktpartner und die langfristigen Produkt-/Marktstrategien ist.[5]

Unternehmen, die eine marktmäßige Verwertung ihrer unvermeidbaren Produktionsrückstände anstreben, werden nicht nur das traditionelle strategische Marketinginstrument des Produktlebenszyklus einsetzen, sondern darüber hinaus auch den Rückstandszyklus berechnen und daraus Folgerungen für die Produktgestaltung ziehen.[6]

Und schließlich ist darauf hinzuweisen, daß der Markt für integrierte Umweltschutztechnologien "maßgeschneiderte" Verfahrenstechnologien und technisch komplexe Anlagen verlangt. Dies setzt eine enge Abstimmung der Vertriebsingenieure mit dem - technisch versierten - Kunden voraus.

3. Flexibilitätswirkungen

3.1 Technologische Aspekte

Um entstehende Schadstoffe bereits an der Quelle zu reduzieren, ist in der Produktionsstufe ein möglichst großes produktionstechnisches Flexibilitätspotential zu schaffen.[7] Wie dies im einzelnen geschehen kann, sollen die folgenden Beispiele deutlich machen. Sie sind dem Chemiebereich entnommen, in dem katalytische Verfahren speziell für den Energie- und Umweltbereich eine ausschlaggebende Rolle spielen.

---

4 Siehe dazu im einzelnen Kreikebaum 1988, S. 157 ff.
5 Vgl. Hauschildt/Chakrabarti 1988, S. 382-388.
6 Siehe dazu Strebel/Hildebrandt 1989, S. 101-106.
7 Zum Begriff siehe Reichwald/Behrbom 1983, S. 837 f.

Der Enzym-Membran-Reaktor (EMR) nutzt die Tatsache, daß das Enzym als Biopolymer (und gleichzeitig Biokatalysator) einerseits viel größer ist als das Produkt, andererseits aber noch wasserlöslich bleibt. Durch Verwendung einer geeigneten Filtrationsmembran kann der Katalysator in einem kontinuierlich durchflossenen Reaktionsgefäß zurückgehalten werden, während die kleineren Produktmoleküle den Bioreaktor ungehindert verlassen. Das Verfahren ermöglicht eine kontinuierliche homogene Katalyse.

Mit dem EMR-Verfahren lassen sich auch kompliziertere enzymatische Prozesse realisieren. Von der Degussa wurde ein Multi-EMR entwickelt, der sich die Prinzipien der enzymatischen Vorgänge in einer "lebenden" Zelle zum Vorbild nimmt und ein System ineinandergreifender Reaktionen katalysiert.

Je besser die Katalyse beherrscht wird, desto höher ist die Anpassungsfähigkeit des Systems infolge Verstärkung der Selektivität. Hier decken sich ökonomische und ökologische Kriterien, wie sich an folgendem Beispiel der aromatischen Amine zeigen läßt.

Aromatische Amine sind wichtige organische Zwischenprodukte. Im Werk Griesheim der Hoechst AG werden ca. 5O Produkte dieser Stoffklasse hergestellt. Obwohl die umweltgerechte Edelmetall-Katalyse schon bereits länger bekannt war und auch angewendet wurde, bestand das technische Problem in der mangelnden Flexibilität der nach diesem Prinzip arbeitenden Anlage im Vergleich zur Altanlage.

Die fehlende Flexibilität war durch die lange Produkttypwechselzeit von drei Tagen (für Reinigung usw.) bedingt. Durch eine verfahrenstechnische Optimierung war die Verringerung der Typwechselzeit auf weniger als 12 Stunden bei den zwei neuen Edelmetall-Katalyse-Straßen möglich. Dies geschah durch eine besonders effiziente Auslegung der Anlage für Reinigungszwecke.

Wie aus Abbildung 3 ersichtlich ist, liegen die ökologischen Vorteile der neuen Umweltschutztechnologie auf der Hand. Sie zeigen sich in einer erheblich geringeren Belastung der Atmosphäre und des Abwassers sowie in stark verbessserten Abfallwerten.

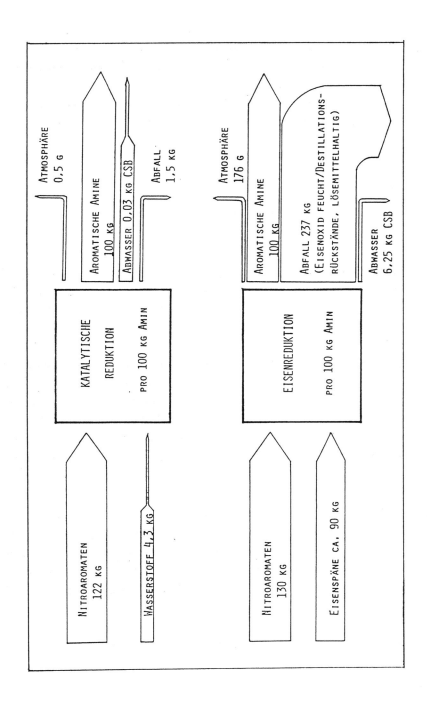

Abb. 3: Vergleich Eisenreduktion/katalytische Reduktion bei der Herstellung aromatischer Amine

Die Betriebsleitung muß immer dann eingreifen, wenn Konfliktsituationen zwischen Integrations- und Flexibilitätswirkungen entstehen. Dies ist z.B. der Fall, wenn eine integrierte Umweltschutztechnologie durch eine hochoptimierte Anlage zwar sehr umweltwirksam ist, aber unflexibel arbeitet. Häufig kann jedoch durch eine mechanische Umrüstung und die verstärkte Integration von Ingenieurwissen und Chemiker-Know-how eine höhere Flexibilität erreicht werden.

3.2 Organisatorisch-personelle Aspekte

Neue Umweltschutztechnologien bedingen den übergreifenden Verbund von Marketing, Produktion, Ingenieurwesen, Forschung und Entwicklung sowie Umweltschutz. Dies setzt den Einsatz entsprechender Organisationsmechanismen sowie einen innerbetrieblichen Personaltransfer voraus.

Projektgruppen haben sich als das anpassungsfähigste organisatorische Instrument erwiesen, um bestehende Innovationshemmnisse zu überwinden. Bereichsübergreifende Teams sind am ehesten in der Lage, die oft verkrusteten formalen Organisationsstrukturen aufzubrechen. Dabei kann die Anwendungstechnik als Drehscheibe zwischen F&E, Produktion, Vertrieb und Kunden angesehen werden. Als ein erfolgversprechendes Instrument zur Erzielung anpassungsfähiger Organisationsstrukturen erweisen sich auch zunehmend Formen einer "gelenkten Selbstorganisation".

Für Großunternehmen, die mit eigenen Umweltschutzabteilungen oder Tochtergesellschaften unter Nutzung ihres Know-hows in den Markt für Umweltschutzanlagen gehen, empfiehlt sich ein systematischer Personaltransfer zwischen den F&E-orientierten, den umweltschutzbezogenen und den marktorientierten Funktionsbereichen. Dieser kann dazu dienen, die "Bereichskulturen" zu überwinden und die Barrieren zwischen Technikern, Chemikern, Kaufleuten und Umweltschützern abzubauen.[8]

Die Bereichskulturen werden maßgeblich durch die jeweilige Grundhaltung gegenüber neuen Umweltschutztechnologien geprägt.

---

8 Vgl. dazu Servatius 1988, S. 199.

Es lassen sich prinzipiell drei Grundeinstellungen zum betrieblichen Umweltschutz unterscheiden:[9]

(1) Adaption (bereitwilliges Eingehen auf Umweltschutzprobleme durch konkrete Innovationen)
(2) Resistenz (alle über gesetzliche Vorschriften hinausgehenden Umweltschutzaktivitäten werden abgelehnt)
(3) Attentismus (abwarten und verschieben).

Diese Grundhaltungen beschreiben das Verhalten der Entscheidungsträger aufgrund des Umfelddrucks. Die Abbildung 4 zeigt, daß bei einem hohen Grad der Übereinstimmung zwischen ökonomischen und ökologischen Zielen mit einem adaptiven Verhalten zu rechnen ist, während bei einer niedrigen Ausprägung beider Kriterien Resistenz vorherrschen wird. Gleichzeitig läßt das nachstehende Potentialmodell erkennen, daß zwischen den Adaptions- und Resistenzfeldern ein breiter Gestaltungsraum für selektive Maßnahmen liegt. Der Unternehmensleitung bleibt die Daueraufgabe, die charakteristischen Denkweisen einzelner Bereiche durch geeignete Koordinationsmechanismen zu überwinden und die Unterschiede der beruflichen Sozialisation zwischen Chemikern, Ingenieuren, Kaufleuten, Juristen und Umweltschützern einzuebnen.

---

9 Vgl. dazu Strümpel 1988, S. 15.

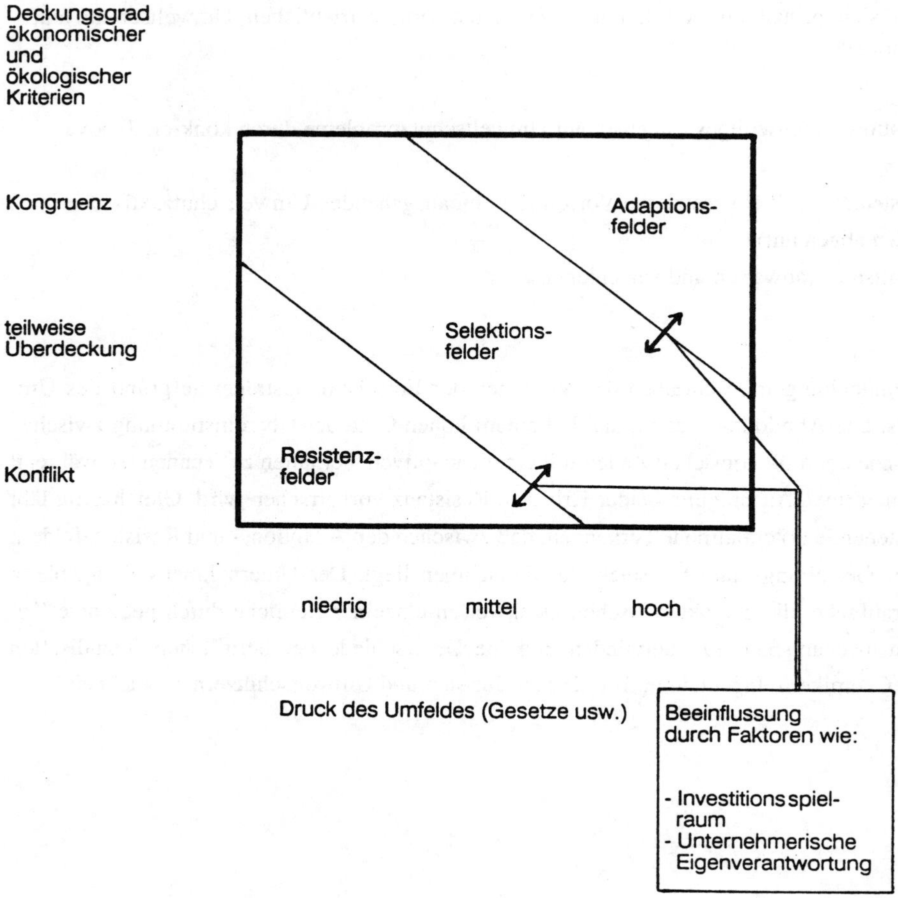

Deckungsgrad
ökonomischer
und
ökologischer
Kriterien

Kongruenz — Adaptions-
felder

teilweise Überdeckung — Selektions-
felder

Konflikt — Resistenz-
felder

niedrig   mittel   hoch

Druck des Umfeldes (Gesetze usw.)

Beeinflussung durch Faktoren wie:

- Investitionsspielraum
- Unternehmerische Eigenverantwortung

Abb. 4: Potentialmodell zu den Grundeinstellungen zum betrieblichen Umweltschutz

4. Konsequenzen für die betriebswirtschaftliche Lehre und Forschung

Die Beschäftigung mit neuen Umweltschutztechnologien bietet einige interessante Anreize für Lehre und Forschung.

Im Hochschulunterricht sind die Probleme des betrieblichen Umweltschutzes bislang nur sporadisch aufgegriffen worden. Es bietet sich angesichts der dynamischen Entwicklung des Umweltschutzmarktes nahezu zwingend an, in Zukunft stärker als bisher technische, organisatorische und personelle Auswirkungen neuer Umweltschutztechnologien in den akademischen Unterricht einzubeziehen. Geeignete Themen lassen sich in Form von Fallstudien und Feldstudien, von Seminar- und Diplomarbeiten bearbeiten. Die Studierenden der Betriebswirtschaftslehre können auf diese Weise erfahren, unter welchen Bedingungen ökonomische und ökologische Kriterien miteinander zu verknüpfen sind und daß bei der Gestaltung ökonomischer Systeme mit Erfolg auf Strukturprinzipien ökologischer Systeme zurückgegriffen werden kann. Sie können aber auch lernen, ob und wie Eingriffe in den Naturhaushalt bewertet und in ein "Öko-Controlling" einbezogen werden können. Schließlich ist darzustellen, zu welchen strategischen Veränderungen die Berücksichtigung einer ökologischen Verantwortung führen kann.[10]

Im Hinblick auf die Forschung ergibt sich eine Tendenz zur Förderung der Interdisziplinarität (nicht nur der Multidisziplinarität) durch aktive Forschungskooperationen zwischen Betriebswirten, Naturwissenschaftlern, Psychologen und anderen Wissenschaftsvertretern. Eingeübt werden kann auch das Denken in dynamisch-vernetzten Systemen (statt isolierter Kausalketten). Ein solches Denken wird um so notwendiger, je mehr die künftige Entwicklung einbezogen wird.

Die integrierten Umweltschutztechnologien werden weiter an Bedeutung zunehmen.[11] Gleichzeitig ist zu hoffen, daß die immer noch vorherrschenden "Insellösungen" des integrierten Umweltschutzes einer ganzheitlichen Problemsicht weichen werden. Eine mögliche neue Generation wäre gekennzeichnet durch den integrierten Schutz der Medien, Verfahren und Produkte, durch integrierte Kuppelproduktion bzw. großen Kuppelproduktionsverbund und durch eine weitere Steigerung des interdisziplinären Forschungsansatzes - mit entsprechenden Konsequenzen für eine flexibel reagierende Betriebswirtschaftslehre.

---

10 Siehe dazu im einzelnen Kreikebaum 1989, S. 172 ff.
11 Vgl. dazu auch Steger 1988, S. 259 ff.

Literaturverzeichnis

Hauschildt, J./Chakrabarti, A.K.: Arbeitsteilung im Innovationsmanagement, in: Zeitschrift Führung + Organisation, 57. Jg., 1988, S. 378-388

Kreikebaum, H.: Die Steuerung von Innovationsinitiativen am Beispiel des betrieblichen Umweltschutzes, in: Lücke, W. (Hrsg.): Betriebswirtschaftliche Steuerungs- und Kontrollprobleme, Wiesbaden 1988, S. 153-162

Kreikebaum, H.: Strategische Unternehmensplanung, 3. Aufl., Stuttgart/Berlin/Köln 1989

Reichwald, R./Behrbom, P.: Flexibilität als Eigenschaft produktionswirtschaftlicher Systeme, in: Zeitschrift für Betriebswirtschaft, 53. Jg., 1983, S. 831-853

Servatius, H.-G.: Methodik des strategischen Technologie-Managements. Grundlage für erfolgreiche Innovationen, Berlin 1985

Servatius, H.-G.: New Venture Management. Erfolgreiche Lösung von Innovationsproblemen für Technologie-Unternehmen, Wiesbaden 1988

Steger, U.: Umweltmanagement, Wiesbaden 1988

Strebel, H./Hildebrandt, Th.: Produktlebenszyklus und Rückstandszyklen, in: Zeitschrift Führung + Organisation, 58. Jg., 1989, S. 101-106

Strümpel, B.: Strategien des Umwelt- und Ressourcenschutzes im Unternehmen: Genese und Konsequenzen, Antrag an die Stiftung Volkswagenwerk, Berlin 1988.

Personalkapazitätsplanung und Arbeitsflexibilisierung

Hans-Otto Günther[*]

1. Arbeitsflexibilisierung
2. Flexible Personalkapazitätsplanung
2.1 Instrumentarium der Personalkapazitätsplanung
2.2 Flexibilitätsbedarf
2.3 Flexibilisierungspotential
3. Entscheidungsunterstützung
3.1 Konzeption
3.2 Modellierung
3.3 Lösung
4. Wirtschaftlicher Nutzen
4.1 Beschäftigungsglättung
4.2 Ausdehnung der Betriebszeiten
5. Perspektiven der Arbeitsflexibilisierung

---

[*] PD Dr. Hans-Otto Günther, Lehrstuhl für ABWL und Unternehmensforschung, Universität Mannheim

1. Arbeitsflexibilisierung

Keineswegs zufällig gehen die Verbreitung flexibler Fertigungssysteme, das Vordringen computergestützter Informationssysteme und die Flexibilisierung der Arbeit miteinander einher. Vor allem die sogenannten "neuen Technologien" begünstigen die Einführung flexibler Arbeitssysteme, denn die ansteigende Kapitalausstattung der Arbeitsplätze erfordert nicht nur eine Ausdehnung der Betriebszeiten, sondern auch eine effiziente Nutzung der Personalkapazitäten, zu der eine Flexibilisierung der Arbeitszeiten und des Personaleinsatzes wesentlich beitragen kann.

So ist es nicht verwunderlich, daß vor allem die Industrie nach Wegen gesucht hat, die Verteuerung der Arbeit dadurch aufzufangen, daß die Anlagenkapazitäten stärker ausgelastet sowie Personalkapazität und Kapazitätsbedarf besser aufeinander abgestimmt werden. Ein geeigneter Weg hierzu wird von vielen in der Flexibilisierung der Arbeit gesehen. Die insbesondere seit dem Tarifkonflikt in der Metallindustrie im Jahre 1984 hierüber geführte öffentliche Diskussion hat sowohl der industriellen Praxis als auch der betriebswirtschaftlichen Forschung neue wichtige Impulse gegeben.

Mit den aufkommenden Konzepten der Arbeitsflexibilisierung zeichnet sich eine durchgreifende Umgestaltung des Arbeitslebens ab, die auch in der produktionswirtschaftlichen Theorie angemessene Berücksichtigung finden muß. Zwar weist das betriebswirtschaftliche Schrifttum in jüngerer Zeit eine Fülle von Beiträgen zur Arbeitsflexibilisierung auf[1], doch ist lange Zeit kein erwähnenswerter Versuch unternommen worden, die sich im Rahmen der Arbeitsflexibilisierung stellenden *Entscheidungsprobleme* der Arbeitszeitgestaltung und des Personaleinsatzes in die produktionswirtschaftliche Theorie einzugliedern und die eintretenden betriebswirtschaftlichen Kon-

---

[1] Siehe z.B. die Beiträge in Albach [1988] sowie die bei Günther [1989] in Kapitel 1 angeführte Literatur.

sequenzen quantitativ abzuschätzen. Die motivierenden Fragestellungen einer Untersuchung zur "Personalkapazitätsplanung und Arbeitsflexibilisierung" lauten daher:

(1) in welcher Weise trägt eine *Flexibilisierung der Arbeit* (insbesondere der Arbeitszeiten) zu einer *Flexibilisierung der Personalkapazität* im Fertigungsbereich bei (siehe Abschnitt 2),

(2) wie muß ein System der *Entscheidungsunterstützung* gestaltet sein, das die Umsetzung arbeitsflexibilisierender Maßnahmen erleichtern soll (siehe Abschnitt 3),

(3) und welcher *wirtschaftliche Nutzen* ist durch Arbeitsflexibilisierungen zu erzielen (siehe Abschnitt 4)?

Arbeitsflexibilisierungen verdienen Beachtung aus unterschiedlicher wissenschaftlicher Sicht: personalwirtschaftliche, organisationale und rechtliche Aspekte sind von erheblicher Bedeutung bei der Beurteilung, Einführung und Anwendung von Flexibilisierungsmaßnahmen. Im folgenden sollen jedoch die *produktionswirtschaftlichen* Gesichtspunkte der Arbeitsflexibilisierung in den Mittelpunkt gestellt werden. Dabei geht es weniger um die Frage, wie die Arbeitszeit aus der Sicht des einzelnen Mitarbeiters zu gestalten ist. Vielmehr richtet sich das Augenmerk darauf, wie die Personalkapazität im Hinblick auf die *Glättung von Beschäftigungsschwankungen* und die *Ausdehnung der Betriebszeiten* angepaßt werden soll; denn es darf nicht übersehen werden, daß sich die Arbeitszeit des Einzelnen bei *aggregierter* Betrachtungsweise in der Personalkapazität des Betriebes niederschlägt.

Die Arbeitsflexibilisierung, deren Bedeutung durch die zunehmende Verbreitung dezentraler, flexibler Systeme der Fertigung und der Informationsverarbeitung noch gestärkt wird, steht sicherlich erst am Anfang einer immer weiter um sich greifenden Entwicklung. Um so wichtiger erscheint es, die produktionswirtschaftlichen und vor allem die kapazitativen Auswirkungen der Arbeitsflexibilisierung näher zu untersuchen. Einige Vorstellungen zu diesem Fragenkomplex sollen im folgenden zur Diskussion gestellt werden.

2. Flexible Personalkapazitätsplanung

In der produktionswirtschaftlichen Betrachtung richtet sich das Augenmerk darauf, wie die in der Arbeitsflexibilisierung verborgenen wirtschaftlichen Nutzenpotentiale ausgeschöpft werden können. Für die Betriebe eröffnet sich mit der Flexibilisierung der Arbeit zugleich die Möglichkeit einer flexiblen Personalkapazitätsplanung. In den Mittelpunkt der folgenden Betrachtungen werden daher drei Fragen gerückt:

(1) Wie ist das *Instrumentarium der Personalkapazitätsplanung* aufgefächert (Abschnitt 2.1)?

(2) Wie kann der *Flexibilitätsbedarf* eines Betriebes oder einer Betriebseinheit abgeschätzt werden (Abschnitt 2.2)?

(3) Welches *Flexibilisierungspotential* steht zur Anpassung der Fertigungskapazitäten zur Verfügung, und wie kann dieses Potential erweitert werden (Abschnitt 2.3)?

Außerdem werden zu diesem Fragenkreis Portfoliodarstellungen als anschauliche methodische Hilfsmittel vorgeschlagen, deren Anwendung in den nachfolgenden Abbildungen 2 bis 7 beispielhaft erläutert wird.

2.1 Instrumentarium der Personalkapazitätsplanung

In den vergangenen Jahren sind zahlreiche neue Arbeitszeitformen bekannt geworden, die gemeinhin unter den Oberbegriff der "Arbeitszeitflexibilisierung" eingeordnet werden. Versteht man unter Flexibilisierung jedoch die Anpassungsfähigkeit eines Systems an veränderte Umeltzustände - und dies ist die allgemeine Auffassung in der Betriebswirtschaftslehre[1] -, so kann eine Arbeitsgestaltung im strengen Sinne nur dann als flexibel gelten, wenn ein gewisser *Handlungsspielraum* hinsichtlich der Arbeitszeit, der Einsatzstelle oder der Arbeitstätigkeit besteht. Ein ungleichmäßiges, aber sich in regelmäßigen Abständen wiederholendes Verteilungsmuster der Arbeitszeit genügt diesen begrifflichen Anforderungen nicht.

In der Abbildung 1 ist der begriffliche Zusammenhang zwischen *starren* und *flexiblen Arbeitszeiten* bildhaft dargestellt. Da im folgenden die *Entscheidungen*, die innerhalb der Personalkapazitätsplanung zu treffen sind, in den Vordergrund gerückt werden sollen, erscheint es gerechtfertigt, in den weiteren Ausführungen diejenigen Formen variabler Arbeitszeiten zu vernachlässigen, deren Verteilung einem vorbestimmten und starren Muster folgt.

---

[1] Vgl. Jacob [1982].

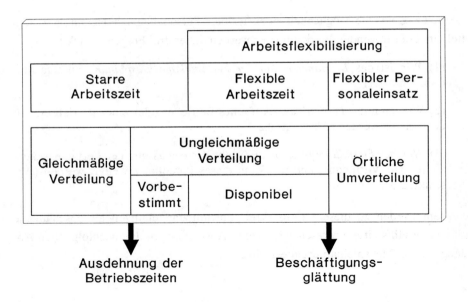

Abb. 1: *Begrifflicher Zusammenhang zwischen starrer und flexibler Arbeitszeit*

Arbeitsflexibilisierungen sind stets auf zwei Hauptziele ausgerichtet, nämlich die *Ausdehnung der Betriebszeiten* und den *Ausgleich von Beschäftigungsschwankungen* (siehe Abschnitt 4). Während mit der ersten Zielvorstellung die Absicht verbunden ist, die Anlagenkapazitäten stärker zu nutzen und so den Kapitaleinsatz in der Fertigung zu verringern, geht es bei der Beschäftigungsglättung vor allem darum, Lagerungskosten abzubauen und einen Personalkostenanstieg aufzufangen, indem Personalkapazität und Kapazitätsbedarf in ihrem zeitlichen Verlauf besser aufeinander abgestimmt werden.

Die wesentlichen Bestimmungsfaktoren der Personalkapazität sind einerseits die *Personalstärke* eines Betriebes, andererseits die *nominelle Arbeitszeit*, die jeder Mitarbeiter innerhalb eines gegebenen Zeitabschnittes im Durchschnitt zu erbringen hat, und schließlich der *Anwesenheitsgrad*, durch den insbesondere die urlaubs- und krankheitsbedingten Fehlzeiten der Belegschaft berücksichtigt werden. Die Flexibilisierung der Personalkapazität kann bei allen drei Bestimmungsfaktoren ansetzen. Man denke nur an so unterschiedliche Maßnahmen, wie etwa eine Vorruhestandsregelung, die Glättung des Personalbedarfs, die Anwendung eines Jahresarbeitszeitkonzeptes, Urlaubsabsprachen oder an flexible Schichtpläne und Teilzeitarbeit.

Weiterhin eröffnet sich die Möglichkeit, durch die Flexibilisierung des *Personaleinsatzes* Unterschiede in der Auslastung einzelner Kapazitätseinheiten auszugleichen. Hierzu sind Versetzungen zwischen einzelnen Zweigbetrieben eines Unternehmens ebenso geeignet wie innerbetriebliche Umsetzungen sowie auch Einsatzpläne, die den wechselweisen Personaleinsatz in verschiedenen Bereichen vorsehen. Schließlich können Arbeitsflexibilisierungen auch vorrangig auf die Ausdehnung der Betriebszeiten ausgerichtet sein.

Die Gesamtheit der in Frage kommenden Flexibilisierungsmaßnahmen läßt sich als das *Instrumentarium der Personalkapazitätsplanung* treffend kennzeichnen. Einige ausgewählte Maßnahmen dieses Instrumentariums sind in der Abbildung 2 zusammengestellt und danach aufgeschlüsselt, wie sie (in einem gedachten Anwendungsfall) nach dem persönlichen Urteil eines Entscheidungsträgers hinsichtlich der beiden Kriterien "*Differenzierungsgrad*" und "*Kapazitätswirkung*" eingestuft werden könnten. Der Differenzierungsgrad sagt aus, ob eine Maßnahme eher *kollektiv* oder *selektiv* wirkt, d.h. ob nur einige Mitarbeiter eines Betriebes erfaßt werden oder ob die Gesamtbelegschaft einbezogen wird. Die Kapazitätswirkung als zweites Einteilungskriterium berücksichtigt ausgewählte *Bestimmungsfaktoren der Personalkapazität*, wie sie bereits weiter oben angesprochen wurden.

Differenzierungsgrad	Betriebszeiten	Personalstärke	Anwesenheit	Arbeitszeit	Personalzuordnung
Kollektiv	Mehrschichtbetrieb		Betriebsurlaub	Gleitzeit	Wandel der Arbeitsorganisation
				Kollektive Jahresarbeitszeit	
	Versetzte Arbeitszeiten				Innerbetriebl. Umsetzungen
		Einstellungen, Kündigungen	Kurzarbeit	Individuelle Jahresarbeitszeit	Flexible Einsatzpläne
	Mehrarbeit				Außerbetriebl. Versetzungen
		Zeitarbeit		Flexible Teilzeitarbeit	
Selektiv			Freistellungen		

Kapazitätswirkung

Abb. 2: Ausgewählte Maßnahmen der Arbeitsflexibilisierung

Versteht man die Glättung von Beschäftigungsschwankungen als die Hauptzielrichtung der Arbeitsflexibilisierung, so lassen sich die hierzu geeigneten Maßnahmen zu dem *Instrumentarium der Beschäftigungsglättung* zusammenfassen. Dieses Instrumentarium wird den weiteren Betrachtungen zugrunde gelegt.

2.2 Flexibilitätsbedarf

Der Einführung von Arbeitsflexibilisierungen geht die Einschätzung des Flexibilitätsbedarfs eines Betriebes bzw. einer Betriebseinheit voraus. Nur in seltenen Ausnahmefällen stehen die verfügbare und die auf Grund der Endproduktnachfrage benötigte Personalkapazität völlig im Einklang. Im allgemeinen wird die Personalkapazität mehr oder minder stark ausgeprägten Auslastungsschwankungen unterliegen, deren Ausgleich als die Hauptzielrichtung der Arbeitsflexibilisierung anzusehen ist. Das zu erwartende Ausmaß der Auslastungsschwankungen bildet unmittelbar einen Gradmesser für den Flexibilitätsbedarf und somit für den potentiellen Nutzen, den arbeitsflexibilisierende Maßnahmen stiften können. Andererseits ist zur Einschätzung des Flexibilitätsbedarfs danach zu fragen, wie zuverlässig die zukünftigen Auslastungsschwankungen vorausgesehen werden können.

Das *Ausmaß der Auslastungsschwankungen* und ihre *Vorhersehbarkeit* werden als die zwei wesentlichen Bestimmungsfaktoren für den Flexibilitätsbedarf eines Betriebes angesehen. Offensichtlich steigt der Flexibilitätsbedarf, wenn die Personalkapazität zunehmenden Auslastungsschwankungen unterworfen ist. Andererseits sind auch die kapazitativen und kostenmäßigen Wirkungen von Arbeitsflexibilisierungen günstiger zu beurteilen, wenn die Auslastungsschwankungen gut vorhersehbar sind. Zur Erläuterung dieser Zusammenhänge seien fünf Modellbetriebe in die weitere Betrachtung eingeführt:

(1) der *Landmaschinenhersteller*, der auf Grund der Erntesaison in seinen Hauptabsatzgebieten Jahr für Jahr damit rechnen kann, daß 80% der Jahresnachfrage in den Monaten März bis Juli anfällt,

(2) der *Automobilproduzent*, der sich einem typischen saisonalen Kaufverhalten seiner Kunden gegenübersieht, aber wegen verschiedener Markteinflüsse mit einigen Unregelmäßigkeiten im Bestelleingang rechnen muß,

(3) ein Betrieb der *Konsumgüterindustrie*, der seine Kapazität zu 70% dadurch auslastet, daß er mit Großabnehmern einen Auftragsrahmen vereinbart, ohne

allerdings die genaue zeitliche Staffelung der Ablieferungsmengen vorschreiben zu können,

(4) ein *Motorenhersteller*, der seinen Hauptkunden gemäß eines Abrufsystems zuliefert und unter kurzfristigen Änderungen der Auftragsgrößen und -termine zu leiden hat,

(5) sowie ein *Investitionsgüterhersteller*, der durch seine Auftrags- und Terminpolitik die Kapazitäten gleichmäßig auslasten kann, jedoch in seiner Projektabwicklung mit kurzfristigen Terminänderungen sowie mit eiligen Reparaturaufträgen rechnen muß.

In der Abbildung 3 sind die fünf betrachteten Modellbetriebe hinsichtlich des Ausmaßes und der Vorhersehbarkeit der Auslastungsschwankungen ihrer Personalkapazität in das Flexibilitätsbedarfsprofil plausibel eingeordnet. So weist der Landmaschinenhersteller den höchsten Flexibilitätsbedarf auf, weil er sich starken, jedoch gut vorhersehbaren Auslastungsschwankungen gegenübersieht, während bei dem Einzelfertiger eher kurzfristig einleitbare Anpassungsmaßnahmen zur Abdeckung plötzlich auftretender Auslastungsspitzen gefragt sind, ohne daß erhebliche saisonale Bedarfsschwankungen überbrückt werden müßten.

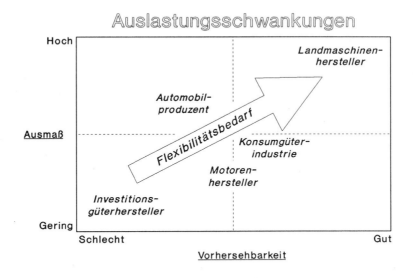

Abb. 3: Flexibilitätsbedarfsprofil

Das in der Abbildung 3 angedeutete Flexibilitätsbedarfsprofil vermag mehr, als nur die beispielhafte Positionierung ausgewählter Modellbetriebe zu veranschaulichen. Es eignet sich darüber hinaus als *Analyseinstrument* für die Erfassung des Flexibilitätsbedarfs eines Betriebes bzw. seiner verschiedenen Bereiche. Dazu ist es allerdings erforderlich, die beiden Hauptbestimmungsfaktoren des Flexibilitätsbedarfs, nämlich Ausmaß und Vorhersehbarkeit der Auslastungsschwankungen, zumindest näherungsweise quantitativ zu erfassen.

Ein festgestellter Flexibilitätsbedarf läßt sich grundsätzlich auf zwei Wegen befriedigen. Zum einen kann man versuchen, die Vorhersehbarkeit von Auslastungsschwankungen zu verbessern, indem man Informationslücken schließt oder geeignete organisatorische Maßnahmen trifft. Hierunter fallen nicht nur verbesserte Prognosen für Kapazitätsbedarf und -angebot; als aktuelle Konzepte sind vor allem *"Just-in-Time"-Produktion* sowie die in der Automobilindustrie inzwischen verbreiteten *Abrufsysteme* zu nennen, mit deren Hilfe Endfertiger und Zulieferer ihre Produktionsplanung gegenseitig abstimmen. Zum zweiten kann man daran denken, die Auslastungsschwankungen selbst zu verringern. Während etwa antizyklische Marketingmaßnahmen und Lagerproduktion auf die Glättung des Kapazitätsbedarfs ausgerichtet sind, tragen Arbeitsflexibilisierungen dazu bei, das Angebot an Personalkapazität in gezielter Weise zu steuern.

Synergetische Effekte zeigen "Just-in-Time"-Konzepte, wenn sie flankierend zur Arbeitsflexibilisierung eingesetzt werden. Dies belegt das Beispiel eines international tätigen Landmaschinenherstellers. Um häufige Umstellungen seiner Produktionspläne und unfreiwillige Lagerproduktion infolge überhöhter Bedarfsanmeldungen zu vermeiden, legte er seiner Vertriebsorganisation die Verpflichtung zur Abnahme der eingereichten Bedarfsanmeldungen auf, wobei es dem Vertrieb weitgehend freigestellt bleibt, mit welchen absatzpolitischen Mitteln er letztendlich die eingegangenen Absatzverpflichtungen erfüllen will. Bei gleichzeitiger Einführung des Jahresarbeitszeitkonzeptes und strikter Urlaubsplanung konnte man in diesem Unternehmen die durchschnittlichen Lagerbestände an Endprodukten um fast die Hälfte verringern.

2.3 Flexibilisierungspotential

Dem Flexibilitätsbedarf gegenüberzustellen ist das Flexibilisierungspotential der Unternehmung. Hierunter soll der *Handlungsspielraum* verstanden werden, der einem

Unternehmen zur Flexibilisierung der Personalkapazität zur Verfügung steht bzw. der durch die Einführung arbeitsflexibilisierender Maßnahmen erschlossen werden kann. Häufig wird dieser *faktische* Handlungsspielraum auf Grund der besonderen betrieblichen Gegebenheiten, zu denen nichtzuletzt die Einigungsmöglichkeiten mit dem Betriebsrat zu zählen sind, und der jeweiligen unternehmenspolitischen Grundsätze weit enger gezogen sein als der *rechtliche* und *tarifliche* Rahmen, der die Zulässigkeit von Arbeitsflexibilisierungen regelt[1]. Allgemein sind Flexibilisierungspotentiale hinsichtlich zweier Dimensionen zu beurteilen: der *Disponibilität* der in Frage kommenden Maßnahmen und der *Reagibilität* der Personalkapazität (siehe Abbildung 4).

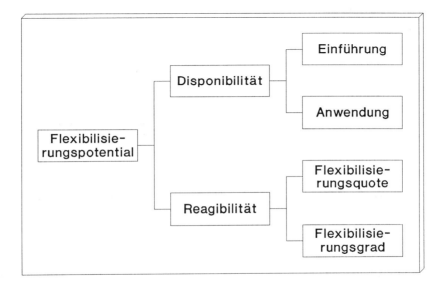

Abb. 4:   Bestimmungsfaktoren des Flexibilisierungspotentials

Mit *Disponibilität* ist gemeint, wie frei der Entscheidungsträger bei der *Inanspruchnahme* der Flexibilisierungspotentiale verfahren kann. Die Disponibilität einer Flexibilisierungsmaßnahme läßt sich zum einen danach beurteilen, welcher *Planungs- und Managementebene* ihre *Einführung* zuzuordnen ist und welcher *zeitliche Vorlauf* ihrer *Anwendung* vorausgehen muß. In der Abbildung 5 ist dieser Zusammenhang bildhaft als Portfoliomatrix veranschaulicht, wobei die Einführung von Arbeitsflexibilisierun-

---

[1] Vgl. Stockert [1988].

gen als eine strategische, taktische, operative oder bereits abgeschlossene Managementaufgabe angesehen und bei den Flexibilisierungsmaßnahmen danach unterschieden werden kann, ob auf sie mit einer langen, mittleren oder kurzen Frist zurückgegriffen werden kann bzw. ob sie ad hoc einsetzbar sind.

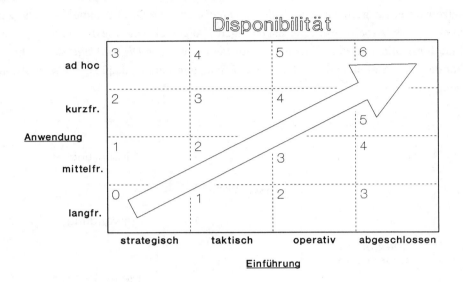

Abb. 5: Portfolio zur Beurteilung der Disponibilität von Flexibilisierungsmaßnahmen

Die Eintragungen in den Matrixfeldern der Abbildung 5 sollen andeuten, welchen *Rang* eine Flexibilisierungsmaßnahme einnimmt, wenn sie in dem Portfolio hinsichtlich ihrer Disponibilität positioniert wird. Die Rangziffern sind so gewählt, wie sie nach Einschätzung eines Entscheidungsträgers für die *Ausschöpfung* bestehender Flexibilisierungspotentiale in Frage kommen könnten. Für Entscheidungen über die *Schaffung neuer Flexibilisierungspotentiale* wären möglicherweise andere Rangziffern und eine andere Feldeinteilung des Portfolios zu wählen.

Weiß man, welcher Anteil der Belegschaft eines Betriebes in eine Flexibilisierungsmaßnahme einbezogen werden kann (*Flexibilisierungsquote*) und in welchem Ausmaß beispielsweise die Arbeitszeit eines einzelnen Mitarbeiters von der regelmäßigen tariflichen Wochenarbeitszeit abweichen darf (*Flexibilisierungsgrad*), so läßt sich aus dem Produkt von Flexibilisierungsgrad und -quote sowie unter Berücksichtigung der zu erwartenden Fehlzeiten unmittelbar eine Maßgröße für die *Reagibilität* der Personalkapazität ableiten. Auf diese Weise kann jede zur Arbeitsflexibilisierung in Erwägung gezogene Maßnahme hinsichtlich ihrer voraussichtlichen kapazitativen Wirkung eingeordnet werden (siehe Abbildung 6).

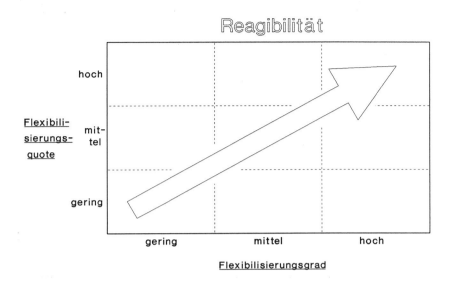

Abb. 6: Portfolio zur Beurteilung der Reagibilität von Flexibilisierungsmaßnahmen

Die Bewertung des Instrumentariums der Arbeitsflexibilisierung hinsichtlich der beiden relevanten Merkmale, Disponibilität und Reagibilität, kann mit Hilfe des *Flexibilitätsportfolios* unterstützt werden. In der Abbildung 7 ist ein solches Analyse- und Planungsinstrument angedeutet. Die Verwendung der Rangziffern für die Beurteilung der Disponibilität (siehe Abbildung 5) sowie des Reagibilitätsmaßes, das aus der Abbildung 6 abgelesen werden kann, erleichtert die Positionierung einer Flexibilisierungsmaßnahme.

Ohne empirische Befunde wiederzugeben oder allgemeingültige Aussagen treffen zu wollen, sind einige ausgewählte arbeitsflexibilisierende Maßnahmen auf Grund von Plausibilitätsüberlegungen in dem Portfolio der Abbildung 7 plaziert. Mehrarbeit ist beispielsweise im linken oberen Feld des Flexibilitätsportfolios angeordnet, weil einerseits zusätzliche Arbeitsstunden erfahrungsgemäß recht kurzfristig eingelegt werden können, weil aber andererseits der Kapazitätsgewinn im Vergleich zur Gesamtpersonalkapazität nur gering ist, zumal ausgedehnte Mehrarbeit im allgemeinen nur kurzzeitig in Frage kommt. Die Einführung und konsequente Umsetzung des Jahresarbeitszeitkonzeptes verspricht hingegen einen beträchtlichen Flexibilitätsgewinn, insbesondere dann, wenn gleichzeitig auch flexible Formen der Teilzeitarbeit einbezogen werden. Allerdings muß zur Anwendung des Jahresarbeitszeitkonzeptes zumeist ein schwieriger und langwieriger Einführungsprozess durchlaufen werden. Somit bildet diese Form der Arbeitszeitflexibilisierung den unteren rechten Eckpunkt im Flexibilitätsportfolio der Abbildung 7.

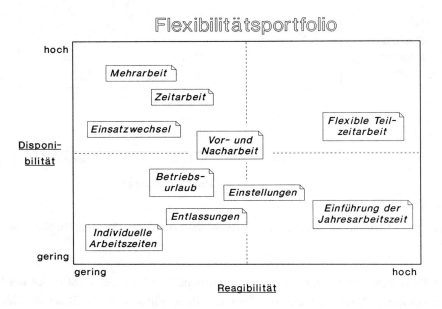

Abb. 7: *Positionierung ausgewählter arbeitsflexibilisierender Maßnahmen im Flexibilitätsportfolio*

Im allgemeinen werden die Überlegungen zur Arbeitsflexibilisierung darin münden, daß verschiedene, sich gegenseitig ergänzende Flexibilisierungsmaßnahmen zum Einsatz kommen, die zudem auf die jeweiligen Gegebenheiten der betroffenen Betriebsbereiche abgestimmt werden müssen. Vielfach wird man im praktischen Anwendungsfall auch dazu neigen, eine Rangfolge der bevorzugten Maßnahmen aufzustellen. Mit dem Flexibilitätsportfolio wird ein übersichtliches und anschauliches Hilfsmittel angeboten, das die Bewertung der Flexibilisierungsmaßnahmen und die Zusammenstellung eines geeigneten Maßnahmenbündels erleichtern soll. Die in der Abbildung 7 gewählte Ausgestaltung soll lediglich die Anwendungsmöglichkeiten dieses Instrumentes beispielhaft verdeutlichen, ohne daß ein genauer formaler Aufbau vorgeschrieben werden soll.

Die Ausschöpfung vorhandener Flexibilisierungspotentiale fällt in der betrieblichen Praxis vergleichsweise leicht. Erheblichen Aufwand hingegen, unter Umständen sogar mehrjährige Aushandlungsprozesse, verursacht die betriebliche *Einführung* von Arbeitsflexibilisierungen, insbesondere dann, wenn Betriebsvereinbarungen auszuhandeln und innerbetriebliche Spannungen zu überwinden sind. *Soziale* und *ökonomische Effizienz* zu erreichen, lautet hierbei die nicht immer leicht zu verwirklichende Kompromißformel. Der Vorbereitung ökonomisch effizienter Entscheidungen wenden wir uns im nächsten Abschnitt zu.

3. Entscheidungsunterstützung

Aus einer ökonomischen Betrachtung der Arbeitsflexibilisierung sollen schlüssige und nachvollziehbare Aussagen über die zu erwartenden Vorteile gewonnen werden. Hierzu bedarf es geeigneter *Entscheidungsmodelle*, die es erlauben, die Auswirkungen von Arbeitsflexibilisierungen hinsichtlich relevanter Zielkriterien, wie etwa des erforderlichen Aufbaus von Lagerbeständen, des Einsatzes von Mehrarbeit oder des Personalbedarfs zu beurteilen. Besondere Bedeutung kommt diesen Entscheidungsmodellen zu, wenn sie zu einem *interaktiven entscheidungsunterstützenden System* ("decision support system") ausgebaut werden können[1]. Im folgenden Abschnitt 3.1 sollen zunächst - aus dem Blickwinkel der Betriebswirtschaftslehre - einige konzeptionelle Überlegungen zu derartigen Systemen vorgetragen werden, ehe dann in den Abschnitten 3.2 und 3.3 zu Fragen der Modellierung und Lösung von Entscheidungsproblemen der flexiblen Personalkapazitätsplanung am Beispiel des *Jahresarbeitszeitkonzeptes* Stellung genommen wird.

3.1 Konzeption

Die Flexibilisierung der Arbeit ist keineswegs nur auf Arbeits- und Betriebszeiten beschränkt. Vielmehr wirken sich technologische Entwicklungsschübe und fertigungsor-

---

[1] Zur Konzeption normativ begründeter entscheidungsunterstützender Systeme vgl. Radermacher [1988]. Siehe auch Silver [1988].

ganisatorische Umgestaltungen tief auf das Arbeitsleben des Einzelnen aus. Die Unternehmen verbinden mit der Forderung nach flexiblen Beschäftigungsverhältnissen die langfristige Erwartung, die fortschreitende Verteuerung der Arbeit zumindest teilweise aufzufangen und die Wettbewerbsfähigkeit auf den internationalen Märkten zu stärken. Betrachtet man Arbeitsflexibilisierungen aus *empirischer Sicht* (siehe Abbildung 8), so ist in dieser strategischen Ausrichtung das treibende Motiv für die angestrebte Flexibilisierung der Personalkapazitäten zu erkennen. Die hiervon ausgehenden *Erklärungsmodelle* untersuchen den rechtlichen, personalwirtschaftlichen und organisatorischen Rahmen der Arbeitsflexibilisierung sowie häufig auch betriebspraktische Besonderheiten, die zweifelsohne im einzelnen Anwendungsfall von erheblichem Belang sein können.

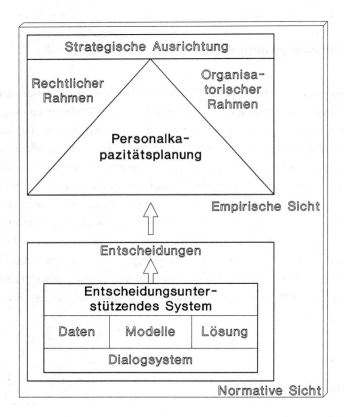

Abb. 8:   Arbeitsflexibilisierung aus empirischer und normativer Sicht

An Veröffentlichungen, die sich aus empirischer Sicht mit den unterschiedlichen Erscheinungsformen der Arbeitsflexibilisierung befassen, herrscht wahrlich kein Mangel; doch entsteht angesichts dieser sehr vielschichtigen Literatur zu leicht der Eindruck, als würden sich Fragen der Arbeitsflexibilisierung und ihrer Einbeziehung in die Personalkapazitätsplanung einer normativen Betrachtung entziehen.

Der *normativen Sichtweise* (siehe Abbildung 8) liegt die Vorstellung zugrunde, daß zur Arbeitsflexibilisierung *Entscheidungen* getroffen werden, die in gezielter Weise auf den *Betrieb* bzw. seine *Personalkapazität* einwirken. Diese Entscheidungen schöpfen jene Möglichkeiten aus, die durch strategisches Arbeitszeitmanagement in den Flexibilisierungspotentialen des Betriebes angelegt wurden. Will man allerdings "optimale" Entscheidungen der Arbeitsflexibilisierung aus der Lösung eines geschlossenen formalen Entscheidungsmodells ableiten, so läuft man in Gefahr, sich durch vereinfachende Annahmen die wirkliche Welt so zurechtzulegen, wie es für die Anwendung einer bestimmten Optimierungsmethode bequem ist. Sinnvoll ist eine derartige Vorgehensweise wohl kaum. Bei der Entwicklung von *interaktiven entscheidungsunterstützenden Systemen* geht es hingegen darum, das "Expertenwissen" des Entscheiders mit der Leistungsfähigkeit des Rechners zu verbinden. Daher sei im folgenden kurz die Vorstellung einer Entscheidungsunterstützung für die Personalkapazitätsplanung skizziert.

Da in Entscheidungen über Arbeitsflexibilisierungen zahlreiche nichtquantifizierbare Kriterien einfließen und überdies zumeist die Einigung mit dem Betriebsrat erforderlich ist, kann die Entwicklung eines betrieblich umsetzbaren Lösungsvorschlages nur im Ablauf mehrerer Einzelschritte erfolgen. Hierbei fällt dem Entscheider die Aufgabe zu, den faktischen Handlungsspielraum durch Parametervorgaben zu umschreiben, während der Rechner die Aufgabe übernimmt, durch die Lösung entsprechender Formalmodelle aufzuzeigen, welche wirtschaftlichen, organisatorischen und kapazitativen Auswirkungen der beabsichtigten Flexibilisierungsmaßnahmen zu erwarten sind. So werden die Erfahrung und Intuition des Entscheiders bewußt in den computergestützten Problemverarbeitungsprozeß eingebracht. Automatisiert werden dagegen nur rechnerische Lösungen hilfsweise definierter Formalprobleme sowie die Aufbereitung des benötigten Datenmaterials[1].

Allgemein ordnet man die Bausteine eines Decision Support Systems einem Sprach-, Problemverarbeitungs- und einem Wissenssystem zu[2]. Wesentlicher Bestandteil des

---

[1] Ein Beispiel für die Entwicklung eines entscheidungsunterstützenden Systems der Arbeitszeitplanung findet sich bei Faißt et al. [1989].
[2] Vgl. Holsapple und Whinston [1987].

Problemverarbeitungssystems ist die problemorientierte Generierung von Entscheidungsmodellen, auf die im folgenden etwas näher eingegangen werden soll.

3.2 Modellierung

Angesichts der kapazitativen Auswirkungen von Arbeitsflexibilisierungen sind die Planung der Kapazitätsbereitstellung und der Kapazitätsnutzung nicht mehr zu trennen. Produktions- und Personalkapazitätsplanung sind gleichermaßen auf die Glättung von Auslastungsschwankungen ausgerichtet, wobei die Befriedigung des Kapazitätsbedarfs die wichtigste Nebenbedingung darstellt und als Hauptzielrichtung die Minimierung der relevanten Kosten verfolgt wird. Bei der Modellierung dieser Problemstellung erscheint es angebracht, von vier wichtigen Vorüberlegungen auszugehen:

(1) Ein dem jeweiligen Planungszweck angemessener *Aggregationsgrad* ist für eine effiziente Problemlösung unerläßlich. Die Kenntnis der für die Entscheidungsfindung unwesentlichen Einzelheiten verschärft keineswegs das Beurteilungsvermögen hinsichtlich der zur Auswahl stehenden Alternativen. Der Aggregationsgrad ist aber stets so zu wählen, daß keine wesentlichen Gesichtspunkte bei der Entscheidungsfindung vernachlässigt werden.

(2) Das Wirtschaftsleben ist sich ständig *ändernden Umweltbedingungen* unterworfen. Eine statische Analyse vermag zwar Einblicke in grundlegende Wirkungszusammenhänge und Kriterien für langfristige, umgestaltende Entscheidungen zu liefern, taktische und operative Planungen hingegen erfordern eine *dynamische Betrachtungsweise* und die Berücksichtigung der sich im Zeitablauf ändernden Bedingungen der Entscheidungsumwelt.

(3) Die rechnerische Lösung eines Entscheidungsmodells kann wesentlich vereinfacht werden, wenn das Entscheidungsproblem in geeigneter Weise strukturiert und in *Teilmodelle* zerlegt wird. Für die Teilmodelle gilt es, eine Modellierungsform zu finden, die dem Einsatz möglichst *effizienter Lösungsverfahren* zuträglich ist. Außerdem wird die Akzeptanz eines formalen Entscheidungsmodells nur gefördert, wenn das Lösungsprinzip *verständlich* ist und der Lösungsgang *leicht nachvollzogen* werden kann.

(4) Will man dem Gesichtspunkt Beachtung schenken, daß sich die funktionalen Beziehungen zwischen den Elementen eines Entscheidungsmodells im Laufe der Zeit

ändern, weil zum Beispiel andere rechtliche und tarifliche Rahmenbedingungen eingetreten sind oder weil sich innerbetrieblich eine andere Ausgangslage ergeben hat, so muß die *Modellierung offen und flexibel* gestaltet werden. Der Anwender eines entscheidungsunterstützenden Systems muß die Möglichkeit erhalten, den Aufbau des Modells den veränderten Gegebenheiten anzupassen. Folglich muß das System in der Lage sein, neben den für die Modellrechnung benötigten Daten und Parameterwerten auch *Strukturinformationen* über die jeweilige *Entscheidungssituation* zu verarbeiten.

Eine diesen Anforderungen genügende Modellierung soll am Beispiel des Jahresarbeitszeitkonzeptes verdeutlicht werden. Hierbei ist zu entscheiden, welche *Mehrarbeit* und welche *Minderarbeit* in den einzelnen Monaten eingelegt werden soll, wobei im Jahresdurchschnitt die tariflich vorgeschriebene Regelarbeitszeit erreicht werden muß. Mit der Verteilung der Jahresarbeitszeit sind gleichzeitig die zu erbringenden *Produktionsleistungen* und damit die Inanspruchnahme der Personalkapazitäten vorläufig festzulegen.

Zur Veranschaulichung dieser Zusammenhänge betrachten wir die Abbildung 9 und die dort gewählte Darstellung als *Netzwerkfluß*. Aus Gründen der Übersichtlichkeit beschränken wir uns auf die Betrachtung zweier benachbarter Perioden t und t+1. Das Netzwerk enthält eine Reihe von Hauptknoten, in deren rechter Hälfte jeweils die in einer Periode zur Verfügung stehende Personalkapazität und in deren linker Hälfte der zu befriedigende Kapazitätsbedarf der Vorperiode wiedergegeben sind. Die hiervon ausgehenden Doppelflüsse sollen andeuten, daß mehrere unterschiedliche Leistungsarten betrachtet werden. Von der Personalkapazität der Periode t gehen beispielsweise Pfeilverbindungen sowohl zum Bedarf t als auch t+1 aus. Hierdurch soll angedeutet werden, daß die betreffenden Produktionsleistungen sowohl zur Befriedigung des Kapazitätsbedarfs in derselben Periode verwendet werden als auch nach entsprechender Zwischenlagerung in eine spätere Periode einfließen können.

In ähnlicher Weise können die *Kapazitätsflüsse* gedeutet werden, denen *Arbeitszeitkonten* als Verrechnungspunkte zwischengeschaltet sind. Vor- und Nacharbeit, die im Sinne eines Jahresarbeitszeitkonzeptes einander ausgleichen müssen, können bei aggregierter Betrachtungsweise als Kapazitätsflüsse zwischen mehreren Perioden angesehen werden. Außerdem können Zuströme aus anderweitigen Kapazitätsquellen, wie Überstunden und Zeitarbeit, die ursprüngliche Personalkapazität erweitern.

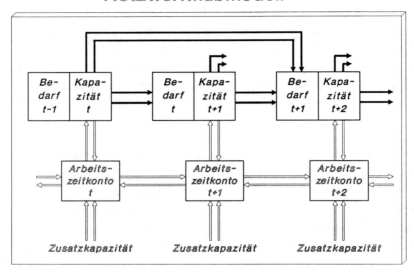

Abb. 9: Netzwerkflußdarstellung des Jahresarbeitszeitkonzeptes

Die Netzwerkflußdarstellung läßt sich unmittelbar in ein formales Entscheidungsproblem übertragen, wenn die Flüsse als Entscheidungsvariablen aufgefaßt und wenn den Knoten die zu beachtenden Nebenbedingungen zugeordnet werden. Als Zielvorstellung wird die Minimierung der relevanten produktions- und kapazitätsabhängigen Kosten verfolgt. (Die vollständige Formulierung dieses Modells findet sich im Anhang.) Der nächste Abschnitt soll zeigen, wie die Lösung dieses Modells für die interaktive Rechnerunterstützung aufbereitet werden kann.

3.3 Lösung

Zur Modellrechnung werden Lösungsverfahren benötigt, die einerseits so *rechenfreundlich* sind, daß sie selbst bei Einsatz von Personalcomputern schnelle Antwortzeiten gewährleisten, und die andererseits so *benutzerfreundlich* implementiert werden können, daß der Entscheider die Möglichkeit erhält, den Lösungsgang in seinen Einzelschritten nachzuvollziehen. Im Zuge der interaktiven Entscheidungsunterstützung wird der Anwender Lösungen und Bewertungen zu *unterschiedlich definierten Teilproblemen* abfragen. Daher müssen Modellausgestaltung und Lösungsverfahren hinreichend flexibel sein.

Kommen wir auf das im vorhergehenden Abschnitt behandelte Entscheidungsproblem der Jahresarbeitszeitplanung und seine Darstellung als Netzwerkfluß zurück (siehe die Abbildung 9 sowie die Modellformulierung im Anhang). Der Entscheider wird mit einer bestimmten Verteilung der Jahresarbeitszeit als Ausgangslösung beginnen und anschließend danach fragen, welche Kosteneinsparungen zu erwarten sind, wenn die Arbeitszeit in einer bestimmten Empfängerperiode durch Mehrarbeit erhöht und zum Ausgleich in einer anderen Abgeberperiode durch Minderarbeit verringert wird. Betrachtet man alle zulässigen Abgeber- und Empfängerperioden, so läßt sich Zug um Zug der gewünschte Jahresarbeitszeitplan aufbauen, wobei der Anwender sich sowohl von seinen persönlichen Erfahrungen und Einschätzungen leiten lassen als auch die aus der Modellrechnung ersichtlichen Kostenvorteile berücksichtigen wird. Aufgabe des entscheidungsunterstützenden Systems ist es, diesen Lösungsprozeß unter Einbeziehung des Anwenders zielgelenkt zu steuern.

Zur Durchführung der erforderlichen Modellrechnungen sind zwei Lösungsverfahren erforderlich: zum einen müssen *kostenminimale Produktionsflüsse* bei einer gegebenen Arbeitszeitverteilung berechnet werden; zum anderen muß die *jahreszeitliche Kapazitätsverlagerung* nach Maßgabe der erzielbaren Kosteneinsparungen gesteuert werden. Geeignete Lösungsansätze sind aus der Literatur bekannt. Zur Bestimmung kostenminimaler Flüsse kann das Verfahren von Bahl und Zionts [1982] in abgewandelter Form verwendet werden. Für die Verteilung der Jahresarbeitszeit bietet sich das von Günther [1989] entwickelte Lösungsverfahren an.

Das Zusammenspiel von Modellierung und Lösung läßt sich an Hand der Abbildung 10 anschaulich erklären. Das Gesamtsystem der Entscheidungsunterstützung soll das zu lösende reale Entscheidungsproblem (die Planung der Jahresarbeitszeit) zwar aggregiert, jedoch hinreichend genau widerspiegeln. Die eigentlichen Entscheidungen der Arbeitszeitplanung sind dagegen nicht unmittelbar Gegenstand einer Optimierung. Die Lösung des *Optimierungsmodells* hat vielmehr die Aufgabe, die *kostenmäßige Bewertung* eines Arbeitszeitplans vorzunehmen.

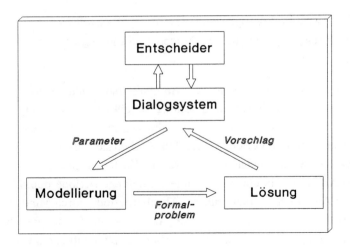

Abb. 10: Ablauf der Entscheidungsunterstützung

Über ein *Dialogsystem* bietet sich dem Anwender die Möglichkeit, die zulässige Spanne der jahreszeitlichen Kapazitätsverlagerungen vorzugeben, Überstunden in bestimmter Höhe zuzulassen oder die Arbeitszeiten in einzelnen Monaten zu erhöhen oder zu verringern, indem er beispielsweise Brückentage schließt oder Frei- und Zusatzschichten vorsieht. Die so gewonnenen *Parameter* stoßen die Modellierung eines neuen *Formalproblems* an, dessen kostenoptimale Lösung vom Dialogsystem entsprechend aufbereitet wird und als ein erneuter *Entscheidungsvorschlag* an den Anwender zurückgeht.

Auf diese Weise kann der ins Auge gefaßte Arbeitszeitplan schrittweise an die betriebliche Wirklichkeit angepaßt werden. Schließlich bietet sich die Möglichkeit, im Rahmen einer *Simulation* ganze Szenarien von Arbeitszeit- und Nachfragesituationen durchzuspielen, um so das wirtschaftliche Nutzenpotential von Arbeitsflexibilisierungen auszuloten.

4. Wirtschaftlicher Nutzen

Mit Arbeitsflexibilisierungen werden zwei Grundzielrichtungen verfolgt: die *Ausdehnung der Betriebszeiten* und die *Glättung von Beschäftigungsschwankungen*. Die Betriebszeiten hängen unmittelbar mit der Fertigungskapazität zusammen, wohingegen die Frage der Beschäftigungsglättung losgelöst von dem Problem der Kapazitätsdimensionierung zu betrachten ist. Wenden wir uns zunächst der Untersuchung der Beschäftigungsglättung zu.

4.1 Beschäftigungsglättung

Kapazitätsbedarf und -angebot unterliegen in ihrem zeitlichen Verlauf jeweils eigenen Gesetzmäßigkeiten. Übertragen sich Schwankungen der externen Nachfrage unmittelbar auf den Kapazitätsbedarf, so sind die Fehlzeiten des Fertigungspersonals (vor allem die urlaubsbedingten Abwesenheiten und die Inanspruchnahme von Freischichten) als Hauptquelle für die zeitlichen Schwankungen der effektiven Personalkapazität anzusehen. Nur selten stehen beide Entwicklungen im Einklang, so daß sich zumeist erhebliche Abweichungen im Auslastungsgrad einer Produktionseinheit ergeben. Arbeitsflexibilisierungen können jedoch wesentlich dazu beitragen, Personalkapazität und Kapazitätsbedarf in ihrem zeitlichen Verlauf aufeinander abzustimmen und so die Beschäftigung zu glätten.

Die zu erzielenden wirtschaftlichen Vorteile hängen wesentlich davon ab, welche Flexibilisierungspotentiale eingerichtet und inwieweit diese Potentiale ausgeschöpft werden können (vgl. Abschnitt 2.3). Im allgemeinen wird der wirtschaftliche Nutzen der Arbeitsflexibilisierung die entstehenden Mehrkosten, wie Verwaltungsaufwand und Ausgleichszahlungen, bei weitem übersteigen, so daß Einführungs- und Vorbereitungskosten schon in Kürze eingespielt werden.

Häufig werden auch geringere Fehlzeiten und Fluktuationsraten, gestiegene Produktionsleistungen und höhere Arbeitszufriedenheit als Folgewirkungen von Arbeitsflexibilisierungen angeführt[1]. Eine bessere Abstimmung von Kapazitätsbedarf und -angebot schlägt sich aber vor allem in der Senkung dreier Kostenarten nieder:

(1) Lagerbestände können abgebaut und somit *Kapitalbindungs- und Handlingkosten* eingespart werden. Nichtzuletzt verringert sich mit einer Verkürzung der Lagerungsdauer auch das Verwertungsrisiko der aufgebauten Bestände.

---
[1] Siehe z.B. Hagemann und Sommerfeldt [1988].

(2) Es muß in geringerem Maße auf *zusätzlich bezahlte Überstunden* und andere kostenintensive Maßnahmen der Kapazitätserweiterung zurückgegriffen werden.

(3) Da die effektive Personalkapazität besser und gleichmäßiger ausgelastet werden kann, wird unter Umständen ein Anreiz ausgelöst, auf eine Erhöhung der Personalstärke, die bei einer Verkürzung der Tarifarbeitszeit an sich notwendig wäre, zu verzichten und so *laufende Personalkosten* einzusparen. Gegebenenfalls kann auch die Einführung von *Kurzarbeit* umgangen werden.

Die vermeidbaren Kosten der Lagerung, der Zusatzkapazitäten und des Personaleinsatzes können gleichermaßen als *Kosten der Inflexibilität der Personalkapazität* wie auch als *Opportunitätskosten der Beschäftigungsglättung* angesehen werden. Offensichtlich bestehen enge Zusammenhänge zwischen den drei genannten Kostenarten.

Zur Verdeutlichung dieses Kostenverbundes soll als aktuelles Fallbeispiel die Anwendung des Jahresarbeitszeitkonzeptes bei einem Hersteller von Landmaschinen aufgegriffen werden[1]. Um die beträchtlichen Schwankungen zu glätten, denen die Kapazitätsauslastung infolge der Erntesaison in den Hauptabsatzgebieten unterworfen ist, wurde eine Betriebsvereinbarung getroffen, die eine Tagesarbeitszeit von 8 Stunden für Januar bis Anfang September und von 7 Stunden für den Rest des Jahres sowie einen kollektiven Betriebsurlaub zum Teil außerhalb der Hochsaison vorsah. Zur Angleichung an die tarifliche Wochenarbeitszeit wurden jedem Mitarbeiter zusätzlich sechs Freischichten eingeräumt, die in der Nebensaison genommen werden müssen. In einer Simulationsstudie wurde versucht nachzubilden, welche relevanten Personal-, Lager- und Überstundenkosten sich innerhalb des nächsten Jahres einstellen würden, wenn der Betrieb jeweils den kostengünstigsten Weg zur Befriedigung des Kapazitätsbedarfs wählt. Die Abbildung 11 zeigt den Verlauf dieser Kosten in Abhängigkeit von der Personalstärke zum einen für die frühere starre Arbeitszeit und zum anderen für die Umstellung auf die gewählte flexible Arbeitszeitregelung.

Der Betrieb beschäftigte zuletzt 800 gewerbliche Mitarbeiter. Daß auf Grund der Arbeitszeitflexibilisierung eine deutliche *Kostenersparnis* eintreten würde, war zu erwarten. (Siehe in der Abbildung 11 den Übergang von Punkt A nach B.) Wie kann jedoch das beobachtete Verhalten eines Unternehmens erklärt werden, das nach Einführung flexibler Arbeitszeiten die *Personalstärke verringert* hat, obwohl angesichts einer gleichzeitig eingetretenen Verkürzung der Tarifarbeitszeit eher die gegenteilige Reaktion zu erwarten gewesen wäre?

---

[1] Weitere Beispiele zum Jahresarbeitszeitkonzept finden sich u.a. bei Schusser [1986]. Zur Konzeption von Zeitsparmodellen vgl. auch Marr [1988].

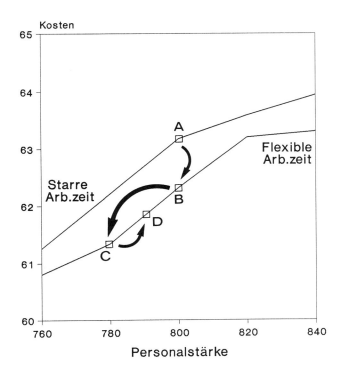

Abb. 11: Kostenverlauf in Abhängigkeit von der Personalstärke bei starrer und flexibler Arbeitszeit in einem Betrieb der Landmaschinenproduktion

Die durchgeführte Simulationsstudie liefert folgende Erklärungshilfe. Auf Grund ihrer beschäftigungsglättenden Wirkung führt die flexible Arbeitszeit zu einem erheblichen *Rückgang an Überstunden und Zeitarbeit*, so daß leicht die Frage aufgeworfen wird, ob die Stammbelegschaft nicht verringert werden sollte, weil ja nun eine größere Reserve an möglichen Überstunden und sonstiger Zusatzkapazität zur Verfügung steht. Diesem Gedanken folgend würde die Unternehmung in der Abbildung 11 von B nach C gehen. Wenn aber gleichzeitig die Tarifarbeitszeit sinkt, so kann dieser Schritt womöglich nur halb vollzogen werden, und der Anpassungsprozeß endet im Punkt D.

Diese Erklärungsversuche machen deutlich, daß sehr wohl Personalbestandskosten zu Lasten von Kosten der Lagerung und Kapazitätserweiterung abgebaut werden können und umgekehrt. Bereits an anderer Stelle wurde auf diese Wechselbeziehungen und die möglichen beschäftigungsfeindlichen Auswirkungen einer tiefgreifenden Arbeitszeitflexibilisierung hingewiesen[1].

4.2 Ausdehnung der Betriebszeiten

Als weitere Zielsetzung der Arbeitsflexibilisierung wird neben der Beschäftigungsglättung häufig die Ausdehnung der Betriebszeiten genannt. Es sollte jedoch nicht übersehen werden, daß längere Laufzeiten der Anlagen nicht an Arbeitszeitflexibilisierungen gebunden sind, sondern ebensogut durch geeignete starre Arbeitszeitmuster mit versetzter Arbeitszeit erreicht werden können. Beiden Vorstellungen, der Beschäftigungsglättung und der Betriebszeitverlängerung, wird insbesondere die flexible Teilzeitergänzungsarbeit gerecht, weil die Anlagen im Anschluß an die Normalschichtzeiten weiter genutzt werden können und sich gleichzeitig die Möglichkeit ergibt, bei ansteigendem Kapazitätsbedarf mit den Teilzeitkräften eine vorübergehende Verlängerung ihrer Arbeitszeit zu vereinbaren[2].

Das Problem der Betriebszeitoptimierung an sich ist keineswegs neu. Es hat in den produktions- und kostentheoretischen Ansätzen Gutenbergs eine wichtige Rolle gespielt und kehrt u.a. bei Kilger in der Frage der optimalen Schichtzahl wieder[3]. An Aktualität haben verlängerte Betriebszeiten erheblich gewonnen, weil sie heutzutage von seiten der Wirtschaft als Antwort auf die Verkürzung der tariflichen Arbeitszeiten nachhaltig angestrebt werden und in der öffentlichen Diskussion immer mehr Widerhall finden. Die Bedeutung dieser Forderung läßt sich durch die folgenden Überlegungen untermauern.

Die Leistungserstellung wird durch verschiedene Faktorkapazitäten begrenzt. Von den beiden globalen Faktorkapazitäten, Anlagen- und Personalkapazität, bestimmt die jeweils kleinere die effektive Fertigungskapazität des Betriebes. Für die *Anlagenkapazität* AK gilt die Grundformel:

$$AK = M \cdot E \cdot \mu$$

wobei die *Anzahl der verfügbaren Anlagen* mit M, die *maximale Einsatzzeit* mit E und der *Nutzungsgrad* mit μ bezeichnet werden.

---

[1] Siehe Günther und Schneeweiß [1988].

[2] Vgl. Schusser [1986] sowie Hagemann und Sommerfeldt [1988].

[3] Vgl. Gutenberg [1983] und Kilger [1981].

In die Berechnung der Personalkapazität PK gehen die zum Betrieb der Anlagen notwendige *Personalbesetzung* PB, die *nominelle regelmäßige Arbeitszeit* AZ, der *Anwesenheitsgrad* α und außerdem ein Faktor β ein, der angibt, wie oft wiederholend die Grundarbeitszeit AZ innerhalb des Bezugszeitraumes eingesetzt werden kann (z.B. β=2 für den Zweischichtbetrieb oder 1<β<2 bei einer Voll- und einer Teilzeitergänzungsschicht pro Tag). Die Berechnungsweise der *effektiven Personalkapazität* lautet:

PK = PB · AZ · α · β

wobei sich die erforderliche *Personalstärke* P als Produkt aus betriebsnotwendiger Personalbesetzung PB und dem *Grad der Arbeitszeitwiederholung* β ergibt:

P = PB · β

Vernachlässigt man zur Vereinfachung der Betrachtung zunächst den Einfluß des Nutzungsgrades, der Fehlzeiten und des Grades der Arbeitszeitwiederholung (d.h. μ=α=β=1), so erhält man sowohl die Anlagen- als auch die Personalkapazität jeweils als einfaches Produkt aus Faktoreinsatzmenge und -dauer. In der bildlichen Darstellung (siehe Abbildung 12) sind die Kapazitäten aus den Flächeninhalten der zugehörigen Rechtecke abzulesen. Die Abbildung 12 gibt überdies die in der Industrie vorherrschende Lage wieder: die theoretisch möglichen Laufzeiten der Anlagen übersteigen die zulässigen Arbeitszeiten des Bedienungspersonals bei weitem; folglich bildet die menschliche Arbeit den kapazitätsbestimmenden Engpaßfaktor in der Fertigung (siehe die gerasterte Fläche in der Abbildung 12).

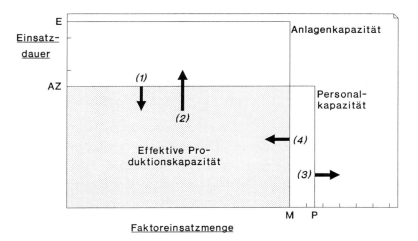

Abb. 12: Effektive Produktionskapazität als Querschnitt von Anlagen- und Personalkapazität

Eine *Verkürzung der Tarifarbeitszeit* (in der Abbildung 12 durch den mit (1) gekennzeichneten Pfeil angedeutet) führt zwangsläufig zu einer Verringerung der effektiven Kapazitätsnutzung. Zur Beibehaltung und darüber hinaus zur *Ausdehnung der Betriebszeiten* streben die Unternehmungen vor allem versetzte Arbeitszeiten und flexible Schichtarbeit an ($\beta > 1$!). Die hierdurch zugewonnene Nutzungsdauer der Anlagen übertrifft möglicherweise sogar die zuvor eingetretene Verkürzung der Tarifarbeitszeit (siehe Pfeil (2)). Um aber die personelle Besetzung während der verlängerten Laufzeiten der Anlagen aufrechterhalten zu können (PB = const.), müßte die *Personalstärke* P (zumindest durch Teilzeitkräfte) erhöht werden (Pfeil (3)). Als Ausgleich für die verlängerten Betriebszeiten ließe sich wiederum - wenn auch mit einiger zeitlicher Verzögerung - der *Anlageneinsatz* M verringern (Pfeil (4)). Hierin ist die eigentliche Zielsetzung verlängerter Betriebszeiten zu sehen.

Der Schlüssel zum Verständnis dieser Arithmetik liegt in der Anhebung des Arbeitszeitfaktors β über den ursprünglichen Wert hinaus. Praktisch bedeutet dies, daß zwar eine geringere Anzahl an Maschinen von entsprechend weniger Arbeitskräften bei jeweils kürzerer persönlicher Arbeitszeit bedient wird, daß aber die zugewonnene Laufzeit der Anlagen erst durch eine höhere Anzahl von Arbeitseinsätzen ermöglicht wird, so daß insgesamt die Personalstärke steigen muß. Allerdings bleiben bei diesen Plausibilitätsbetrachtungen technologische Weiterentwicklungen und ihre arbeitsorganisatorischen Folgewirkungen ebenso unberücksichtigt wie absatzpolitische Überlegungen, die ein erhöhter Produktionsausstoß aufwirft. Gleichwohl verdeutlichen diese Überlegungen, daß die eintretende *Fixkostendegression* ohne weiteres die durch Arbeitszeitverkürzungen verursachte Verteuerung der Arbeit aufzufangen vermag[1].

5. Perspektiven der Arbeitsflexibilisierung

Die Arbeitsflexibilisierung mit all ihren Erscheinungsformen steht im Interessenkonflikt der Beteiligten und Betroffenen[2]. Die Abbildung 13 soll dieses Interessenspektrum bildhaft verdeutlichen. Verfolgen die *Unternehmungen* zwei Hauptzielrichtungen, nämlich die Anpassung der Personalkapazität an den Kapazitätsbedarf und die Ausdehnung der Betriebszeiten, so geht es den *Arbeitnehmern* um die Sicherung ihrer Arbeitsplätze, um die Steigerung ihres Einkommens und die Ausdehnung ihrer Freizeit und nichtzuletzt um die Mitbestimmung bei der Gestaltung ihrer Arbeitszeit.

---

[1] Ansätze zu einer Kostenoptimierung der Betriebszeiten finden sich z.B. bei van Deelen [1987].
[2] Zur Humanisierung der Arbeit vgl. auch Kreikebaum und Herbert [1988].

Deutliche Konflikte zwischen den persönlichen Interessen des Einzelnen und den wirtschaftlichen Zielen der Unternehmung treten hier offen zutage. Aus *gesellschaftlicher* Sicht wird von Arbeitsflexibilisierungen erwartet, daß sie zur Verringerung der Arbeitslosigkeit und zur Humanisierung des Arbeitslebens beitragen.

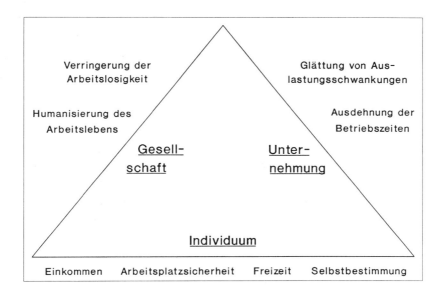

Abb. 13:   Das Interessenspektrum der Arbeitsflexibilisierung

Mit den verschiedenen Maßnahmen der Arbeitsflexibilisierung erhält weder der Arbeitnehmer noch der Arbeitgeber die uneingeschränkte Wahlfreiheit über die Gestaltung der Arbeitszeit. Ohne den "*sozialen Kompromiß*", die Einigung zwischen Betriebsrat und Unternehmensleitung, ohne den Ausgleich von persönlichen Interessen der Mitarbeiter und den wirtschaftlichen Zielen der Unternehmung versprechen Arbeitsflexibilisierungen jedenfalls keinen dauerhaften Erfolg. Arbeitsflexibilisierungen erfordern zudem stets *betriebsindividuelle Lösungen*, wenn sie unter den sozialen Bedingungen des Einzelbetriebes erfolgversprechend eingesetzt werden sollen.

Die Verwirklichung der wirtschaftlichen Vorteile der Arbeitsflexibilisierung setzt stets *antizipatives*, d.h. die zukünftigen Entwicklungen vorausnehmendes, *dynamisches Anpassungsverhalten* voraus. Die Erfüllung dieses Anspruchs ist in der Praxis der Unternehmensplanung keineswegs selbstverständlich, denn all zu oft begnügt man sich mit einer reaktiven Anpassung an die sich einstellenden Umweltbedingungen. Antizipatives Anpassungsverhalten baut wiederum auf verläßlichen *Prognosen des Kapazitätsbedarfs* auf, ohne daß allerdings die Nachfrage aller Produktvarianten oder die Kapazitätsbelastung aller Einsatzstellen im Detail vorausgesagt werden müßten.

Mit fortschreitender Verkürzung der Wochen- und der Jahresarbeitszeit verliert auch das Prinzip der "Einheit von Person und Stelle" immer mehr an Bedeutung. Fallen die Öffnungszeiten des Betriebes und die Arbeitszeiten der einzelnen Mitarbeiter auseinander, so sind zur Regelung der täglichen Arbeitseinsätze zunehmend *Absprachen* zwischen den Mitarbeitern und ihren unmittelbaren Vorgesetzten bzw. innerhalb einer Arbeitsgruppe erforderlich. An die *unteren Managementebenen*, die die unmittelbare Personalverantwortung in der Fertigung tragen, werden hierdurch wesentlich höhere Anforderungen gestellt.

Begünstigt wird die Einführung flexibler Arbeitssysteme durch die sogenannten "*neuen Technologien*", die zu einer Auflösung der oftmals starren Zeitbindung in der Fertigung führen, zumal die ansteigende Kapitalausstattung der Arbeitsplätze einen zusätzlichen Anreiz darstellt, die Betriebszeiten der Anlagen über das gewohnte Maß hinaus zu verlängern.

Schließlich gewinnt die Einführung von Arbeitsflexibilisierungen *strategische Bedeutung*, wenn die erzielten Kosteneinsparungen die Wettbewerbsfähigkeit spürbar verbessern und wenn die Mitarbeit im Unternehmen durch die Beteiligung an der Arbeitszeitgestaltung attraktiver wird[1]. Ob allerdings von Arbeitsflexibilisierungen, wie sie heute zunehmend tarifvertraglich und innerbetrieblich vereinbart werden, langfristig die erhofften positiven beschäftigungspolitischen Wirkungen ausgehen können, muß bezweifelt werden. Doch eine Chance zur Humanisierung der Arbeit eröffnet sich allemal.

---

[1] Vgl. hierzu auch Beyer [1988].

Anhang: Die Planung der Jahresarbeitszeit als formales Entscheidungsproblem (Netzwerkflußmodell)

Zielfunktion

$$K = \sum_{j \in J} \sum_{t \in T} \sum_{\tau > t} x_{jt\tau} (\tau - t) LK_j$$
$$+ \sum_{j \in J} \sum_{t \in T} \sum_{\tau > t} x_{jt\tau} MK_j$$
$$+ \sum_{r \in R} \sum_{t \in T} z_{rt} ZK_r$$
$$+ \sum_{t \in T} C^+_t AK \qquad \text{Min!}$$

Kapazitätsrestriktionen

$$\sum_{j \in J} \sum_{\tau \geq t} x_{jt\tau} a_j \leq C_t + C^+_t - C^-_t + \sum_{r \in R} z_{rt} \qquad t \in T$$

Bedarfsdeckung

$$\sum_{t \leq \tau} x_{jt\tau} \geq b_{j\tau} \qquad j \in J, \tau \in T$$

Kapazitätsbilanz

$$\sum_{t \in T} C^+_t = \sum_{t \in T} C^-_t$$

Entscheidungsvariablen

$x_{jt\tau}$ *Produktionsleistung der Art $j \in J$, erzeugt in Periode $t \in T$ zur Befriedigung des Bedarfs in Periode $\tau \geq t$ ($x_{jt\tau} \geq 0$)*

z_{rt} *Inanspruchnahme der Zusatzkapazität $r \in R$ in Periode $t \in T$ ($0 \leq z_{rt} \leq OG$)*

C^+_t, C^-_t *Kapazitätserhöhung bzw. -minderung auf Grund von Mehr- bzw. Minderarbeit in Periode $t \in T$ ($0 \leq C^+_t \leq OG$ bzw. $0 \leq C^-_t \leq OG$)*

Daten

LK_j *Wertabhängige Lagerungskosten pro Periode und Einheit von Leistungsart $j \in J$*

MK_j *Mengenabhängige Lagerungskosten pro Einheit, die von Leistungsart $j \in J$ auf Lager genommen und erst in einer späteren Periode abgesetzt wird*

ZK_r *Mehrkosten einer Einheit der Zusatzkapazität $r \in R$*

AK *Durch Ausgleichszahlungen für Mehrarbeit verursachte Kosten pro Kapazitätseinheit und Periode*

a_j *Kapazitätsbeanspruchung pro Einheit der Leistungsart $j \in J$*

C_t *Personalkapazität in Periode $t \in T$*

b_{jt} *Kapazitätsbedarf von Leistungsart $j \in J$ in Periode $t \in T$*

Literatur

Albach, H. (Hrsg.), Arbeitszeitflexibilisierung in der Praxis, Zeitschrift für Betriebswirtschaft, Ergänzungsheft 2/1988.

Bahl, H. C., Zionts, St., A Noniterative Multiproduct Multiperiod Production Planning Method, Operations Research Letters, 1 (1982), S. 219-221.

Beyer, H.-T., Das zeitflexible Beschäftigungsmix als strategischer Erfolgsfaktor, in: *Hax, H., Kern, W., Schröder, H.-H.* (Hrsg.), Zeitaspekte in betriebswirtschaftlicher Theorie und Praxis, (Poeschel, Stuttgart, 1988), S. 299-313.

van Deelen, H., Kostenoptimale Arbeits- und Betriebszeiten, (Erich Schmidt Verlag, Berlin, 1987).

Faißt, J., Günther, H.-O. Schneeweiß, Ch., Ein Decision-Support-System zur Planung der Jahresarbeitszeit, (erscheint demnächst).

Günther, H.-O., Produktionsplanung bei flexibler Personalkapazität, (Poeschel, Stuttgart, 1989).

Günther, H.-O., Schneeweiß, Ch., Kapazitative Wirkungen von Arbeitsflexibilisierungen, Zeitschrift für betriebswirtschaftliche Forschung 40 (1988), S. 915-929.

Gutenberg, E., Grundlagen der Betriebswirtschaftslehre, Erster Band: Die Produktion, 24. Aufl., (Springer, Heidelberg u.a., 1983).

Hagemann, H., Sommerfeldt, K., Flexible Teilzeitarbeit als Instrument der Arbeitsmarktentlastung - Zusammenfassung der Ergebnisse eines Mc Kinsey-Forschungsprojektes, Zeitschrift für Betriebswirtschaft, Ergänzungsheft 2 (1988), S. 59-79.

Holsapple, C. W., Whinston, A. W., Artificially Intelligent Decision Support Systems - Criteria for Tool Selection, in: *Holsapple, C. W., Whinston, A. W.* (ed.), Decision Support Systems: Theory and Application, (Springer, Heidelberg u.a., 1987), S. 185-213.

Jacob, H., Die Bedeutung der Flexibilität im Rahmen der strategischen Planung, in: *Koch, H.* (Hrsg.), Neuere Entwicklungen in der Unternehmenstheorie, Erich Gutenberg zum 85. Geburtstag, (Gabler, Wiesbaden, 1982), S. 69-98.

Kilger, W., Die optimale Planung kapazitätserhöhender Mehrarbeitszeiten und Zusatzschichten im Industriebetrieb, Zeitschrift für betriebswirtschaftliche Forschung, 23 (1971), S. 776-792.

Kreikebaum, H., Herbert, K.-J., Humanisierung der Arbeit, (Gabler, Wiesbaden, 1988).

Marr, R., Chancen und Probleme einer Individualisierung der Arbeitszeit durch Zeitsparmodelle, in: *Hax, H., Kern, W., Schröder, H.-H.* (Hrsg.), Zeitaspekte in betriebswirtschaftlicher Theorie und Praxis, (Poeschel, Stuttgart, 1988), S. 315-329.

Radermacher, F.-J., Entwicklungsperspektiven rechnergestützter Entscheidungsfindung, in: *Wolff, M. R.* (Hrsg.), Entscheidungsunterstützende Systeme im Unternehmen, (Oldenbourg, München, 1988), S. 289-320.

Schusser, W. H., Die betriebswirtschaftliche Beurteilung der Arbeitszeitflexibilisierung in der Metallindustrie, Zeitschrift für betriebswirtschaftliche Forschung, 38 (1986), S. 302-316.

Silver, M., Descriptive Analysis for Computer Based Decision Support, Operations Research, 36 (1988), S. 904-916.

Stockert, A. M., Wirkungen von Rechtsnormen auf Personalanpassungen - Eine empirische Untersuchung, Zeitschrift für Betriebswirtschaft, Ergänzungsheft 2 (1988), S. 41-58.

Investitionsrechnung für Informations- und Kommunikationssysteme auf der Grundlage von Preis-Leistungs-Modellen

Heinz Lothar Grob*

1. Nutzen als Oberziel zur Bewertung von IuK-Projekten?
2. Kritik am traditionellen Ansatz
3. Das Preis-Leistungs-Modell
3.1 Grundprinzipien
3.2 Formalisierung des PL-Modells
3.3 Dynamische Interpretation
3.4 DV-technische Realisierung
4. Zur Integrationsfunktion des PL-Modells

---

* PD Dr. Heinz Lothar Grob, Lehrstuhl für Organisation und EDV, Universität Münster

1. Nutzen als Oberziel zur Bewertung von IuK-Projekten?

Das Informations- und Kommunikationssystem (IuK-System) wird als strategischer Erfolgsfaktor[1] innovativer Unternehmungen angesehen. Die Entwicklung von Methoden zur Beurteilung derartiger Systeme stellt eine Herausforderung an die Betriebswirtschaftslehre dar.

In jüngster Zeit werden zunehmend Ansätze der strategischen Unternehmensplanung auf die Gestaltung des IuK-Systems übertragen. Trotz der Notwendigkeit einer ganzheitlichen Betrachtung, bei der die Stoßrichtung zukünftiger Aktivitäten herausgearbeitet wird, ist jedoch eine Bewertung einzelner abgrenzbarer Projekte unerläßlich. Lebenszyklusanalysen von IuK-Projekten, die nicht nur die Phasen der Entwicklung und Installation bzw. Implementierung, sondern auch die der Nutzung und Wartung zum Inhalt haben, charakterisieren die Projekte als Investitionen - machen sie also zum Gegenstand der Investitionstheorie.

Indes werden die traditionellen Methoden der Investitionstheorie als wenig geeignet angesehen. Wegen ihrer monetären Zielinhalte kann die für IuK-Entscheidungen typische **Mehrdimensionalität des Zielsystems** nicht erfaßt werden.

In der Literatur wird deshalb in bemerkenswerter Übereinstimmung empfohlen, zur Lösung des Bewertungsproblems **Nutzwertanalysen** - oder ähnliche Methoden, wie Punktbewertungsverfahren oder Scoringmodelle - einzusetzen.[2] Dies wirft die Frage auf: Ist der **Nutzen** das geeignete Oberziel bei IuK-Projekten? Respektive: Ist die **Nutzwertanalyse** als universelle Methode zur Investitionsrechnung bei IuK-Projekten zu akzeptieren?

---

[1] Vgl. u.a. Österle, H., 1987, S. 24 ff.
[2] Vgl. z. B. Stahlknecht, P., 1987, S. 85, S. 246 f., S. 294 ff., Lackes, R., 1988, S. 385 f.. Zur kritischen Analyse nutzentheoretischer Modelle insbes. der Nutzwertanalyse vgl. Schneeweiss, Ch., 1989.

2. Kritik am traditionellen Ansatz

Der im deutschsprachigen Raum verbreitete traditionelle Ansatz der Nutzwertanalyse stammt von Christoph Zangemeister[3]. Sein Konzept ist nicht nur fester Bestandteil der betriebswirtschaftlichen Literatur - auch in der Praxis erfreut sich die Nutzwertanalyse zunehmender Verbreitung.

Nach Zangemeister bietet sie die Möglichkeit, eine Menge komplexer Handlungsalternativen zu analysieren. Ihr kommt die Aufgabe zu, die Elemente dieser Menge entsprechend den Präferenzen des Entscheidungsträgers, der über mehrdimensionale Zielvorstellungen verfügt, zu ordnen. Hinzu kommt, daß sie bei multipersonalen Entscheidungen eine Versachlichung von Konflikten fördert. Die charakteristischen Schritte der Nutzwertanalyse umfassen bekanntlich:

- das Aufstellen eines Zielprogramms (Kriterien),
- die Prognose von Zielerträgen für die zu vergleichenden Alternativen,
- die subjektive Gewichtung der Kriterien,
- die Transformation der Zielerträge in Nutzwerte sowie
- die Gewichtung dieser Nutzwerte und ihre Verdichtung zum Nutzwert für jede Alternative (Wertesynthese).

Trotz des hochgesteckten Ziels der Komplexitätsbewältigung ist die Methodik der Nutzwertanalyse außerordentlich einfach. Diesem Vorzug steht jedoch eine Reihe erheblicher Probleme gegenüber. So heißt es in der Literatur, die Ergebnisse der Nutzenbewertung genügten lediglich einer subjektiven und keiner objektiven Rationalität.

Gegen diesen Vorwurf ist allerdings zu sagen: Die Nutzwertanalyse "will" subjektiv sein! Notwendig erscheint vielmehr, daß eine intersubjektive Überprüfbarkeit der Entscheidungsempfehlung möglich ist. Doch gerade die Erfüllung dieser Anforderung ist anzuzweifeln. Bekanntlich wird die These vertreten, die Nutzwertanalyse verleite - insbesondere bei der Verteilung von Kriteriengewichten - zu Manipulationen.

Während die Überlegungen zur Subjektivität und zur Manipulationsgefahr kontrovers diskutiert werden können, ist die Kritik an der Problematik einer kardinalen Meßbarkeit des Nutzens unumstritten: Auch nominal und ordinal definierte Erträge werden in kardinale Größen transformiert. Hierin ist eine unheilbare Schwäche der Nutzwertanalyse zu sehen.

---

3   Vgl. Zangemeister, Chr., 1976.

Doch selbst dann, wenn keine Transformation erforderlich ist, also sämtliche Kriterien kardinale Meßbarkeit aufweisen, ist die Nutzenfunktion problematisch. Dies ist bereits an der Nutzwertformel erkennbar. Bekanntlich ist der Nutzwert eines Projektes wie folgt definiert:

$$N_i = \sum_{j=1}^{m} n_{i,j} \cdot g_j \qquad \text{für alle } i$$

wobei
$$\sum_{j=1}^{m} g_j = 1$$

Symbole:

N_i Nutzwert der Alternative i
$n_{i,j}$ Teilnutzen der Alternative i beim Kriterium j
g_j Gewicht des Kriteriums j

Der Nutzwert der Alternative i ergibt sich also als gewogenes arithmetisches Mittel der Teilnutzen über alle Kriterien. Die Gewichtung der Teilnutzen mit den Kriteriengewichten und die additive Zusammenfassung der gewogenen Teilnutzen implizieren:

1. Konstanz des Grenznutzens in Höhe der Kriteriengewichte - dies zeigt sich formal durch Bildung der 1. partiellen Ableitungen nach den Teilnutzen - und

2. Unabhängigkeit der Teilnutzen. Diese Eigenschaft resultiert aus der additiven Verknüpfung der einzelnen Terme.

zu 1: Konstanz des Grenznutzens steht im Widerspruch zu einer Reihe von Modellen, die in der Entscheidungstheorie und der Mikroökonomie seit der Wiener Grenznutzenschule diskutiert werden.

zu 2: Unabhängigkeit der Teilnutzen dürfte wegen der interdependenten Beziehungen zwischen den Kriterien grundsätzlich gegen das Prinzip der Abbildungsgenauigkeit des Modells verstoßen.

Die hier kurz genannten Schwachstellen der Nutzwertanalyse werden in der Literatur diskutiert, so lange es die Nutzwertanalyse gibt.[4] Gleichwohl wird das Modell einer Nutzenbewertung beibehalten und verfeinert.

---

4   Vgl. u.a. Bechmann, A., 1978.

Einen aktuellen Überblick über "30 verschiedene Verfahren zur Bewertung des Nutzens" bietet die Monographie von Kurt Nagel[5]. Das traditionelle Konzept wird von Nagel um die Einbeziehung eines ungewißheitstheoretischen Ansatzes ergänzt, das die Nutzenebenen

- strategische Vorteile,
- Produktivitätsvorteile und
- Kostenvorteile

enthält.

Zur Ermittlung eines Zielwertes wird der Nutzwert jeder Ebene mit einer subjektiven Wahrscheinlichkeit gewichtet. Dieser Zielwert ist nichts anderes als der Nutzenerwartungswert. Die Berechnung impliziert, daß auf jeder Nutzenebene mit der entsprechenden Gegenwahrscheinlichkeit ein Nutzen von Null erzielt wird.

Wegen dieser impliziten Prämisse und wegen der Problematik, trotz der Einmaligkeit der Entscheidung mit Erwartungswerten zu rechnen, und nicht zuletzt wegen der generellen Skepsis gegenüber Nutzwerten ist der Ansatz eines Nutzenerwartungswert-Konzeptes mit erheblichem Vorbehalt zu betrachten.

Andere formal anspruchsvolle Modifikationen sehen multiplikative Verknüpfungen zwischen den Kriterien vor, die zu nicht-linearen Nutzenfunktionen führen. Datengewinnungsprobleme und Verständnisschwierigkeiten bei der praktischen Anwendung dürften jedoch wesentliche Barrieren darstellen.

Zusätzlich zu den traditionellen Einwendungen gegen die Nutzwertanalyse sind hier noch zwei weitere Kritikpunkte vorzutragen, die gleichzeitig die Basis für einen konkurrierenden Ansatz abgeben.

1. Bei der Nutzwertanalyse verlieren sämtliche Kriterien ihre originäre Dimension, wenn sie zum dimensionslosen Oberziel "Nutzen" verdichtet werden. Monetäre und nichtmonetäre Kriterien werden - soweit dies anhand von veröffentlichten Projekten recherchiert werden konnte - als gleichrangig behandelt. Daß das "harte" Kriterium Auszahlungen mit der Dimension Geldeinheiten in das "weiche" dimensionslose Kriterium Nutzen transformiert wird, müßte Widerspruch hervorrufen.

---

5   Vgl. Nagel, K., 1988.

2. Die Nutzwertanalyse verführt zu einer Globalisierung der Kriterien. Dies dürfte vor allem an der Anforderung liegen, die Datenflut in Grenzen halten zu wollen. Die spezifischen Vorzüge der EDV bleiben bei der Durchführung von Nutzwertanalysen weitgehend unbeachtet, sieht man von Sensitivitätsanalysen zur Manipulation von Kriteriengewichten ab.

Die Kritik an der Globalisierungstendenz soll am Beispiel des Kriteriums **"Flexibilität"** kurz vertieft werden. Anstelle des Begriffs Flexibilität wird bei der Softwareentwicklung der Terminus Adaptivität verwendet.[6] Hierunter versteht man die Modifizierbarkeit von Programmen aufgrund von Ziel- und Datenänderungen. Eine generelle Aussage über die Qualität der Anpaßbarkeit eines Programms an zukünftige Situationsänderungen ist normalerweise nicht konkret genug. Wünschenswert wäre die Vorgabe detaillierter Anforderungen über Erweiterungsmöglichkeiten bei neuen Aufgaben, selbst wenn sich diese im Evaluierungszeitpunkt nur als Szenarien darstellen lassen. Der gleiche Anspruch gilt bezüglich der Bewältigung eines im Zeitablauf steigenden Datenvolumens, das durch geeignete statistische Verfahren prognostiziert werden könnte.

Insofern besteht die Notwendigkeit, den Flexibilitätszusammenhang zwischen dem DV-Angebot und der aktuellen und zukünftigen DV-Nachfrage nicht global in einem Superkriterium ("Flexibilität") zu erfassen, sondern differenzierend aufzugliedern.

Aufgrund von Literaturstudien - und nicht zuletzt aufgrund von Diskussionen mit der Praxis - ist die These zu vertreten, die Nutzwertanalyse begünstige eine "Flucht ins Globale".

---

[6] Vgl. Kurbel, K., 1987, S. 42 ff.

3. Das Preis-Leistungs-Modell

3.1 Grundprinzipien

Die nun darzustellende Konzeption zur Bestimmung der Vorteilhaftigkeit von IuK-Investitionen kommt ohne Quantifizierung des Nutzens aus. Der Ansatz sei als Preis-Leistungs-Modell (PL-Modell) bezeichnet. Der Name wurde gewählt, weil in der Praxis bei IuK-Entscheidungen häufig vom Preis-Leistungs-Verhältnis die Rede ist. Das PL-Modell ist kein eigenständiger Ansatz, sondern - wie gleich deutlich wird - mit einer Reihe herkömmlicher Selektions- und Interaktionsmodelle verwandt.

Mit der **Preisplanung** - dem ersten Teilsystem des Modells - ist grundsätzlich der Beschaffungspreis des Projektes gemeint. Die **Leistungsplanung** - das zweite Teilsystem - umfaßt eine Gegenüberstellung von Ansprüchen und Leistungen - vergleichbar mit dem Zusammentreffen von Angebot und Nachfrage nach Qualitätsmerkmalen.

Der dualen Konzeption des PL-Modells liegen die beiden folgenden Prinzipien zugrunde: Erstens sollen alle monetären Größen ihre monetäre Dimension behalten, zweitens sollen die nicht-monetären Zielerträge **nicht** in monetäre verwandelt werden.

Die monetären Konsequenzen eines Projektes umfassen sämtliche Auszahlungen während seines Lebenszyklus. Sie sind zum Projektpreis zu verdichten. Dieser läßt sich mit Hilfe der vollständigen Finanzplanung bestimmen, einem eigenständigen Verfahren der Investitionsrechnung.[7] Die vollständige Finanzplanung ist - im Gegensatz zu den klassischen Verfahren - durch ein hohes Maß an Transparenz und Ausbaufähigkeit gekennzeichnet.

Wenn in der Literatur für IuK-Projekte Investitionsrechnungen vorgeschlagen werden, sind diese Ansätze - soweit bekannt - stets ohne Steuern formuliert. Aus der Sicht der Unternehmensleitung sollten aber doch sämtliche Zahlungen eines Projektes erfaßt werden, und dazu zählt auch die steuerliche Seite. Diese Anforderung ist durch die vollständige Finanzplanung relativ leicht erfüllbar.

Die Preiskomponente des PL-Modells kann wie folgt berechnet werden. Zunächst ist der Endwert des IuK-Projektes zu ermitteln. Danach ist dieser Endwert äquivalent auf die Perioden zu verteilen. Dieses Verfahren ist insbesondere dann zu empfehlen, wenn Zinsfüße bzw. Steuer-

---

7   Vgl. Grob, H. L., 1989.

sätze im Zeitablauf variieren bzw. wenn die Teilperioden des Planungszeitraums unterschiedlich groß sind.

Das Ergebnis der Berechnung - der Projektpreis nach Steuern - weist die Dimension "DM/Periode" auf. Er ist mit einer Auszahlungsannuität (nach Steuern) vergleichbar. Selbstverständlich kann der Projektpreis auch zeitpunktbezogen definiert werden.

Der Leistungsplanung liegt - wie bereits ausgeführt - das Prinzip zugrunde: Jedes für relevant gehaltene Qualitätsmerkmal behält seine Original-Dimension. Hieraus folgt, daß jedes Item den Rang eines Kriteriums erlangt. Deshalb ist die Kriterienhierarchie beim PL-Modell einstufig. Dagegen ist bei der Nutzwertanalyse - wegen der Globalisierungstendenz - die Hierarchie mehrstufig gegliedert.

3.2 Formalisierung des PL-Modells

Zur Formalisierung des PL-Modells ist es erforderlich, für die relevanten Leistungskriterien Zielvorgaben in Form von Ansprüchen bzw. Mindestansprüchen zu formulieren. Die argumentative Begründung der Ansprüche ist nicht Gegenstand des PL-Modells, sondern im Rahmen einer Systemanalyse zu erarbeiten.

Die vom Entscheidungsteam akzeptierten Ansprüche lassen sich als Gleichungen bzw. Ungleichungen formalisieren. Hierzu zählen Leistungs- und Kapazitätsdaten, die ein quantitativ definiertes Spektrum aufweisen, sowie Qualitätsansprüche mit binärem Charakter.

Die Einhaltung der Ansprüche aufgrund des Leistungsangebots der Alternativen stellt das Primärziel dar. Nur wenn sämtliche Mindestansprüche erfüllt sind, existiert mindestens eine zulässige Lösung.

Das Sekundärziel ist als **Extremalziel** formulierbar. Ein denkbares Sekundärziel ist die Minimierung des Projektpreises. Selbstverständlich kann aber auch jedes andere operational formulierte Primärziel zum Extremalziel erhoben werden - sofern es nicht eine 0-1-Variable ist. So ist es bei der Planung eines distribuierten DV-Systems vorstellbar, die Anzahl der Terminals als zu maximierende Restgröße zu betrachten.

Die Grundstruktur des PL-Modells ist nun für zwei typische Entscheidungsprobleme des IuK-Bereichs in Tableauschreibweise zu formulieren. Der in Abb. 1 dargestellte erste Fall hat eine **Konfigurationsentscheidung** zum Inhalt, eine bei der Gestaltung von IuK-Systemen typische Fragestellung.

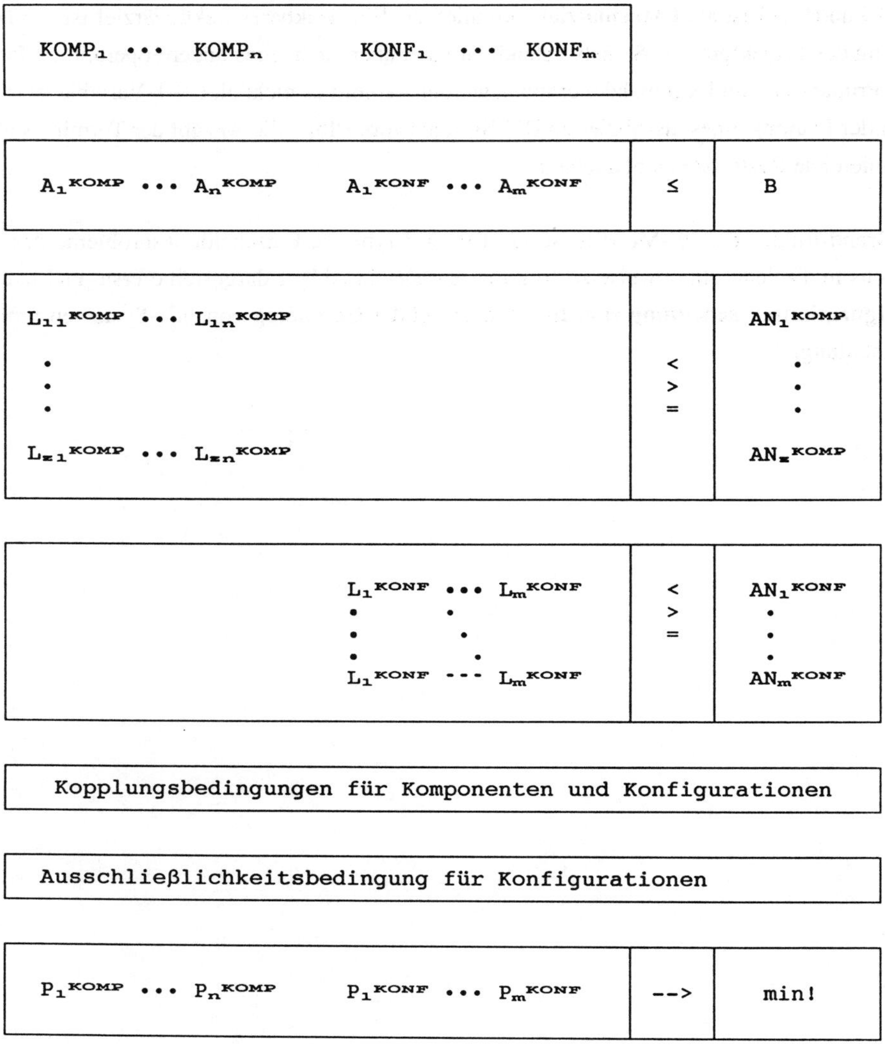

| $KOMP_1$ ... $KOMP_n$ | $KONF_1$ ... $KONF_m$ |

| A_1^{KOMP} ... A_n^{KOMP} | A_1^{KONF} ... A_m^{KONF} | $\leq$ | B |

L_{11}^{KOMP} ... L_{1n}^{KOMP}		AN_1^{KOMP}
. .	$<$	.
. .	$>$	.
. .	$=$	.
L_{z1}^{KOMP} ... L_{zn}^{KOMP}		AN_z^{KOMP}

	L_1^{KONF} ... L_m^{KONF}	$<$	AN_1^{KONF}
	. .	$>$	.
	. .	$=$	.
	L_1^{KONF} --- L_m^{KONF}		AN_m^{KONF}

Kopplungsbedingungen für Komponenten und Konfigurationen

Ausschließlichkeitsbedingung für Konfigurationen

| P_1^{KOMP} ... P_n^{KOMP} | P_1^{KONF} ... P_m^{KONF} | $\longrightarrow$ | min! |

Abb. 1: Struktur des Preis-Leistungs-Modells
       - Entscheidungstyp 1 -

Symbole:

KOMP, KONF	Variablen	L	Leistungsparameter
A	Auszahlung	AN	Ansprüche
B	Budget	P	Preiskomponente

Variablen dieses Modells sind Komponenten, die zu Konfigurationen zusammengefaßt werden. Zu den Komponenten zählen nicht nur Hard- und Softwareelemente, sondern auch Dateien sowie personelle und räumliche Ressourcen, über die zu disponieren ist. Den Komponenten sind die mit Hilfe der vollständigen Finanzplanung berechenbaren Preise zuzuordnen. Den Konfigurationsvariablen werden diejenigen monetären Konsequenzen zugewiesen, die nicht komponentenweise zurechenbar sind. Komponenten und Konfigurationen stellen also unterschiedliche Ebenen einer Bezugsgrößenhierarchie für monetäre Konsequenzen dar.

Der **Restriktionssatz** des Modells besteht

- aus der Budget-Restriktion,
- aus Restriktionen bezüglich der Ansprüche und Mindestansprüche an Komponenten und Konfigurationen,
- aus Kopplungsbedingungen für Komponenten und Konfigurationen und
- aus einer Ausschließlichkeitsbedingung.

Die Ausschließlichkeitsbedingung sorgt dafür, daß eine und nur eine Konfiguration realisiert wird, falls es eine zulässige Lösung gibt.

Während die erste Entscheidungssituation bei der Gestaltung des IuK-Systems aufgrund der Beziehungen zwischen Komponenten und Konfigurationen **zweistufig** ist, liegt bei der nun zu erörternden zweiten Situation, die für Softwareentscheidungen typisch ist, bezüglich der Variablen **Einstufigkeit** vor.

Angenommen, eine Unternehmung stehe vor der Wahl, für einen bestimmten Aufgabenbereich entweder Standardsoftware zu beschaffen oder aber das Programmpaket selbst zu entwickeln. Der Entscheidungsprozeß, der mit dem Modellentwicklungsprozeß einhergeht, könnte - idealisierend dargestellt - sukzessiv ablaufen. In der ersten Stufe werden Mindestansprüche sowie das verfügbare Budget vorgegeben (vgl. Abb. 2). Dann werden für die Beschaffungsalternativen Variablen (V_{10}, V_{20} ...) eingeführt. Ihre Koeffizienten geben

- die Erfüllung oder Nichterfüllung der qualitativ definierten Ansprüche sowie
- die Leistungsdaten bzw. die monetären Konsequenzen an.

Die Variable E für die Selbstentwicklung des Programms enthält Koeffizienten, die grundsätzlich mit den Werten der rechten Seite des in Abb. 2 dargestellten Tableaus übereinstimmen. Schließlich spiegelt die rechte Seite das sog. Pflichtenheft für die benötigte Software wider.

Weiterhin sei angenommen, die modulare Struktur der Standardsoftware erlaube eine Anpassung an die Ansprüche des Entscheidungsträgers. Derartige Erweiterungsmöglichkeiten können durch zusätzliche Variablen in das Modell einbezogen werden (z.B. V_{11} als Erweiterung der Grundausstattung V_{10}).

Die Zielzeile enhält die entsprechenden Preise der Grundausstattung und der Anpassungen sowie die vergleichbare Auszahlung für die Selbstentwicklung.

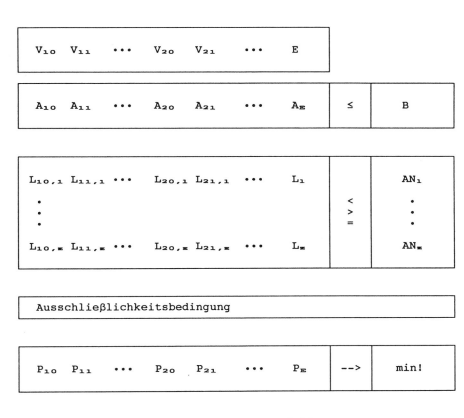

Abb. 2: Struktur des Preis-Leistungs-Modells
   - Entscheidungstyp 2 -

Symbole:

V	Variablen für die Fremdbeschaffung
E	Variable für die Eigenentwicklung
A	Auszahlung
B	Budget
L	Leistungsparameter
AN	Ansprüche
P	Preiskomponenten

Nach den gleichen Grundprinzipien des PL-Modells ließen sich weitere Entscheidungstypen für IuK-Projekte bilden.

3.3 Dynamische Interpretation

Das statisch formulierte PL-Modell soll nun in einen Prozeß sich dynamisch verändernder Ansprüche eingegliedert werden. Hierbei ist das PL-Modell als Response-Modell aufzufassen, das im Dialog mit dem Entscheidungsteam einzusetzen ist.

Dem Auswahlprozeß liegt als Regel zugrunde, daß eine Übererfüllung von Mindestansprüchen unbeachtet bleibt. Anders ausgedrückt: Überqualifikation wird nicht honoriert. Dies gilt allerdings nur für die Anfangsphase.

Zunächst sind Ansprüche, Alternativen, Preis- und Leistungsdaten zu erarbeiten. Diese Aktivitäten sind dem Modelleinsatz sachlogisch vorgelagert. In der ersten "Runde" ist aus der Menge der zulässigen Alternativen der Spitzenreiter zu bestimmen. Spitzenreiter ist diejenige Konfiguration, die zu einem minimalen Projektpreis führt. Der Spitzenreiter hat sich der Konkurrenz von seiten überqualifizierter Angreifer zu erwehren. Die Angreifer weisen zwar einen höheren Projektpreis auf, sie signalisieren aber eine Überfüllung des Mindestanspruchsniveaus. Der Angreifer bezieht seine Verdrängungsenergie aus dem möglicherweise gestiegenen Anspruchsniveau des Entscheidungsteams.

Das PL-Modell informiert die Benutzer über die vorgeschlagenen Konfigurationen bzw. Alternativen, über den entsprechenden Projektpreis und über die Übererfüllung von Mindestansprüchen. Dem Modell kommt somit eine Assistenzfunktion zu.

3.4 DV-technische Realisierung

Das PL-Modell ist - wie an zwei Fällen gezeigt wurde - als lineares Gleichungssystem darstellbar. Daher liegt der Gedanke nahe, den Strukturierungsansatz unter Verwendung eines Algorithmus der Linearen Programmierung zum Optimierungsmodell zu befördern. Dies dürfte jedoch aus folgenden Gründen nicht praktikabel sein:

Bei geringem Datenumfang ist die Lösung trivial. Der Einsatz einer Optimierungsmethode erübrigt sich. Allerdings könnte die Lineare Programmierung bei größerem Datenumfang durchaus eine Rechen- und Vergleichshilfe bieten. Jedoch ist wegen der Ganzzahligkeit der Variablen mit langen Rechenzeiten zu rechnen. Da aber Zwischenergebnisse, wie z.B. die Übererfüllung von Mindestansprüchen, beim Dialog benötigt werden, sind die Responsezeiten im allgemeinen unzumutbar lang. Hinzu kommt, daß eine übersichtliche Dokumentation des Datenvolumens nur durch vor- und nachgeschaltete Programme möglich wäre.

Die Preis-Leistungs-Daten der Projektalternativen könnten jedoch von Datenbanksystemen verwaltet werden. Ein Programm, das über die Dateiverwaltungsfunktionen hinaus wegen seiner natürlichsprachlichen Interaktionsmöglichkeiten auch ein Merkmal der Künstlichen Intelligenz enthält, ist F&A (Frage und Antwort) von Symantec.[8]

Zentraler Bestandteil von F&A sind Dateien, die aus "ausgefüllten Formularen" resultieren. Zur Erfassung der Daten können sog. Blanko-Formulare mit relevanten Leistungskategorien und Preisdaten eingegeben werden. Der Entwurf der Datei erfolgt unmittelbar am Bildschirm.

Der Aspekt der Künstlichen Intelligenz zeigt sich in der dialogorientierten Schnittstelle von F&A, dem Intelligenten Assistenten. Der Intelligente Assistent beantwortet Fragen des Benutzers an die Datenbank, die in natürlicher Sprache eingegeben werden. F&A unterstützt somit die Grundidee des PL-Modells.

Zur Erzeugung eines überschaubaren Beispiels sei von einer Datei mit Daten über konkurrierende PC ausgegangen. Die Leistungsmerkmale der PC sind entweder als numerische Daten (z.B. die Hauptspeichergröße in KB oder die Taktfrequenz in MHZ) oder als Texte (z.B. Informationen über Handbücher) zu verschlüsseln.

Auch subjektive Beurteilungen von Leistungsmerkmalen (z.B. die Einschätzung des Images eines PCs) können durch Vergabe von Adjektiven oder von Noten einbezogen werden.

Die einfache, d. h. eindimensionale Abfrage

"Zeigen Sie mir bitte alle schnellen Computer!"

erfordert eine Heuristik, nach der das Adjektiv "schnell" - oder ein Synonym - konkretisiert wird. Falls die von F&A zur Verfügung gestellte Heuristik zu grob erscheint, kann natürlich auch direkt nach Alternativen mit einer Taktfrequenz von beispielsweise > 9 MHZ gefragt werden.

Ein Beispiel für eine komplexe, also mehrdimensionale Abfrage ist:

"Zeigen Sie mir bitte alle schnellen Computer, aufsteigend sortiert, die mindestens 512 KB Hauptspeicher und mindestens 20 MB Festplatte haben. Ein Handbuch muß existieren und das Image muß gut sein."

Nach einer Verständnisprüfung werden die zulässigen Lösungen - zusammen mit den entsprechenden Projektpreisen - aufgelistet.

Sicherlich ist der Dialog mit dem Intelligenten Assistenten attraktiv, insbesondere dann, wenn dieser eine Lernphase, in der ihm synonyme Vokabeln beigebracht worden sind, durchlaufen hat - effizienter könnte jedoch das Arbeiten mit Bildschirmmasken sein, in die die geforderten Mindestansprüche einzugeben sind. In jedem Fall aber dürften **Intelligente Dateiverwaltungssysteme**, insbesondere wenn die Möglichkeiten der Verknüpfung von Daten weiter ausgebaut werden, eine wichtige Unterstützung bei der Suche nach dem passenden Preis-Leistungs-Verhältnis von IuK-Projekten darstellen.

4. Zur Integrationsfunktion des PL-Modells

Wichtiger als die Frage nach der passenden Methode dürfte die Feststellung sein, daß durch das PL-Modell die Blickrichtung auf die Konkretisierung der systemanalytisch zu begründenden Ansprüche an die Leistungsfähigkeit des IuK-Systems gelenkt wird. Modelle für Entscheidungssituationen im IuK-Bereich zu erarbeiten, ist als Gemeinschaftsaufgabe für Betriebswirte und Informatiker anzusehen. Dem PL-Modell könnte hierbei eine Integrationsfunktion zukommen.

Literaturverzeichnis

Bechmann, A., Nutzwertanalyse, Bewertungstheorie und Planung, Bern, Stuttgart 1978.

Grob, H.L., Investitionsrechnung mit vollständigen Finanzplänen, München 1989.

Kurbel, K., Programmentwicklung, 4. völlig neu bearbeitete und erweiterte Auflage, Stuttgart 1987, S.42 ff.

Lackes, R., Die Nutzwertanalyse zur Beurteilung qualitativer Investitionseigenschaften, in: Das Wirtschaftsstudium, 1988, S. 385 f.

Nagel, K., Nutzen der Informationsverarbeitung, Methoden zur Bewertung von strategischen Wettbewerbsvorteilen, Produktivitätsverbesserungen und Kosteneinsparungen, Wien 1988.

Österle, H., Erfolgsfaktor Informatik - Umsetzung der Informationstechnik in der Unternehmensführung, in: Information Management, 1987.

Schneeweiss, Ch., Kostenwirksamkeitsanalyse, Nutzwertanalyse und Multiattributive Nutzentheorie, Diskussionsarbeit Nr. 31 , Lehrstuhl für Allgemeine Betriebswirtschaftslehre und Unternehmensforschung der Universität Mannheim, 1989.

Stahlknecht, P., Einführung in die Wirtschaftsinformatik, 3. neu bearbeitete und erweiterte Auflage, Berlin, Heidelberg, New York 1987.

Zangemeister, Chr., Nutzwertanalyse in der Systemtechnik, 4. Auflage, München 1976.

Chancen und Risiken moderner Informationstechnologien für die Akteure auf den Finanzmärkten

Joachim Süchting[*]

1. Der Beitrag der Informationstechnologie zur Funktionsfähigkeit der Finanzmärkte
1.1 Informationsfunktion und Markttransparenz
1.2 Arbeitsfunktion und Transaktionskosten
2. Funktionsstörungen an den Aktienmärkten - Dispositionsfunktion und Programmhandel
3. Cash Management Systeme und Rationalisierung der Kassenhaltung
4. Die Problematik des "Computergeldes" für die Geld- und Kreditpolitik der Zentralbank
5. Zukunftsfragen für die Universalbank

---

[*] Prof. Dr. Joachim Süchting, Angewandte BWL II (Finanzierung u. Kreditwirtschaft), Universität Bochum

Einleitung

Auf in- und ausländischen, organisierten und nichtorganisierten Geld-, Kredit- und Kapitalmärkten werden Zahlungsmittel angeboten und nachgefragt.

Akteure auf diesen Finanzmärkten sind zum einen die privaten Haushalte, die - in einer Saldenbetrachtung - ihre Überschüsse direkt und indirekt für die Finanzierung von Unternehmen verwenden, die in die indirekten Finanzierungsbeziehungen eingeschalteten Finanzintermediäre wie u.a. Versicherungen, Pensionsfonds und Kapitalanlagegesellschaften, Finanzintermediäre, die darüber hinaus den Zahlungsverkehr vermitteln und Geld schöpfen - die Universalbank deutschen Typs also -, schließlich die Zentralbank, die einerseits die Sicherung der Funktionsfähigkeit der Märkte und den Anlegerschutz, andererseits wirtschaftspolitische Interessen und in diesem Rahmen die Preise auf den Finanzmärkten im Auge hat.

Im Hinblick auf die durch die technische Entwicklung ausgelösten Wirkungen benutze ich den Terminus "Informationstechnologie" als übergeordneten Begriff. Er umfaßt auch die zweiseitige Information (Kommunikationstechnologie) sowie Arbeitstechnologien, mit denen finanzielle Transaktionen be- und verarbeitet werden, aber doch so, daß Informationen resultieren.

Die aus der Nutzung der Informationstechnologien für die vorgenannten Akteure entstehenden Chancen und Risiken gilt es zu untersuchen - meinem Alter und wohl auch der Intention des Veranstalters entsprechend unter ökonomischen und nicht unter technischen Aspekten. In diesem großen Rahmen konzentriere ich mich bei der Behandlung der Auswirkungen der Informationstechnologie auf

- die Funktionsfähigkeit der Finanzmärkte (1. und 2.),

- die Kassenhaltung der Akteure unter Einbeziehung der Zentralbankinteressen (3. und 4.),

- sowie schließlich auf Zukunftsfragen der deutschen Universalbank (5.).

1. Der Beitrag der Informationstechnologie zur Funktionsfähigkeit der Finanzmärkte

Bei der Untersuchung der Frage, welchen Einfluß die Informationstechnologie auf die Funktionsfähigkeit der Finanzmärkte hat, ist es zweckmäßig, von der Allokationsfunktion der organisierten Wertpapiermärkte auszugehen.

Auf allokationseffizienten Märkten bilden sich die Preise für die Finanztitel so, daß die Zahlungsmittel auf diejenigen Investitionsobjekte der Geldnachfrager gelenkt werden, die den unterschiedlichen Risiko/Nutzen-Vorstellungen der Geldanbieter entsprechen. Dabei sind Primärmärkte und Sekundärmärkte in der Weise verbunden, daß die Kursentwicklung für Finanztitel auf dem Sekundärmarkt die Emissionsbedingungen am Primärmarkt bestimmt.

Idealer Ausdruck eines funktionsfähigen Finanzmarktes ist das Modell des vollkommen Kapitalmarktes.

Abb. 1: Determinanten einer Vervollkommnung der Finanzmärkte

Determinanten Merkmale des vollk. Kap.-Marktes	Globalisierung		
	Deregulation	Informations- technologie	Securitization
vollständige Markttransparenz → gleicher Informationsstand		Terminalisierung/ Vernetzung von Datenbanken	Ausdehnung des Wertp.-Handels → Ratings → IR
Freier Marktzutritt → zahlreiche Portef.-Anleger	Terminhandel für Kapitalanlage-gesellschaften ?!		Zunehmendes Wertpapier-sparen
Keine öffentlichen Abgaben/ Keine Transaktions-kosten	Aufhebung Kuponsteuer, BUSt ?!	Computeri-sierung des Börsenhandels	Euronotes
Einheitlicher Geldmarktzins			Commercial Paper → Disintermediation

Orientiert man sich an den Prämissen des vollkommenen Kapitalmarktes, so deutet alles darauf hin, daß die Integration der nationalen in die internationalen Finanzmärkte (Globalisierung) und die Verbriefung insbesondere von Kreditbeziehungen (Securitization) zu einer Vervollkommnung der Finanzmärkte beigetragen haben. Ich möchte das nicht an Beispielen aus dem Bereich der Deregulation und Securitization erläutern; das ist an anderer Stelle geschehen[1].

Isoliert man den Interessengegenstand Informationstechnologie, so zeigt sich, daß diese an zwei Stellen an der Vervollkommnung der Finanzmärkte mitwirkt:

- Die Informationstechnologie, hier gekennzeichnet als Terminalisierung der Finanzbüros bei den institutionellen Akteuren mit dem Zugriff auf untereinander vernetzte Datenbanken, hat die Markttransparenz erhöht und tendenziell zu einem Abbau von Informationsvorsprüngen geführt (1.1).

- Die Informationstechnologie in Form einer Computerisierung der Börsen hat die Transaktionskosten reduziert, die (wie Steuern) als Ansprüche "Dritter" die Renditen verfälschen (1.2).

1.1 Informationsfunktion und Markttransparenz

Die Informationstechnologie erlaubt heute den unmittelbaren Anschluß an die wichtigen Börsen des In- und Auslands. Wertpapierkurse, Zinsen und Renditen können global, augenblicklich sowie - unter Nutzung der verschiedenen Zeitzonen - rund um die Uhr abgerufen werden. Börsendienste bringen ihren Kunden täglich aktualisierte Kursverlaufsbilder für die technische Analyse auf die Terminals. Nachrichten deutscher Unternehmen werden im Rahmen der Investor Relations und via Satellit in Form von Videokonferenzen ins Ausland übermittelt und dort zu fundamentalen Informationen wie Price/Earnings-Ratios, ß-Faktoren sowie Triple A-Attributen kondensiert.

---

[1] Vgl. J. Süchting: Entwicklungen auf den internationalen Finanzmärkten, in F.W. Christians (Hrsg.): Finanzierungshandbuch, 2. Aufl., Wiesbaden 1988, S. 145 - 157. Ders.: Chancen und Risiken einer Globalisierung der Aktienmärkte unter besonderer Berücksichtigung Japans, in J. Süchting (Hrsg.): Semesterbericht Nr. 29 des Instituts für Kredit- und Finanzwirtschaft, Wintersemester 1988/89, S. 50 - 66, hier bes. S. 50 - 54.

Mit der schnellen Verbreitung von Wissen und Informationen durch die Informationstechnologie sind die monopolistischen Spielräume bei Banken und Brokern tendenziell eingeebnet worden. Ihre Depotmanager waren aufgrund persönlicher Präferenzen noch vor 20 Jahren in der Lage, Informationsvorsprünge auszuspielen oder zumindest vorzuspielen und damit Loyalität auch unter institutionellen Investoren aufzubauen. Diese Art der Orderakquisition hat beim heutigen Informationsstand der Akteure sowie der Professionalisierung bei institutionellen Anlegern und in den Großunternehmen an Wirkung eingebüßt. An die Stelle des Aufdeckens von näher an die Kapitalmarktlinie gerückten Marktnischen mit über- oder unterbewerteten Einzelanlagen sind Portfoliomanagement und Indexdenken, das Angebot von Indexportefeuilles sowie die Indexarbitrage getreten. Man möchte nach Möglichkeit den "Durchschnitt" schlagen, zumindest nicht schlechter sein als der Markt.

Auf den nichtorganisierten Märkten für Geldanlagen und Kredite der Finanzintermediäre weist die Entwicklung - wenn auch mit gehörigem Abstand - in die gleiche Richtung.

Die Verbreitung von Bildschirmtextsystemen in der privaten und mittelständischen Firmen-Kundschaft der Kreditinstitute ist zwar bisher weit hinter den Erwartungen zurückgeblieben. Dennoch geht man davon aus, daß sich diese Informationstechnologie allmählich durchsetzen wird[2].

Eine Voraussetzung für ihre Nutzung auf den Finanzmärkten ist die Vergleichbarkeit der Preise für Kredite und Geldanlagen. Mit der Preisauszeichnungspflicht in Form von Effektivzinssätzen wurden die privaten Haushalte in die Lage gesetzt, die Preise von Banken und Sparkassen ohne viel Suchaufwand zumindest in ihrem regionalen Einkaufsbereich miteinander zu vergleichen.

Mit der größeren Preistransparenz über das Medium Btx - in die gleiche Richtung wirken die Marketinganstrengungen der Finanzintermediäre selbst, die Preisvergleiche der Medien und Verbraucherschutzverbände - erhöht sich zugunsten der Privat- und Firmenkunden der Konkurrenzdruck auf die Kredit- und Einlagenzinsen. Auch auf den nicht organisierten Finanzmärkten wird der monopolistische Bereich der Finanzintermediäre, basiert vor allem auf das persönliche Vertrauen der Kunden zum Kredit- und Anlageberater, kleiner, nimmt ihre Reizschwelle, von der ab Zinsangebote der Wettbewerber akzeptiert werden, ab.

---

[2] Vgl. E. Priewasser: Die Banken im Jahre 2000, 3. Aufl., Frankfurt 1987, bes. S. 148.

1.2 Arbeitsfunktion und Transaktionskosten

Unter Transaktionskosten werden Faktoreinsatzkosten verstanden, die im Zusammenhang mit der Eigentumsübertragung bei Finanztiteln und Zahlungsmitteln anfallen[3].

Angesichts des durch die gestiegene Preistransparenz verstärkten Wettbewerbsdrucks geht es für die Finanzintermediäre darum, über die Informationstechnologie die Produktivität zu erhöhen bzw. Kostendegressionseffekte zu erzielen und mit niedrigeren Transaktionskosten zu konkurrenzfähigen Preisen zu kommen.

Auf den organisierten Wertpapiermärkten spricht man von Computerbörsen, wenn sowohl die Ordereingabe und die Geschäftsabwicklung, insbesondere aber auch der Börsenhandel automatisch ablaufen. Dies wird an der Deutschen Terminbörse (DTB) geschehen, die im Jahre 1990 den Handel aufnehmen soll. In Tokio zum Beispiel funktioniert die Computerbörse so:

Abb. 2: Übersicht über den computergestützten Aktienhandel in Tokio

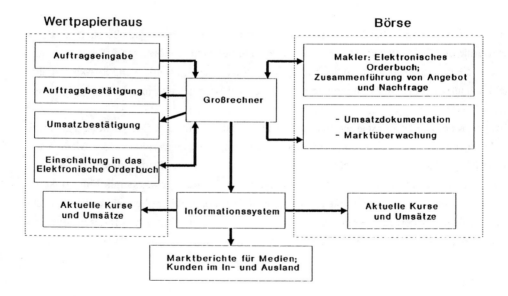

Quelle: Tokyo Stock Exchange (Hrsg.): Tokyo Stock Exchange Fact Book 1988, Tokyo o.J., S. 32 - 33

---
[3] Vgl. J. Niehaus: Theorie des Geldes, Bern/Stuttgart 1980, S. 80 - 81.

- Ein Wertpapierhaus gibt einen Kundenauftrag in sein Rechenzentrum; von dort aus wird er online in einen zentralen Großrechner weitergeleitet, der dem Wertpapierhaus eine Auftragsbestätigung zurückgibt.

- Im Handelsraum der Börse erscheinen die Aufträge auf Bildschirmen, die praktisch elektronische Orderbücher der Makler (Saitoris) darstellen. Alle Wertpapierhäuser haben jederzeit Gelegenheit, sich in ein elektronisches Auftragsbuch einzuschalten und die damit gegebene verbesserte Markttransparenz zu nutzen, um eigene Orders zu placieren. Die im Handelsraum tätigen Makler sollen die Kauf- und Verkaufsaufträge entsprechend den Handelsregeln ausgleichen.

- Ist der Auftrag untergebracht, so wird realtime das Wertpapierhaus darüber informiert und die Transaktion in ein Marktinformationssystem gegeben, das zeitgleich Börsenbesucher, Wertpapierhäuser, Medien sowie in- und ausländische Nutzer der Datenbank mit den Notierungen und Umsätzen versorgt.

Zwar betont man, daß sich die Funktionen der Beteiligten durch die Computerbörse nicht verändert hätten; andererseits aber heißt es auch, daß die Orders automatisch in Abschlüsse umgesetzt werden, "where the market situation and the trading pattern of a stock seem to assure a stable price formation"[4]. Das reine Matching der Aufträge ist eine leicht automatisierbare Funktion, so daß die Existenz der Makler durch den Computerhandel bedroht ist. Tatsächlich wird auch in der Bundesrepublik die Funktion der amtlichen Kursmakler bereits in Frage gestellt[5].

Das in der Informationstechnologie liegende Potential für eine Senkung der Transaktionskosten schließt demnach die Funktions- bzw. Existenzaufgabe von Akteuren auf den Finanzmärkten ein.

Auf den nicht organisierten Finanzmärkten ist bei den Finanzintermediären die Standardisierung der Geldanlage- und Kreditformen aus dem Mengengeschäft mit den privaten Haushalten in den Bereich der mittelständischen Unternehmenskundschaft vorgedrungen. Das ermöglicht die computergestützte Beratung z.B. bei Sparplänen oder in der Baufinanzierung, sei es am Schalterterminal oder mit tragbaren PC's und der entsprechenden Software in der Wohnung und im Betrieb des Kunden.

---

4 Tokyo Stock Exchange (Hrsg.): Tokyo Stock Exchange's computer-assisted order routing and execution system, Manuskript, Tokyo, June 1988, S. 3.
5 N.N.: Börsengeschäfte in Zukunft ohne Makler, in FAZ vom 28.1.1989, S. 13.

Auch bei der Kreditentscheidung werden die Kompetenzträger in den Banken entlastet. Mit vollautomatisierten Kreditscoring-Systemen, die auf Basis der Diskriminanzanalyse arbeiten, werden seit vielen Jahren vor allem bei Spezialbanken im Konsumentenkreditgeschäft Kreditwürdigkeitsprüfungen vorgenommen. Inzwischen dringen ähnliche Systeme, obwohl wissenschaftlich umstritten, in den Unternehmenssektor vor[6]. Frühwarnindikatoren als Veränderungen bestimmter Kennziffern aus den Jahresabschlüssen sollen über die zunehmende Kreditwürdigkeit bzw. -unwürdigkeit Auskunft geben, und dies vor dem Hintergrund von Durchschnitts- und Eckwerten, die aufgrund der automatischen Bilanzanalyse einer Vielzahl von Unternehmen aus einer Branche generiert wurden. Die Sparkassen gehen darüber hinaus, indem sie in ein Scoring-System für die Unternehmensbewertung zusätzliche Erkenntnisse aus der Kontenführung und der Managementbeurteilung aufnehmen[7].

Beim Einsatz von Expertensystemen wird den Banken und Versicherungen in einer Branchenbetrachtung der nächsten Jahre eine Spitzenposition zugeordnet[8]. Manche Kreditinstitute versprechen sich durch die neue Technologie eine Unterstützung beim Verkauf erklärungsbedürftiger Kredite und Geldanlagen. In der Wissensbasis soll das Know How hochqualifizierter Mitarbeiter dezentral dem Personal in den Zweigstellen für Beratungszwecke verfügbar gemacht und damit multipliziert werden. In diesem Zusammenhang sind noch viele Probleme zu lösen, so zum Beispiel die Integration neuer Programmiersprachen in die konventionellen DV-Systeme unter Vermeidung von Insellösungen. Dennoch wird heute schon davon gesprochen, daß Expertensysteme nach Entwicklung benutzerfreundlicher Dialog- und Erklärungskomponenten in den Bereich der Kundenselbstbedienung eingebaut werden könnten; dies scheint indessen noch in weiter Ferne, während es bereits Banken auch in Deutschland gibt, die zur Unterstützung der Beratung Prototypen in der Testphase haben[9].

---

6 Vgl. u.a. P. Weibel: Die Aussagefähigkeit von Kriterien zur Bonitätsbeurteilung im Kreditgeschäft der Banken, Bern 1973; G. Weinrich: Kreditwürdigkeitsprognosen - Steuerung des Kreditgeschäfts durch Risikoklassen, Wiesbaden 1978; G. Gebhardt: Insolvenzprognosen aus aktienrechtlichen Jahresabschlüssen, Wiesbaden 1980.
7 Vgl. G.A. Schröder: Bericht über den Stand des Kreditinformations- und Kreditüberwachungssystems der Sparkassenorganisation, in Betriebswirtschaftliche Blätter, 35. Jg., Nr. 7, 1986, S. 302 - 310.
8 Vgl. P. Miller/G. Wührer: Marktforschung für strategische Schlüsseltechnologien: Expertensysteme - Markt und Wettbewerb, in Marktforschung und Management, 32. Jg., 1988, Nr. 2, S. 64 - 67.
9 So z.B. die Bayerische Hypotheken- und Wechselbank, München.

So wird im Bereich des Verkaufs von Geldanlagen und Krediten durch die Finanzintermediäre ebenfalls sichtbar, daß die Informationstechnologie zunehmend zur Entlastung des Personals, der Möglichkeit des Einsatzes auch weniger qualifizierter Mitarbeiter und damit einer Begrenzung der Personalkosten überhaupt beiträgt. Je mehr die Substitution von Personal- durch Sachkosten fortschreitet, um so eher dürfte es in diesen Bereichen der Finanzmärkte zu einer Senkung der gesamten Transaktionskosten kommen.

2. Funktionsstörungen an den Aktienmärkten - Dispositionsfunktion und Programmhandel

Die Informationstechnologien haben über die verbesserte Markttransparenz hinaus nicht nur zu mehr Wettbewerb auf den Finanzmärkten und damit zu niedrigeren Kapitalkosten für die Unternehmen geführt. Sie müssen auch im Zusammenhang mit Störungen der Funktionsfähigkeit der Finanzmärkte gesehen werden. Im folgenden geht es neben der Arbeits- und Informationsfunktion der Informationstechnologien vor allem um computergestützte Entscheidungen (Dispositionsfunktion).

Sie haben beim Crash auf den Aktienmärkten im Oktober 1987 eine Rolle gespielt. Man ist sich heute ziemlich einig darüber, daß der sogenannte Programmhandel großer institutioneller Investoren in den USA zwar nicht crashauslösend wirkte, aber den Kurssturz erheblich verstärkt hat[10].

Der computergestützte Programmhandel basiert zum einen auf Kursverlaufsmustern der Vergangenheit, bei denen - im Falle abwärts gerichteter Kursentwicklungen - an bestimmten, vorher festgelegten Stellen des Kursverlaufs automatisch Verkaufsorders ausgelöst werden (stop loss-orders). Je steiler der Kursverlauf nach unten zeigt, um so mehr Aufträge werden erfaßt, so daß sich das Verkaufsvolumen in kurzer Zeit erheblich aggregieren kann. Daß es im Crash so dramatisch gestiegen ist, wird vor allem auf eine weitere Spielart des Programmhandels zurückgeführt, deren Auswirkungen - und das dürfte ihr Gewicht noch verstärkt haben - von den übrigen Akteuren in ihren Erwartungen vorweggenommen wurden[11].

---

[10] Vgl. in diesem Zusammenhang R. Roll: The international crash of october 1987, in Financial Analysts Journal, vol. 44, Sept./Oct. 1988, S. 19 - 35.
[11] Vgl. B. Fehr: Portefeuille-Versicherung - Stein des Anstoßes an der Wall Street, in FAZ vom 13.1.1988, S. 14.

Diese Spielart des Programmhandels ist die Portfolio-Versicherung. Die Portefeuilles enthalten risikoarme Geldmarktpapiere und risikoreiche Aktien. Sinken die Kurse für Aktien, so fordert ein dynamischer Hedge-Quotient eine Umschichtung in Form des Verkaufs von wertloser werdenden Aktien[12] zugunsten des Kaufs von relativ wertvollen Geldmarktpapieren. Auf diese Weise bleibt ein Mindestwert des Portfeuilles gewahrt (Versicherungseffekt). Derartige Umschichtungsaktionen werden um so stärker forciert, je steiler die Aktienkurse fallen - und zwar automatisch, entsprechend der Steuerung über den programmierten Hedge-Quotienten.

Eine Möglichkeit, die so eingetretene Trendverstärkung in den USA aufzuhalten, hätte in einer dritten Variante des Programmhandels, der Indexarbitrage, bestehen können. Der Computer ist so programmiert, daß er ständig Vergleiche zwischen den Kursen der Aktien an den Kassamärkten und einem Index aus diesen Aktien, der als Terminkontrakt gehandelt wird, anstellt. Ziel ist es, Mindestabweichungen aufzudecken und diese in Sekunden zu Arbitrageoperationen zu nutzen. Damit werden die Abweichungen zwischen den Kursen wieder zurückgeführt.

Eine solche Arbitrage hat indessen in der kritischen Phase nicht funktioniert, und das trotz einer erheblichen Differenz zwischen Kassakursen und dem Terminkurs für den Aktienindex. Der Grund lag darin, daß das Computersystem DOT (Direct Order Turnaround-System) an der New York Stock Exchange bei der Ausführung der Auftragsmassen überfordert war. Das Ordervolumen konnte schlicht und einfach technisch nicht bewältigt werden. Das führte parallel zu einer zeitweisen Schließung der Terminbörse in Chicago, eine Maßnahme, die die Ausgleichsarbitrage vollends verhinderte.

Die Risiken einer Nutzung der Informationstechnologie mit dem Programmhandel schlugen sich bei diesem Anlaß in einer Verstärkung insgesamt dramatischer Kursverluste nieder. Diese zogen bei den Finanzintermediären auch den Verlust aus Geschäftsmöglichkeiten im Aktienemissions- und Kommissionsgeschäft nach sich. Glücklicherweise wurde weder das Finanzsystem insgesamt noch - wie 1929 - darüber hinaus das Realsystem der Wirtschaft in Mitleidenschaft gezogen.

Aus Sicht der Befürworter freier Märkte sind weitere Risiken deutlich geworden. Sie kamen in staatlichen Reregulierungsabsichten zum Ausdruck, die bei Überschreiten bestimmter Kurskorridore die Aussetzung des Programmhandels durch Verwehrung des Zugangs zum DOT beabsichtigten, eine Maßnahme, die zeitweise von der New York Stock Exchange auch praktiziert wurde.

---

[12] Um Kosten zu sparen, kann auch ein Aktienindex am Terminmarkt verkauft werden.

3. Cash Management Systeme und Rationalisierung der Kassenhaltung

Die aus der Theorie der Lagerhaltung abgeleiteten Modelle der optimalen Kassenhaltung von Unternehmen erklären in ihrer einfachsten Form die Höhe der unterhaltenen Liquiditätsreserven angesichts mit Unsicherheit erwarteter Ein- und Auszahlungen aus Opportunitätskosten, die aus entgangenen Erträgen von Wertpapieranlagen resultieren, sowie aus Transfer- bzw. Transaktionskosten, die infolge von Umdispositionen zwischen Wertpapier- und Kassenlager anfallen.

Bei der Reduzierung der Kassenbestände und der Transaktionskosten setzen die Cash Management- Systeme an, die die Banken ihren Unternehmenskunden im Rahmen ihres Sortiments von Electronic Banking-Produkten seit Anfang der 80er Jahre bieten[13]. Voraussetzung für die Effizienz ist insbesondere in dezentralisierten Unternehmen bzw. Konzernen

- die schnelle Information des Treasurers über die Höhe der Kassenbestände in den Konzerneinheiten und ihre automatische Übertragung auf ein "Konzentrationskonto" (Pooling),

- die Verrechnung konzerninterner Forderungen und Verbindlichkeiten, auch in ausländischen Währungen, so daß nur der zentrale Ausgleich der verbleibenden Spitzen bewirkt werden muß (Netting),

- der ständige Überblick über Veränderungen bei Zinssätzen sowie Kursen von Wertpapieren und Währungen an den wichtigen Finanzplätzen der Welt, also die Möglichkeit, ein globales Spektrum von Geldanlage- und -beschaffungsalternativen jederzeit nutzen zu können.

Um die Verfügbarkeit der Liquidität zu beschleunigen, wird den Konzernen angeboten, sich statt im Datenträgeraustausch mit Magnetbändern oder Disketten unmittelbar in das DV-System der Hausbank einzuschalten und die Zahlungsvorgänge elektronisch zu bewirken (ein Weg, auf dem die Kreditinstitute untereinander - auch im Auslandszahlungsverkehr (SWIFT) - seit langem Zahlungen veranlassen).

---

[13] Dazu vgl. u.a. Th. Jetter: Cash-Management-Systeme, Wiesbaden 1988.

Mit der Rationalisierung der Kassenhaltung über Cash Management-Systeme haben sich die Banken einen Teil ihres Refinanzierungsastes in Form von zuvor großzügiger unterhaltenen Sichteinlagen selbst abgesägt. Dies sowie Hinweise darauf, daß sie ihre Kosten der Systementwicklung in der Kundschaft nicht amortisieren könnten, deuten den herrschenden Wettbewerbsdruck an.

Er äußert sich in einer mehr versachlichten und weniger personenbezogenen Haltung der Finanzleiter gegenüber ihren Geschäftspartnern in den Kreditinstituten. Auch mit der rückläufigen Bedeutung solcher persönlichen Präferenzen dürfte zu erklären sein, daß das Gewicht von Near Money Assets zu Lasten der Guthaben bei Kreditinstituten insbesondere in den Großunternehmen zugenommen hat.

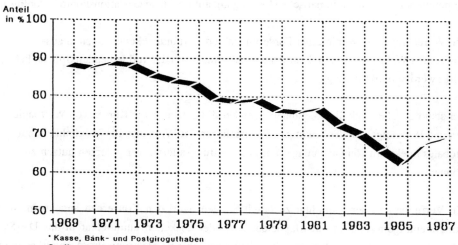

Abb. 3: **Anteil der Kassenmittel* an der Summe aus Kassenmitteln und Wertpapieren**

* Kasse, Bank- und Postgiroguthaben
Quelle: Deutsche Bundesbank (Hrsg.): Monatsberichte der Deutschen Bundesbank, Nr. 11, November, versch. Jg.; eigene Berechnungen.

Im kleineren Rahmen kommt es auch bei den privaten Haushalten zu einer Rationalisierung der Kassenhaltung.

Der Konkurrenzdruck kommt hier durch die Anwälte des "Kleinen Mannes" zustande. Verbraucherverbände, Medien, Politiker und Gewerkschaftsführer sorgen allmählich dafür, daß lange Überweisungslaufzeiten und damit begründete Preisstellungen in Form von Wertstellungsgewinnen beseitigt werden. Obwohl auch Service-Aspekte eine Rolle spielen, begegnen die Banken einer für sie nicht zufriedenstellenden Erlössituation im Zahlungsverkehr mit der Senkung von Transaktionskosten über den Ausbau der Selbstbedienung.

Die Information über die verfügbaren Liquiditätsreserven der privaten Haushalte wird durch Kontoauszugsdrucker oder Btx beschleunigt. - In der Abwicklung teure Bargeldtransaktionen werden auf Geldausgabeautomaten und Multifunktionsterminals verlagert. Auch gegen die Bedürfnisse der Schattenwirtschaft wird versucht, die Bargeldnutzung überhaupt zurückzudrängen: insbesondere über automatische Ladenkassen, bei denen die Zahlung als Kontobelastung des Käufers mit Hilfe einer Zahlungskarte und einer Identifikationsnummer am Point of Sale elektronisch ausgelöst wird. -

Schließlich bieten die Banken automatische Transfers der monatlichen Restbestände von Sichteinlagen auf höher verzinsliche Sparkonten. Für die privaten Kunden sinken dadurch die Opportunitätskosten.

Neben dem Transaktionsmotiv werden andere Kassenhaltungsmotive wie das Vorsichts- und das Spekulationsmotiv zunehmend aus Spar- und Termineinlagenbeständen befriedigt. Abzusehen ist auch in der Bundesrepublik die Einführung von Geldmarktfonds, die die Möglichkeit einer ertragreichen Anlage mit der Abwicklung des bargeldlosen Zahlungsverkehrs verbinden.

4. Die Problematik des "Computergeldes" für die Geld- und Kreditpolitik der Zentralbank

Finanzinnovationen wie DM-Geldmarktfonds erschweren, das zeigen die Erfahrungen in den Vereinigten Staaten, die Fassung der Geldmengenaggregate. Die Zentralbank wird immer wieder von neuem vor das Problem einer Abgrenzung von Near Money Assets und "Not So Near Money Assets" gestellt[14].

Ein weiteres Problem kommt hinzu: Wenn Unternehmen und Haushalte infolge der Rationalisierung ihrer Kassenhaltung auf der Basis niedrigerer Bankguthaben ein unverändertes Transaktionsvolumen bewältigen können, so ist dies gleichbedeutend mit einer Steigerung der Umlaufgeschwindigkeit des Geldes. Bei der Abschätzung der für die Alimentierung des Wachstums der Volkswirtschaft erforderlichen Zentralbankgeldmenge kommt es (neben der Kapazitätsauslastung der Volkswirtschaft und der unvermeidlichen Preissteigerungsrate) auch auf die Umlaufgeschwindigkeit des Geldes an. Ihre Schätzung durch die Zentralbank dürfte zukünftig um so schwieriger werden, je mehr sich die Erhöhung der Umlaufgeschwindigkeit des Geldes als Folge einer Veränderung der Zahlungssitten (Kreditkarten, POS) in Sprüngen vollzieht[15].

Grundsätzlich besteht die Abhängigkeit der Geschäftsbanken von der Zentralbank

- in deren Bargeldmonopol,
- in den Refinanzierungsmöglichkeiten beim Lender of the last resort
- und in der Art, wie dieser den Einsatz des geld- und kreditpolitischen Instrumentariums betreibt.

Je mehr sich die Zahlungsgewohnheiten der Wirtschaftssubjekte durch Nutzung des elektronischen Zahlungsverkehrs weg von Barzahlungen entwickeln, um so weniger muß offensichtlich das Bargeldmonopol der Zentralbank in Anspruch genommen werden.

---

[14] Vgl. u.a. A. Schwolgin: Finanzielle Innovationen und Mindestreservepolitik, Frankfurt 1984, bes. S. 151 - 156.
[15] Vgl. P. Bofinger: Geldpolitik im Zeichen der sogenannten Finanzinnovationen, in Sparkasse, 103. Jg., Nr. 4/1986, S. 139 - 149, bes. S. 144; N. Albers: Electronic funds transfers und die Geldpolitik, in Zeitschrift für das gesamte Kreditwesen, 41. Jg., Nr. 9/1988, S. 366 - 372, bes. S. 370.

Auf einer umgekehrt relativ ausgedehnten Giralgeldbasis wachsen die Möglichkeiten, die Refinanzierung der Geschäftsbanken bei der Zentralbank durch die Refinanzierung der Geschäftsbanken untereinander zu ersetzen. Bei unbegrenzter Kreditnachfrage liegen die Grenzen für die Giralgeldexpansion dort, wo im Interbankenverkehr Schuldsalden resultieren, auf deren Abdeckung die Gläubigerbanken in Form von Zentralbankguthaben bestehen. Da aber die Bereitschaft zur gegenseitigen Kreditgewährung unter den Geschäftsbanken mit zunehmender Konzentration und in den großen Verbundsystemen der Genossenschaftsbanken und Sparkassen eher zu- als abnehmen dürfte, wird deutlich, daß es mit der Ausweitung des Giralgeldanteils gegenüber dem Bargeldanteil tendenziell zu einer Emanzipation der Geschäftsbanken von der Zentralbank kommen kann.

Unter diesen Umständen ist davon auszugehen, daß die Zentralbank sich den Einfluß auf das Geschäftsbankensystem über dirigistisch wirkende Instrumente sichern wird. Der "Zwang in die Zentralbank" kann entweder direkt über das gänzlich systemfremde Instrument der Kreditplafondierung oder indirekt über die Einforderung zusätzlicher Mindestreserven vorgenommen werden[16].

Hierin liegt das Risiko einer Reregulation der Geschäftsbanken durch die Zentralbank. Die Mindestreserve hat den Charakter einer öffentlichen Abgabe, deren Weiterwälzung über die Kreditpreise der Geschäftsbanken an dieser Stelle eine Umkehrung der Entwicklung zu mehr vollkommenen Finanzmärkten bedeuten würde.

5. Zukunftsfragen für die Universalbank

Auf vollkommenen Finanzmärkten ist für Finanzintermediäre kein Platz. Wo gilt: Sollzins = Habenzins, wo keine Transaktionskosten bestehen, können Banken weder Zinsspannen noch Provisionen und Gebühren verdienen[17]. - Nun haben wir es ja auch nicht mit vollkommenen Finanzmärkten zu tun. Meine Ausführungen hatten lediglich deutlich machen sollen, daß wir

---

[16] Vgl. H.T.C. Godschalk: Computergeld - Entwicklungen und ordnungspolitische Probleme des elektronischen Zahlungsverkehrssystems, Frankfurt 1988, bes. S. 281; H. Bockelmann (Bundesbankdirektor) spricht in diesem Zusammenhang von den Mindestreservevorschriften als einer "Auffangstellung für die Geldpolitik" Deutsche Bundesbank (Hrsg.): Auszüge aus Presseartikeln, Nr. 2 vom 9.1.1985, S. 3 - 4: Geldpolitik im "Plastikgeld"-Zeitalter.
[17] Vgl. Abb. 1.

uns in Richtung auf vollkommenere Märkte bewegen, gefördert u.a. durch die Fortschritte in der Informationstechnologie. Auf unvollkommenen Märkten erklärt die Theorie der Finanzintermediation die Existenz von Banken mit der Risiken- und Fristentransformation sowie Vorsprüngen bei den Transaktionskosten[18].

Was die Transformation von Bonitätsrisiken angeht, so diversifizieren Banken risikohaltige Aktiva und bieten sichere Geldanlagemöglichkeiten. Indessen: Mit der Securitization werden institutionelle und individuelle Anleger in die Lage versetzt, das unsystematische Risiko durch Portefeuille-Bildung mit Wertpapieranlagen wie im Asset Management der Banken zu vernichten. Daß Banken risikoabgeneigten Anlegern sichere Anlagen bieten, vermögen sie (sieht man von fragwürdiger Staatshilfe ab) nur, weil sie Versicherungsprämien in Einlagensicherungsfonds zahlen. Zunehmend aber stoßen sie dabei an Grenzen der Belastbarkeit, wie insbesondere der Sektor der Genossenschaftsbanken zeigt. - Wenn Banken Fristentransformation betreiben und dem Einleger Zinsänderungsrisiken abnehmen, so ist dies eine Funktion, die inzwischen auch der Kunde selbst ausüben kann: etwa durch Orientierung an der Duration von festverzinslichen Wertpapieren[19]. - Am plausibelsten ist noch, daß Banken Economies of Large Scale bei den Transaktionskosten realisieren, insbesondere als Zahlungsmittler.

Derartige Zweifel an der langfristigen Existenzberechtigung der Banken in ihren bisherigen Funktionen werden durch die zu erwartenden Auswirkungen der Informationstechnologie verstärkt.

Die Informationstechnologie erhöht die Preistransparenz, sie stärkt damit die Verhandlungspositionen der Bankkunden, fördert die Rationalisierung ihrer Kassenhaltung auf Kosten der Banken und mag als Folge davon für diese höhere Mindestreservebelastungen nach sich ziehen.

---

[18] Amerikanische Ansätze erklären die Existenz von Finanzintermediären aus asymmetrischer Informationsverteilung (so H.E. Leland/D.H. Pyle: Informational asymmetries, financial structure and financial intermediation, in The Journal of Finance, vol. XXXII, no. 2, May 1977, S. 371 - 387; T.S. Campbell/W.A. Kracaw: Information production market signalling and the theory of financial intermediation, in The Journal of Finance, vol. XXXV, no. 4, Sept. 1980, S. 863 - 882) bzw. aus Transaktionskostenvorteilen (so G.J. Benston/C.W. Smith jr.: A transactions costs approach to the theory of financial intermediation, in The Journal of Finance, vol. XXXI, no. 2, May 1976, S. 215 - 231; E.F. Fama: Banking in the theory of finance, in Journal of Monetary Economics, vol. 6, 1980, S. 39 - 57. - Eine ähnliche Entwicklung ist in Deutschland zu verzeichnen. Vgl. H. Ball: Bankgeschäfte und Zentralbankpolitik im Lichte der neueren Kapitalmarkttheorie, Frankfurt 1978, bes. S. 184 ff.; R.H. Schmidt: Ein neo-institutionalistischer Ansatz der Finanzierungstheorie, in E. Rühli/J.-P. Thommen (Hrsg.): Unternehmungsführung aus finanz- und bankwirtschaftlicher Sicht, Stuttgart 1981, S. 135 - 154; J.P. Krahnen: Kapitalmarkt und Kreditbank, Berlin 1985, bes. S. 99 ff.; E. Wagner: Theorie der Bankunternehmung, Frankfurt/Bern 1982.

[19] J.P. Krahnen, a.a.O., S. 36

Alle diese Einflüsse wirken langfristig auf eine Einschränkung der (Brutto-) Zinsspannen. - Abschließend sollen einige Folgerungen für Elemente von Bankstrategien gezogen werden, die geeignet erscheinen, derartigen Risiken zu begegnen; sie sind sicherlich nicht neu, fallen aber (auch) aus meiner Betrachtungsposition heraus:

(1) Banken müssen die Fortschritte der Informationstechnologie nutzen, um konkurrenzfähig am Markt und bei den Transaktionskosten bleiben zu können. Durch die damit verbundenen erheblichen Investitionen insbesondere in die Software kommt es indessen zu einer Erstarrung des Kostengefüges und einer Erhöhung des Risikos aus dem operativen Bereich.

(2) Als Entlastungsmaßnahmen in diesem Zusammenhang kommen die Übernahme insbesondere kleinerer Bankeinheiten, die Stillegung von Teilen der Zweigstellennetze samt den damit verbundenen Mieten und Arbeitsplätzen in Betracht.

(3) Um Kosten und Risiken aus den Investitionen in die Informationstechnologie tragbar zu machen, sollte weiterhin eine Reduzierung des Marktrisikos bzw. die Stabilisierung der Erlöse angestrebt werden. - Ich habe versucht deutlich zu machen, daß die Informationstechnologie zu einer Entpersönlichung der Bank-Kunde-Beziehung führt. Vor diesem Hintergrund glaube ich nicht, daß einer Stabilisierung der Erlöse über eine Stabilisierung der Bankloyalität durch Allfinanzangebote aus einer Hand Erfolg beschieden sein wird, zumal es in diesem Zusammenhang vor allem um standardisierte Leistungen (Commodities) geht[20].

(4) Unabhängig davon kann man eine Stabilisierung der Gesamterlöse bei besonders volatilen Zinsüberschüssen durch ein höheres Provisionseinkommen versuchen. Soll dies gelingen, so wird man angesichts des Substitutionspotentials auch der Beratung durch die Informationstechnologie hochqualifiziertes menschliches Know How insbesondere für anspruchsvolle, individuelle Problemlösungen nutzen müssen. Ich denke in diesem Zusammenhang z.B. an Projektfinanzierungen, Buy Outs auch in der mittelständischen Unternehmenskundschaft, die über die Finanzberatung hinausgehende Unternehmensberatung, die Vermögensverwaltung.

---

[20] Vgl. J. Süchting: Überlegungen zur Attraktivität eines Allfinanzangebotes, in bank und markt, 16. Jg., Dez. 1987, S. 7 - 13, ders.: Noch mehr zur Attraktivität eines Allfinanzangebotes, in bank und markt, 17. Jg., Nov. 1988, S. 23 - 25; zum Relationship Management allgemein vgl. H. Diller/M. Kusterer: Beziehungsmanagement - Theoretische Grundlagen und explorative Befunde, in Marketing · ZFP, 10. Jg., Heft 3, Aug. 1988, S. 211 - 220.

(5) Schließlich erscheint mir notwendig, das Personal wirtschaftlicher als bisher einzusetzen. Maßnahmen wie weitere Flexibilisierung der Arbeitszeiten und stärkere Mobilität der Mitarbeiter durch Förderung der Job Rotation, insbesondere aber die mehr erfolgsorientierte Vergütung der hochqualifizierten Kräfte wären Beiträge zur Variabilisierung der Personalkosten und damit geeignet, einer Erstarrung des gesamten Kostengefüges durch die Informationstechnologie entgegenzuwirken[21].

---

[21] Vgl. J. Süchting: Strukturwandel erfordert flexible Personalpolitik, in Die Bank, Nr. 7, Juli 1988, S. 358 - 365.

Literaturverzeichnis

Albers, N.: Electronic funds transfers und die Geldpolitik, in Zeitschrift für das gesamte Kreditwesen, 41. Jg., Nr. 9, 1988, S. 366 - 372.

Ball, H.: Bankgeschäfte und Zentralbankpolitik im Lichte der neueren Kapitalmarkttheorie, Frankfurt 1978.

Benston, G.J./Smith jr., C.W.: A transactions costs approach to the theory of financial intermediation, in The Journal of Finance, vol. XXXI, no. 2, May 1976, S. 215 - 231.

Bockelmann, H.: Geldpolitik im "Plastikgeld"-Zeitalter, in Deutsche Bundesbank (Hrsg.): Auszüge aus Presseartikeln Nr. 2 vom 9.1.1985, S. 3 - 4.

Bofinger, P.: Geldpolitik im Zeichen der sogenannten Finanzinnovationen, in Sparkasse, 103. Jg., Nr. 4, 1986, S. 139 - 149.

Campbell, T.S./Kracaw, W.A.: Information production market signalling and the theory of financial intermediation, in The Journal of Finance, vol. XXXV, no. 4, Sept. 1980, S. 863 - 882.

Deutsche Bundesbank (Hrsg.): Monatsberichte der Deutschen Bundesbank, Nr. 11, November, versch. Jg.

Diller, H./Kusterer, M.: Beziehungsmanagement - Theoretische Grundlagen und explorative Befunde, in Marketing · ZFP, 10. Jg., Heft 3, Aug. 1988, S. 211 - 220.

Fama, E.F.: Banking in the theory of finance, in Journal of Monetary Economics, vol. 6, 1980, S. 39 - 55.

Fehr, B.: Portefeuille-Versicherung - Stein des Anstoßes an der Wall Street, in FAZ vom 13.1.1988, S. 14.

Gebhardt, G.: Insolvenzprognosen aus aktienrechtlichen Jahresabschlüssen, Wiesbaden 1980.

Godschalk, H.T.C.: Computergeld - Entwicklungen und ordnungspolitische Probleme des elektronischen Zahlungsverkehrssystems, Frankfurt 1988.

Jetter, Th.: Cash-Management-Systeme, Wiesbaden 1988.

Krahnen, J.P.: Kapitalmarkt und Kreditbank, Berlin 1985.

Leland, H.E./Pyle, D.H.: Informational asymmetries, financial structure and financial intermediation, in The Journal of Finance, vol. XXXII, no. 2, May 1977, S. 371 - 387.

Miller, P./Wührer, G.: Marktforschung für strategische Schlüsseltechnologien: Expertensysteme - Markt und Wettbewerb, in Marktforschung und Management, 32. Jg., Nr. 2, 1988, S. 64 - 67.

N.N.: Börsengeschäfte in Zukunft ohne Makler, in FAZ vom 28.1.1989.

Niehaus, J.: Theorie des Geldes, Bern/Stuttgart 1980.

Priewasser, E.: Die Banken im Jahre 2000, 3. Aufl., Frankfurt 1987.

Roll, R.: The international crash of october 1987, in Financial Analysts Journal, vol.44, Sept./Oct. 1988, S. 19 - 35.

Schmidt, R.H.: Ein neoinstitutionalistischer Ansatz der Finanzierungstheorie, in E. Rühli/J.-P. Thommen (Hrsg.): Unternehmungsführung aus finanz- und bankwirtschaftlicher Sicht, Stuttgart 1981, S. 135 - 154.

Schröder, G.A.: Bericht über den Stand des Kreditinformations- und Kreditüberwachungssystems der Sparkassenorganisation, in Betriebswirtschaftliche Blätter, 35. Jg, Nr. 7., 1986, S. 302 - 310.

Schwolgin, A.: Finanzielle Innovationen und Mindestreservepolitik, Frankfurt 1984.

Süchting, J.: Chancen und Risiken einer Globalisierung der Aktienmärkte unter besonderer Berücksichtigung Japans, in J. Süchting (Hrsg.): Semesterbericht Nr. 29 des Instituts für Kredit- und Finanzwirtschaft, Wintersemester 1988/89, S. 50 - 66.

Süchting, J.: Entwicklungen auf den internationalen Finanzmärkten, in F.W. Christians (Hrsg.): Finanzierungshandbuch, 2. Aufl., Wiesbaden 1988, S. 145 - 157.

Süchting, J.: Noch mehr zur Attraktivität eines Allfinanzangebotes, in bank und markt, 17. Jg., Nov. 1988, S. 23 - 25.

Süchting, J.: Strukturwandel erfordert flexible Personalpolitik, in Die Bank, Nr. 7, Juli 1988, S. 358 - 365.

Süchting, J.: Überlegungen zur Attraktivität eines Allfinanzangebotes, in bank und markt, 16. Jg., Dez. 1987, S. 7 - 13.

Tokyo Stock Exchange (Hrsg.): Tokyo Stock Exchange's computer-assisted order routing and execution system, Manuskript, Tokyo, June 1988.

Tokyo Stock Exchange (Hrsg.): Tokyo Stock Exchange Fact Book 1988, Tokyo o.J.

Wagner, E.: Theorie der Bankunternehmung, Frankfurt/Bern 1982.

Weibel, P.: Die Aussagefähigkeit von Kriterien zur Bonitätsbeurteilung im Kreditgeschäft der Banken, Bern 1973.

Weinrich, G.: Kreditwürdigkeitsprognosen - Steuerung des Kreditgeschäfts durch Risikoklassen, Wiesbaden 1978.

Klassische Funktionenlehre und marktorientierte Führung
- Integrationsperspektiven aus der Sicht des Marketing -

Heribert Meffert[*]

A. Das Spannungsfeld zwischen funktionenorientierter Spezialisierung und Integration als Herausforderung der Allgemeinen Betriebswirtschaftslehre
B. Integrationsperspektiven der marktorientierten Führung
1. Anspruchsspektrum und Interpretationsformen der marktorientierten Führung
2. Konzepte der marktorientierten Koordination betrieblicher Funktionsbereiche
2.1 Planungstechnokratische Ansätze
2.2 Strukturorientierte Ansätze
2.3 Kulturorientierte Ansätze
3. Der Wertkettenansatz als ganzheitliches marktorientiertes Integrationskonzept
3.1 Der Wertkettenansatz als Integrationsinstrument
3.2 Kulturorientierte Interpretation des Wertkettenmodells
3.3 Strukturorientierte Interpretation des Wertkettenmodells
3.4 Planungstechnokratische Interpretation des Wertkettenmodells
C. Implikationen und Ausblick

[*] Prof. Dr. Heribert Meffert, Institut für Marketing, Universität Münster

A. Das Spannungsfeld zwischen funktionenorientierter Spezialisierung und Integration als Herausforderung der Allgemeinen Betriebswirtschaftslehre

Das Tagungsthema "Integration und Flexibilität: Eine Herausforderung für die Allgemeine Betriebswirtschaftslehre" greift einen Problemkreis auf, der einerseits mit der Technologieintegration aktuelle Entwicklungen im Bereich der Unternehmensführung berührt, andererseits starke Bezüge zur historischen Entwicklung der Disziplin, insbesondere zur Beziehung zwischen der speziellen und der allgemeinen Betriebswirtschaftslehre aufweist.

Mit meinem Beitrag möchte ich weniger die informationstechnologischen Aspekte der Integration aufgreifen, sondern in einer mehr grundsätzlichen Betrachtungsweise das Verhältnis zwischen der klassischen betrieblichen Funktionenlehre und der marktorientierten Unternehmensführung beleuchten. Dabei soll Unternehmensführung als Steuerung der Unternehmung unter ganzheitlichen Gesichtspunkten interpretiert werden.

Vor dem Hintergrund der aktuellen Diskussion[1] vertrete ich die These, daß eine richtig verstandene marktorientierte Unternehmensführung einen wesentlichen Beitrag zur Schließung der viel beklagten "Integrationslücke" in der Allgemeinen Betriebswirtschaftslehre leisten kann. Ich bin mir dabei bewußt, daß es eine Vielzahl von Führungsperspektiven gibt, die im Laufe der Entwicklung unseres Faches solche Integrationsansprüche gestellt und begründet haben. Die unternehmerische Gesamtsicht wurde - um im Bilde unserer Tagung zu bleiben - etwa aus technologieorientierter, personal- bzw. sozialorientierter oder finanzorientierter Perspektive beleuchtet.[2] Diese Leitkonzepte stehen teilweise in komplementärem oder konkurrierendem Verhältnis zueinander. Sie sind Ausdruck unterschiedlicher Sichtweisen der Unternehmensführung und spiegeln den wechselnden Stellenwert betrieblicher Funktionen im Gesamtzusammenhang wider.

---

[1] Vgl. zur aktuellen Diskussion z. B. Hochschullehrer für Betriebswirtschaftslehre und Mitarbeiter der Wirtschaftswissenschaftlichen Fakultät der Westfälischen Wilhelms-Universität Münster, Thesenpapier zu Erwartungen an eine Allgemeine Betriebswirtschaftslehre aus der Sicht von Forschung und Lehre, Manuskript, Münster 1989.

[2] Vgl. z. B. Wunderer, R., Betriebswirtschaftslehre und Führung - Entwicklungslinien, Besonderheiten, Funktionen -, in: Wunderer, R. (Hrsg.), Betriebswirtschaft als Management- und Führungslehre, Stuttgart 1985, S. 237-267; Scheer, A.W., EDV-orientierte Betriebswirtschaftslehre, 3. Aufl., Berlin u. a. 1987.

Die heute vorherrschende Aufgliederung der Betriebswirtschaftslehre in institutionenorientierte Wirtschaftszweiglehren und funktionenorientierte Fachgebiete ist das Ergebnis eines - nicht zuletzt von ingenieurwissenschaftlich-technischer Seite beeinflußten - Strebens nach einer an abgeschlossenen Teilsystemen orientierten Betrachtungsweise betriebswirtschaftlicher Prozesse.[3] Dabei wurde eine Vielzahl von Funktionensystemen entwickelt, die sich in Morphologie und Detaillierungsgrad z. T. erheblich unterscheiden.[4] Ohne die Vielfalt der Vorschläge zur Funktionengliederung hier würdigen zu können, sei zur Einordnung der Zusammenhänge ein vereinfachtes Funktionenschema zugrunde gelegt (vgl. Abbildung 1).

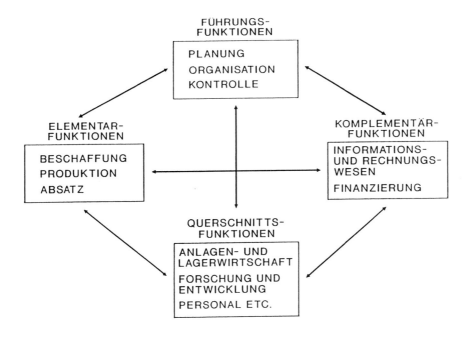

ABB. 1: BETRIEBSWIRTSCHAFTLICHE FUNKTIONENSYSTEMATIK

---

3 Vgl. zum Einfluß ingenieurwissenschaftlicher Erkenntnisse Henzel, F., Die Funktionenteilung in der Unternehmung - Analyse als Mittel der betriebswirtschaftlichen Erkenntnis, in: ZfB, 1932, S. 193-209.

4 Vgl. z. B. Hasenack, W., Betriebswirtschaftliche Funktionenlehre, in: Handwörterbuch der Betriebswirtschaftslehre, Bd. 2, Stuttgart 1958, Sp. 2095-2105; Bratschitsch, R., Betriebliche Funktionen, in: Handwörterbuch der Betriebswirtschaft, Bd. 1, 4. Aufl., Stuttgart 1974, Sp. 1596-1603.

Es enthält - ohne Anspruch auf Vollständigkeit - die z. B. von Pack in den 60er Jahren eingebrachte Unterscheidung zwischen Elementar- und Komplementärfunktionen[5] und die mit dem Vordringen einer verstärkt managementorientierten Sichtweise aufkommende Differenzierung in Führungs- und Querschnittsfunktionen. Die zunehmende Auffächerung solcher Funktionskataloge - 64 Teilfunktionen bei Pack[6] - ist letztlich Ausdruck der fortschreitenden Arbeitsteilung der Betriebe und signalisiert einen entsprechenden Integrations- bzw. Koordinationsbedarf.

In diesem Sinne war die Integrationsaufgabe, d. h. die Vernetzung der durch Aufgabenteilung entstandenen Teilbereiche der Unternehmung, immer schon eine besondere Herausforderung der Betriebswirtschaftslehre. Angesichts der Tatsache, daß bei zunehmenden Interdependenzen die Teilbereiche - sofern sie unabhängig voneinander gesteuert werden - allenfalls noch "suboptimal" zur Erfüllung der Gesamtaufgabe der Unternehmung beitragen, stellt sich die Frage nach leistungsfähigen Integrationskonzepten. Dabei geht es um die Überbrückung von Schnittstellen und ein zielorientiertes Management von Interdependenzen, die sachlich und zeitlich vertikal auf verschiedenen Ebenen der Organisation und horizontal zwischen betrieblichen Funktionsbereichen, Produkten und Regionen bestehen.[7]

Die Integration von Elementarfunktionen stand - zumeist auf der operativen Planungsebene - in den 60er Jahren im Vordergrund. Dabei dominierten zunächst leistungs- und finanzwirtschaftliche Abstimmungsmodelle. Verwiesen sei hier vor allem auf die Arbeiten von Hax, Jacob und Adam.[8] Stellvertretend für die stärkere Beachtung von Marktaspekten seien die Untersuchungen von Rieper zur integrierten Absatz- und Programmplanung sowie von Brink zur Koordination von Beschaffung, Produktion und Absatz genannt.[9] Mehr von den Führungsfunktionen her kommend sind die Arbeiten von Helmut Koch zur integrierten, hierarchischen

---

5 Vgl. Pack, L., Die Elastizität der Kosten, Wiesbaden 1966, S. 21-23.
6 Vgl. Pack, L., Lehre von der Unternehmensführung, in: Handwörterbuch der Betriebswirtschaftslehre, Stuttgart 1976, Bd. 3, Sp. 4079-4093.
7 Vgl. zu dieser Interpretation des Integrationsbegriffs: Kieser, A., Kubicek, H., Organisation, Berlin u. a. 1976, S. 292; Staehle, W., Management, 3. Aufl., München 1987, S. 432; anderer Auffassung z. B. Bleicher, K., Perspektiven für Organisation und Führung von Unternehmungen, Baden-Baden 1971, S. 47.
8 Vgl. z. B. Hax, H., Die Koordination von Entscheidungen, Köln u. a. 1965; Adam, D., Koordinationsprobleme bei dezentralen Entscheidungen, in: ZfB, Heft 10, 1969, S. 615-632; Jacob, H., Neue Entwicklungen in der Investitionsrechnung, in: ZfB, Heft 8, 1964, S. 487-507.
9 Vgl. Rieper, B., Entscheidungsmodelle zur integrierten Absatz- und Produktionsprogrammplanung für ein Mehrprodukt-Unternehmen, Wiesbaden 1973; Brink, H.-J., Die Koordination funktionaler Teilbereiche der Unternehmung, Stuttgart 1981.

Unternehmensplanung, die Untersuchungen von Grebenec zur langfristigen operativen Planung und die Untersuchung von Scholz zum integrierten strategischen Management einzuordnen.10 Absatzwirtschaftliche Fragestellungen werden dabei stärker unter dem Aspekt der Geschäftsfeldplanung beleuchtet.

Mit Blick auf die Komplementärfunktionen als Integrationsmedien haben vor allem die Arbeiten von Dietger Hahn zu einer integrierten Planungs- und Kontrollrechnung sowie von Mertens und Scheer die informationelle Vernetzung betrieblicher Funktionsbereiche vorangetrieben.11 In diesem Zusammenhang sind auch die Untersuchungen am Institut vom Kollegen Köhler zum Schnittstellenmanagement zwischen Marketing und Rechnungswesen zu erwähnen.12 Schließlich sei im Bereich der Querschnittfunktionen insbesondere auf die Beiträge von Brockhoff und Benkenstein zur Koordination von Forschung & Entwicklung und Marketing sowie von Pfohl zur Integration der Logistik hingewiesen.13

Allen diesen Ansätzen liegt eine spezifische Integrationsperspektive unter Einsatz unterschiedlicher Koordinationsinstrumente zugrunde. Sie liefern wertvolle Bausteine zur wünschenswerten Abstimmung von Organisationen, kommen jedoch über mehr oder weniger große Insellösungen nicht hinaus. Dabei nimmt der Absatz im Funktionenkonzert gegenüber anderen Funktionsbereichen eine meist gleichberechtigte Stellung ein.

Nun hat gerade der Absatzbereich unter dem Einfluß des Marketingdenkens einen funktionenübergreifenden Integrationsanspruch erhoben. Die Forderung vom "Primat des Absatzes" gegenüber anderen betrieblichen Funktionen löste dabei bekanntlich unter Initiative von Dieter Schneider eine heftige, bisweilen emotional gefärbte und stark wissenschaftstheoretisch geprägte Diskussion aus.14 Es ist nicht meine Absicht, diese Diskussion - die zweifellos zur Beseitigung einiger Mißverständnisse beigetragen hat - erneut zu entfachen oder gar den Dominanzanspruch des Marketing zu verteidigen.

---

10 Vgl. Koch, H., Integrierte Unternehmensplanung, Wiesbaden 1982; Gebenec, H., Die langfristige operative Planung, München 1986; Scholz, Chr., Strategisches Management - Ein integrativer Ansatz, Berlin, New York 1987.
11 Vgl. Hahn, D., Planungs- und Kontrollrechnung, Wiesbaden 1974; Mertens, P., Griese, I., Industrielle Datenverarbeitung, Wiesbaden 1972 (Bde. 1 und 2); Scheer, A.W., EDV-orientierte Betriebswirtschaftslehre, a.a.O.
12 Vgl. Görgen, W., Huxold, St., Schnittstellenmanagement zur Koordination von Marketing und Rechnungswesen, Schriften des Instituts für Markt- und Distributionsforschung der Universität zu Köln, R. Köhler (Hrsg.), o.J.
13 Vgl. Pfohl, H.Chr., Logistik-Systeme - Betriebswirt-schaftliche Grundlagen, Berlin u. a. 1985; Brockhoff, K., Schnittstellenmanagement - Abstimmungsprobleme zwischen Marketing und Forschung und Entwicklung, Stuttgart 1989; Benkenstein, M., F & E und Marketing, Wiesbaden 1986.
14 Vgl. Schneider, D., Marketing als Wirtschaftswissenschaft oder Geburt einer Marketingwissenschaft aus dem Geiste des Unternehmerversagens?, in: ZfbF, Heft 3, 1983, S. 197-223.

Ausgangspunkt meiner Überlegungen ist vielmehr die Feststellung, daß der heute zunehmend wahrnehmbare Druck zur Flexibilisierung und Integration der Unternehmensführung überwiegend aus veränderten Markt- und Wettbewerbsbedingungen resultiert[15], die ihrerseits durch die enorm gestiegenen Möglichkeiten der Informationsverarbeitung bedingt sind. Damit folge ich jüngsten Ergebnissen der Forschergruppe "Management in the 1990s" des Massachusetts Institute of Technology.[16]

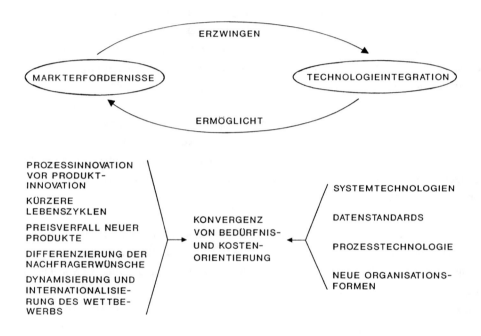

ABB. 2: TRIEBKRÄFTE DER INTEGRATION

---

[15] Vgl. z. B. Adam, D., Aufbau und Eignung klassischer PPS-Systeme, in: Schriften zur Unternehmensführung, Bd. 38, Wiesbaden 1988, S. 6-21, insbesondere S. 6; Backhaus, K., Weiss, P.A., Integration von betriebswirtschaftlich und technisch orientierten Systemtechnologien in der Fabrik der Zukunft, in: Schriften zur Unternehmensführung, Bd. 38, Wiesbaden 1988, S. 50-72; Kahl, H.P., Die Fabrik der Zukunft, in: Adam, D. (Hrsg.), Neuere Entwicklungen in der Produktions- und Investitionspolitik, Festschrift für Herbert Jacob zum 60. Geburtstag, Wiesbaden 1987, S. 97-117.

[16] Vgl. Rockart, J.F., Short, J.E., Information Technology in the 1990s: Managing Organizational Interdependence, in: Sloan Management Review, Winter (Heft 1) 1989, S. 7-17.

Abbildung 2 zeigt vereinfacht das wechselseitige Verhältnis zwischen Technologieintegration und Markterfordernissen. Die Ausweitung der technischen Möglichkeiten in der Produktion führte vor allem zu einer erheblichen Dynamisierung der Absatzmärkte, die sich in verkürzten Lebenszyklen, einem beschleunigten Preisverfall neuer Produkte, einer Differenzierung der Nachfragerwünsche sowie der Dynamisierung und Internationalisierung des Wettbewerbs niederschlägt.[17]

Die veränderten Markterfordernisse ihrerseits erzwingen die Ausschöpfung der technischen Möglichkeiten der Integration und der damit verbundenen erhöhten Informationskapazität. Informations- und Systemtechnologien verändern über Innovationsschübe in der Prozeßtechnologie die Spielregeln auf den Märkten, erfordern neue Organisationsformen und stellen eine wichtige Quelle für die Erschließung von Wettbewerbsvorteilen dar (Kostensenkung, Verringerung der Durchlaufzeiten, Qualitätsverbesserung). Vor allem die flexible Fertigungssteuerung führt zur Verringerung des "klassischen" Gegensatzes von Bedürfnis- und Kostenorientierung.

Vor dem Hintergrund dieses stark marktorientierten Problemdrucks möchte ich die Leistungsfähigkeit einiger Koordinationskonzepte der marktorientierten Führung unter dem von Porter stark geprägten Denken des Management von Wettbewerbsvorteilen überprüfen.

---

[17] Vgl. zu weiteren Auswirkungen neuer Informationstechnologien auch Schiele, O.H., Konsequenzen aus der Technik - Entwicklung für das strategische Denken und Handeln, in: Zeitschrift für Organisation, Heft 2, 1987, S. 94-102; Schreuder, S., Weisz, N., Unternehmensstrategie und CIM-Voraussetzungen und Konsequenzen, in: Zeitschrift für Organisation, Heft 3, 1988, S. 160-165.

B. Integrationsperspektiven der marktorientierten Führung

1. Anspruchsspektrum und Interpretationsformen der marktorientierten Führung

Anspruchsspektrum und Interpretationsformen des Marketing waren - in wechselseitiger Beeinflussung mit der Allgemeinen Betriebswirtschaftslehre - über Jahrzehnte stetig Veränderungen unterworfen. Mit dem Wandel vom Verkäufer- zum Käufermarkt und den damit einhergehenden Umweltveränderungen hat es sich, ausgehend von einer im arbeitsteilig organisierten Gesamtgefüge der Unternehmung auszuführenden Funktion, zu einer ganzheitlichen Führungskonzeption weiterentwickelt.[18] Dieser Auffassungswandel kommt mit seinen verschiedenen Akzenten deutlich in den wiedergegebenen Marketingdefinitionen zum Ausdruck (Abb. 3[19]).

Die systematische Analyse der Möglichkeiten von Distribution und Verkauf bildete bis in die 50er Jahre hinein den Gegenstandsbereich der Disziplin.[20] Diesem funktionalen Verständnis des Marketing entspricht auch die Darstellung der Absatzpolitik als "Prozeß der Leistungsverwertung" im System Erich Gutenbergs.[21]

Die Erweiterung des funktionalen Absatzdenkens zeichnete sich bereits in den 50er Jahren mit der Loslösung des Marketing "vom Ende des Fließbandes", also der Einbeziehung des produktpolitischen Instrumentariums, ab. Die eigentliche Neuorientierung des Marketing als Führungsfunktion fand jedoch erst mit der Einbeziehung der Bedürfnis- und Kundenorientierung

---

[18] Vgl. Raffée, H., Marktorientierung der Betriebswirtschaftslehre zwischen Anspruch und Wirklichkeit, in: Die Unternehmung, Heft 1, 1984, S. 1-16; Meffert, H., Marketing und allgemeine Betriebswirtschaftslehre - Eine Standortbestimmung im Lichte neuerer Herausforderungen der Unternehmensführung, in: Kirsch, W., Picot, A. (Hrsg.), Die Betriebswirtschaftslehre im Spannungsfeld zwischen Generalisierung und Spezialisierung, Festschrift zum 75. Geburtstag von Edmund Heinen, Wiesbaden 1989.

[19] Zu den Marketingdefinitionen in Abbildung 3 vgl. Alexander, R.S., Report of the Definition Committee of the American Marketing Association, in: Journal of Marketing, 1948, S. 201-207, American Marketing Association, (Hrsg.), Marketing Definitions: A Glossary of Marketing Terms, Chicago 1960, S. 15; Kotler, Ph., Marketing Management, 1. Aufl., Englewood Cliffs, N.J., 1967, S. 12; Kotler, Ph., Dubois, B., Marketing Management, 4. Aufl., Paris 1981, S. 35; American Marketing Association, (Hrsg.), Marketing News, No. 19, March 1, 1985, S. 1; Nieschlag, R., Dichtl, E., Hörschgen, H., Marketing. Ein entscheidungstheoretischer Ansatz, 15. Aufl., Berlin 1988, S. 8.

[20] Vgl. Hellauer, J., System der Welthandelslehre, Bd. 1, Teil 1: Allgemeine Welthandelslehre, Berlin 1910; Hirsch, J., Der moderne Handel, seine Organisation und Formen und die staatliche Binnenhandelspolitik, Grundlagen der Sozialökonomie, 2. Teil, 2. Aufl., Tübingen 1925; Bartels, R., The Development of Marketing Thought, Homewood, Ill., 1962.

[21] Vgl. Gutenberg, E., Grundlagen der Betriebswirtschaftslehre, Bd. 2: Der Absatz, 1. Aufl., Berlin u. a. 1955.

Zeit	Definition	Merkmale
1948	Marketing ist die Erfüllung derjenigen Unternehmensfunktionen, die den Fluß von Gütern und Dienstleistungen vom Produzenten zum Verbraucher bzw. Verwender lenken (AMA)	Marketing als Absatzfunktion
1967	Marketing ist die Analyse, Organisation, Planung und Kontrolle der kundenbezogenen Ressourcen, Verhaltensweisen und Aktivitäten einer Firma mit dem Ziel, die Wünsche und Bedürfnisse ausgewählter Kundengruppen gewinnbringend zu befriedigen (Kotler)	Marketing als Führungsfunktion Kundenorientierung
1981	Marketing ist eine Form der Politik, die als vorrangiges Ziel die Bestimmung der Bedürfnisse und Wünsche auf den Zielmärkten beinhaltet und diese möglichst wirkungsvoller befriedigt als die Konkurrenz. Dies sollte auf eine Art und Weise erfolgen, die die Wohlfahrt der Konsumenten und der Gesellschaft verbessert bzw. nicht beeinträchtigt (Kotler/Dubois)	Wettbewerbsorientierung → Umwelt- bzw. Sozialorientierung
1985	Marketing ist der Prozeß von Planung und Umsetzung der Entwicklung, Preissetzung, Kommunikation und Distribution von Ideen, Gütern und Dienstleistungen zur Ermöglichung von Austauschprozessen, die die individuellen und organisationsbezogenen Zielsetzungen erfüllen (AMA)	Management von Austauschprozessen
1988	Marketing ist die konsequente Ausrichtung aller unmittelbar und mittelbar den Markt berührenden Entscheidungen an den Erfordernissen und Bedürfnissen der Verbraucher bzw. Abnehmer (Marketing als Maxime) mit dem Bemühen um Schaffung von Präferenzen und damit Erringung von Wettbewerbsvorteilen durch gezielte unternehmerische Maßnahmen (Marketing als Mittel) und mit einer systematischen, modernen Techniken nutzenden Entscheidungsfindung (Marketing als Methode) (Nieschlag/Dichtl/Hörschgen)	Marketing als mehrdimensionales Konzept (Führungs- und Absatzfunktion)

ABB. 3: ENTWICKLUNG DES MARKETING

als unternehmerischer Leitgröße ihren Niederschlag.[22] Dies machen vor allem die Definitionen von Kotler deutlich, die stellvertretend für viele andere hier angeführt werden (vgl. Abbildung 3). Diese Leitprinzipien wurden unter dem Eindruck veränderter Umweltbedingungen auf die Wettbewerbs-, Umwelt- und Sozialorientierung in den 80er Jahren ausgedehnt. Hinzu kommt die hier nicht weiter interessierende Ausweitung auf das Management von Austauschprozessen.

Dieses sich wandelnde Anspruchsspektrum des Marketing kommt auch in den unterschiedlich wahrgenommenen Rollen innerhalb der Unternehmensorganisation zum Ausdruck. Auch hier möchte ich mich zum besseren Verständnis - und zugleich zur Ausräumung eines Mißverständnisses - auf das von Kotler zitierte Anspruchsspektrum in Abbildung 4 beziehen[23].

Wurde Marketing in den frühen Phasen seiner Entwicklung als gleichberechtigter betrieblicher Funktionsbereich wahrgenommen (4a), so entstand später der Eindruck, Marketing wolle sich als eine besonders wichtige Funktion (4b) oder gar als Kern- bzw. Hauptfunktion (4c) der Unternehmung verstanden wissen. Dies reflektiert den falsch verstandenen "Dominanzanspruch" des Marketing. Erst mit dem Kunden als Bezugspunkt der funktionalen Koordination (4d) und dem Marketing als Koordinationsinstanz (4e) wird der marktorientierte Führungsaspekt konsequent herausgestellt. Freilich geht dabei in der letztgenannten Zuordnung der Funktionenaspekt wieder unter, was erneut auf einen führungsbezogenen Dominanzanspruch hindeutet.

---

[22] Vgl. Levitt, Th., Marketing Myopia, in: Harvard Business Review, No. 4, July/August 1960, S. 45-56.
[23] Vgl. Kotler, Ph., Marketing Management. Analysis, Planning, Implementation, and Control, 6. Aufl., Englewood Cliffs, N.J., 1988, S. 25.

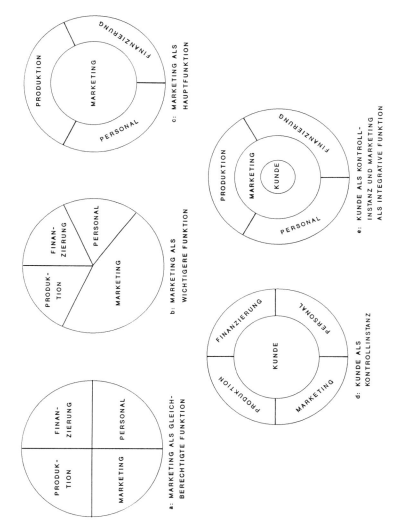

ABB. 4: DIE ROLLE DES MARKETING IN DER UNTERNEHMENSORGANISATION (NACH KOTLER)

Für meine weiteren Überlegungen ist es daher notwendig, von einem mehrdimensionalen Verständnis des Marketing auszugehen, wie dies vor allem in der Begriffsabgrenzung von Nieschlag/Dichtl/Hörschgen in der neuesten Auflage ihres Standardwerkes zum Ausdruck kommt (Marketing als Maxime, Mittel und Methode). Hier ist insbesondere der duale Charakter des Marketing wesentlich (vgl. Abbildung 5).

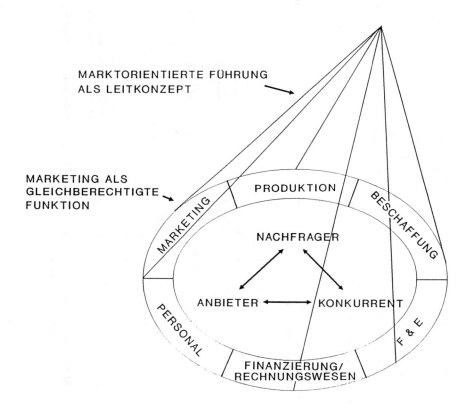

ABB. 5: DER DUALE CHARAKTER DES MARKETING

Zum einen kommt dem funktionalen Kern - der deckungsgleich mit dem Gutenbergschen Begriff Absatz ist - die Rolle einer gleichberechtigten Unternehmensfunktion zu. Zum anderen wird mit Marketing ein Leitkonzept der Unternehmensführung verbunden, im kompetitiven Spannungsfeld zwischen Anbieter, Nachfrager und Wettbewerber eine marktorientierte Koordination aller betrieblichen Funktionsbereiche - also auch der marktfern organisierten wie z. B. der Forschung & Entwicklung - zu verwirklichen. Dabei bilden die Erfordernisse der Märkte und der erweiterten Umwelt den Ausgangspunkt für die Erreichung aller wesentlichen Oberziele der Unternehmung. Letztlich geht es also darum, die Unternehmensfunktionen am Kundennutzen auszurichten mit dem Ziel, das eigene Leistungsangebot so zu gestalten, daß der Kunde es besser beurteilt als das des Wettbewerbers. Backhaus spricht in diesem Zusammenhang von der Erzielung "komparativer Wettbewerbsvorteile".[24]

Mit Bezug auf die Unternehmensorganisation stellt Shapiro in seinem lesenswerten Beitrag in der Harvard Business Review die folgenden drei Merkmale einer marktorientierten Unternehmung heraus:[25]

1. Informationen über die zentralen Kauf- und Wettbewerbsfaktoren durchdringen alle betrieblichen Funktionsbereiche (Informationsaspekt).

2. Strategische und operative Entscheidungen werden unter Berücksichtigung der Markterfordernisse interfunktional und interdivisional getroffen (Koordinationsaspekt).

3. Divisionen und Funktionen setzen die koordinierten Entscheidungen mit entsprechendem Committment in ihrer täglichen Arbeit um (Implementierungsaspekt).

Unter Zugrundelegung eines solchen Verständnisses des Marketing als marktorientierte Führung sollen im folgenden einige Perspektiven der funktionenübergreifenden Koordination erörtert werden.

---

[24] Backhaus, K., Weiber, R., Entwicklung einer Marketingkonzeption mit SPSS/PC, Berlin u. a. 1989.
[25] Vgl. Shapiro, B., What the Hell is "Market Oriented"?, in: Harvard Business Review, Heft 6, Nov.-Dec. 1988, S. 119-125.

2. Konzepte der marktorientierten Koordination betrieblicher Funktionsbereiche

Die Koordinationsproblematik hat zur Entwicklung eines breiten Spektrums von Lösungsansätzen in der betriebswirtschaftlichen Literatur geführt. Im deutschsprachigen Raum sind dabei wesentliche Impulse beispielsweise von Kieser und Kubicek sowie von Hoffmann ausgegangen.[26] Ohne Anspruch auf Vollständigkeit möchte ich im folgenden diese Ansätze stark vereinfacht zu planungstechnokratischen, strukturorientierten und kulturorientierten Konzepten zusammenfassen.[27]

Vor dem Hintergrund des dargestellten situativen Problemdrucks zur Integration sollen die drei genannten Koordinationskonzepte daraufhin untersucht werden, inwieweit sie geeignet sind, den Erfordernissen der marktorientierten Führung gerecht zu werden.

2.1 Planungstechnokratische Ansätze

Einer Definition Khandwalla's folgend werden planungstechnokratische Ansätze als Koordination durch Plan- oder Sollvorgaben bezeichnet, die nicht Weisung oder Entscheidung einer bestimmten Person, sondern Ergebnis eines institutionalisierten und anonymen, jedoch intersubjektiv identifizier- und nachvollziehbaren Entscheidungsmodells sind.[28]

---

[26] Vgl. Kieser, A., Kubicek, H., a.a.O., S. 112 f.; Hoffmann, F., Führungsorganisation, Bd. I: Stand der Forschung und Konzeption, Tübingen 1980, S. 316 ff.

[27] In der Literatur hat sich bisher keine einheitliche Systematisierung der Koordinationsinstrumente durchsetzen können. Vgl. hierzu z. B. Brink, H.J., a.a.O., S. 5 und Benkenstein, M., a.a.O., S. 122 ff.

[28] Vgl. Khandwalla, P.N., Unsicherheit und die "optimale" Gestaltung von Organisationen, in: Grochla, E. (Hrsg.), Organisationstheorie, 1. Teilband, Stuttgart 1975, S. 140-156.

Unter dem Einfluß von Entwicklungen auf dem Gebiet der mathematischen Programmierung haben vor allem Operations Research-orientierte Koordinationsmodelle das besondere Interesse der betriebswirtschaftlichen Forschung gefunden.[29] Dabei lag der Schwerpunkt der engpaßbezogenen horizontalen Koordination betrieblicher Elementarfunktionen auf ein und derselben zeitlichen, zumeist der operativen Planungsebene. Ebenfalls den planungstechnokratischen Koordinationskonzepten zuzurechnen sind Methoden der strategischen und taktischen Budgetierung.

Die unabdingbare Anwendungsvoraussetzung, vor allem für OR-orientierte Koordinationsmodelle, ist bekanntlich die Kenntnis der Zielfunktion der Unternehmung, der Menge aller Aktionsparameter, der Menge aller entscheidungsrelevanten Daten sowie der Struktur des Entscheidungsproblems.[30] Trotz erheblicher Fortschritte zur dynamischen Formulierung und bei der Berücksichtigung von Unsicherheit im Rahmen der Gestaltung der Modelle begrenzt der Zwang zur Quantifizierung funktionaler Zusammenhänge sowie zur Vorgabe einer formalen Zielfunktion ihre Eignung für die Koordination betrieblicher Teilbereiche. Angesichts turbulenter, zu einer verstärkten Integration drängender Umweltbedingungen sind diese Anforderungen meist nicht erfüllt. Denn turbulente Umwelten zeichnen sich in besonderem Maße durch eine Unstetigkeit und Zusammenhanglosigkeit der Entwicklungen aus.[31] Darüber hinaus bleibt hervorzuheben, daß die in operativ planungstechnokratischen Koordinationsansätzen zumeist unterstellte sequentielle Abhängigkeit der zu koordinierenden Teilbereiche ihren Realitätsgehalt erheblich einschränkt.[32]

Somit erscheint die Möglichkeit einer marktorientierten Integration allein auf der Basis OR-orientierter Koordinationskonzepte - nicht zuletzt aufgrund ihrer geringen Flexibilität und der Wirkungen auf die Mitarbeitermotivation - eher begrenzt. Darüber hinaus wird einer umfassenden marktorientierten Gesamtsicht (z. B. Wettbewerbsvorteil, wechselseitige Abhängigkeit) nicht hinreichend Rechnung getragen. Sie entsprechen vielmehr dem Grundgedanken einer engpaßbezogenen Planung und werden aufgrund ihrer funktionalen Dominanz dem dualen Führungskonzept des Marketing nur bedingt gerecht.

---

[29] Vgl. z. B. Hax, H., Die Koordination von Entscheidungen. Ein Beitrag zur betriebswirtschaftlichen Organisationslehre, a.a.O., S. 129 ff.; Fieten, R., Die Gestaltung der Koordination betrieblicher Entscheidungssysteme, Frankfurt a. M. u. a. 1977, S. 147 ff.
[30] Vgl. z. B. Rieper, B., a.a.O., S. 232.
[31] Vgl. zum Begriff der Diskontinuität Drucker, P., The Age of Discontinuity, New York 1969.
[32] Vgl. zum Begriff der sequentiellen Interdependenz: Thompson, J.D., Organizations in Action: Social Science Bases of Administrative Theory, New York 1967.

Seit geraumer Zeit wird eine konzeptionelle Gesamtsicht der Unternehmung verstärkt durch strategische Planungsmodelle angestrebt. Ihr Ziel ist es, auf der Geschäftsfeldebene eine integrative Betrachtung betrieblicher Teilbereiche sicherzustellen. Als populärstes Instrument der strategischen Planung nimmt die Portfolio-Analyse zwar eine markt- und wettbewerbsorientierte Perspektive ein und könnte daher als Instrument der strategisch-marktorientierten Integration gelten. Allerdings mißt die Portfolio-Analyse der Unabhängigkeit betrieblicher Teileinheiten weitaus größeres Gewicht bei als der systematischen Analyse von Interdependenzen. Als ein Hauptkritikpunkt an der Portfolio-Analyse wird - neben anderen Schwächen - daher zu Recht die Vernachlässigung funktionaler Synergien angesehen. Es ist daher Albach zuzustimmen, daß diese Art der strategischen Planung in der Praxis zu einer "Partialanalyse" entartet ist.[33] Insofern leistet sie keinen umfassenden Beitrag zu einer bereichsübergreifenden Integration.

2.2 Strukturorientierte Ansätze

Die Koordination funktionaler Teileinheiten kann auch durch die direkte Interaktion der zu integrierenden Entscheidungsinstanzen gewährleistet werden.[34] In diesem Zusammenhang wurde vom Marketing vor allem die Einführung des Produktmanagement forciert. Insbesondere Konzepte der Matrixorganisation sollen sicherstellen, daß simultan mehreren Aspekten eines Problembereiches Aufmerksamkeit geschenkt wird. In einer umfassenden Matrix-Struktur werden Weisungskompetenz und Verantwortung zwischen Produkt- und Funktionsmanager so geteilt, daß der Produktmanager für die Planung, Koordination und Kontrolle der seinen Produktbereich betreffenden Tätigkeiten zuständig ist. Demgegenüber hat der Funktionsmanager die Ressourcenbereitstellung und deren optimalen Einsatz im Hinblick auf alle Produkte zu vertreten.[35]

---

[33] Vgl. Albach, H., Strategische Planung und strategische Führung, in: Domsch, M., Eisenführ, F., Ordelheide, D., Perlitz, M. (Hrsg.), Unternehmungserfolg, Festschrift zum 60. Geburtstag von Walther Busse von Colbe, Wiesbaden 1988, S. 4.
[34] Vgl. Lorsch, J.W., Lawrence, P.R., Organizing for Product Innovation, in: Harvard Business Review, Heft 1, 1965, S. 117-122.
[35] Vgl. Meffert, H., Produktmanagement: Situative Einflüsse und organisatorische Anpassungsmöglichkeiten, Teil I und II, in: WISU, Heft 6 und 7, 1979, S. 94-98 und S. 111-115; Frese, E., Grundlagen der Organisation, Wiesbaden 1980, S. 413 ff.; Köhler, R., Tebbe, K., Uebele, H., Der Einfluß objektorientierter Organisationsformen auf die Gestaltung absatzpolitischer Entscheidungsprozesse, Köln 1983.

Zur Erfüllung der komplexen Koordinationsaufgabe bedarf es einer sinnvollen Kombination von formaler und abgeleiteter Autorität des Produktmanagers, wobei in der Regel seine Expertenmacht dominiert und die angestrebte Querkoordination in einem Prozeß des "Management by Persuasion" erfolgt. Damit läßt sich das Produktmanagementkonzept primär als Koordination durch dezentrale Selbstorganisation kennzeichnen.[36]

Die Veränderung situativer Rahmenbedingungen der marktorientierten Führung - und vor allem die Veränderung vertikaler Machtstrukturen durch Konzentrationsprozesse im Handel - führten vielfach zu einer Erweiterung der Matrixorganisation um die Dimension "Kundengruppe". In der so entstandenen teamorientierten Matrixorganisation sind die Aufgabenträger der zu koordinierenden Funktionsbereiche zugleich Mitglieder unterschiedlicher Teams (Produkt-, Funktions-, Kundenteams). In jüngster Zeit wird die Bildung solcher institutionalisierter Teams auch unter dem Gesichtspunkt der Koordination der Marketingfunktion mit betrieblichen Querschnittsfunktionen, wie z. B. der Forschung und Entwicklung, diskutiert.[37]

Die Beurteilung der Leistungswirksamkeit derartiger Koordinationskonzepte war Gegenstand zahlreicher empirischer Untersuchungen. So haben Diller und Gaitanides jüngst das Kundengruppenmanagement in der deutschen Lebensmittelindustrie umfassend analysiert und nur bescheidene Effizienzsteigerungen dieser Organisationskonzepte im vertikalen Marketing nachweisen können.[38]

Insgesamt zeigt sich immer wieder, daß derartige strukturelle Ansätze der marktorientierten Integration die sachliche Flexibilität der Entscheidungsfindung verbessern und insbesondere motivationsfördernd wirken. Gleichzeitig beeinträchtigen sie jedoch die zeitliche Flexibilität und führen darüber hinaus häufig zu Kompromissen auf der Basis des "kleinsten gemeinsamen Nenners".[39] Diese dysfunktionale Wirkung teamorientierter Matrixstrukturen resultiert aus einem häufig beobachtbaren Konkurrenzdenken unter den am Abstimmungsprozeß Beteiligten, welches durch den Wettbewerb um knappe Ressourcen (gepoolte Interdependenzen) entsteht.

---

[36] Vgl. Hoffmann, F., Führungsorganisation, Bd. I, a.a.O., S. 318; Tuominen, R., Die Koordination in der Unternehmung, in: Kloidt, H. (Hrsg.), Betriebswirtschaftliche Forschung in internationaler Sicht, Festschrift für Erich Kosiol zum 70. Geburtstag, Berlin 1969, S. 208.
[37] Vgl. Benkenstein, M., Koordination von Forschung & Entwicklung und Marketing, a.a.O., S. 195 ff.; Brockhoff, K., Schnittstellenmanagement - Abstimmungsprobleme zwischen Marketing und Forschung und Entwicklung, a.a.O.
[38] Vgl. Diller, H., Gaitanides, M., Das Key-Account-Management in der deutschen Lebensmittelindustrie - Eine empirische Studie zur Ausgestaltung und Effizienz, Universität der Bundeswehr Hamburg, Hamburg 1988.
[39] Meffert, H., Produktmanagement: Situative Einflüsse und organisatorische Anpassungsmöglichkeiten, Teil II, a.a.O., S. 332.

2.3 Kulturorientierte Ansätze

Angesichts dieser Tatsache wird neuerdings kulturorientierten Koordinationskonzepten besondere Beachtung geschenkt. Dabei wird Unternehmenskultur grundsätzlich als ein System von Wertvorstellungen ("shared values"), Verhaltensnormen sowie Denk- und Handlungsweisen definiert, die das Verhalten von Mitarbeitern aller Stufen der Unternehmung prägen.[40] Im Zusammenspiel mit den in der Unternehmung implementierten technokratisch-organisatorischen Koordinationsinstrumenten resultiert die integrierende Wirkung der "gemeinsamen Werte" aus ihrer Eigenschaft als "größter gemeinsamer Nenner" der Mitarbeiter. Neuberger spricht auch von der "Herrschaft dritten Grades durch kulturorientierte Integration".[41] Beiträge zur zielorientierten Gestaltung von Unternehmenskulturen im Rahmen von Corporate Identity-Strategien heben in diesem Zusammenhang die besondere Bedeutung der Unternehmensphilosophie als "Kulturkern" hervor.[42]

In Verbindung mit inhaltlichen Aspekten der Unternehmenskultur, insbesondere des "Kulturkerns", werden vielfach Grunddimensionen wie beispielsweise Kundenorientierung, Innovationsorientierung oder Technologieorientierung genannt. Empirische Untersuchungen belegen, daß diesen Grunddimensionen eine hohe differenzierende Kraft zwischen Unternehmungen mit unterschiedlichen Kulturtypen zukommt.[43]

Die Koordination durch Werte wird dabei vor allem in Situationen für notwendig erachtet, in denen gegenseitige (reziproke) Interdependenzen zwischen Funktionsbereichen bestehen, die eine schlecht strukturierte Aufgabe gemeinsam lösen müssen. Eine starke Unternehmenskultur ist geeignet, komplexe Entscheidungssituationen vorzustrukturieren, Orientierungspunkte über die angestrebte Politik abzustecken und schließlich auch durch ihren heuristischen Charakter neuartige Verhaltensweisen zu stimulieren. Gerade angesichts komplexer und dynamischer Markterfordernisse bietet somit die marktorientierte Koordination auf der Grundlage der Unternehmenskultur besondere Erfolgschancen.

---

[40] Vgl. zum Begriff der Unternehmenskultur Meffert, H., Hafner, K., Unternehmenskultur und Unternehmensführung - Bestandsaufnahme und Wirkungsanalyse, in: Meffert, H., Wagner, H. (Hrsg.), Arbeitspapier Nr. 35 der Wissenschaftlichen Gesellschaft für Marketing und Unternehmensführung e.V., Münster 1987, S. 4 und die dort angegebene Literatur.

[41] Ulrich, P., Systemsteuerung und Kulturentwicklung, in: Die Unternehmung, Heft 4, 1984, S. 303-325; Schuster, L., Widmer, A.W., Theorie und Praxis der Unternehmenskultur, in: Zeitschrift für Führung und Organisation, Heft 8, 1984, S. 489-493; Neuberger, O., Kompa, A., Mit Zauberformeln die Leistung steigern, in: Psychologie Heute, Juli 1986, S. 58-65.

[42] Vgl. Jugel, S., Wiedmann, K.P., Kreutzer, R., Die Formulierung der Unternehmensphilosophie im Rahmen einer Corporate Identity-Strategie, in: Marketing ZFP, Heft 4, 1987, S. 293-303.

[43] Vgl. Meffert, H., Hafner, K., Poggenpohl, M., Unternehmenskultur und Unternehmensführung, in: Meffert, H., Wagner, H. (Hrsg.), Arbeitspapier Nr. 43 der Wissenschaftlichen Gesellschaft für Marketing und Unternehmensführung, Münster 1988.

Gelingt es, eine starke Unternehmenskultur zu schaffen, so sinkt per definitionem der Abstimmungsbedarf zwischen Unternehmensteilen, die operative Flexibilität der Unternehmung steigt. Auch unter Aspekten des zur Koordination erforderlichen Zeit- und Kostenaufwands sowie der Förderung der Motivation und Reduzierung des Konfliktniveaus zwischen Funktionsbereichen der Unternehmung ist eine Integration durch Kultur - so sie gelingt - positiv zu beurteilen.

Probleme der kulturorientierten Integration resultieren nicht zuletzt aus berechtigten Zweifeln an der kurz- und mittelfristigen Beeinflußbarkeit von Kulturen. Dadurch ergeben sich negative Implikationen sowohl für die flexibilitäts- als auch für die zeit- und kostenbezogene Beurteilung des Instruments. Ändern sich externe Umweltbedingungen, so wird eine Unternehmenskultur dann dysfunktional, wenn sie die Unternehmung an notwendigen Anpassungsprozessen hindert.[44]

Als Zwischenergebnis können wir feststellen, daß die bislang diskutierten Koordinationsansätze lediglich Teilaspekte zur marktorientierten Integration von Unternehmensaktivitäten abdecken. Insbesondere zeigen sich komplementäre Leistungsprofile dieser Instrumente. Deshalb ergibt sich nicht nur die Notwendigkeit, diese Ansätze zu einem integrierten Koordinationsmix zusammenzuführen, sondern auch sie zu ergänzen. Das vielbeachtete Wertkettenkonzept Porters scheint mir in diesem Zusammenhang geeignete Ansatzpunkte zu liefern.

3. Der Wertkettenansatz als ganzheitliches marktorientiertes Integrationskonzept

Ausgangspunkt der Überlegungen Porters ist die Erkenntnis, daß "auf Konkurrenzmärkten ... Wettbewerbsvorteile der eigentliche Kern der Unternehmensleistung (sind)". "Im Grunde genommen", so bemerkt Porter weiter, "entstehen Wettbewerbsvorteile aus dem Wert, den eine Unternehmung für ihre Abnehmer zu schaffen vermag".[45]

Der "Wert" spiegelt sich dabei in demjenigen Betrag wider, den die Abnehmer für das, was ihnen eine Unternehmung zur Verfügung stellt, zu zahlen bereit sind. Er wird durch die Unternehmung mit allen ihren betrieblichen Funktionen geschaffen.[46] Damit bildet eine konsequent marktorientierte Sicht das Fundament einer funktionenübergreifenden Wettbewerbsvorteilsanalyse.

---

[44] Vgl. hierzu z. B. Kilmann, R.H., Saxton, M.J., Serpa, R., u. a., Gaining Control of the Corporate Culture, San Francisco, London 1985.
[45] Porter, M.E., Wettbewerbsvorteile, Frankfurt 1986, S. 15 f.
[46] Zur Darstellung des Abnehmerwertes vgl. Porter, M.E., Wettbewerbsvorteile, a.a.O., S. 59 f.

3.1 Der Wertkettenansatz als Integrationsinstrument

Als zentrales Instrument zur Analyse und Gestaltung des wettbewerbsentscheidenden Abnehmerwertes führt Porter die "Wertkette" ein. Die Wertkette ist zunächst ein grob strukturiertes Abbild der Unternehmung (Abbildung 6).[47]

Dabei werden die Wertaktivitäten in zwei allgemeine Aktivitätstypen differenziert. Primäre Aktivitäten gliedern sich nach dem physischen Durchlaufprinzip von der Eingangslogistik bis hin zum Kundendienst. Die primären Aktivitäten werden in jeder Unternehmung durch eine reihe von unterstützenden Aktivitäten begleitet, ohne daß die beiden Aktivitätsgruppen in einem hierarchischen Verhältnis stehen. Damit besteht eine formale Übereinstimmung mit Systemen der Funktionengliederung in der Betriebswirtschaftslehre.

Drei Aspekte zeichnen das Wertkettenmodell aus, die seine besondere Eignung als gedanklicher Rahmen einer funktionsübergreifenden marktorientierten Koordination in der aktuellen Situation bestimmen:

1. Die Wertkette stellt Aspekte der Bedürfnisorientierung und Kosteneffizenz im System des Abnehmerwertes gleichberechtigt nebeneinander. Es fördert damit in besonderer Weise die Konvergenz zwischen bedürfnis- und kostenorientiertem Denken.

2. Porter schenkt vor allem der Untersuchung von Interdependenzen zwischen einzelnen Wertaktivitäten besondere Beachtung und sieht sie ausdrücklich als "einträgliche Quelle von Wettbewerbsvorteilen, ... die schwer zu erkennen sind und die Lösung von Trade-offs über Organisationsgrenzen hinweg erfordern".[48]

3. Die Einbettung der Wertkette einer Unternehmung in das übergeordnete "Wertkettensystem" macht die besondere Bedeutung einer organisationsübergreifenden Integration deutlich. Durch die Koordination jeder unternehmerischen Teilfunktion mit dem Wertsystem der Außenwelt kann eine Unternehmung ebenfalls Wettbewerbsvorteile erzielen.[49]

---

[47] Damit ähnelt die Grundstruktur der Wertkette zunächst dem am Realgüterdurchlauf orientierten Verrichtungsprinzip der deutschen Betriebswirtschaftslehre. Der Gedanke der "Wertbildung" und "Wertschöpfung" wurde bereits von Heinrich Nicklisch aufgegriffen und zu einer betriebswirtschaftlichen Bewertungslehre ausgebaut (vgl. Nicklisch, H., Die Betriebswirtschaft, 7. Aufl., Stuttgart 1932). Die Interpretation der wertschaffenden Aktivitäten als gesamtunternehmensbezogenes und unternehmensübergreifendes "Wertkettenmodell" stellt im Rahmen der Wettbewerbsvorteilsanalyse bei Porter jedoch eine erhebliche Weiterentwicklung dar.
[48] Vgl. Porter, M.E., Millar, V.E., Wettbewerbsvorteile durch Information, in: Harvard Manager, Heft 1, 1986, S. 28.
[49] Vgl. ebenda.

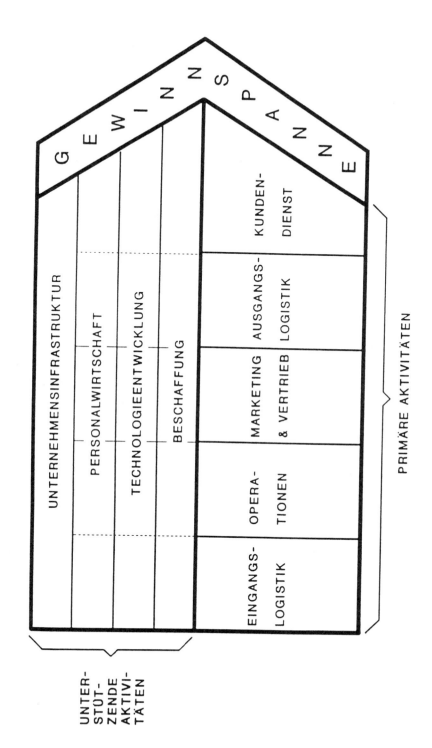

ABB. 6 : DAS WERTKETTENMODELL (NACH PORTER)

3.2 Kulturorientierte Interpretation des Wertkettenmodells

Die heuristische Kraft des Wertkettenkonzeptes zur Gestaltung integrativer marktorientierter Unternehmenskulturen ist zunächst in seiner Transparenz zu sehen.

Ausgangspunkt ist dabei ein gemeinsames Verständnis dessen, was als "Abnehmerwert" beschrieben wird. Porter schreibt zu diesem Problem: "Unternehmen sehen ihre Differenzierungsmöglichkeiten zu eng. Sie sehen die Differenzierung im Zusammenhang des physischen Produkts oder der Marketingmethoden, anstatt deren Entwicklung überall in der Wertkette für möglich zu halten. ... Erfolgreiche Differenzierungsstrategien erwachsen aus aufeinander abgestimmten Maßnahmen aller Unternehmensteile, nicht nur aus der Marketingabteilung".[50]

Der besondere, kulturrelevante Aspekt dieser Abgrenzung abnehmerwertschaffender Differenzierungsmaßnahmen liegt m. E. in dem Bekenntnis zu reziproken Interdependenzen zwischen den Unternehmensteilen. Unternehmenseinheiten werden nicht als sequentiell verknüpfte Elemente eines arbeitsteiligen Prozesses zur Herstellung eines Produktes oder als Konkurrenten um knappe Budgets interpretiert, sondern als gleichberechtigte Teile eines auf die Schaffung vom Abnehmerwert ausgerichteten komplexen Ganzen (vgl. Abbildung 7).

Es ist das Verdienst des Porterschen Ansatzes, dieses eher philosophische Grundstatement durch den konzeptionellen Rahmen des Wertketten- und Wertsystemmodells transparent und kommunizierbar zu machen. Damit erfüllt der Wertkettenansatz die im Rahmen der kulturgestaltenden Corporate-Identity-Strategien geforderte Eigenschaft eines in sich schlüssigen und widerspruchsfreien Konzepts des unternehmerischen Selbstverständnisses zur Integration.

Diese integrierende Kraft des Wertkettenmodells verdeutlichen auch einige Beispiele erfolgreicher Differenzierungskonzepte aus Industrie und Handel.[51] In Abbildung 8 ist allerdings zu beachten, daß die Begriffe Wertschöpfungs- und Wertkette - wie häufig in der Literatur - unzutreffenderweise synonym verwendet werden.

---

[50] Porter, M.E., Wettbewerbsvorteile, a.a.O., S. 164.
[51] Vgl. Pernicky, R., Innovative Wertschöpfungsstrategien, in: Arthur D. Little (Hrsg.), Management des geordneten Wandels, Wiesbaden 1988, S. 119-149.

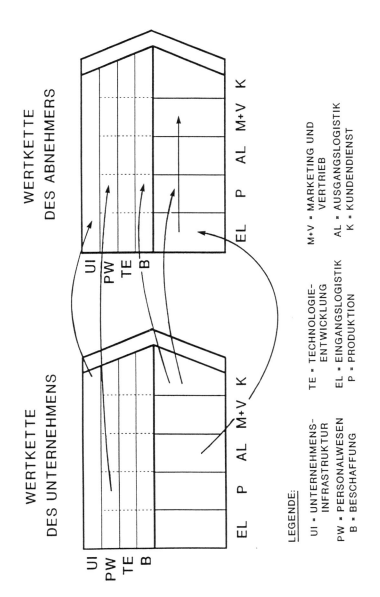

ABB. 7: VERFLECHTUNGEN ZWISCHEN DEN WERTKETTEN EINES UNTERNEHMENS UND SEINER ABNEHMER (NACH PORTER)

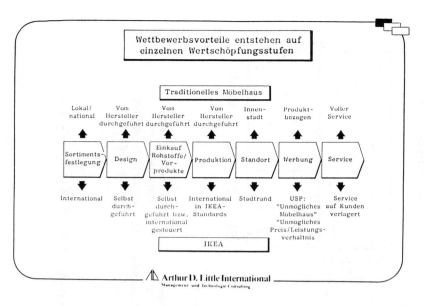
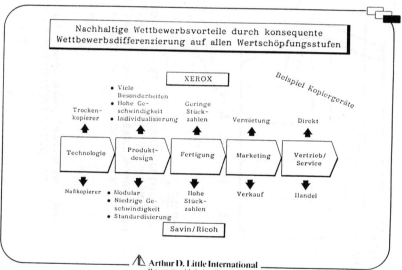

ABB. 8a: WERTKETTENORIENTIERTE DIFFERENZIERUNGSKONZEPTE IN INDUSTRIE UND HANDEL

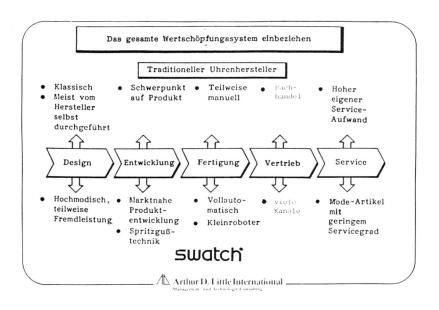
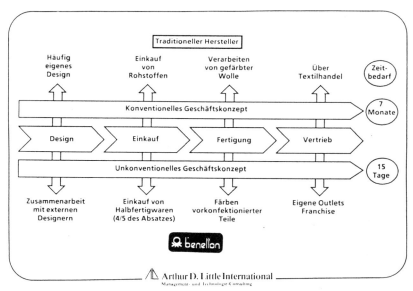

ABB. 8b: WERTKETTENORIENTIERTE DIFFERENZIERUNGSKONZEPTE IN INDUSTRIE UND HANDEL

Anhand der Nutzung von Systemtechnologien zur Profilierung im Wettbewerbsumfeld sei im folgenden die Integrationskraft des Abnehmerwertes als Leitkonzept dargestellt. Ausgangspunkt ist die Tatsache, daß neben noch zu lösenden technischen Problemen der Einsatz integrierender Systemtechnologien vielfach durch Probleme der "Sozial"- oder "Abteilungsintegration" begrenzt wird. Vor allem die funktionsbereichsübergreifende Integration zum "Computer Integrated Business" wirft besondere Schwierigkeiten auf.[52]

Mit Einführung der Just-in-Time Produktion konnten z. B. in der Automobilindustrie die Produktionskosten gesenkt und die bei diesen geringeren Kosten realisierbare Produktvielfalt erhöht werden. So verläßt derzeit bei VAG nur jeden 10. Tag ein identischer Audi 100 die Fertigung. Bei Toyota sank die rein produktionstechnisch bedingte innerbetriebliche Re-sponsezeit von 15 auf weniger als 2 Tage.[53] Zur gleichen Zeit benötigte der Vertrieb allerdings noch 15 - 26 Tage zur Abwicklung des Verkaufs vom Auftragseingang bis zur Auslieferung. Die vollständige Ausnutzung des produktionsbedingten Flexibilitätsvorteils konnte nur durch eine Flexibilitätsanpassung in Vertrieb und Marketing realisiert werden. Toyota benötigte hierzu 12 Jahre (von 1970 - 1982) und konnte sie letztendlich nur durch eine Auflösung und Neubildung ihrer Vertriebsdivision erzielen. 1987 betrug die Responsezeit Toyotas innerhalb Japans - inclusive der Produktion des Autos - acht Tage. Philip Kotler spricht in diesem Zusammenhang auch von der zunehmenden Bedeutung eines "Turbo"- oder "Just-in-Time-Marketing".[54]

Das Beispiel macht deutlich, wie wichtig eine alle betrieblichen Teilbereiche durchdringende starke und gleichzeitig homogene Unternehmenskultur zur Sicherung der Wettbewerbsvorteile ist. Zur Verhinderung kulturbedingter Integrationshemmnisse wie im Toyota-Beispiel bietet Porters Modell der verflochtenen Wertketten wichtige Ansatzpunkte. Je nachdem, welche konkreten Aspekte in der jeweiligen Markt- und Wettbewerbssituation dominieren, kann die abnehmer"wert"orientierte Unternehmenskultur ihre Ausprägung beispielsweise in einer Technologieorientierung, einer Distributionsorientierung oder einer Beschaffungsorientierung finden. Die wesentliche Grunddimension der Kultur bleibt dabei jedoch unangetastet, ein situatives "Kulturmanagement" ist entbehrlich. Subkulturen fügen sich unter dem Konzept des Abnehmerwertes als Leitlinie des unternehmerischen Handelns zu einer starken wettbewerbsorientierten Gesamtkultur zusammen.

---

[52] Vgl. auch Wayrather, Chr., "Keine Lösungen von der Stange" - CIM ist eher ein Organisations- als ein Technikproblem, in: Blick durch die Wirtschaft vom 10.4.1987.
[53] Zum dargestellten Beispiel vgl. Stalk, G., Time - The Next Source of Competitive Advantage, in: Harvard Business Review, Heft 4, July - August 1988, S. 41-54.
[54] Kotler, Ph., Development and Tendencies of Marketing in the 1990's, in: Meffert, H., Wagner, H. (Hrsg.), Marketing - Quo Vadis? - Documentation of the 15th IMMS Conference, Münster 1988, S. 25-37.

3.3 Strukturorientierte Interpretation des Wertkettenmodells

Eine marktorientierte Kooperationskultur auf der Grundlage des Abnehmerwert-Gedankens ist lediglich eine notwendige, jedoch noch keine hinreichende Bedingung für die erfolgreiche Integration betrieblicher Teilbereiche. Im Sinne eines "Koordinations-Mix" ist sie durch strukturorientierte Maßnahmen zu ergänzen, um die Abstimmung konkreter Ziele sowie die Organisation und Lenkung der laufenden Aktivitäten zu ermöglichen.

Die eingangs skizzierten strukturorientierten Maßnahmen zur marktorientierten Koordination betrieblicher Funktionsberei-che und deren kritische Würdigung beruhen auf einer vergleichsweise engen Auffassung der zu erbringenden Unternehmensleistung. Sie war lange Zeit - trotz aller Erweiterungen um psycho-soziale Aspekte - im wesentlichen am tangiblen Produkt bzw. der erlebbaren Dienstleistung orientiert.[55] Die Ergänzung der funktionenorientierten Organisationsstruktur durch Matrixelemente, die nach Produkt- oder Kundengruppenkriterien gegliedert sind, schien den Aufgaben der marktorientierten Führung unter den damaligen Bedingungen angemessen.

Die Suche nach profilierenden Strategien hat jedoch im Gegensatz dazu von der gesamtheitlichen Analyse aller Wertaktivitäten im Wertsystem auszugehen. Damit wird jedoch eine Abstimmung durch problemorientiert gebildete Projektteams erforderlich. Diese Gremien sind mit Vertretern aller Wertaktivitäten zu besetzen und haben die unternehmensweite Lösung von produktübergreifenden Sachproblemen zur Aufgabe. Im Mittelpunkt steht dabei die funktionsbereichs- und produktübergreifende Prozeßorganisation, die die an den Kriterien des Verrichtungsprinzips orientierte Aufbauorganisation überlagert (vgl. Abbildung 9).[56]

---

[55] Vgl. Porter, M., Wettbewerbsvorteile, a.a.O., S. 164 f.
[56] Vgl. Dernbach, W., Kraus, P., Innovationslücke Organisation, in: Kompetenz, Heft 3, 1988, S. 32 ff.

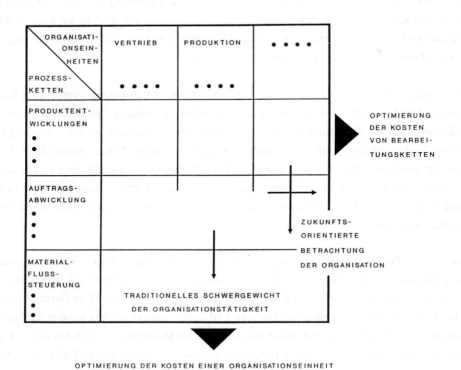

ABB. 9: ORGANISATORISCHE INNOVATIONEN IM RAHMEN DES WERTKETTENMODELLS (NACH DERNBACH/KRAUS)

Die Leistungseffizienz derartiger Projektgremien hängt dabei vom "richtigen Geist", d. h. der Unternehmenskultur und dem Selbstverständnis jedes Bereiches der Wertkette als abnehmerwert-schaffende Einheit ab. Ein rein verrichtungsorientiertes Selbstverständnis mit dem Ziel, eine im voraus bereits festgelegte Aufgabe kostenoptimal zu erfüllen, würde die Leistungseffizienz der ablauforientierten Projektorganisation nicht unerheblich beeinträchtigen. Ein solches Selbstverständnis fördert darüber hinaus das Konkurrenzdenken mit seinen Auswirkungen auf das Konfliktniveau.

Der Abbau des Konkurrenzdenkens geht dabei einher mit einer Verlagerung der Koordination von der vertikalen Dimension der Organisation (Hierarchie) auf die horizontale, funktionsübergreifende Dimension. Die konsequente Ausrichtung des Porterschen Wertkettenkonzepts auf die organisatorische Horizontale bildet damit eine wichtige Voraussetzung, die "Kontrollspanne" als Führungsinstrument durch eine "Kommunikationsspanne" zu ersetzen.[57]

3.4 Planungstechnokratische Interpretation des Wertkettenmodells

Zur sinnvollen planerischen Abstimmung funktionaler Teilbereiche im Rahmen des Wertkettenmodells ist stärker als bisher einer Quantifizierung des Abnehmerwertes Beachtung zu schenken. Damit ist die planungstechnokratische Dimension des Ansatzes angesprochen. In diesem Zusammenhang ist vor allem der Versuch zu unternehmen, die Kosten- und Leistungswirkungen einzelner Maßnahmen und Maßnahmenbündel in der Wertkette der Abnehmer und Endverbraucher explizit in Vorteilhaftigkeitsüberlegungen mit einzubeziehen. Sie bestimmen die Wahrnehmung des durch die Unternehmung geschaffenen Abnehmerwertes in entscheidendem Maße.

Die Markenartikelindustrie verwirklicht diesen Grundgedanken bereits in ihren Bemühungen, die direkte Produktrentabilität (DPR) des Handels in die Gestaltung ihrer Wertaktivitäten mit einzubeziehen. Die direkte Produktrentabilität des Handels wird sowohl von den physikalischen Eigenschaften des Produktes (z. B. Lagerfähigkeit, Lagererfordernisse wie Kühlung etc.), von Eigenschaften der Verpackung (z. B. Ausmaße, Schutz des Produktes vor Bruch, Anfall zu ent-

---

[57] Vgl. Drucker, P.F., Spiel nach neuer Partitur, in: manager magazin, Heft 2, 1986, S. 184-186.

sorgender Verpackungsmaterialien etc.), aber auch von Faktoren der unterstützenden Aktivitäten wie z. B. dem Rechnungs- und Bestellwesen (z. B. Art der Rechnungsstellung, Stornobearbeitung, Abwicklungsflexibilität) oder dem Personalwesen (z. B. Qualifikation und Entscheidungsbefugnisse der Außendienstmitarbeiter, Zuverlässsigkeit der Merchandiser etc.) beeinflußt.

Das Problem bei der Gestaltung planungstechnokratischer Koordinationsinstrumente nach dem Wertkettenmodell besteht darin, daß die Marktorientierung nicht mehr über die Voroptimierung des "marktverbindenden Absatzbereiches" erfolgen kann, sondern die Abnehmerwert-Beiträge aller betrieblichen Teilbereiche gleichzeitig in das Kalkül einzubeziehen sind.

Notwendige Voraussetzung dafür ist eine entsprechende Gestaltung des internen Rechnungs- und Berichtswesens. Diese haben z. B. Kosten so zu ermitteln, daß alle entwicklungsbezogenen Kosten über alle Produktgruppen und Funktionsbereiche hinweg den Kosten der Wertaktivität "Technologieentwicklung" zugerechnet werden können. Besondere Anforderungen sind deshalb an eine entsprechende Kostenspaltung in den unterstützenden Aktivitätsbereichen (Unternehmensinfrastruktur etc.) zu stellen, die in vielen Unternehmungen noch undifferenziert als Gemeinkosten erfaßt werden. Vor allem ist eine Revision des heute noch weitgehend vorherrschenden Kostenstellen- und Kostenträgerdenkens vorzunehmen, um stärker als bisher "Prozeßkosten" erfaßbar zu machen. Kostenträger in diesem Sinne sind nicht mehr die Endprodukte, sondern die Gesamtheit der aus Kundensicht erbrachten wertschaffenden Leistungen.[58]

Gleichzeitig besteht die Notwendigkeit, die umsatzwirksamen Anteile einzelner Wertaktivitäten am gesamten, vom Kunden wahrgenommenen Abnehmerwert zu bestimmen und den Kosten gegenüberzustellen. Die Lösung der damit verbundenen Bewertungsproblematik erscheint nur dann möglich, sofern es vor allem der Konsumentenverhaltensforschung gelingt, die Wertschätzung von Verflechtungen aus Kundensicht zu bestimmen.

---

[58] Hergert, M., Deigan, M., Accounting Data for Value Chain Analysis, in. Strategic Management Journal, Heft 2, 1989, S. 175-188. Die dort angeführte Kritik an existierenden Kostenrechnungssystemen berücksichtigt allerdings nicht die Arbeiten im deutschen Sprachraum, die bereits Lösungen zu Einzelfragen vorlegen; z. B. Riebel, P., Einzelkosten- und Deckungsbeitragsrechnung, Grundfragen einer markt- und entscheidungsorientierten Unternehmensrechnung, 5. Aufl., Wiesbaden 1985.

C. Implikationen und Ausblick

Meine Ausführungen haben gezeigt, daß die marktorientierte Führung insbesondere vor dem Hintergrund der dargestellten Integrationszwänge vielfältige Ansatzpunkte für eine effektive Vernetzung der gesamten Unternehmung mit all ihren Funktionsbereichen und der wettbewerbsrelevanten Umwelt bietet. Vor allem durch den Einfluß sprunghafter Entwicklungen auf dem Geibet der Informationsverarbeitung scheint sich das "klassische" Spannungsfeld zwischen Angebotsvarietät und Kosteneffizienz aufzulösen.

Der Wertkettenansatz liefert dabei zahlreiche Ansatzpunkte für eine weitergehende Integration betrieblicher Teilbereiche unter dem Primat der marktorientierten Führung. Der Vorteil des Wertkettenmodells als Integrationsrahmen besteht zum einen darin, Kosten- und Differenzierungsaspekte als gleichwertige Elemente des Abnehmerwertes zu betrachten und somit in besonderer Weise die notwendige Konvergenz von bedürfnis- und kostenorientiertem Denken und Handeln in der Unternehmung zu fördern. Zum anderen liefert die Interpretation des Abnehmerwertes als gemeinsames Ergebnis aller Aktivitäten der betrieblichen Teilbereiche eine vortreffliche Basis für eine marktorientierte Integration und erlaubt eine präzise aufgabenorientierte Definition konkreter Schnittstellenprobleme.

Hieraus ergibt sich die Forderung für die Allgemeine Betriebswirtschaftslehre, die vielfach existierenden linearen, funktionsorientierten Perspektiven durch eine laterale, "abnehmerwertschöpfende" Sachperspektive abzulösen oder zumindest zu ergänzen. Damit ist in keiner Weise ein Dominanzanspruch der marktorientierten Integration verbunden. Andere Führungsphilosophien oder Leitprinzipien wie z. B. die technologie-, die personal- oder die informationsorientierte Führung können je nach dem situativen Kontext und den vorherrschenden Wertvorstellungen ebenfalls zur Schließung der Integrationslücke in der Allgemeinen Betriebswirtschaftslehre beitragen (vgl. Abbildung 10). Die Schaffung eines komparativen Wettbewerbsvorteils über den Abnehmerwert kann aber auch für diese Führungskonzepte einen verbindenden "Focus" darstellen.

Welches Paradigma einer führungsorientierten Betriebswirtschaftslehre sich letztlich im Rahmen pluralistischer Forschungsansätze auch immer durchsetzen mag, es muß dazu beitragen, im Rahmen der Ausbildung von Studenten die Fähigkeit eines neuen "mehrdimensionalen und interaktiven Denkens" zu fördern. Denn letztlich sind es immer die verantwortlichen Führungskräfte, die mit ihrer Kompetenz und Befähigung zum bereichsübergreifenden Denken Unternehmungen prägen und als flexibelstes Integrationsinstrument auch unter veränderten Wettbewerbsbedingungen die Zukunftserfolge der Unternehmungen sichern müssen.

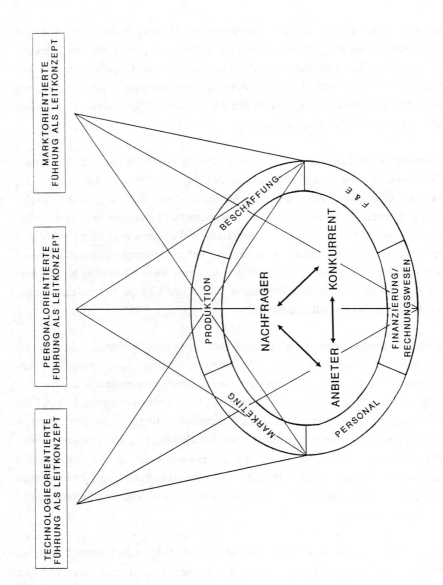

ABB. 10: LEITKONZEPTE DER INTEGRATION MIT WETTBEWERBSORIENTIERTEM FOCUS

Literaturverzeichnis

Adam, D., Koordinationsprobleme bei dezentralen Entscheidungen, in: ZfB, Heft 10, 1969, S. 615-632.

Adam, D., Aufbau und Eignung klassischer PPS-Systeme, in: Schriften zur Unternehmensführung, Bd. 38, Wiesbaden 1988, S. 6-21.

Albach, H., Strategische Planung und strategische Führung, in: Domsch, M., Eisenführ, P., Ordelheide, D., Perlitz, M. (Hrsg.), Unternehmungserfolg, Festschrift zum 60. Geburtstag von Walther Busse von Colbe, Wiesbaden 1988.

Alexander, R.S., Report of the Definition Committee of the American Marketing Association, in: Journal of Marketing, 1948.

American Marketing Association (Hrsg.), Marketing Definitions: A Glossary of Marketing Terms, Chicago 1960.

American Marketing Association (Hrsg.), Marketing News, No. 19, March 1, 1985, S. 1.

Backhaus, K., Weiber, R., Entwicklung einer Marketingkonzeption mit SPSS/PC, Berlin u. a. 1989.

Backhaus, K., Weiss, P.A., Integration von betriebswirtschaftlich und technisch orientierten Systemtechnologien in der Fabrik der Zukunft, in: Schriften zur Unternehmensführung, Bd. 38, Wiesbaden 1988, S. 50-72.

Bartels, R., The Development of Marketing Thought, Homewood, Ill., 1962.

Benkenstein, M., F & E und Marketing, Wiesbaden 1986.

Bleicher, K., Perspektiven für Organisation und Führung von Unternehmungen, Baden-Baden 1971.

Bratschitsch, R., Betriebliche Funktionen, in: Handwörterbuch der Betriebswirtschaft, Bd. 1, 4. Aufl., Stuttgart 1974, Sp. 1596-1603.

Brink, H.-J., Die Koordination funktionaler Teilbereiche der Unternehmung, Stuttgart 1981.

Brockhoff, K., Schnittstellenmanagement - Abstimmungsprobleme zwischen Marketing und Forschung und Entwicklung, Stuttgart 1989.

Dernbach, W., Kraus, P., Innovationslücke Organisation, in: Kompetenz, Heft 3, 1988, S. 32-38.

Diller, H., Gaitanides, M., Das Key-Account-Management in der deutschen Lebensmittelindustrie - Eine empirische Studie zur Ausgestaltung und Effizienz, Universität der Bundeswehr Hamburg, Hamburg 1988.

Drucker, P.F., Spiel nach neuer Partitur, in: manager magazin, Heft 2, 1986, S. 184-186.

Drucker, P., The Age of Discontinuity, New York 1969.

Fieten, R., Die Gestaltung der Koordination betrieblicher Entscheidungssysteme, Frankfurt a. M. u. a. 1977.

Frese, E., Grundlagen der Organisation, Wiesbaden 1980.

Görgen, W., Huxold, St., Schnittstellenmanagement zur Koordination von Marketing und Rechnungswesen, Schriften des Instituts für Markt- und Distributionsforschung der Universität zu Köln, R. Köhler (Hrsg.), Köln, o. J.

Gebenec, H., Die langfristige operative Planung, München 1986.

Gutenberg, E., Grundlagen der Betriebswirtschaftslehre, Bd. 2: Der Absatz, 1. Aufl., Berlin u. a. 1955.

Hahn, D., Planungs- und Kontrollrechnung, Wiesbaden 1974.

Hasenack, W., Betriebswirtschaftliche Funktionenlehre, in: Handwörterbuch der Betriebswirtschaftslehre, Bd. 2, Stuttgart 1958, Sp. 2095-2105.

Hax, H., Die Koordination von Entscheidungen, Köln u. a. 1965.

Hellauer, J., System der Welthandelslehre, Bd. 1, Teil 1: Allgemeine Welthandelslehre, Berlin 1910.

Henzel, F., Die Funktionenteilung in der Unternehmung - Analyse als Mittel der betriebswirtschaftlichen Erkenntnis, in: ZfB, 1932, S. 193-209.

Hirsch, J., Der moderne Handel, seine Organisation und Formen und die staatliche Binnenhandelspolitik, Grundlagen der Sozialökonomie, 2. Teil, 2. Aufl., Tübingen 1925.

Hochschullehrer für Betriebswirtschaftslehre und Mitarbeiter der Wirtschaftswissenschaftlichen Fakultät der Westfälischen Wilhelms-Universität Münster, Thesenpapier zu Erwartungen an eine Allgemeine Betriebswirtschaftslehre aus der Sicht von Forschung und Lehre, Manuskript, Münster 1989.

Hoffmann, F., Führungsorganisation, Bd. I: Stand der Forschung und Konzeption, Tübingen 1980.

Hergert, M., Deigan, M., Accounting Data for Value Chain Analysis, in: Strategic Management Journal, Heft 2, 1989, S. 175-188.

Jacob, H., Neue Entwicklungen in der Investitionsrechnung, in: ZfB, Heft 8, 1964, S. 487-507.

Jugel, S., Wiedmann, K.P., Kreutzer, R., Die Formulierung der Unternehmensphilosophie im Rahmen einer Corporate Identity-Strategie, in: Marketing ZFP, Heft 4, 1987, S. 293-303.

Kahl, H.P., Die Fabrik der Zukunft, in: Adam, D. (Hrsg.), Neuere Entwicklungen in der Produktions- und Investitionspolitik, Festschrift für Herbert Jacob zum 60. Geburtstag, Wiesbaden 1987, S. 97-117.

Khandwalla, P.N., Unsicherheit und die "optimale" Gestaltung von Organisationen, in: Grochla, E. (Hrsg.), Organisationstheorie, 1. Teilband, Stuttgart 1976, S. 140-156.

Kieser, A., Kubicek, H., Organisation, Berlin u. a. 1976.

Kilmann, R.H., Saxton, M.J., Serpa, R., u. a., Gaining Control of the Corporate Culture, San Francisco, London 1985.e

Koch, H., Integrierte Unternehmensplanung, Wiesbaden 1982.

Köhler, R., Tebbe, K., Uebele, H., Der Einfluß objektorientierter Organisationsformen auf die Gestaltung absatzpolitischer Entscheidungsprozesse, Köln 1983.

Kotler, Ph., Development and Tendencies of Marketing in the 1990's, in: Meffert, H., Wagner, H. (Hrsg.), Marketing - Quo Vadis? - Documentation of the 15th IMMS Conference, Münster 1988, S. 25-37.

Kotler, Ph., Marketing Management. Analysis, Planning, Implementation, and Control, 6. Aufl., Englewood Cliffs, N.J., 1988.

Kotler, Ph., Dubois, B., Marketing Management, 4. Aufl., Paris 1981.

Levitt, Th., Marketing Myopia, in: Harvard Business Review, No. 4, July/August 1960, S. 45-56.

Lorsch, J.W., Lawrence, P.R., Organizing for Product Innovation, in: Harvard Business Review, Heft 1, 1965, S. 117-122.

Meffert, H., Marketing und allgemeine Betriebswirtschaftslehre - Eine Standortbestimmung im Lichte neuerer Herausforderungen der Unternehmensführung, in: Kirsch, W., Picot, A. (Hrsg.), Die Betriebswirtschaftslehre im Spannungsfeld zwischen Generalisierung und Spezialisierung, Festschrift zum 75. Geburtstag von Edmund Heinen, Wiesbaden 1989.

Meffert, H., Produktmanagement: Situative Einflüsse und organisatorische Anpassungsmöglichkeiten, Teil I und II, in: WISU, Heft 6 und 7, 1979, S. 94-98 und S. 111-115.

Meffert, H., Hafner, K., Unternehmenskultur und Unternehmensführung - Bestandsaufnahme und Wirkungsanalyse, in: Meffert, H., Wagner, H. (Hrsg.), Arbeitspapier Nr. 35 der Wissenschaftlichen Gesellschaft für Marketing und Unternehmensführung e.V., Münster 1987.

Meffert, H., Hafner, K., Poggenpohl, M., Unternehmenskultur und Unternehmensführung, in: Meffert, H., Wagner, H. (Hrsg.), Arbeitspapier Nr. 43 der Wissenschaftlichen Gesellschaft für Marketing und Unternehmensführung e.V., Münster 1988.

Mertens, P., Griese, I., Industrielle Datenverarbeitung, Wiesbaden 1972 (Bde. 1 und 2).

Nicklisch, H., Die Betriebswirtschaft, 7. Aufl., Stuttgart 1932.

Nieschlag, R., Dichtl, E., Hörschgen, H., Marketing. Ein entscheidungstheoretischer Ansatz, 15. Aufl., Berlin 1988.

Neuberger, O., Kompa, A., Mit Zauberformeln die Leistung steigern, in: Psychologie Heute, Juli 1986, S. 58-65.

Pack, L., Die Elastizität der Kosten, Wiesbaden 1966.

Pack, L., Lehre von der Unternehmensführung, in: Handwörterbuch der Betriebswirtschaftslehre, Stuttgart 1976, Bd. 3, Sp. 4079-4093.

Pernicky, R., Innovative Wertschöpfungsstrategien, in: Arthur D. Little (Hrsg.), Management des geordneten Wandels, Wiesbaden 1988, S. 119-149.

Pfohl, H.Chr., Logistik-Systeme - Betriebswirtschaftliche Grundlagen, Berlin u. a. 1985.

Porter, M.E., Wettbewerbsvorteile, Frankfurt 1986, S. 15 f.

Porter, M.E., Millar, V.E., Wettbewerbsvorteile durch Information, in: Harvard Manager, Heft 1, 1986, S. 26-35.

Raffée, H., Marktorientierung der Betriebswirtschaftslehre zwischen Anspruch und Wirklichkeit, in: Die Unternehmung, Heft 1, 1984, S. 1-16.

Riebel, P., Einzelkosten- und Deckungsbeitragsrechnung, Grundfragen einer markt- und entscheidungsorientierten Unternehmensrechnung, 5. Aufl., Wiesbaden 1985.

Rieper, B., Entscheidungsmodelle zur integrierten Absatz- und Produktionsprogrammplanung für ein Mehrprodukt-Unternehmen, Wiesbaden 1973.

Rockart, J.F., Short, J.E., Information Technology in the 1990s: Managing Organizational Interdependence, in: Sloan Management Review, Winter (Heft 1) 1989, S. 7-17.

Scheer, A.W., EDV-orientierte Betriebswirtschaftslehre, 3. Aufl., Berlin u. a. 1987.

Schiele, O.H., Konsequenzen aus der Technik - Entwicklung für das strategische Denken und Handeln, in: Zeitschrift für Organisation, Heft 2, 1987, S. 94-102.

Schneider, D., Marketing als Wirtschaftswissenschaft oder Geburt einer Marketingwissenschaft aus dem Geiste des Unternehmerversagens?, in: ZfbF, Heft 3, 1983, S. 197-223.

Scholz, Chr., Strategisches Management - Ein integrativer Ansatz, Berlin, New York 1987.

Schreuder, S., Weisz, N., Unternehmensstrategie und CIM-Voraussetzungen und Konsequenzen, in: Zeitschrift für Organisation, Heft 3, 1988, S. 160-165.

Schuster, L., Widmer, A.W., Theorie und Praxis der Unternehmenskultur, in: Zeitschrift für Führung und Organisation, Heft 8, 1984, S. 489-493.

Shapiro, B., What the Hell is "Market Oriented"?, in: Harvard Business Review, Heft 6, Nov.-Dec. 1988, S. 119-125.

Staehle, W., Management, 3. Aufl., München 1987.

Stalk, G., Time - The Next Source of Competitive Advantage, in: Harvard Business Review, Heft 4, July - August 1988, S. 41-54.

Thompson, J.D., Organizations in Action: Social Science Bases of Administrative Theory, New York 1967.

Tuominen, R., Die Koordination in der Unternehmung, in: Kloidt, H. (Hrsg.), Betriebswirtschaftliche Forschung in internationaler Sicht, Festschrift für Erich Kosiol zum 70. Geburtstag, Berlin 1969, S. 207-223.

Ulrich, P., Systemsteuerung und Kulturentwicklung, in: Die Unternehmung, Heft 4, 1984, S. 303-325.

Wunderer, R., Betriebswirtschaftslehre und Führung - Entwicklungslinien, Besonderheiten, Funktionen -, in: Wunderer, R. (Hrsg.), Betriebswirtschaft als Management- und Führungslehre, Stuttgart 1985, S. 237-267.

Wayrather, Chr., "Keine Lösungen von der Stange" - CIM ist eher ein Organisations- als ein Technikproblem, in: Blick durch die Wirtschaft vom 10.4.1987.

Management und Informatik als Gegenstand der Allgemeinen Betriebswirtschaftslehre

Wilhelm Hill[*]

1. Neue Informationstechnologien und die Allgemeine BWL
2. NIT-induzierte Probleme in Praxis und Theorie
2.1 Strategische Aspekte des NIT-Einsatzes
2.2 Organisations- und Führungsaspekte
3. Betriebswirtschaftliche Rationalitätskonzepte im Vergleich
3.1 Der faktortheoretische Ansatz
3.2 Der systemtheoretische Ansatz
3.3 Betriebe als gesellschaftliche Institutionen
4. Fazit

---

[*] Prof. Dr. Dr. h.c. Wilhelm Hill, Institut für Betriebswirtschaft, Universität Basel

1. Neue Informationstechnologien und die Allgemeine BWL

Die neuen Informationstechnologien (NIT) ermöglichen durch hohe Verarbeitungs-und Uebertragungsgeschwindigkeit, die Vernetzung von Rechnern und beliebig strukturierbare und erweiterbare Datenbanken tiefgreifende Aenderungen der betrieblichen Abläufe, Strukturen und Strategien.

Sie erleichtern die funktionsübergreifende und überbetriebliche Integration, indem sie die weltweite elektronische Kommunikation zwischen Betrieben eines Konzerns und der Betriebe mit ihren Kunden und Lieferanten ermöglichen und ferner die vollständige Bearbeitung von Aufgaben oder Objekten erlauben, also etwa die komplette administrative und logistische Abwicklung von Kundenaufträgen.

Zugleich verbessern die NIT die Voraussetzungen flexibler Anpassung an die Anforderungen von Kunden und an situative Veränderungen, indem sie die real time Kontrolle und Steuerung laufender Prozesse gestatten und die jederzeitige Verfügbarkeit von Informationen an jedem gewünschten Ort und in jeder gewünschten Dichte und Form gewährleisten können.

Die NIT zwingen sich allen Betrieben auf und werden wegen ihrer überzeugenden Vorteile auch ganz selbstverständlich eingesetzt. Aehnlich wie andere grundlegende technische Neuerungen (Elektrizität, Telephon, Auto, Flugzeug etc.) brauchen die NIT etwa 50 Jahre, um auf der Kurve ihres Lebenszyklus aus der Entwicklungs- in die Reifephase zu gelangen. Wenn wir seit der Einführung der integrierten Schaltkreise Mitte der 60er Jahre von NIT sprechen, stehen wir heute etwa in der Mitte dieses Kurvenabschnittes, in der Wachstumsphase. Wir wissen deshalb, dass die Bedingungen und Wirkungen des Einsatzes und vor allem die intelligente Nutzung der NIT echte Managementprobleme aufwerfen und Forschungsbedarf auslösen.

Diese Probleme lassen sich durch Fragen folgender Art verdeutlichen: Mit welchen Zielen sollen die NIT eingesetzt werden? Wie lassen sie sich strategisch nutzen? Welche Voraussetzungen müssen für die erfolgreiche Nutzung der NIT geschaffen und wie können sie geschaffen werden? Und schliesslich: Welche "Preise" sind für die Flexibilitätsgewinne zu entrichten und wie geht man mit den involvierten Risiken um? Eine sich als Management-Lehre verstehende Betriebswirtschaftslehre ist deshalb aufgerufen, sich mit den Implikationen der NIT auseinanderzusetzen.

Dass sich die BWL mehr und mehr als Führungs- oder Managementlehre versteht, wird heute kaum noch ernsthaft in Abrede gestellt. Allerdings lässt diese generelle Etikette recht unterschiedliche Interpretationen zu (Wunderer R. 1988, Staehle W. 1988).

Sie kann zunächst meinen, dass in Lehrveranstaltungen und Lehrbüchern für das Management relevante Inhalte und Methoden vermittelt werden, dass der Bezug des theoretischen Wissens zu praktischen Problemen hergestellt wird, dass theoretische Konzepte auf konkrete Probleme angewendet werden. Ueber eine solche Gestaltung der Lehrprogramme gibt es keine grossen Kontroversen.

Für die Forschung lassen sich jedoch nach wie vor mindestens zwei Auffassungen deutlich unterscheiden: Eine erste Interpretation geht davon aus, dass die BWL eine reine Wirtschaftswissenschaft ist, die sich mit den wirtschaftlichen Aspekten der Bedürfnisdeckung (Wöhe 1981) oder der Einkommenserzielung (Schneider 1981) auseinandersetzt. Da in der Unternehmungsführung neben technischen und juristischen gerade die wirtschaftlichen Aspekte eine zentral wichtige Rolle spielen, braucht das Management betriebswirtschaftliche Erkenntnisse und Methoden. "In diesem Sinne ist die Betriebswirtschaftslehre auch eine Wissenschaft vom Management der Unternehmungen" (Albach 1988:107).

Die zweite, radikal andere Auffassung will stattdessen von den Funktionen und Problemen des Management ausgehen, will die Wirkungen von Verhaltensweisen unter verschiedenen Bedingungen analysieren und generelle methodische und inhaltliche Problemlösungen entwickeln. Wenn man davon absieht, dass diese zweite Auffassung sich in mehrfacher Hinsicht querlegt zum traditionellen Wissenschaftsverständnis und sich den Vorwurf entweder des mehrdisziplinären Dilettantismus oder der Kunstlehre einheimst, und wenn man einmal grosszügig beide Sichtweisen akzeptiert, kann man sagen, es bestehe in der deutschsprachigen BWL Konsens darüber, dass die BWL eine Managementwissenschaft sei. Aber die Tendenz, im Sinne der amerikanischen Business Administration in die zweite Richtung zu gehen, ist doch wohl deutlich auszumachen.

Da sich unsere Disziplin im Laufe der Jahre immer stärker nach Funktionen, Branchen und Methoden spezialisiert hat, braucht eine solche managementorientierte BWL eine integrationsfähige Allgemeine BWL, die drei Forderungen zu genügen hat:

1. Sollte sie eine tragfähige gemeinsame Basis für ihre Teildisziplinen darstellen.

2. Sollte sie geeignet sein, die Bedeutung und die Wirkungen eines Wandels betrieblicher Grund- und Rahmenbedingungen (also nicht nur der NIT, sondern auch von Veränderungen makroökonomischer Strukturen oder gesellschaftlicher Werthaltungen gegenüber der Wirtschaft, der Technik und der natürlichen Umwelt) in ihre Betrachtung einzubeziehen.

3. Sollte sie in der Lage sein, relevante Aussagen zur Führung von Betrieben (im Sinne einer General Management Theory) zu machen.

Wenn wir einmal annehmen, diese Forderungen seien keine unerfüllbare Utopie, dann leitet sich aus ihnen die Frage nach geeigneten Grundperspektiven der BWL ab. Mit solchen Perspektiven werden Vorentscheide getroffen über die als relevant betrachteten Eigenschaften der Betriebe und über die anzuwendenden Rationalitätskriterien, an denen sich das Management orientiert und mit denen sich aus der Sicht der Theorie Aktivitäten analysieren und Gestaltungsempfehlungen beurteilen lassen.

Es sollen deshalb drei Ansätze mit ihren jeweiligen Rationalitätskonzepten dargestellt werden, die alle auf dem Prinzip der Zweckrationalität im Sinne Max Webers basieren, diese Zweckrationalität aber ganz unterschiedlich auslegen: Als erstes der faktortheoretische Ansatz und das von ihm verwendete Kriterium der ökonomischen Rationalität. Sodann der systemtheoretische Ansatz und sein Massstab der Systemrationalität. Und ferner die Vorstellung des Betriebes als gesellschaftliche Institution, die auf die Forderungen verschiedener Anspruchsgruppen einzugehen hat und deshalb nach einem erweiterten Verständnis sozioökonomischer Rationalität zu gestalten und zu lenken ist (Hill 1988, Ulrich P. 1988). Jeder dieser Ansätze soll auf seine Eignung im Umgang mit den Wirkungen der NIT bzw. mit den von ihnen eröffneten Optionen geprüft und damit demonstriert werden, dass ihre Reihung "vernünftig" ist. Zu diesem Zweck soll jedoch zunächst aufgezeigt werden, welche charakteristischen Strategieprobleme und welche Organisations- und Führungsprobleme die Einsatzmöglichkeiten der NIT aufwerfen.

2. NIT-induzierte Probleme in Praxis und Theorie

2.1 Strategische Aspekte des NIT-Einsatzes

Beginnen wir mit den strategischen Aspekten: Dass der integrale Einsatz der NIT strategische Konkurrenzvorteile bringen und die Wettbewerbssituation in einer Branche grundlegend verändern kann, wird mit spektakulären Erfolgsberichten von einzelnen Firmen belegt. Andrerseits haben Milliardeninvestitionen von Banken, Versicherungen und Industrien in NIT die erhofften Vorteile nicht erbracht, weil die anvisierten Rationalisierungswirkungen zwar eintraten, aber die Konkurrenz die gleichen Wege ging, was zu Ueberkapazitäten und Druck auf die Preise führte.

Die strategische Nutzung der NIT setzt also in der Praxis die Klärung der Frage voraus, ob durch partielle Anwendungen vor allem die operative Effizienz gesichert werden soll, ob bereits vorhandene strategische Stärken verstärkt werden sollen oder ob NIT die Möglichkeit bieten, neue Strategien zu konzipieren und wirklich nachhaltige Konkurrenzvorteile zu erlangen (Cecil, Hall 1988).

Daraus ergeben sich eine ganze Reihe wichtiger Forschungsfragen, die hier stichwortartig angedeutet seien: Welches sind z.B. für die Entwicklung strategischer Optionen die massgebenden Erfolgsfaktoren und Kriterien? Unter welchen Bedingungen ist es angesichts der raschen Nachahmung und Verbilligung von Software wichtig, als Erster neue Applikationen zu entwickeln oder vernünftiger, Standardpakete abzuwarten? Worauf basieren nachhaltige Vorteile, wenn technisch alle das Gleiche können? Nachdem z.B. United und American Airlines mit ihren Reservierungssystemen vorausgegangen sind, entstehen nun weitere solche Systeme wie LEONARDO und AMADEO. Welche Wirkungen wird das auf die Branche haben? Der Wunschvorstellung, mittels NIT liessen sich Lieferanten und Kunden quasi auf Dauer in die Bestell- und Logistiksysteme der Unternehmung einbinden und liesse sich ein totales Cross Selling verwirklichen, steht in den Financial Service Industries die Befürchtung zunehmender Volatilität und abnehmender Kundentreue gegenüber. Zu klären wäre also, welche These unter welchen Bedingungen zutrifft. Zu klären wäre auch, wie sich rasch sinkende Preise und Economies of scale von EDV-Applikationen auf die Chancen der kleinen und mittleren Unternehmungen auswirken, die damit möglicherweise flexibler, kostengünstiger und bedürfnisgerechter als Grosskonzerne arbeiten können. Zu klären sind schließlich auch NIT-spezifische Strategiefragen, etwa die gerade heute so aktuelle Frage, ob bereits bestehende Systeme weiter verbessert werden sollen oder wann ein kompletter Systemneubau vorzuziehen ist (Goldstein, Hagel 1989).

2.2 Organisations- und Führungsaspekte

Da NIT weltweit für jedermann verfügbar sind, hängt ihre strategische Nutzung zur Erhaltung und Stärkung internationaler Wettbewerbsfähigkeit letztlich von der Entwicklung und dem Einsatz des Humanpotentials und von der Gestaltung der betrieblichen Rahmenbedingungen ab.

Das impliziert natürlich zunächst die Frage, ob und wie sich die Organisationsstrukturen, die Anforderungsprofile und Qualifikation der Mitarbeiter ändern. Die Analyse muss jedoch darüber hinausgehen und fragen: Wie gehen Menschen mit den NIT um, wann resultiert aus dem NIT-Einsatz Erfolg und wann nicht, und warum ist das so? Entsprechend ist praeskriptiv zu fragen, wie das menschliche Fähigkeitspotential eingesetzt und entwickelt werden kann, um die NIT-Möglichkeiten so zu nutzen, dass die Leistungsfähigkeit der Betriebe nachhaltig gestärkt wird. Auch hierzu seien einige illustrierende Hinweise gegeben:

Fähigkeitspotentiale können genutzt werden durch Beteiligung an Problemanalysen und Problemlösungen, durch die Sicherung der Zusammenarbeit und durch die Entwicklung dieser Fähigkeiten. Die Einführung neuer Technologien bzw. neuer Strategien zu innovativem Einsatz dieser Technologien vollzieht sich grob gesehen in den Phasen Konzeptualisierung, Realisierung, operative Handhabung und erneute Aenderung oder Verbesserung.

Zu fragen wäre deshalb etwa, wie weit es in der Konzeptphase gelingt, von vorneherein auch die organisatorischen Optionen und führungsmässigen Implikationen zu bedenken und bei all dem realistische und realisierbare Lösungen zu entwickeln, statt nur nach informationstechnischen Verbesserungen zu suchen. Zu fragen wäre auch, ob und wie weit die Entwicklung guter Konzepte und ihre erfolgreiche Realisierung vom Engagement der Leitungskräfte und dem Einbezug der Linienkräfte abhängt und von der Art, wie Meinungsdifferenzen, unterschiedliche Interessen und entsprechende Konflikte ausgetragen werden.

Im operativen Bereich weiss man, dass die NIT Job Enlargement und Job Enrichment ermöglichen, indem Aufgaben funktionsübergreifend behandelt und an die ausführende Ebene delegiert werden können, dass sich ferner durch ins System eingebaute Kontrollen die Kontrollfunktion der Vorgesetzten ändert. Angeblich führt das zu flacheren Organisationsstrukturen und zur Reduktion der Positionen im mittleren Management. Solche Meinungen verbreiten nicht nur Aengste und Widerstand. Sie basieren auch auf einem merkwürdig statischen Verständnis. Sie suggerieren etwa, dass wenn dank der NIT die Kunden und Lieferanten einmal eingebunden und alle Prozesse dazwischen automatisiert sind, alles definitiv geregelt sei. Es gibt dann keine neuen Bedürfnisse, keine neuen Konkurrenten und keine neuen Technologien mehr. Da das sicher nicht eintreffen wird, sollten unsere Fragen wohl eher darauf gerichtet sein, wie die Chancen einer Befreiung von Routinen positiv zu nutzen seien. Oder wie die Grenzen zwischen Abteilungen als separaten Königreichen abgebaut und gemeinsame Sichtweisen gemeinsamer Probleme (also etwa des Eingehens auf Kundenwünsche bei gleichzeitiger Sicherung der Kapazitätsauslastung) entwickelt werden können.

Wir wollen hier einen kurzen Zwischenhalt einschalten, um folgendes festzustellen:

Die NIT stellen eine Herausforderung an die Betriebe und ihr Management dar, und zwar ähnlich wie die Veränderung weltwirtschaftlicher Strukturen oder die Bewältigung unserer Umweltproblematik. Die damit zusammenhängenden Probleme lassen sich nicht im Rahmen einzelner Teildisziplinen umfassend behandeln, nicht im Rahmen des Marketing oder der Produktion, aber auch nicht ausschließlich im Rahmen der Wirtschaftsinformatik. So, wie sie praktische Probleme der Unternehmungsführung sind, müssen sie auch in Forschung und Lehre Gegenstand der Allgemeinen BWL sein. Die nächste Frage ist dann die nach der Eignung verschiedener betriebswirtschaftlicher Rationalitätskonzepte im Umgang mit NIT- induzierten Problemen.

3. Betriebswirtschaftliche Rationalitätskonzepte im Vergleich

3.1 Der faktortheoretische Ansatz

Der faktortheoretische Ansatz sieht den Betrieb als eine Kombination von Produktionsfaktoren, mit dem seine Eigentümer bestimmte Ziele verwirklichen wollen. Gegenstand der BWL sind deshalb alle Entscheidungen über den Einsatz von Mitteln, mit denen diese Ziele optimal realisiert werden können. Die Optimierung soll so erfolgen, dass ein bestimmtes Ziel mit dem Einsatz möglichst geringer Mittel erreicht wird (Wöhe 1981:3). Diese Forderung entspricht einer eingeengten Interpretation des Kriteriums der Zweckrationalität, nimmt aber für sich in Anspruch, einem allgemeinen Rationalprinzip zu entsprechen. Um in der Theorie Aussagen machen zu können, wird ein hypothetisches oder Formalziel angenommen. Sehr oft ist dies die Maximierung des Gewinnes, der Kapitalrentabilität oder des Wertes der Unternehmung. Um zu eindeutigen gesetzesähnlichen Aussagen zu kommen, geht die Theorie ferner vom idealtypischen Konstrukt eines rein rational oder rein ökonomisch denkenden Entscheiders aus. Sie abstrahiert somit bewusst vom tatsächlichen Verhalten der Menschen im Betrieb (Albach 1988).Soweit diese Modellannahme in der entscheidungsorientierten Variante aufgegeben wird und psychologische und andere sozialwissenschaftliche Einsichten in menschliches Verhalten in bezug auf den Entscheidungsprozess berücksichtigt werden, wird nicht das ökonomische Prinzip als solches in Frage gestellt, sondern untersucht, welchen Einschränkungen die Anwendung dieses Prinzips in der Praxis unterliegt.

Wie weit ist nun der faktortheoretische Ansatz in der Lage, deskriptive und praeskriptive Aussagen zur vorher umschriebenen NIT-Problematik zu machen?

Positiv ist zunächst festzustellen, dass in der Sicht dieses Ansatzes die NIT ein hervorragendes Instrument darstellen

- um theoretische Einsichten in technisch-wirtschaftliche Relationen zwischen abhängigen und unabhängigen Variablen in Entscheidungsmodellen abzubilden

- Partialmodelle in hierarchischen Konstruktionen zu verknüpfen

- diese Modelle real time und automatisch arbeiten zu lassen.

So gesehen sind die NIT nichts grundsätzlich Neues, sondern eine exponentiell verbesserte Möglichkeit der zweckrationalen Gestaltung betrieblicher Strukturen und Prozesse nach dem Kriterium der Effizienz. Die Stärken des faktortheoretischen Ansatzes liegen natürlich im Bereich der NIT-bezogenen Projekte: Im Entwurf logistischer und administrativer Verarbeitungssysteme und in der wirtschaftlichen Evaluation von Alternativen. Seine Grenzen setzt er sich jedoch dort, wo es im Betrieb menschelt und wo er bewusst von der Human Side of the Enterprise abstrahiert.

Natürlich wissen die Vertreter des Ansatzes, dass sich Menschen nicht entsprechend dem Konstrukt als Homo oeconomicus verhalten, aber das ist für die Forschung kein Thema. Deshalb fragt eine so konzipierte BWL allenfalls wie die formale Organisation an neue, NIT basierte

Abläufe und Strategien anzupassen ist, wie die Zahl der Managementpositionen optimiert werden kann, welche Qualifikationen an den Arbeitsplätzen zu verlangen sind und durch welche Massnahmen Defizite zwischen erforderlichen und vorhandenen Qualifikationen behoben werden können. Vielleicht befasst man sich auch noch mit der Frage, welches Führungsverhalten und welche Anreizsysteme systemkonformes Leistungsverhalten unter den neuen Gegebenheiten fördern.

Trotzdem ist festzustellen, dass dieser Ansatz der einzige ist, der sich um die wissenschaftliche Durchdringung technisch-wirtschaftlicher Zusammenhänge bemüht hat und deshalb in der Lage ist, Modelle zur wirtschaftlichen Optimierung der operativen Abläufe in Industrie und Dienstleistungsbetrieben zu liefern.

3.2 Der systemtheoretische Ansatz

Der Systemtheoretische Ansatz bezeichnet eine rein wirtschaftliche oder psychologisch-entscheidungsorientierte BWL zur Lösung unternehmerischer Probleme in der heutigen Zeit als ungeeignet, weil zu eng und einseitig auf linearen Kausalitätsbeziehungen basierend. Er will deshalb eine ganzheitliche Sichtweise entwickeln, für die die Allgemeine Systemtheorie die Basis liefern soll.

Als Metadisziplin soll die Systemtheorie das Gemeinsame an natürlichen und vom Menschen geschaffenen Systemen herausarbeiten. Zu diesen Gemeinsamkeiten gehören etwa dynamische Ganzheit, zirkuläre Beziehungen in Netzwerken, Offenheit, Komplexität, Fähigkeit zur Selbstregelung und Lernfähigkeit.

Da natürliche Systeme ähnliche Eigenschaften aufweisen wie erfolgreich funktionierende soziale Systeme, sei es auch möglich, in der Natur wirksame Gestaltungs- und Lenkungsregeln durch analoge Uebertragung für die Unternehmungsführung zu nutzen um so das Ueberleben der Unternehmung in einer dynamischen Umwelt zu gewährleisten (Ulrich 1988:181).

Als Grundvoraussetzung für das Ueberleben wurde zunächst die Reduktion der bedrohlichen Umweltkomplexität auf ein verarbeitbares Mass angesehen. Als "systemrational" galt deshalb ein Verhalten, das auf Reduktion von Komplexität ausgerichtet ist (Luhmann 1973:14, 179).

Nachdem die Grenzen der Uebertragbarkeit von Funktionsweisen natürlicher auf soziale Systeme zunehmend deutlich geworden sind, nehmen die Vertreter dieses Ansatzes Abstand von der biologisch-deterministischen Sicht, die nur eine passive oder reaktive Anpassung an sich ändernde Umwelten für möglich hält. Stattdessen wird davon ausgegangen, dass die Unternehmung ihre Umwelten wählen und sich durch geeignete Strategien in ihnen erfolgreich behaupten kann, wenn die systeminternen Voraussetzungen dazu gesichert werden. Deshalb wird versucht, eine ganzheitliche Problemlösungsmethodik zu entwickeln, die in zweckgerichtetes Handeln umgesetzt werden kann (Churchman 1971, Ulrich/Probst 1988).

Diese Methodik resultiert aus einer Kombination systemtheoretischer Grundlagen und den üblichen logischen Schritten von der Zielsetzung bis zur Realisierung. Ihre zentrale Idee ist es, die Vernetzung und die zirkulären Wirkungsbeziehungen der Elemente und Subsysteme untereinander und des Systems mit seiner Umwelt als "Ordnungsmuster" zu erkennen und darauf aufbauend den Betrieb zweckrational zu gestalten und zu lenken.

Im Vergleich zum faktortheoretischen Ansatz liefert die Systemanalyse die Möglichkeit, die Wirkungsbeziehungen im System und zwischen System und seinen Umsystemen als Ganzes zu sehen. Dabei kann die Analyse auf jeder hierarchischen Stufe des Systems einsetzen und, falls zweckmässig, Subsysteme im Detail oder das Gesamtsystem betrachten.

Sodann fördert die Systembetrachtung das Verständnis dafür, dass das Verhalten von Subsystemen und von Umsystemen letztlich nicht genau prognostizierbar und planbar ist, da insbesondere Kunden und Lieferanten aus ihrer eigenen Optik operieren.

Damit öffnet sie den Blick für die Notwendigkeit des strategischen Managements, mit dem zwar grundsätzliche Ziele und Verhaltensweisen des Gesamtsystems festgelegt, deren Durchführung aber weitgehend den Subsystemen überlassen wird. Vor allem wird dabei angestrebt, die Fähigkeit der Selbstorganisation und des angemessenen flexiblen Reagierens auf Umweltturbulenzen und Trendbrüche zu fördern (Ansoff 1975). Das ist für den Umgang mit der NIT-Problematik doppelt wichtig: Zum einen zeigt die systemische Sichtweise, dass man strategische Absichten zwar beschliessen und die absehbar erforderlichen Mittel dafür bereitstellen, aber sicher nicht deren Rentabilität im voraus berechnen kann.

Zum andern macht der Systemansatz die Notwendigkeit organisatorischer Anpassung an die Strategie deutlich. Der Erfolg von marktgerichteten Strategien hängt ab von ihrer Effektivität, also ihrem Vermögen, Kundenleistungen besser und wirksamer zu erbringen als die Konkurrenz. Dazu ist, je komplexer die Marktbeziehungen sind, das flexible Eingehen auf

Kundenwünsche und Konkurrenzverhalten wichtiger, als effiziente, d.h. kostenminimale Abwicklung. Deshalb ist das systemische Prinzip der Kongruenz von Systemvarietät und Umweltkomplexität (statt der früher anvisierten Komplexitätsreduktion) so wichtig.

3.3 Betriebe als gesellschaftliche Institutionen

Gehen wir nun über zu einem dritten Ansatz, wonach es Aufgabe der BWL ist, Bedingungen und Möglichkeiten sozio-ökonomisch rationaler Lenkung und Gestaltung von Betrieben aufzuzeigen.

Die Grundidee des Systemansatzes ist die Herausarbeitung der generellen Eigenschaften aller offenen, dynamischen und lernfähigen Systeme. Damit gibt er jedoch keine Antwort auf die Frage, welches denn die spezifischen Eigenheiten und Existenzbedingungen der Betriebe als gesellschaftlichen Institutionen sind. Die Betrachtung des Betriebes als gesellschaftliche Institution will unter Verwendung des Anspruchsgruppen- oder Stakeholder-Konzeptes genau diese Eigenheiten verdeutlichen, um damit realitätsnähere Aussagen machen zu können.

Als Betriebe bezeichnen wir dabei Institutionen, die zur kollektiven, arbeitsteiligen Leistungserbringung Ressourcen verwenden, welche ihnen von Ressourcenlieferanten zur Verfügung gestellt werden, deren Ansprüche sie durch ihre Leistungen befriedigen. Der Zweck der Betriebe besteht nicht ausschliesslich in der Produktion und im Vertrieb irgendwelcher Leistungen oder in Gewinnerzielung, sondern in der Befriedigung verschiedenster Ansprüche von sich engagierenden Interessengruppen.

Wenn Betriebe ihre Zwecke in den Augen kritischer Anspruchsgruppen nicht mehr erfüllen und nicht andere Anspruchsgruppen als Ressourcenlieferanten gefunden werden, werden ihnen die existenznotwendigen Ressourcen entzogen. Als gesellschaftliche Institutionen haben Betriebe somit eine eminent politische Dimension. Betriebliches Geschehen spielt sich im Spannungsfeld verschiedener Ansprüche ab. Existenzsicherung ist in dieser Sichtweise nicht letztes Ziel der Betriebe, sondern der gemeinsame Nenner, auf den sich die Beteiligten in Verfolgung ihrer partiellen Interessen einigen, solange sie die erhaltenen Leistungen höher bewerten als die von ihnen eingebrachten Ressourcen.

Als Institution der Gesellschaft sodann untersteht der Betrieb sozialen Normen und kulturellen Wertungen, und zwar sowohl in seinen inneren Beziehungen wie in seinen externen Wirkungen.

Diese Aspekte einer zweifach gesellschaftlichen Natur der Betriebe verlangt nach einem erweiterten sozio-ökonomischen Rationalitätskonzept, das sich stark verkürzt wie folgt umschreiben lässt:
Sozioökonomisch-rational ist ein Verhalten, das den Kriterien der Effizienz, der Effektivität sowie der politischen und sozio-kulturellen Rationalität genügt.

Wirtschaftliche Rationalität oder Effizienz lässt sich im üblichen Sinne definieren als Relation von Output zu Input, d.h. als Relation zwischen dem Ergebnis wirtschaftlichen Handelns und den dafür eingesetzten Ressourcen.

Effektivität drückt aus, in welchem Masse es dem Betrieb gelingt, bestimmte Leistungen zu erbringen und damit seine Grundfunktion zu erfüllen. Effektivität kann immer nur an einem definierten Sollniveau beurteilt werden, ist also im weitesten Sinne ein Zielerreichungsgrad.

Als politisch rational gilt ein Verhalten, durch das der Betrieb so auf Interessen und Ansprüche eingeht, dass seine Existenz nicht durch den Entzug kritischer Ressourcen gefährdet wird. Dies etwa indem einseitige Abhängigkeiten von wichtigen Ressourcenlieferanten abgebaut werden, die eigene Machtbasis verstärkt und in der Auseinandersetzung mit den Anspruchsgruppen ein möglichst günstiges Verhältnis von Leistung und Gegenleistung ausgehandelt wird.

Soziokulturell rational schliesslich sind Handlungen des Betriebes und insbesondere die Entscheide des Managements, soweit sie im Einklang mit vorherrschenden oder sich entwickelnden gesellschaftlichen Normen und Werten stehen.

Das Konzept der sozioökonomischen Vernunft ist zu verstehen als eine vierdimensionale Heuristik, die den Raum der Lösungen für Managementprobleme wesentlich erweitert und versucht, durch die explizite Berücksichtigung gesellschaftlicher Aspekte den heutigen Managementproblemen gerecht zu werden (Burla 1989).

Die zentrale Frage der Theorie wie der Praxis lautet dementsprechend: Wie sind alternative Verhaltensweisen bei gegebenen Bedingungen gemäss den vier Kriterien zu beurteilen? Dabei in der Praxis aufscheinende konträre Wirkungen und Zielkonflikte sind jedoch nicht als naturgesetzlich hinzunehmen, sondern geben Anlass, nach Konfliktlösungen zu suchen, die die

Funktionsfähigkeit des Betriebes gewährleisten. Wo das letztlich nicht möglich ist, muss das Management über Prioritäten entscheiden. Die Situation ist somit durchaus mit der politischen Oekonomie zu vergleichen, wo bei mehreren Zielen (wie z.B. gute Güterversorgung, Freiheit, Gerechtigkeit und Sicherheit) eine Beurteilung der "Güte" von Wirtschaftssystemen oder einzelnen Massnahmen nur unter Verwendung zusätzlicher Werturteile über Zielprioritäten zu lösen sind (Bernholz, Breyer 1984:17).

Damit nun zur Frage: Welchen neuen oder zusätzlichen Beitrag leistet die gesellschaftliche Sicht und das darauf aufbauende sozioökonomische Rationalitätsverständnis im Umgang mit NIT?
Selbstverständlich zielen NIT-bezogene Neuerungen im operativen und strategischen Bereich auf Steigerung der Effizienz und der Effektivität hin. Da sie aber meist nicht wirklich neuartig und zudem imitierbar sind, hängen ihr Erfolg und die damit angestrebte Konkurrenzüberlegenheit ab von ihrer raschen, konsequenten und wirksamen Nutzung. Diese aber setzt die Kooperationsbereitschaft der betroffenen Anspruchsgruppen voraus. Damit bekommen soziokulturelle und politische Aspekte in der Konzeptualisierung und Realisierung von NIT-Projekten zentrale Bedeutung.

Die Chance, die Wertschöpfung durch höhere Produktivität oder höhere Qualität zu steigern, lässt sich um so eher nutzen, je klarer die NIT als Möglichkeit erkannt werden, dem Anspruch der Mitarbeiter auf sinnvolle Tätigkeit zu entsprechen.

Die Einsicht, dass der Mensch nicht den Zwängen der Informationssysteme unterworfen werden darf, sondern die Systeme als Mittel zu sinnvoller Arbeitsgestaltung und Potentialentfaltung zu sehen ist, setzt sich bei Führungskräften in der Praxis zunehmend durch (Ulrich P. 1989). Sinnvoll meint, dass der Mensch, von Routinen entlastet, dort eingesetzt wird, wo er hohe Wertschöpfungsbeiträge erbringen kann. Aber es meint auch, ihm Möglichkeiten zu geben, seine Identität in seiner Arbeit und in seinen Arbeitsbeziehungen zu finden, sich als ursächlich etwas bewirkend wahrzunehmen (Biedermann 1989).

Dafür braucht es ein anderes Rollenverständnis der Führung, das sich abhebt von der Idee sozialtechnischer Manipulation und eine Unternehmungskultur, die die Entwicklung eines solchen Verständnisses fördert.

Wir wissen, dass es möglich ist, in der Produktion die Prozesssteuerung und Prozessoptimierung an die Arbeiter zu übertragen (Zuboff 1989), oder zentraladministrative Aufgaben, wie solche des Personalwesens, in die Linie zu dezentralisieren (Troy, Baitsch, Katz 1986). Der technische Kundendienst die Entwicklung und andere wichtige Bereiche werden zunehmend mit Expertensystemen arbeiten. Kleine, relativ autonome Geschäftseinheiten bilden Unternehmungen in der Unternehmung. Aber diese Veränderungen führen zu Verschiebungen von Macht und Einfluss, Status und Selbstverständnis ganzer Berufsrichtungen wie auch im Management aller Hierarchiestufen. Die dadurch induzierten Konflikte können vernünftige Strukturänderungen blockieren oder zu schlechten Kompromissen führen. Eine Partei kann im Machtkampf gewinnen, aber damit die Gesamteffektivität des Betriebes gefährden.

Mit diesen "innenpolitischen" Problemen muss sich das Management ebenso aneinandersetzen wie mit den "aussenpolitischen": Wo die Bank dem Kunden umfassende Finanzdienstleistungen on line anbietet und der Lieferant das Bestellsystem des Kunden in das eigene Liefersystem integrieren möchte, beides mit Vorteilsargumenten gut begründet, fürchtet der Kunde in zu starke Abhängigkeit zu geraten. Einseitiger Gebrauch von Kunden- oder Lieferantenmacht kann kurzfristig handfeste Vorteile bringen, aber längerfristig über das gesellschaftspolitische Umfeld negativ zurückschlagen.

Diese wenigen Andeutungen müssen genügen, um die Notwendigkeit eines erweiterten sozioökonomischen Rationalitätsverständnisses zu begründen und am Beispiel der NIT seine praktische Relevanz und sein Forschungspotential aufzuzeigen.

4. Fazit

Das Ergebnis der vorhergehenden Ueberlegungen lässt sich in drei Punkten zusammenfassen:

1. Unser Fachgebiet braucht eine Allgemeine BWL, die einerseits eine gemeinsame Basis für ihre Teildisziplinen liefert und andererseits sich ändernde existentielle Bedingungen der Betriebe in ihre Fragestellungen zu integrieren vermag. Die NIT stellen eine solche Bedingungsänderung dar. Deshalb lässt sich an ihnen testen, wie die BWL unter Verwendung verschiedener Grundperspektiven mit den daraus resultierenden Managementproblemen umgeht.

2. Für die drei dargestellten Ansätze konnte gezeigt werden, dass eine sich am ökonomischen Kalkül orientierende Sichtweise unverzichtbar ist. Aber sie greift zu eng, wenn die BWL mit dem Anspruch auftritt, deskriptive und praeskriptive Aussagen zu den Problemen und Aufgaben des Management machen zu wollen.

   Der Systemansatz stellt deshalb mit dem Aufzeigen komplexer Zusammenhänge und der strategischen Orientierung eine wichtige, sich an Effektivität ausrichtende Ausweitung des Blickfeldes dar.

   Den Betrieb auch als gesellschaftliche Institution zu sehen ist notwendig, da das Management bei seinen Entscheiden stets gesellschaftliche Werte und Normen sowie die Interessen verschiedener Anspruchsgruppen einbeziehen muss. Das damit vertretene Konzept sozioökonomischer Rationalität postuliert eine vierdimensionale Heuristik, die der Natur konkreter Managementprobleme gerecht zu werden und die verschiedenen, aber alle notwendigen Sichtweisen zu integrieren sucht.

3. Ein so erweitertes Rationalitätsverständnis ist notwendig, wenn die BWL die Aufgaben des Management sowie die realen externen und internen Gegebenheiten von Betrieben, für die diese Aufgaben zu erfüllen sind, in ihren Zusammenhängen analysieren und Empfehlungen zu rationalem Handeln ableiten will. Denn rational oder vernünftig handeln heisst ja genau das: Zusammenhänge erkennen und verstehen und in Kenntnis dieser Zusammenhänge zweckvoll handeln.

Literaturverzeichnis:

Albach H.: Betriebswirtschaftslehre als Wissenschaft vom Management, in: Wunderer R. (Hrsg.): a.a.O. 1988

Ansoff J.: Managing Strategic Surprise by Response to weak Signals, CMR Vol. 18 N.", 1975

Baetge M., Oberbeck H.: Die Zukunft der Angestellten: Neue Technologien und berufliche Perspektiven in Büro und Verwaltung, Frankfurt am Main 1986

Bernholz P., Breyer F.: Grundlagen der politischen Oekonomie, 2. Aufl. Tübingen 1984

Biedermann C.: Identitätspolitische Interpretation von subjektiven Führungstheorien, Bern 1989

Burla S.: Rationales Management in Nonprofit-Organisationen, Bern 1989

Cecil J.L., Hall E.A.: When IT really matters to Business Strategy, The McKinsey Quarterly, Autumn 1988

Churchman C.W.: Einführung in die Systemanalyse, 2. Aufl. München 1971

Freeman R., Strategic Management: A Stakeholder Approach, Boston 1984

Goldstein M., Hagel J.: Systems discontinuity: road-block to strategic Change, The McKinsey Quarterly, Winter 1989

Hill W.: Betriebswirtschaftslehre als Managementlehre, in: Wunderer R. (Hrsg.): a.a.O. 1988

Luhmann N.: Zweckbegriff und Systemrationalität, Frankfurt a. Main 1973

Pfeffer J., Salancik G.: The external Control of Organizations, New York 1978

Rose J., Sharman G.: The redesign of logistics, The McKinsey Quarterly, Winter 1989

Schneider D.: Geschichte der betriebswirtschaftlichen Theorie, München 1981

Staehle W.: Managementwissen in der Betriebswirtschaftslehre, Geschichte eines Diffusionsprozesses, in: Wunderer R. (Hrsg.): a.a.O. 1988

Troy N., Baitsch C., Katz C.: Bürocomputer-Chance für die Organisationsgestaltung? Zürich 1986

Ulrich H.: Von der Betriebswirtschaftslehre zur systemorientierten Managementlehre, in: Wunderer R. (Hrsg.), a.a.O. 1988

Ulrich H., Probst G.: Anleitung zum ganzheitlichen Denken und Handeln, Bern 1988

Ulrich P.: Betriebswirtschaftslehre als praktische Sozialökonomie - Programmatische Ueberlegungen, in: Wunderer R. (Hrsg.): a.a.O. 1988

Ulrich P.: Umbruch im betriebswirtschaftlichen Rationalisierungsverständnis - Managementtheoretische Ueberlegungen und empirische Forschungsergebnisse (Manuskript zur Publikation in FAZ) Juni 1989

Wöhe G.: Einführung in die Allgemeine Betriebswirtschaftslehre, 14. Aufl. München 1981

Wunderer R. (Hrsg.): Betriebswirtschaftslehre als Managementund Führungslehre, 2. Aufl., Stuttgart 1988

Zuboff S.: IT and authority: the case of Tiger Creek Mill, The McKinsey Quarterly, Winter 1989

Das Unternehmen als Expertensystem

Helmut Sihler[*]

---

[*] Prof Dr. Helmut Sihler, Vorsitzender der Geschäftsführung der Henkel KGaA, Düsseldorf

Das Unternehmen als Expertensystem

1. Die Ehre, als Praktiker mit Professorentitel vor Ihnen sprechen zu dürfen, ist auch eine Verführung. Zu leicht könnte ich in eine doppelte Gefahr geraten: etwa durch den unangemessenen Versuch, Sie durch akrobatische betriebswirtschaftliche Gedankensprünge beeindrucken zu wollen; oder - im Gegenteil - nur banale praktische Erfahrungen auszubreiten, deren allgemeiner Erkenntniswert zweifelhaft wäre. Ich möchte mich von beiden Extremen fernhalten. Ich hoffe auf ihre Nachsicht, wenn ich mehr Fragen stelle als ich Antworten geben kann.

"Das Unternehmen als Expertensystem": Der Titel meines Vortrages ist keine Tatsachenbeschreibung, sondern eine Zukunftshoffnung. Ich wage keine Prognose, wie weit diese Zukunft vor uns liegt. Ich bin aber sicher, daß Expertensysteme immer breiter in die Unternehmen eindringen werden, bis die Unternehmen selbst durch sie entscheidende Veränderungen erfahren.

Ich werde zwei Denklinien vortragen: die erste zur Entwicklung der Expertensysteme selbst, die zweite zu allgemeineren Ideen, die sich aus der Struktur von Expertensystemen ergeben.

Expertensysteme sind eine Brücke zwischen dem weiten Feld der "Künstlichen Intelligenz" und der Praxis. In ihren prinzipiell einfacheren Formen finden sie bereits vielfältige Anwendung: z.B. in der Verkaufsberatung, allen Formen der Ausbildung, der medizinischen Diagnostik usw. Was ist ein Expertensystem? Expertenwissen wird in eine Datenbank als <u>Wissensbasis</u> übertragen; durch einen <u>Inferenzteil</u> (Schlußfolgerungsteil), z.B. in Form von Entscheidungsbäumen, wird dieses Wissen auf den Einzelfall anwendbar gemacht. Expertensysteme finden zunehmend auch in der Steuerung von Produktionsprozessen Anwendung. Dort steckt ihr entscheidender Vorzug in der Möglichkeit der Erweiterung der Wissensbasis aufgrund der gemachten Erfahrungen durch eine <u>Wissenserwerbskomponente</u>.

2. Zwei Beispiele aus dem Unternehmen Henkel mögen die abstrakte Beschreibung verdeutlichen.

Erstes Beispiel: Ein wichtiger Produktionsvorgang im Rahmen der Fettchemie ist die Umesterung. In Düsseldorf wurde von Henkel kürzlich eine neue Umesterungsanlage fertiggestellt. Fette sind chemisch gesehen Triglyceride, d.h. Fettsäuren sind mit dem dreiwertigen Alkohol Glyzerin durch eine Esterbindung verbunden. Bei der Umesterung tritt anstelle des Glyzerins der einwertige Alkohol Methanol; es entsteht der sogenannte Methylester. Das Glyzerin wird frei. Die Güte des Prozesses wird durch den Anteil des gebundenen Restglyzerins bestimmt. Je niedriger dieser Wert, umso besser war die Reaktion. Aber auch die Produktionskosten steigen mit der Güte der Reaktion, d.h. die Verbesserung wird durch Erhöhung von Temperatur, Katalysator, Methanol und Rückständen bestimmt. Aus diesem Grunde existiert ein Grenzwert, der den Qualitätsansprüchen für die Weiterverarbeitung gerade noch genügt. Die Optimierung aller Faktoren wird durch ein Expertensystem erreicht, das auf der Grundlage des "Shells" Rulemaster der RADIAN Corporation entwickelt wurde. Das System gibt dem Prozeßbediener Handlungsanweisungen, z.B. "erhöhe den Katalysator". Diese Handlungsanweisungen werden durch Auswertung der erzielten Ergebnisse schrittweise an die jeweilige Situation angepaßt. Die durch dieses System erzielten Einsparungen sind gegenüber der Handfahrweise erheblich.

Zweites Beispiel: Im Ressort Logistik wird für die Kundenbelieferung und Beschickung der Außenlager auf der Grundlage des Systemshells NEXPERT OBJECT der Firma Neuron Data ein Dispositionssystem entwickelt. 12 Disponenten entscheiden täglich über die Beschickung von 22 Außenlagern mit einem umfangreichen Produktmix. Ziel ist die kostenminimale 100prozentige Lieferbereitschaft. Für die Kundenbelieferung werden 218 Regeln realisiert, für die Lagerbeschickung 48 Regeln. Es ergibt sich eine Fülle von Optimierungsansätzen. Das Modell ist noch nicht im Einsatz; weitere Entwicklungsschritte sind geplant.

3. Diese und andere Expertensysteme bei Henkel sind Versuche und im Erfolgsfall Insellösungen. Einen Überblick über operative Expertensysteme in amerikanischen und japanischen Unternehmen gibt das 1988 erschienene Buch "The Rise of the Expert Company" von Feigenbaum, McCorduck und Nii. Schwerpunkte dieser Systeme sind Computeranwendung, Finanzdispositionssysteme, Fabrikationssysteme und Transportoptimierungen. Trotz allem Enthusiasmus in der Darstellung muß man bei der Lektüre dieses Buchs den Eindruck haben, daß der Durchbruch in der breiten Anwendung von Expertensystemen noch vor uns liegt.

4. Das Bedürfnis nach solchen Systemen ist groß. In den meisten Unternehmen von einiger Größe gibt es eine Fülle von ähnlich gelagerten Einzelentscheidungen, deren Gesamtoptimierung den Unternehmenserfolg wesentlich bestimmt, die sich aber wegen ihrer Zahl der Behandlung durch die besten Experten entziehen. Ich zähle beispielhaft einige auf:

- Entscheidungen zur Gestaltung des Marketing Mix bei jeder einzelnen Marke in jedem einzelnen Land;

- Typische Investitionsentscheidungen unterhalb einer bestimmten Größenordnung;

- Entscheidungen über Forschungs- und Entwicklungsthemen;

- Entscheidungen bei der Einstellung von qualifiziertem Personal;

- Distributionsentscheidungen;

- Finanzierungsmixentscheidungen.

Die Liste ließe sich beliebig verlängern. Die Betriebswirtschaftslehre hat die Rahmenbedingungen und das Einzelkalkül für solche Entscheidungen analysiert und exemplifiziert. Trotzdem bezweifle ich, daß in den meisten Fällen über das Durcharbeiten von Check-lists hinaus objektivierbare Entscheidungshilfen vorliegen. Die Unternehmen versuchen, diese Lücke durch intensive Ausbildung der Mitarbeiter und durch interne Richtlinien zu schließen. Außerdem gibt es eine vielfach wohl nur halbbewußte Rückkoppelung zwischen Entscheidungsverfahren und Erfolgskriterien. Die Zufälligkeit der Entscheidungsfindung des Einzelnen wird auch durch Gruppenentscheidungen auszuschalten versucht - mit allen Nachteilen im Hinblick auf Originalität und Kreativität. Noch bedenklicher scheint es, Entscheidungen aus Angst vor möglicher Suboptimierung nicht zu delegieren, sondern zu hierarchisieren: die Spitze macht definitionsgemäß keine Fehler, also soll sie die totale Entscheidungsbefugnis haben. Da eine durchdachte Entscheidungsfindung in der Praxis in den meisten Fällen nicht möglich ist, wird nicht entschieden, sondern genehmigt, abgezeichnet. Je mehr Unterschriften, umso besser die Entscheidung!

Ich beschreibe nicht nur ein Problem schlecht geleiteter oder schlecht organisierter Firmen. Ich bin überzeugt davon, daß auch erfolgreiche größere Unternehmen die Auswirkungen von Entscheidungen ihrer Mitarbeiter perfekt kontrollieren, aber über unzureichende Mechanismen verfügen, diese Entscheidungen selbst im Sinne des Unternehmens-Ganzen zu optimieren.

5. Wie entscheidet ein Manager, wenn ihm die Entscheidungsbefugnis delegiert ist? Denken wir uns einen Produktmanager, der über die Höhe des Werbeetats und über den Preis seines Produkts zu entscheiden hat. Wonach wird er sich richten? Er wird erstens eine ungefähre Vorstellung davon haben, was von ihm erwartet wird. Extreme Entscheidungen, z.B. die Streichung des Werbeetats bei Halbierung des Preises, wird er vermeiden, weil er instinktiv weiß, daß das bei seinen Vorgesetzten und Gleichgesetzten, den "Peers", nicht ankommen kann. Es ist ein Charakteristikum für das Klima eines Unternehmens, wie weit dieser subjektiv empfundene Rahmen gezogen wird. Zweitens hat unser Produktmanager ein mehr oder weniger explizites Denkmodell von den Wirkungsmechanismen des Marktes im Kopf. Da ist seine Ausbildung, seine Erfahrung, sein geistiger Habitus miteingeflossen. Und schließlich hat er eine Reihe von Wenn-dann-Regeln verinnerlicht. Wenn der Werbeanteil steigt, steigt bei Produkten mit relativ hoher Markenpräferenz auch der Marktanteil. Die Vermutung ist wohl berechtigt, daß subjektiver Entscheidungsspielraum, Markt-Denkmodell und Wenn-dann-Regeln bei verschiedenen Produktmanagern des gleichen Unternehmens nur zum Teil übereinstimmen. Entscheidungen werden damit in ihrer Qualität abhängig vom Entscheidungsträger, was ja keine schlechte Sache ist und der allgemeinen Erfahrung entspricht; sie bekommen aber auch, was bedenklich ist, Zufallscharakter.

Wäre es nicht schön, wenn unserem gedachten Manager bei seinen Entscheidungen ein Expertensystem zur Verfügung stünde? Eines, in dem die Zielgrößen Deckungsbeitrag und Marktanteilsmaximierung auf alle denkbaren Ursachen wie Werbeanteil, relativer Preis, Imagefaktoren, Bedürfnislagen etc. zurückgeführt werden? Eines, das in einem Menü Vorschläge für Handlungsbündel bereitstellt und aufgrund von Erfahrungen die Erfolgswahrscheinlichkeit abschätzt? Und eines, das konkrete Ergebnisse der Entscheidungen Einzelner zur Verbesserung seines Beratungskatalogs nutzt? Solche Systeme werden Realität werden - aber noch stehen sie nicht zur Verfügung.

6. Damit bin ich am Zielpunkt einer ersten Denklinie. In der Zukunft werden komplizierte offene Expertensysteme entwickelt werden, die zur Optimierung von immer wieder vorkommenden Entscheidungen im Unternehmen einen wesentlichen Beitrag leisten werden. Diese Systeme werden unternehmensintern durch eine Wissenserwerbskomponente von ihren Benutzern weiterentwickelt werden können, so daß sich ein gemeinsamer know-how herausbildet. In ihrer Gesamtheit werden solche Systeme hierarchische und geografische Delegation erleichtern und stilbildend für die gesamte Unternehmensführung sein. Der Dialog mit dem Computer auf der Grundlage der datenbasierten Unternehmenserfahrung wird zur Selbstverständlichkeit. Die Qualität der Systeme selbst wird zu einem wichtigen Faktor der Wettbewerbsfähigkeit werden.

Für die Betriebswirtschaftslehre stellt sich an der Schnittstelle Wissensstrukturierung / Softwareentwicklung / Unternehmenszielsetzung eine aufregende Aufgabe. Wer definiert die Anforderungen an die "Shells"? Wer entwickelt die grundsätzlichen Denkmodelle? Wie werden die unendlich vielfältig denkbaren Wenn-dann-Regeln ineinander verzahnt?

7. Ich komme zu einer zweiten Gedankenlinie, die sich aus dem Anstoß durch das Wort Expertensystem entwickeln läßt. Wissensbasis, Wissenserweiterungsmöglichkeit, Anwendungsregeln: beschreibt das nicht auch ein Unternehmen als Ganzes? Der wesentliche Teil unserer Unternehmenssoftware steht nicht auf dem Papier oder steckt im Computer, sondern in den Gehirnen der Experten - deren Kreis durchaus weit gezogen werden soll, vom Vorstandsvorsitzenden zum Facharbeiter.

Das Thema dieses Kongresses ist "Integration und Flexibilität". Man kann diese beiden Begriffe aus der Sicht des Unternehmens durchaus als einen Widerspruch auffassen. Je weniger Integration, umso mehr Zufälligkeit, Unsicherheit. Je weniger Flexibilität, umso weniger Anpassungsfähigkeit, Innovationsbereitschaft. In der Praxis der Unternehmen versuchen wir ständig, den Widerspruch aufzuheben, oder besser gesagt, abzumildern: durch Entwicklung von unternehmensweit gültigen Strategien, durch definierte Unternehmensidentität, durch einen Mechanismus von Anreiz und Kontrolle. Unser Gefühl sagt uns, daß wir das Optimum verfehlen, wobei sicherlich in der Mehrzahl der Fälle die Flexibilität zugunsten der Integration beeinträchtigt sein dürfte. Gibt es ein Maß für optimale Flexibilität, ein Maß für optimale Integration? Und können wir langfristigen Unternehmenserfolg solchen Maßzahlen zuordnen? Das wäre auch eine interessante Aufgabe für die Betriebswirtschaftslehre.

8. Gestatten Sie mir, noch einmal auf das Beispiel der Firma Henkel zurückzukommen. Henkel ist unter den 50 größten deutschen Unternehmen das geografisch am stärksten diversifizierte. Das wird deutlich daran, daß 3/5 des Umsatzes von 10 Mrd. DM aus nichtdeutscher Produktion kommen; Henkel hat als einziges größeres deutsches Unternehmen mehr Mitarbeiter im Ausland (19.500) als im Inland (17.000). Es ist eine immer wieder sich neu stellende Herausforderung, die vielen Tochterfirmen mit den Zielen und Vorgehensweisen der etwa 10 Marktressorts und 35 strategischen Geschäftseinheiten in Einklang zu bringen. Wir wissen heute, ohne schon überall Lösungen parat zu haben, daß "Europa 92" neue Denkweisen, neue Organisationsformen von uns fordern wird. Wie kann das Wissen der Experten für Frankreich, USA usw. mit

dem Wissen der Experten für Klebstoffe, Waschmittel usw. und dem Wissen der Experten für Personal-, Finanzfragen usw. zu einer für den Einzelfall sinnvollen Lösung verknüpft werden? Die optimale Nutzung des eigenen Expertenwissens ist für die Wettbewerbsfähigkeit von Unternehmen von zentraler Bedeutung.

Es geht nicht um die Motivation des Einzelnen; sondern um die Steuerung eines Interaktionsprozesses.

9. Welche Verbesserungen sind denkbar?

Erstens: Alle Experten müssen lernen, mehr und mehr eine gemeinsame Sprache zu sprechen. Zur gemeinsamen Sprache gehören gemeinsame Begriffe und gemeinsame Denkformen, nicht nur gemeinsame Vokabeln. Wissenstransfer setzt Kommunikationsfähigkeit voraus.

Zweitens: Computer ermöglichen die vieldimensionale Kommunikation. In einer Konferenz kann jeweils nur einer sprechen, in einem Memory-System viele gleichzeitig. Bei Henkel gibt es allein in der Zentrale in Düsseldorf bereits 2.600 memofähige Bildschirme, die wir leider noch nicht optimal nutzen. In wenigen Jahren wird dieses System auf die ganze Welt ausgedehnt sein. Damit ergeben sich wichtige neue Kommunikationsformen.

Drittens: Aus den neuen Möglichkeiten der Kommunikation ergeben sich neue Perspektiven in der Entscheidungsvorbereitung und Entscheidungsfindung, aber vor allem auch neue Formen des Informationszugangs und der Organisation. Enthierarchisierung und internationale Gleichordnung sind technisch möglich; ad-hoc-Teams können in beliebiger Zahl ohne großen Kostenaufwand gebildet werden.

Viertens: Das vollkommene System wird es nie geben. Wie die Erfahrung bei DuPont gezeigt hat (Harvard Business School Fall N 1-189-036), können viele 'kleine' Systeme schneller zu Kostensenkungen und Unternehmensklimaveränderungen führen. Aufgabe für das Management ist die Forderung einer offenen Entwicklung auf ein noch nicht definiertes Ziel hin.

Fünftens: Sieht man das Unternehmen als Expertensystem, dann ergibt sich die Chance eines neuen Führungs- und Managementstils, in dem die individuelle Kreativität des Einzelnen eine harmonische Verbindung mit den Unternehmenszielen und dem Unternehmensstil eingeht.

Hier schließt sich der Kreis. Vom Expertensystem sind wir beim Unternehmen als System von Experten angelangt.

Mir ist bewußt, daß vieles in meinem Vortrag vage und skizzenhaft geblieben ist. Die Themen, die hier angedeutet worden sind, werden aber für die zukünftige Wettbewerbsfähigkeit der Unternehmen zunehmend wichtig sein; deshalb werden sie stärker als bisher zum Objekt des Interesses der Betriebswirtschaftslehre werden.

Schlußwort

Hermann Sabel*

---

* Prof. Dr. Hermann Sabel, Institut für Gesellschafts- u. Wirtschaftswissenschaften, Universität Bonn

Schlußwort

Sehr verehrte Kolleginnen und Kollegen, meine Damen und Herren!
Vor eineinhalb Dekaden hatten die Leitworte unserer Tagung, Integration und Flexibilität, noch nicht den Rang von Stichworten der damals erschienenen Hand- und Handwörterbüchern errungen, die in ihrem enzyklopädischen Anspruch den damaligen Stand der Disziplin zu charakterisieren die Absicht hatten. Zwar gab es schon die Forderung nach und auch die Theorie von integrierter und flexibler Planung, aber Integration und Flexibilität waren nicht die Stichworte.

Wenn auch in einzelnen anderen Sachbereichen Integration anstand, wie bei integrierten Modellen des Käuferverhaltens oder bei integrierter Investitions- und Finanzplanung, von der man allerdings mehr als von simultaner Planung sprach, während man heute mehr von Unternehmensführung spricht, für die Herr Kollege Hahn gezeigt hat, daß die klassischen Ideen der integrierten Planung durch Computer eine neue Dimension erhalten haben, so war Integration nicht das Stichwort und auch nicht Flexibilität.

Wenn heute beiden Themen über das Controlling hinaus eine breite Aktualität zuerkannt wird, dann sicherlich auch deshalb, weil beide Themen in der breiteren Öffentlichkeit, wie man heute sagt, "in" sind. Würde man in der ökonomisch relevanten Öffentlichkeit nach den wichtigsten Assoziationen zu diesen beiden Leitworten fragen, so würden unter vielen anderen Punkten jeweils zwei besonders häufig genannt werden. Integration würde sicherlich verbunden mit europäischer Integration aber auch mit allen Formen der Computerintegration in unterschiedlichen Höhen der Aggregation. Flexibilität würde an der Arbeitszeitflexibilisierung zuerst festmachen und dann den Blick auf Flexibilisierung durch allgemeine Deregulierung lenken.

In der Öffentlichkeit ist das Urteil über Ursachen und Wirkungen relativ klar. Bedingt erscheinen beide Phänomene durch Politik und Technik, Technik im engeren Sinne und sozialwissenschaftliche Stückwerkstheorien als Technik im weiteren Sinne. In den Wirkungen verbindet man mehrheitlich mit dem ersteren Hoffnungen, mit dem zweiten Befürchtungen.

An die Betriebswirtschaftslehre stellen die beiden Stichworte, wie das Tagungsthema sagt, eine Herausforderung dar, und wie das Thema präzisiert, eine Herausforderung für die allgemeine Betriebswirtschaftslehre, die ja auch auf dem Prüfstand des Podiums stand und es überstand. Umfassend ging es um Forschung und Lehre und Prüfung und der Sichten und Thesen waren viele und Herr Kollege Hill hat weitere hinzugefügt. Wenn es ein Ergebnis gab, dann dieses:

Die Allgemeine darf nicht untergehen, doch jede Fakultät wird sie ganz anders sehen. Insoweit folgen wir dem Zeitgeist der Multioptimalität, und nun nur wieder unter einem angestrebten gemeinsamen Dach. Auch dies ein Integrationsversuch bei Flexibilität.

Mit dem Podium, der kreativen Tagungsinnovation, war auch die Frage aufgeworfen, ob es mehr um die Lehre oder um die Forschung ging und ob beide bei diesen Aspekten auseinanderfallen. Unterstellt man, daß Forschung auch Lehre wird, dann kann man auch danach fragen, was die Tagung zum Thema gebracht hat. Hörte man die Vorträge, so stand die Technikbedingtheit außer Frage, aber deren Bewertung und die Bewertungen der Leitworte differierten.

Hängt dies mit Auswahlprinzip, Paradigmen und Methoden zusammen oder liegt es unabhängig davon in einem einzelwirtschaftlichen Vorverständnis: "Iudex non calculat, sed homo oeconomicus semper calculat." Wie mißt man Integration und Flexibilität und wie leitet man die Messung aus einem Theoriekonzept ab. Von irgendeiner Sprechweise muß man ausgehen. Wählt man eine entscheidungstheoretische, so geht es neben dem Messen immer um drei weitere große Probleme. Zum einen ist es die Analyse des Möglichkeitsfeldes, zum zweiten sind es die Fragen der optimalen Gestaltung der Instrumente, um Ziele zu erreichen, und zum dritten geht es um Fragen der Unsicherheit und deren Behandlung. Zulässigkeit, Optimalität und Risikoregel stehen an, wenn man alles in einem Modell zusammenfaßt.

Modelle gewinnt man unter anderem durch Abstraktion und Analogie. Die schönste Analogie ist eine möglichst vollkommene. Unter den Aspekten Integration und Flexibilität stellt nach den Aussagen der biologischen Wissenschaften der Mensch eine sehr schöne Lösung dar, der gesunde und reifende Mensch. Sind Körper, Seele und Geist voll integriert, spricht man von Personalität. Jede Desintegration führt zu Verschlechterungen. Er ist auch in einem allgemeinen Sinne hochgradig flexibel und an alle verschiedenartigste Lebensräume anpaßbar, dafür aber z.B. in allen einzelnen körperlichen Fähigkeiten weniger leistungsfähig als die Spezialisten des Tauchens, Fliegens, Schwimmens. Und in einem dynamischen Sinne entwickelt er sein Möglichkeitsfeld innerhalb und außerhalb seiner selbst und seine Ziele und Risikopräferenzen so, daß das Gesamtziel Überleben angestrebt wird bei gutem Verhältnis von Nutzen und Kosten.

Wie sieht der Ökonom die Zusammenhänge, wann greift er sie auf. Unterstellt man, Themen werden aufgegriffen, wenn sie Relevanz erhalten, so können in einem betriebswirtschaftlichen Kontext für beide Aspekte vieles, z.B. der Konkurrentenmarkt, z.B. auch Japan-Syndrome angeführt werden. Nicht nur erreichten die japanischen Automobilfirmen spektakuläre Erfolge, nicht nur hingen diese mit Kostenreduktionen zusammen und nicht nur vermutet man, daß diese Resultate Ideen wie Kan Ban, Schnellwechselautomaten, Quality-Circles, Ringi-System, Just in

Time zu verdanken seien, nein, nach Pilgerfahrten nach Japan baute VW eine Halle 54 nach einem vollkommen anderen Konzept und sprach auch von Integration und Flexibilität. Wie so oft zeigen die Symptome verwirrende Vielfalt. Fragt man nach den Ursachen, so sind sie auf einer abstrakten Ebene leicht zu finden. Ohne Interdependenz gäbe es keinen Weg zur Integration, ohne Unsicherheit keinen Bedarf für Flexibilität. Und ohne die notwendige Lösung beider Probleme keine Zusammenhänge zwischen beiden.

Geht man an die Messung, wird es schwieriger. Bei der Flexibilität gab es zwei Vorschläge auf der Tagung von Herrn Kollegen Jacob und Herrn Kollegen Schneeweiß, zur Messung der Integration keinen. Die Vorträge zur Flexibilität zeigten die Problematik des Messens ebenso wie die vielfältige Verwendung des Terminus "vernetzt" zur Umschreibung. Messung setzt Modelle voraus. Modelle haben mit Komplexität fertig zu werden. Am schönsten ist es, wenn man an einer Dimension messen kann, wie kompliziert auch immer der Weg sein mag, dorthin zu kommen. Mehrdimensionalität in Zustandsraum, Aktionsraum, Zielraum ist zwar prinzipiell beherrschbar, aber nicht immer vermittelbar.
Daher das Suchen nach Rückführung auf eine Dimension, direkt oder über Gewichtungen und Bewertungen. Denn durch Netze wird der Durchblick erschwert. So gab es auch viele eindimensionale Messungen z.B. der Integration auf der Grundlage einfacherer und komplizierterer Vorüberlegungen.

Wenn Herr Kollege Szyperski von unternehmensübergreifender Logistik sprach, so auf der Ebene der Stufen, wie man eben von der Einbeziehung von Vor- und Nachstufen des Unternehmens in eine logistische Kette spricht. In diesem Sinne liegt umso mehr Integration vor, je mehr Stufen man einbezieht. Ähnliches gibt es z.B. für regionale Integration, wie man von dem Übergang eines lokalen zu einem regionalen zu einem kontinentalen und zu einem globalen Unternehmen spricht, wie Herr Woessner den Weg von Bertelsmann beschrieben hat.

Überhaupt scheint diese eindimensionale Integration, also von einem Land zu allen Ländern, von einem kleinen Einkaufsvolumen zu einem großen usw., der beliebteste integrative Weg der Manager zu sein. Schafft er doch über Addition und Konzentration scheinbar nur eine Ausdehnung in einer Dimension, über das Gewinnen von Größe allerdings eine zweite der Macht, wie sie gerade im Zusammenhang mit Daimler-Benz zu beurteilen sein wird.

Ob man bei Integration erfolgreich ist, ist nicht so sicher, wenn man die Vorteile der Integration nach erfolgter Akquisition erst in einer Synergiekommission suchen muß. Das mag natürlich an der Mehrdimensionalität des Problems liegen. Will man sie einfangen und im Ergebnis eindimensional bleiben, bedarf man der Struktur, in der man die Dimension über Multiplikation oder Potenzierung oder über Bewertungen mit Kosten und Nutzen wieder auf eine Dimension zurückführt, damit das eigentliche Problem aber wieder zudeckt. Ohne solche Reduzierungen lassen sich nur für einfache Fälle gute Aussagen ableiten. Wenn bei mehreren Dimensionen die Ausprägungen der Objekte in eine Richtung gehen, sind Dominanzaussagen ableitbar. Im ersteren Sinn hat Herr Kollege Eversheim gezeigt, daß moderne Fertigungstechnologie umso stärker integriert ist, je mehr Bearbeitungs- und Steuerungsfunktionen sie enthält. Herr Kollege Scheer hat auf Prozeßvorstellungen und einem Konzept von Objekten und Beziehungen aufbauend, abgeleitet aus einem Unternehmensmodell, einen interessanten Weg der Datenintegration gezeigt. Je komplexer die Zusammenhänge werden, umso mehr sucht man nach der einen Dimension, über die die Integration möglich scheint. Bei Herrn Kollegen Meffert und Herrn Kollegen Engelhardt liegt diese Dimension in der Marketingperspektive. Dabei geht Herr Kollege Meffert von dem Wertkettenkonzept aus, während Herr Kollege Engelhardt eine Neuorientierung betrieblicher Prozesse von der Dienstleistungsperspektive erwartet.

Hat man Integration gemessen, stellt sich die Frage, ob es einen optimalen Integrationsgrad gibt. Das wirft die Frage nach speziellen Nutzen und Kosten der Integration auf. Als Ertrag der Integration wird Synergie genannt, von der eher als von einem enumerativen Aufzählen von einzelnen Vorteilen als von einem geschlossenen Konzept geredet wird. Prinzipiell ist natürlich hier an Opportunitätskosten und Transaktionskosten-Konzepte zu denken und die Theorie hat ja auch schon spezielle Erträge der Integration auf der Absatzseite, etwa durch Goodwill-Transfer und Spill-over-Effekte betrachtet und auch Wissensübertragungseffekte aus der Erfahrungskurventheorie sind hier zu nennen. Wie schwierig die Messung im Einzelfall ist, hat Herr Kollege Grob für die Investitionsrechnung auf der Basis von Preis-Leistungsmodellen gezeigt.

Das Optimum des Grades der Integration wird noch gesucht, wahrscheinlich auch deshalb, weil es über die Gestaltungsvariablen zur Erreichung unterschiedlicher Grade von Integration noch keine allgemeinen Aussagen gibt. Im historischen Verlauf ist sicher, daß die Integrationsmöglichkeiten mit der Technologie wachsen. So verwundert es weder, daß Herr Kollege Vogt als Vizepräsident der Oberpostdirektion ISDN als integrative Antwort der Bundespost apostrophiert, noch daß Herr Kollege Hill Unternehmensführung und Information als Schwerpunkt der allgemeinen BWL eingefordert hat, weil dort Integration möglich sei. Es verwundert auch nicht, daß unsere japanischen Kollegen, Herr Kollege Tajima und Herr Kollege Murata von der Mechatronisierung sprechen und uns die Frage hätten stellen können, ob die Integration sich eher über Hardware oder eher über Software vollzieht, und ohne, daß Daten bereits vorlägen, wohl die Vermutung aufzustellen ist, daß die Japaner eher über Softwarekonzepte der bekannten Planungskonzepte und Europäer eher über Hardware-Integration der Fertigungsinseln gehen. Welches die bessere Lösung ist, ist auch deshalb offen, weil Integration auch Einfluß auf Flexibilität hat.

Betrachtet man die Flexibilität zunächst isoliert, so hat der Aufbruch zu einer großen Arbeitszeitflexibilität mit der einfachsten Form von Flexibilität im Sinne von Schneeweiß zu tun, nämlich einer Erweiterung des Möglichkeitsraumes. Herr Kollege Günther hat gezeigt, welche Gestaltungsvarianten und Leistungen sich dann ergeben. Herr Kollege Gaugler hat darüber hinaus deutlich gemacht, daß auch sozialpolitisch positive Wirkungen in Form von job enlargement und job enrichement von Flexibilisierung ausgehen oder was Freiheit bewirkt.

Bei der Frage nach dem gewünschten Grade der Flexibilität sind wir auf die Risikopräferenzen des Entscheiders verwiesen. Daß der zunächst versucht, durch bessere Information das Risiko zu reduzieren, wird immmer Streben sein. Geschieht es kollektiv, verändert es die Struktur von Märkten, wie Herr Kollege Süchting gezeigt hat.

Gestaltung der Flexibilität ist auf vielen Wegen möglich. Herr Kollege Kreikebaum untersuchte die Alternative des aktiven und passiven Umweltschutzes.

Wenn die Unsicherheit besonders groß ist oder die Probleme zu komplex sind, taucht für die praktische Anwendung die Annäherung an das Modell Mensch in Form künstlicher Intelligenz auf. Herr Kollege Sihler sah Expertensysteme als einen solchen Weg an und das Unternehmen als Expertensystem als Vision.

So bleibt die Frage nach dem Verhältnis von Integration und Flexibilität. Sofern Integration Handlungsspielräume eröffnet, schafft sie größere Flexibilität. Insofern gilt: "bigger and bigger again." Und die Mergerwelt scheint es zu bestätigen. Wo liegen Abweichungen und negative Möglichkeiten. Starrheit kann nur von Systemen kommen, die das Ganze steuern. Herr Kollege Hahn hat die verschiedenen Organisationskonzepte vorgetragen. Flache Organisation mit dezentraler Führung scheint ein Weg.

Offensichtlich geht er weniger auf als erhofft. Die Tatsache, daß von 100 Akquisitionen 80 an mangelnder Integration scheitern, sucht nach Antworten. Funktionskulturen, Disziplinkulturen, Unternehmenskulturen und charismatische Führer tauchen auf, die weichen Faktoren. Wenn sich die Integration als Fehler erweist, wird wieder desintegriert, Restrukturierung nennt man das.

Daß Organisation eine wichtige Variable für Integration und Flexibilität ist, zeigt sich natürlich auch an einer Verbandstagung. Nur innerhalb des Möglichkeitsraumes kann sie operieren. Innerhalb dieses Rahmens haben die Münsteraner Kollegen Integration auf hohes Niveau gebracht und ein enormes Maß an Flexibilität gezeigt, deren beider Nutzen wir erlebten, deren Kosten wir nicht kennen, aber für deren Mühen wir unseren herzlichsten Dank aussprechen. Er gilt allen Kollegen, insbesondere aber der Viererbande, die ihre verschiedenartigen Module wohl zu integrieren wußte und Neues gestaltete. Er gilt auch den Mitarbeitern und den Damen, die im Stillen mitgewirkt haben. Wir danken auch unseren ausländischen Gästen für ihren Besuch und freuen uns auf das Essen mit ihnen. Münster hat weder die Betriebswirtschaftslehre zu Grabe getragen noch Wiederläuterei betrieben, es hat eine wichtige Diskussion angestoßen, wie den Ball auf der Graphik der Tagung, der auf die Torwand der Fakultäten in Schlössern und Beton zufliegt, und mit dem das Spiel in Frankfurt fortgesetzt werden wird. Herr Kollege Ordelheide betrachtet es wohl als Olympisches Spiel, zu dem er im Namen seiner Kollegen herzlich einlädt.

Daß in einem hervorragend integrierten Programm auch der Rahmen rund war, war nicht nur der leuchtenden Sonne des Tages und des klaren Mondes in den Nächten Münsters zu danken, sondern eben allen, die dies gestalteten. Nochmals recht herzlichen Dank. Ich schließe den wissenschaftlichen Teil der Tagung, den Tag, und verweise auf die Nacht. Auf Wiedersehen in Frankfurt.